荊楚文庫

（康熙）通城縣志

（清）盛治 纂修 （清）丁克揚 增修

（乾隆）通城縣志

（清）明福 修 （清）吳開澄 纂

（同治）通城縣志

（清）鄭菼 修 （清）杜煦明 胡洪鼎 纂

荊楚文庫編纂出版委員會

武漢大學出版社

荊楚文庫

〔康熙〕通城縣志
KANGXI TONGCHENG XIANZHI

〔乾隆〕通城縣志
QIANLONG TONGCHENG XIANZHI

〔同治〕通城縣志
TONGZHI TONGCHENG XIANZHI

圖書在版編目(CIP)數據

〔康熙〕通城縣志/〔清〕盛治纂修;丁克揚增修.
〔乾隆〕通城縣志/〔清〕明福修;吴開澄纂.
〔同治〕通城縣志/〔清〕鄭荾修;杜煦明,胡洪鼎纂.
—武漢:武漢大學出版社,2024.4
ISBN 978-7-307-24039-1
Ⅰ.①康…　②乾…　③同…
Ⅱ.①盛…　②明…　③鄭…　④丁…　⑤吴…　⑥杜…　⑦胡…
Ⅲ.通城縣—地方志—清代
Ⅳ.K296.34
中國國家版本館 CIP 數據核字(2023)第 229304 號

責任編輯:朱凌雲
整體設計:范漢成　曾顯惠　思　蒙
責任校對:汪欣怡
出版發行:武漢大學出版社(中國・武漢)
地址:武昌珞珈山
電話:(027)87215822　　郵政編碼:430072
録排:武漢恒清圖文菲林輸出工作室
印刷:湖北新華印務有限公司
開本:787mm×1092mm　1/16
印張:38　插頁:6
版次:2024 年 4 月第 1 版　2024 年 4 月第 1 次印刷
定價:155.00 元

ISBN 978-7-307-24039-1
9 787307 240391

《荆楚文庫》工作委員會

主　　任：王蒙徽
副 主 任：諸葛宇傑　琚朝暉
成　　員：韓　進　張世偉　丁　輝　鄧務貴　黄劍雄
　　　　　李述永　趙凌雲　謝紅星　劉仲初　黄國斌

辦公室

主　　任：鄧務貴
副 主 任：趙紅兵　陶宏家　周百義

《荆楚文庫》編纂出版委員會

主　　任：王蒙徽
副 主 任：諸葛宇傑　琚朝暉
總 編 輯：馮天瑜
副總編輯：熊召政　鄧務貴
編委（以姓氏筆畫爲序）：朱　英　邱久欽　何曉明
　　周百義　周國林　周積明　宗福邦　郭齊勇
　　陳　偉　陳　鋒　張建民　陽海清　彭南生
　　湯旭巖　趙德馨　劉玉堂

《荆楚文庫》編輯部

主　　任：周百義
副 主 任：周鳳榮　周國林　胡　磊
成　　員：李爾鋼　鄒華清　蔡夏初　王建懷　鄒典佐
　　　　　梁瑩雪　丁　峰
美術總監：王開元

出版説明

湖北乃九省通衢，北學南學交會融通之地，文明昌盛，歷代文獻豐厚。守望傳統，編纂荆楚文獻，湖北淵源有自。清同治年間設立官書局，以整理鄉邦文獻爲旨趣。光緒年間張之洞督鄂後，以崇文書局推進典籍集成，湖北鄉賢身體力行之，編纂《湖北文徵》，集元明清三代湖北先哲遺作，收兩千七百餘作者文八千餘篇，洋洋六百萬言。盧氏兄弟輯録湖北先賢之作而成《湖北先正遺書》。至當代，武漢多所大學、圖書館在鄉邦典籍整理方面亦多所用力。爲傳承和弘揚優秀傳統文化，湖北省委、省政府决定編纂大型歷史文獻叢書《荆楚文庫》。

《荆楚文庫》以『搶救、保護、整理、出版』湖北文獻爲宗旨，分三編集藏。

甲、文獻編。收録歷代鄂籍人士著述，長期寓居湖北人士著述，省外人士探究湖北著述。包括傳世文獻、出土文獻和民間文獻。

乙、方志編。收録歷代省志、府縣志等。

丙、研究編。收録今人研究評述荆楚人物、史地、風物的學術著作和工具書及圖册。

文獻編、方志編録籍以一九四九年爲下限。

研究編簡體横排，文獻編繁體横排，方志編影印或點校出版。

《荆楚文庫》編纂出版委員會

二〇一五年十一月

總目録

荆楚文库

〔康熙〕通城縣志

〔清〕盛　治　纂修
〔清〕丁克揚　增修

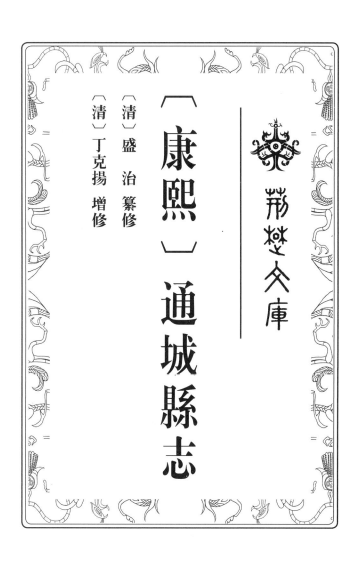

《荆楚文庫·方志編》編纂組

組　　長：劉偉成　陽海清（執行）

副 組 長：劉傑民（執行）　王　濤　謝春枝　郝　敏　嚴繼東　范志毅（執行）

參編人員（以姓氏筆畫爲序）：

王　濤　李云超　宋澤宇　范志毅　郝　敏　柳　巍　馬盛南　陳建勛

夏漢群　梅　琳　陽海清　彭余焕　彭筱溦　楊　萍　楊愛華　雷　静

劉水清　劉偉成　劉傑民　謝春枝　戴　波　嚴繼東

編　　審：周　榮

顧　　問：沈乃文　李國慶　吴　格

前言

《〔康熙〕通城縣志》九卷，清盛治纂修，清丁克揚增修，清順治九年（一六五二）刻康熙十三年（一六七四）增刻本。

盛治，字霖襄，清江南（今江蘇）江都人，順治六年（一六四九）進士，順治七年（一六五〇）任通城縣令。丁克揚，字琴溪，浙江蕭山人，順治十六年（一六五九）進士，康熙十年（一六七一）任通城縣令。

通城西漢爲下雋縣，屬長沙國。東漢屬長沙郡。三國吴及晉因之。南朝宋屬巴陵郡，齊爲巴陵郡治。隋省下雋入蒲圻。唐天寶元年（七四二）屬唐年縣，元和二年（八〇七）升爲鎮，五年（八一〇）更年爲通城鎮。北宋熙寧五年（一〇七二）升爲縣，縣因鎮爲名。元屬武昌路。明、清屬武昌府。

邑志創修於明弘治六年（一四九三）縣令褚潭，續修於萬曆二十六年（一五九八）邑人舒大猷，再續於崇禎九年（一六三六）邑令趙三台。此三志今皆無傳本。盛治到任後，於修廢舉墜之餘搜集遺牒，校正編輯成書。至康熙十一年（一六七二），修志之檄屢下，丁克揚遂以盛治之書爲基礎增補成志。是志正文前有盛治、丁克揚序及萬曆、崇禎舊序、目録、輿圖，正文後有盛治跋。盛治《序》末鐫『儒學教諭別仲茂 訓導東夏 典史馬振德 恩貢生姜仁楚 廩膳生胡順我仝編』，正文末鐫『謄録書辦胡如盟萬象春書寫 梓人王鍾陳刊刻□□□』，盛治《跋》末另鐫某某佩訂與『梓人羅光祖』等。

正文分九卷，一卷一綱，分別爲輿圖、田賦、善政、公署、職秩、循良傳、人才、藝文、雜志，共六十二目。『輿圖』一志實無圖，内容爲一邑之沿革、星野、山川、建置及物産等。『田賦』之『户口』止於順治七年（一六五〇），其餘記載無確切時間。『善政』所載爲賦役相關制度政策。『公署』除官員辦事機構外，另外包含了學校與祠廟、寺觀等内容。『職秩』所載止於康熙十三年（一六七四）。『循良傳』載宦績優異之官員小傳。『藝文』以詔令和詩文爲主。

據《中國地方志聯合目録》，國圖、故宫、浙江、台灣藏有該志。本次據順治九年刻康熙十三年增刻本影印。

（彭筱溦）

目録

遵義府志序
嘗謂編史者必兼十年而後成
誌乘之與國史雖詳略殊而古
君子秉筆慨乎有關以爲程
範殘篇斷簡以史義而遂之是
故國時之以纂採援證皆斅

是黔續記是註江水以傳治也遵
志強行於劉而治間繼一枝於
獨崖翁君與編於西廊楊君
復修於秦以趙君之記釋之備哉
三十年百年歷間山川人物風土
習尚與時俗綜述冤之[illegible]年月

續醜進跋而奮學碌九循[illegible]
氏之爲忠息也治通承之義士
甫一卷蓬萬接因屈縣爲諸
彌烟殿櫞鄉煙戰城塞縣範
事預新大饒攤而觀巫之宜實
里者其歹爲諧書之長[illegible]

遂之爲士諸而偏而攏劍而之[illegible]
而散秋發烟而之副積意而刻
[illegible]先爲之攬積處而[illegible]
復安其例撰陋規蒼版[illegible]
謙視郡居而要[illegible]以國乾[illegible]
月遵道[illegible]計[illegible]風土

文物遂足以自顯云庶幾乎

儀則乎聖覺行道遠者鑑不

異之視蕭觀難而顧嚴饑焉

暇之視之雖蓋而亦可攝略以

由是以疆土戰明與難循佑去

以此陋一縣若此物誌也一編之

序 三

裁將亦有思錄謂曰星而

遺筵之志庶風書賴之而胃

有當云

時康熙年歲在壬辰仲夏月知

通城縣事邢□□識治之序

學教諭□□□戊

訓導宋夏

典史馬振德

恩貢萬仁慧

廩膳生胡順儀仝編

續修通城縣志序

揚蒞通之明年郡檄屢下奉
予命編天下山川形勢戶口丁徭地
畝錢粮民俗人物疆圉險要彙
集成書以襄
子至治甚盛典也敢不鐫刻以裨

纂修竊計通邑南控豫章
兼通澤昌西南入巴陵君南達
臨湘以楼門為界西北入方山崇
蒲圻境也東北距崇之火岐嶺
分列之鷄鳴崎其東柘橋鐵至
比皆崇界也其間東不方航[illegible]

並歸而且石田瀉阡土無流[illegible]
吏是邑者深惜焉歲西山之[illegible]
[illegible]界[illegible]也前將[illegible]不[illegible]而
聽[illegible]聳廣隆乎哉以是誦讀
之[illegible]鮮閭閻[illegible]庠序生焉
相[illegible]施給難以副

聖天子隆禮求賢之意邪
將逮三年課士之典[illegible]成俗[illegible]有自先
朝[illegible]子以來已歷年三[illegible]年矣嗟
嗟人文之凋敝與[illegible]者[illegible]通[illegible]
采風之使其能不[illegible]而[illegible]哉邪
所[illegible]轉[illegible]僅[illegible]人一[illegible]千二百

足以收丁二千二百七十五丁以
職秩倂於歲貢吉己耶於戶口饒增
後逢寇虐之殘兆籍乎
告力焉殲除黎以延民命於萬
一其敢遂與為參以作不利之令
典郡恢思而平之役與舉於鄉
者一人已而武榜文得二人雖
非大著盛小郡不斃之邑無無而
其籍乎通也於茂學之鞠於通
而學深懷焉修葺廣學帑乎
雜之又不敢而饒饒乎憐之至甚以
今之日怫悅無辭財生民之交
興飭穢形而所謂備具未備也
哉補廢遂漏以依威壽乳務
之也為其力焉何不賜耶
今上睿資天縱德業日隆抑且名益
輩出黼黻太平焉得一振餘
徒咸美俗但不得而詳
當事者亦與補偏救弊躋斯民於
三代之隆也竊承志焉無敢以
身任耶
時
康熙拾壹年歲在壬子季冬月
知通城縣事越北丁克揚宗

[illegible]

[illegible]

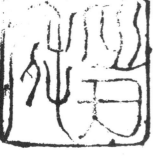

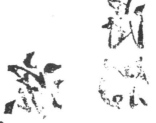

通城縣志前脩序

萬曆甲午趙大夫瞿岡公至自晉
屬精民事尤惓惓於廢墜越數月
即索邑乘大夫問之猷應以舊簡
蓋斷自弘治癸丑百有餘年矣大
夫愀然曰何遼邈若是耶往蹟久
湮文獻曷徵責在長民吾其舉之

毋敢諉遂屬裁訂於猷亦任之罔
辭先是歲乙酉余讀禮林捿慨邑
志久缺屢白之宰牧諸君子咸謂
簿書棼糾而饑祲且薦藉俟徐圖
之冉冉將十載余亦知肩鉅者難
遘姑置之矣大夫下車首念此曠
典其待人而舉乎迺杜門却客遠

捜近稽即耳目所睹記訪之故老
凡斷碣塵扁下及野史巷議采輯
考索之靡遺然後參諸故志增所
未備每條首引數語表厥縣若事
關利病而須商確者謬著按論用
資芻采大夫公餘輒賡咨諏躬筆
削軒輶臧否燭照今昔就正於學

博諸君而志成矣為卷玖為目六
十餘將梓以傳大夫有言於首猷
得附言曰志者識也理識諸心則
不忘事識諸言則不朽皆托之乎
可久遂觀禹貢載攷職方壤地無
論鉅小靡不經天之文緯地之理
修人之紀乃能育群生熙賡續垂

世而同轍士生數百年後始掌謂
故事於數百年前合三才而流貫
驗盛衰評得失亦云難矣不有載
乘能無遺訛志圖無容緩也通覈
兩地非禹貢職方所包羅者乎舖
張而志之也蓋亦祖述乎國史緒
餘乎大一統志上下古今之变表
章人物之蹟類聚而品隲之凛凛
乎三代之直道所謂可觀可興感
正因缺者非歟曷縣哉惟大夫懸
衡鑑乎稱代畢明類物情迺旁羌
自獻於尊藩時昔屬其月旦乘時
售其井天不徒因言識事且將因
事識理是故吾見之官司攷數私

輿津梁外仁之藹然不可遏者吾
觀之户口貢賦物產公署非義之
森然不可已者吾觀之人物祀式
古蹟文[illegible]燦然不可掩者其禮所
在吾觀之分野沿革疆土風俗并
然不可滲者其知之實玉音彰君
寵省方昭臣庶典章之鉅且重者

一補闕焉而忠愛寓代署俄頃之
澤儒吏一跌之榮脩人以應天彝
丘以弔古拘甡低又焉者增之要
贅若師帥之里第勲烈鄉喆之懿
晦事業則詳畧殊而姓錯亦多非
忽也籍下事逸爾盡前有徵者仍
舊貫後有作者攟新聞否則誣

矣以傳信庶幾言非枯槀其永無
斁僻壞文獻籍之可傳斯毋負舉
事意哉雖體裁無當以大觀此之
手他山之石攻玉者以資之也維
時吳大夫樂真公奉
天子命治教吾通拜

先師日進諸生亹亹示以察觀聽者
趨蹌圜橋門迺取志卓請裁按消
釐正樂成其美蓋治先典則亟急
先務誠奇觀也夫先後同心緝熙
以語將來其徵際遇之大幸乎大
畝日修農圃奉典則以周旋皞皞
矜揄中不識不知寔斯志之詒矣
百世範圍永賴何極君鋟梓摹

則邑幕胡君廣文與有勞焉
萬曆二十六年戊戌歲五月既望
致仕
通奉大夫浙江承宣布政使司右
布政使奉
敕整飭淮揚海防兵備兼管河道前
廣東按察司副使奉

勅提督學校兵巡邑人錫崖舒大猷
序

重脩通城縣志引

縣原有志年來火灾其木遂成斷簡台奉
命守茲土甫下車便意亟補脩之而無如
國事之艱何適
聖天子下詔遍訪諸郡國志夫亦以

蕩氛之後復新一番世界則地方勝槩若岩川若人物若土產若風氣更宜詳明爽備堪供法眼爰是蒐昔之僅存者補以今之所集世還其原志覺翻麗於風可曰通郡區區一幅員無足備武昌指數然是亦
天子附庸之隸也是亦
聖朝屏翰之方也按戶口而稽保障之勤洞人情而落幺麼之膽闢不重敘言諸首

崇禎玖年歲在丙子肆月朔知通城縣事知縣趙三台蜀古天彭人小序

儒學教諭彭蕃泰　重校
訓導何遇高
典史翁輝　督梓
原任辰州府沅陵諭吳文懿　編集
原任山東館陶縣訓熊一魁
生員吳國泰　徐應台
熊際虞　吳之泰　仝編錄

五斗嶺西二十里　七斗嶺西北七里

九嶺南二十五里有上下寺　走馬嶺東南二十五里

塔嶺東三十里

伏牛嶺南二十五里

四脚嶺西三十里上有仙蹟

洞

鍋山洞南十里　東源洞西二十里

雲溪洞東南三十五里　石墓洞西四十里

龍潭洞南十五里　石門洞東四十里

桃源洞東南十里四時流水潺又春月桃花灼又故名

王仙洞南三十五里深杳幽僻旧傳仙人王子雲遊憩此

蘘荷洞東五十里　揚師洞南三十五里

白水洞東十五里　龍洞南四十里

守仙洞東南三十里

崙

佛崙縣東南一里　黄泥崙縣南四里

漫頭崙縣南十里　高街崙縣治北門井泉上

查呂崙縣東二十五里上有祠禱雨輒應

洪鶴崙縣南五里

畈

澗田畈縣東北五里　麥田畈縣北十里

神山畈縣東北二十五里　大湖畈縣西北二十里

庚陂畈縣西北二十里　井欄畈縣西北二十里

長堤畈縣西十里　港西畈縣西三里

堰

新安堰縣東二十五里　趙家堰縣東半里

八斗堰縣東二十里　烏橋堰縣西南五里

油方堰縣東北十三里　太平堰縣南五里

塔頭堰縣南五里　金仙堰縣北三十里

料堰縣南二十里　八料堰縣北三里

坪

湫坪縣北七里

茅坪縣西十五里

田

茅田縣南十里　深田縣西十里

衣田縣北二十五里　澗田縣東五十里

通城縣志目録終

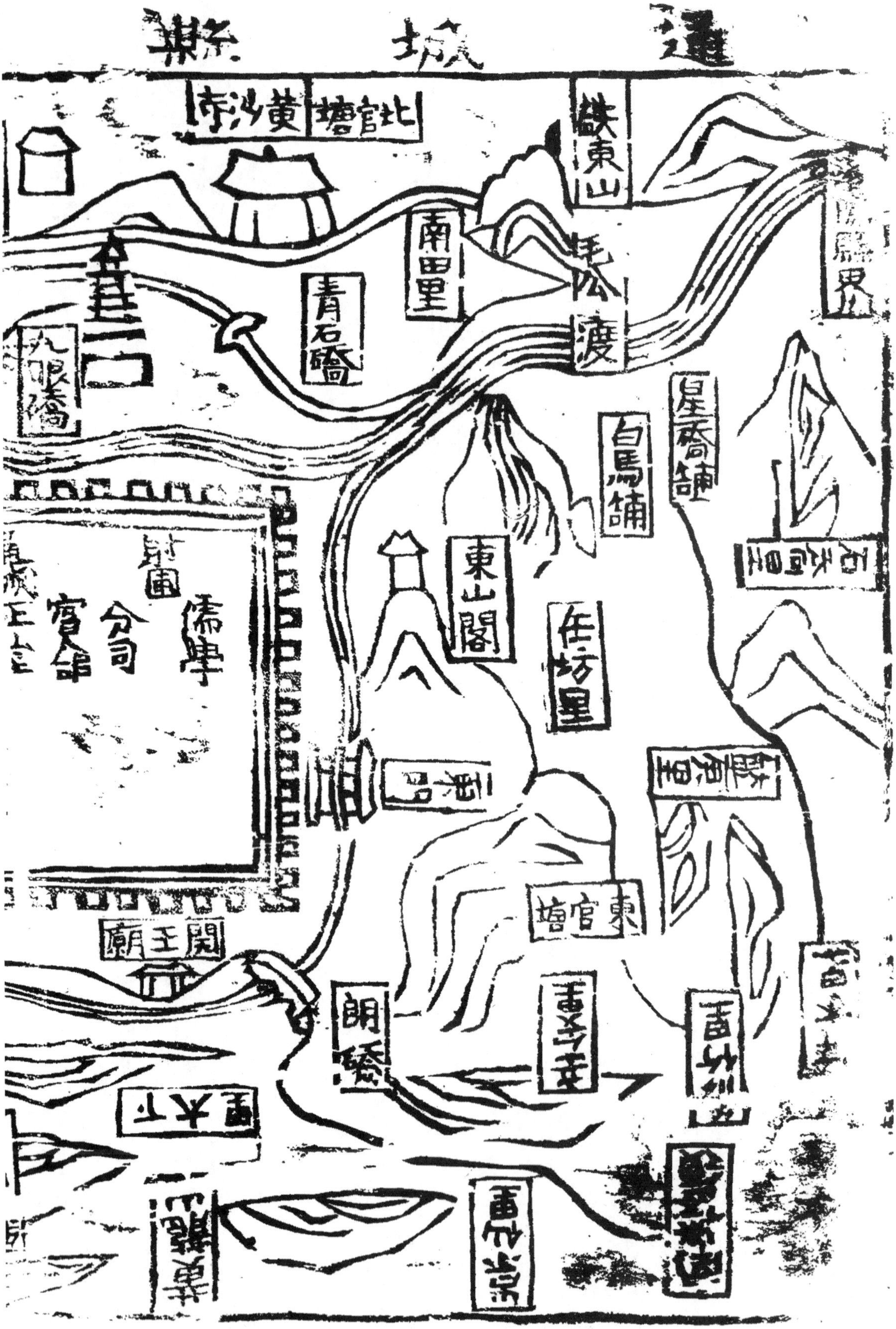

通城縣
黃沙寺
北官塘
東山
南田里
青石橋
九眼橋
白馬舖
星橋舖
東山閣
任坊里
儒學
分司
東官塘
閔王廟

四境圖

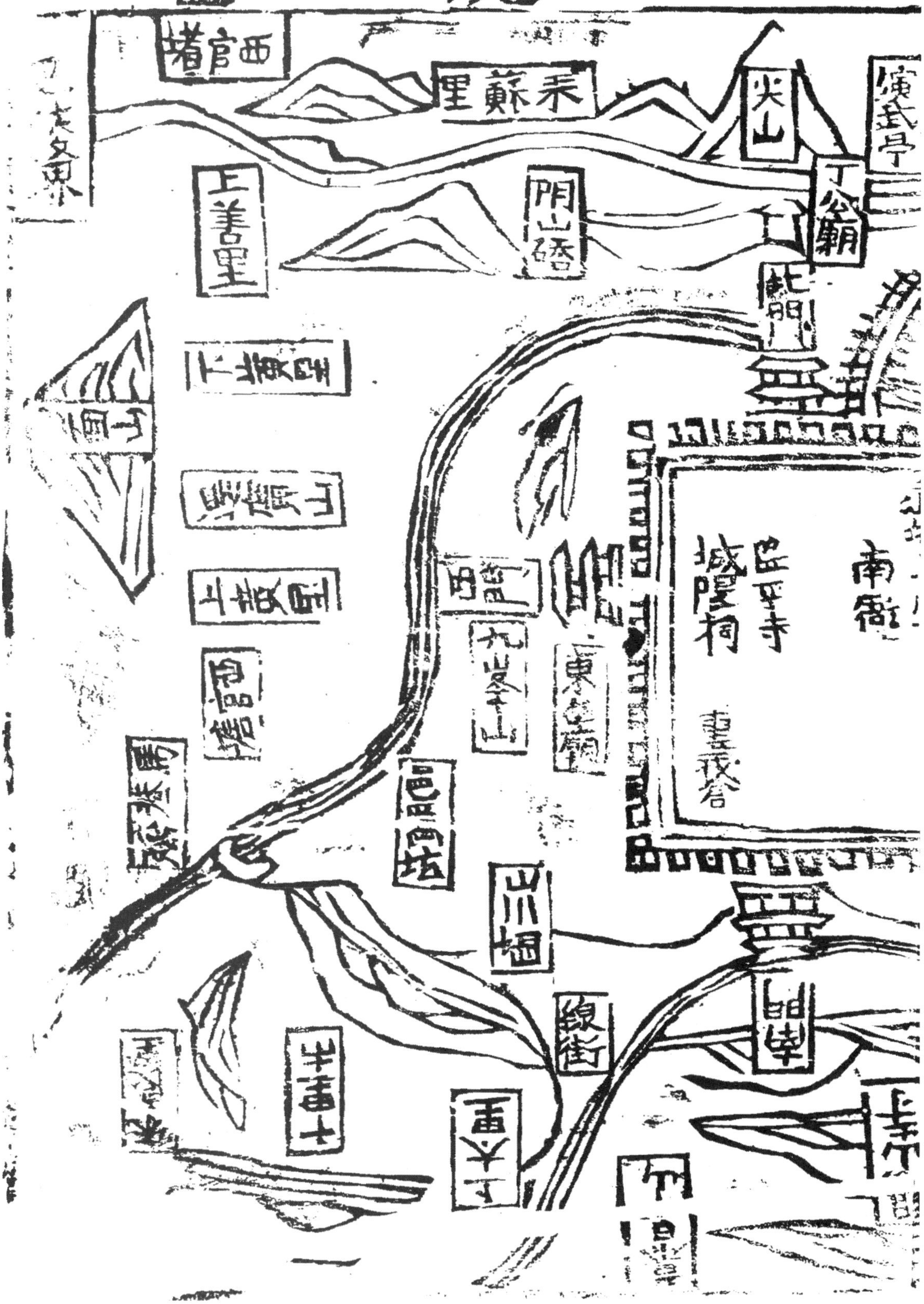

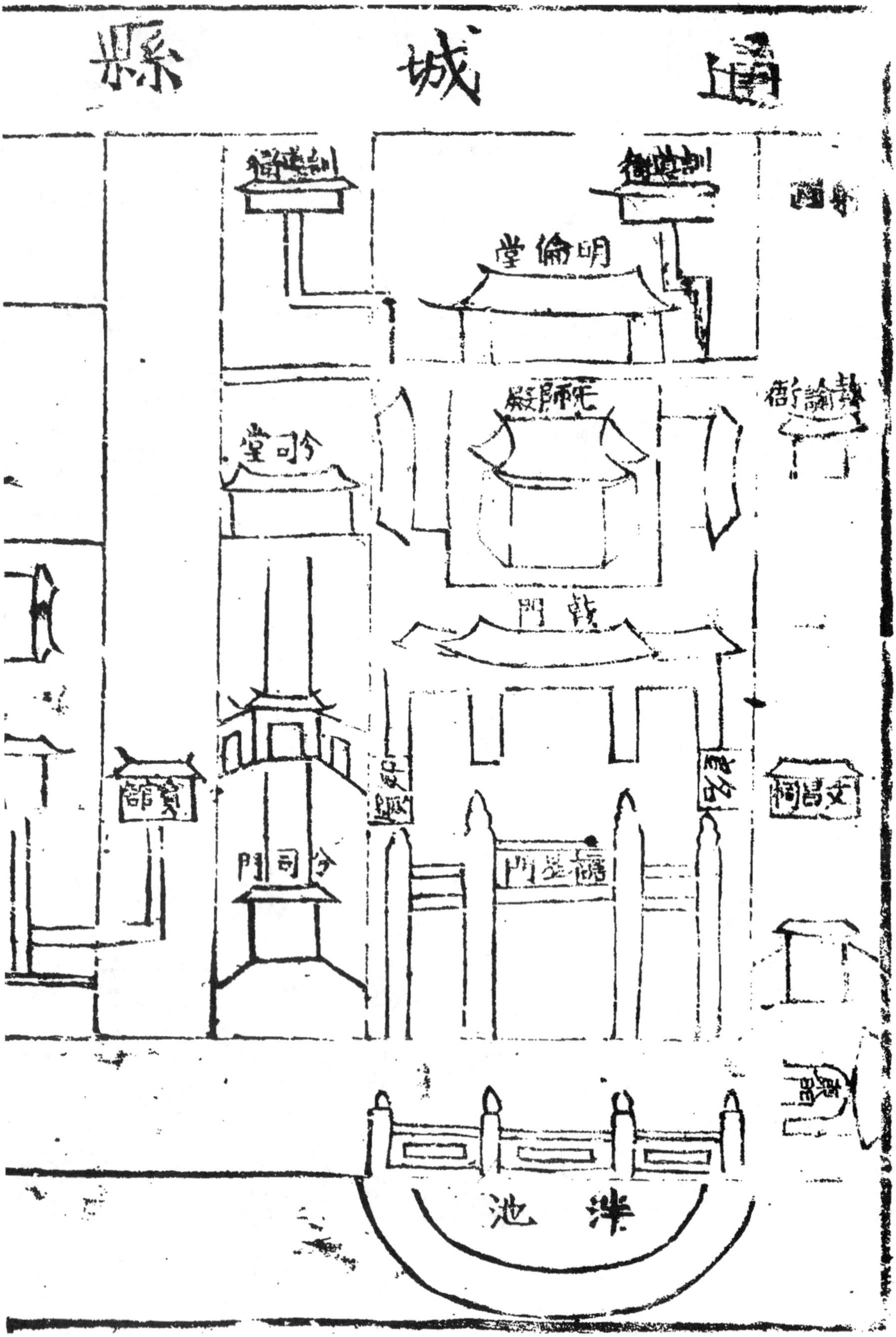
明倫堂
先師殿
分司堂
教諭衙
戟門
分司門
櫺星門
文昌祠
泮池

治 之 圖

南衙

儀門

正衙

正堂

門

隆慶寺

城隍祠

總鋪

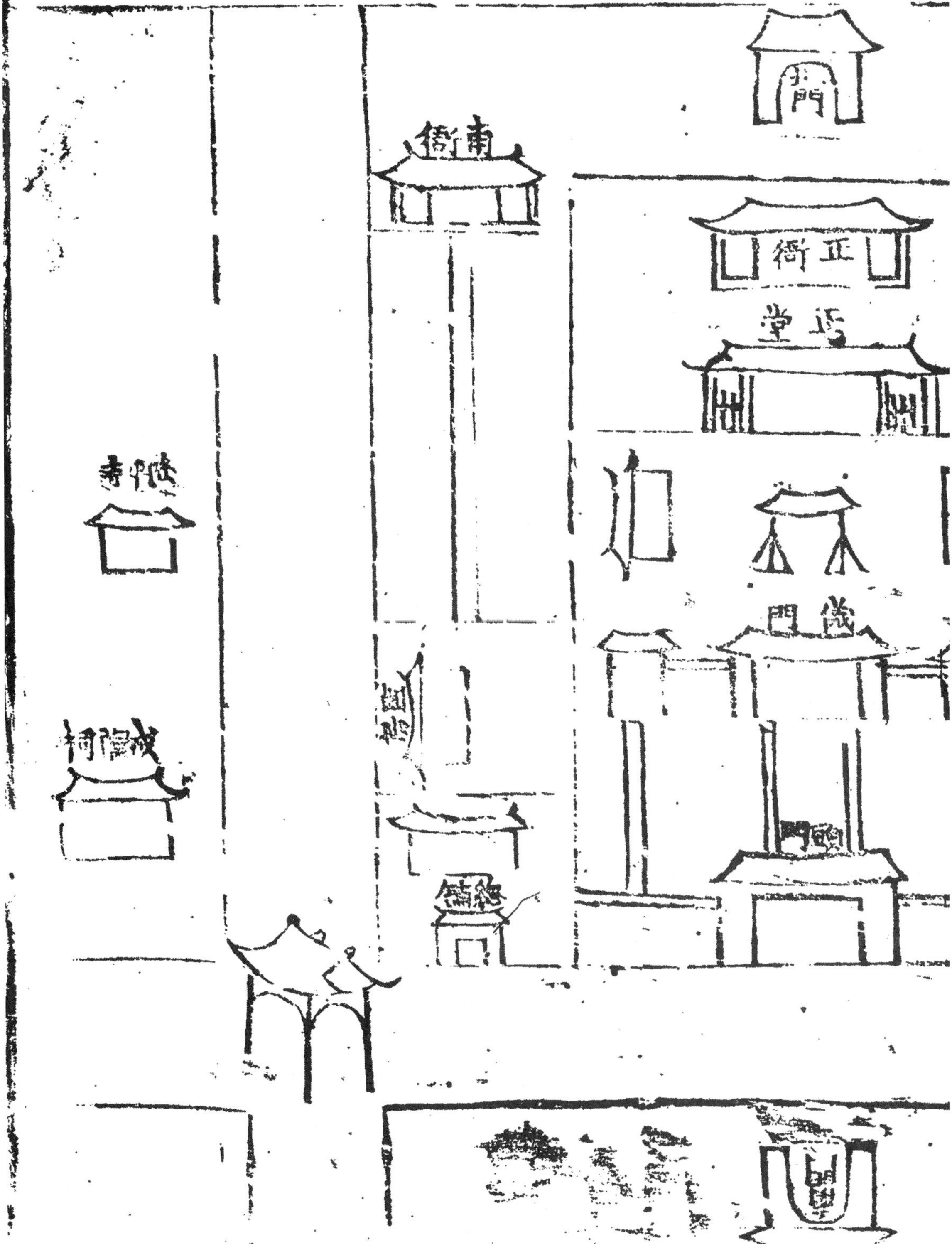

志輿圖

幅幀遼邈，俱屬版圖，上應天文，下起人事，徑野授時，邑務為急，首志之。

歷朝因革

按一統志荊州春秋時屬楚周夷王封鄂秦屬南郡漢高帝六年分南郡置下雋縣屬長沙吳晉因之梁置上雋郡陳改雋州齊改上雋縣俱隸巴陵隋廢州併入蒲圻屬鄂州唐玄宗天寶中地屬唐年縣憲宗元和中始置通城鎮五代時吳楊行密改唐年為崇陽梁晉又改曰夏南唐復為唐年宋太祖開寶八年改宗陽為崇陽地仍為崇陽之巡鎮神宗熙寧五年壬子割崇二十二里陞通城鎮為縣寧宗嘉定十五年以武昌縣陞為壽昌軍領縣七通城屬焉高宗紹興五年復降鎮地歸崇紹興十七年仍陞縣元仍舊屬武昌路明改路為府國朝仍舊為府是為武昌府通城縣編户一十五里

邑號

銀山

星野

軫翼當墟，南郡江夏屬焉。晉書南郡入翼十度，江夏入翼十二度，鶉尾之次。通地故屬南郡江夏，分野屬翼之十一度。

疆域

東西相距九十里

南北相距五十里

周西二百一十里

三鄉

上豐鄉統里六：在坊、甫田、上黄、下黄、耒蘇、上善

太實鄉統里四：盤庚、朱良、上太、下太

崇化鄉統里五：辛安、崇仙、梓木、修竹、石喬

十五里

在坊里　盤庚里　石喬里　朱良里　上太里

下太里　甫田里　崇仙里　修竹里　梓木里

辛安里　上黄里　下黄里　耒蘇里　上善里

四至

東至崇陽縣雞鳴嶺五十里
南至平江縣玄鳥嶺四十里
西至臨湘縣楚門界四十里
北至崇陽縣柘橋一十里

八到

南到江西寧州二百里
東南到南樓嶺石門界四十里
南到岳州府平江縣一百八十里
西南到岳州巴陵縣相師山四十里
西到岳州府臨湘縣一百四十里

西北到蒲圻縣方山四十里
北到崇陽縣九十里
東北到崇陽縣大岐嶺三十五里

水陸驛程

至省城　陸路五百里　水路六百四十里
至南京　陸路一千九百八十五里　水路二千二百一十里
至北京　陸路四千五十里　水路五千五百五十里

城池

縣治舊無城池東北臨溪西南枕山盜賊可虞成化二年知縣杜敏四街築門設警萬曆甲戌知縣簡廷仁周繚土垣壬辰秋月盜入市城內震恐癸巳

巡撫都御史李議建石城知縣趙廷儀丈估廣袤五百零五丈工料銀七千四百二十五兩具詳覈實

題奉欽依支給分為五十工每工管以子弟二人腳濶一丈二尺頂濶九尺腳石四層上砌磚頂礮石女墻高三尺垛口八百有奇共高一丈七尺五寸四門樓石洞上豎樓三間戊戌冬竣邑之有保障自

此始萬曆戊申夏霪雨傾圮知縣楊浩募工修緝獲為完城崇禎癸未年獻賊破縣敵樓盡燬順治己丑年連雨四處並頹

國朝知縣盛治於庚寅年仍建敵樓四座傑構丹塗雉堞聳起倍勝於舊

馬道

城內東門學前正街一節無馬道約所前小巷濶八尺抵南城門下沿城七尺出街口民房住庭止

濶五尺容轎不能容繇南門歷重義倉循城隍祠俱無馬道直至隆平寺城下五鋪小巷八尺抵西城門下西門抵北城門無馬道北門抵新安街城下無馬道新安街城下抵東城門沿城俱濶七尺城外東門至南門沿城俱濶七尺出南城街口民房住定客與不能容蓋南門線街一丈二尺折馬道歷西門抵北門沿城俱濶八尺出北門街口止濶五尺北門從礄頭歷河岸民塘俱濶四尺沿城至東門止俱濶七尺東門外小街濶一丈二尺

形勝

背傍水面銀山東連慕阜黃龍之奇西挹衡岳洞庭之勝玄烏黃鶴拱於前鐵東龍窖枕於後誠勝境也

八景

銀山積翠

峰峦崔又松竹蒼又遥望翠微縹緲霧靄中日霽則黛色浮空宛然天開圖畫

秀水迴瀾

盤挹錫麓發迴折而成瀾繞東城者盤旋之東帶風行水上煥乎其有文章

太平春耕

原隰既平泉流亦清青陽献歲率此而耕濟又隴頭真是太平景象

吳賢夜誦

春髦樂群誦詩讀書三更灯火五鼓鷄声唔咿朗又於黌泮

雋溪映月

九曲漾迴一泓澄清皓魄當空氷輪沉壁天光水色瑩然上明

鴈塔穿雲

雋秀二溪之間巍起浮屠百尺仰之則玲瓏巑㠋齊雲落星殊為遠近奇观

隆平曉鍾

莊嶽之間古刹崔巍晞爽鯨音響徹雲表聞者為之惕若平旦之氣隨扣而生

九峯暮鼓

山勢琬琰琳宇倚之撾鼓送夕陽声達闤闠听之渊然有深思

風俗

踣窳渝生而無積聚田野小民務農力本五方雜寓家自為俗縣居僻處山多水少民生其間性質重厚井淡薄尚礼義男務耕鑿女攻織紡少事商賈士勤學問風俗淳美　旧志

山川

山

錫山 縣南三里旧産銀曰銀山又産錫曰錫山今俱無下有灵泉岂旱祷之輒應

九峯山 縣南城外山有九峯即縣治之長脉也

圖山 縣東門外形圓秀故名知縣徐禺建八方閣于項遥来拘坏知縣趙之台今改建東山閣

相師山 縣南三十里旧傳黄石嘗隱為此後為漢相張良之師故名

皷鳴山 縣西十五里

鉄東山 縣北十里為岳菜寨

堆山 縣東北十里

錦山 縣東五里

馬鞍山 紀問帝扎木花有託縣東十里

黄龍山 縣東南五十里跨三縣旧傳頂上有湫祷雨輒應

幕阜山 縣東南五十里周廻五百余里跨平江寧州西北屬本縣吴太史慈為建昌都尉拒刘表從子盤于此置營幕因名

白面山 縣西十五里

鳳山 縣東五里左右蜿蜒如鳳萬曆四十八年邑人肖癸胡斌鄉約羅明琛建寺千上復古

龍頭山 南七里　還廣山 縣西十里

宝蓋山 東五里　董山 縣南十里

雞籠山 東南四十里　尖山 西二十里

梧桐山 西南十五里　寿隆山 南十三里

月半山 西一十里　大帳山 東十里

斗牛山寺 東北二十里　有清涼山 縣南三十里

七里山 東三十五里　湯營山 東二十五里

金山 南三十五里　大龍山 西北二十里

昭灵山 東四十里　虎岩山 西三十里

審巖山 縣東南二十里蜂黄巖審岩下嘉靖初山項夜忽有光土人因詣視普庵佛迹近朝謁

雲蓋山 東北二十五里時有雲起如盖

大盤山 東南四十五里有盤旋之勢上有寺

白雲山 西四十里突兀險峻上有古寺

萬峯山 東北二十五里

黄鶴山 南二十里頂列三大峯旧傳葛仙翁曾跨黄鶴憇此故名

龍窖山 縣北三十里有巨壑雲氣常聚

鳳凰山 縣西十五里旧傳曾有鳳凰来棲

嶺

雞鳴嶺 東四十五里崇西界　玄鳥嶺 南四十里平江縣東界

南樓嶺 東南四十里寧州西界　苦竹嶺 東四十里寧州界

大岐嶺 北三十五里崇陽界　青草嶺 東北三十里

冲

楊林冲縣西南十五里　觀冲縣西十里

土墻冲縣北二十五里　癸冲縣東二十里

丁冲縣南五里　長冲縣南五里

坳

白竹坳縣北五里　黄泥坳縣南六里

水

雋水縣北半里自上雋御界發源至拱北橋下五十步與秀水合流

陸水陸水即雋水自巴陵歷通崇經蒲圻六口吴呂岱嘗起兵于此出一統志

秀水縣南五十步源自龍潭發流經朝宗橋遶縣東北與雋水合

港

黄沙港縣西十里源自臨湘北流鐵柱山前與雋水合

鐵東港縣北十里源自黄沙流至鐵東因名

鯉港縣東三十里源自蘇肯洞下與新安港合

新安港縣東二十里源自黄龍山至菖蒲港口與雋水合

東港縣東十里　太平港縣東五里

馬港縣南四十里　南港縣西三十里

梅港縣西北十五里

潭

老龍潭縣南三十五里深邃龍蟠其中歲旱禱之輒應

石壁潭縣北七里上有古詩

百丈潭縣西南三十五里潭有聲如鐘鳴歲旱可禱

灘

石盤灘縣西南九嶺之麓參議王昂詩云○野水縱橫轉百湍水中巨石鏡光寒與君窮意趣真天設護數龍門八節灘

源

孔家源縣西南四十里孔端植子孫世居故名

埠

營家埠縣北十里

井

井泉井縣治蕭家嶺井泉坊下今廢

義井縣東二十五里昔吴述道七代不分共飲此井故名

金家井縣治南門内

泉

分水泉縣南四十里自黄龍山分流與雋水合

九股泉縣東三十里

塘

東塘新安里　西塘未蘇里

南塘上黄里　北塘南田里

陂

槎陂盤庚里　陳陂石喬里　河陂下太里下

石桐陂下太里東二西一荷　澗陂南田里　盂龍陂崇仙里

黄土陂修竹里　新莊陂梓木里　大陂梓木里

桐樹陂新安里　庚陂上黄里　青陂下黄里

烟竹陂下黄里　禹坑陂下黄里　泥陂未蘇里

楠木陂上善里　風子陂上善里　石陂下太里

堰

丹田堰在坊　喻家堰在坊　赤竹堰在坊

泉源堰在坊　鄧婆堰在坊　塘源堰盤庚

楊柳堰盤庚　白石堰盤庚　雙林堰石喬

坪上堰石喬　吳家堰石喬　龍洞堰朱良

石壁堰上太　毛家堰上太　神堂堰下太

東坑堰下太　木塞堰下太　雷家堰下太平橋廟上

長港堰南田　黄泥堰南田　石溪堰南田

石城堰崇仙　可成堰崇仙　鈌炉堰修竹

道遥堰修竹　兩壇堰梓木　圓山堰梓木

龍潭堰梓木　竹岩堰梓木　彭家堰辛安

牛角堰辛安　青山堰上黄　葉家堰下黄

黄坳堰下黄　麻石堰未蘇　大湖堰未蘇

南港堰上善　五家堰石喬　大陂堰上太

猴頭堰上善　舉脚堰梓木　陳家堰石喬

坊

善政坊譙樓左今廢　善教坊譙樓右今廢

育材坊縣東今廢　惠民坊縣西今廢

澄清坊今廢　肅政坊今廢

興賢坊今廢　儒林坊今廢

萬代宗師坊知縣臧石立今廢

丹桂坊南門内舉人姜繼性立　折桂坊正街舉人金誥立

進士坊為劉士昌立　擢桂坊舉人方瑛立

賓賢坊舉人鄧恭立　繡衣坊進士劉士昌立

麟魁坊在北門外為舉人何隆立　經魁坊北門内為舉人金璽立

進士坊十字街西為進士劉紹玄立　登科坊為舉人陳一立

恩北坊為義民盧萬頃立　科甲坊知縣趙廷佩

楚南名邑坊在儀樓前知縣趙廷佩立　節鎮坊知縣臧石為舒大猷立

方伯四面坊在十字街巡撫李御史錢啟建東區方伯北區總憲南區文宗俱為右布政使舒大猷立西三代重封為贈參政舒孟謐贈郎中參政舒勝掄立

市

十里市縣南十里　官塘市東南二里　塘湖市東西十里

麻埠市東三十里　崇古市西四十五里　大平市西北三十里

沙堆市東北二十里　新安河市縣東南二十里

街

十字街縣治通達四門往來者會於此　西街縣之西

線街南門外路通平江　新興街縣之北

津

毛公渡縣北五里新安港瀉水於此合流春夏水漲徑涌舡夫二名及修舡銀皂吳吾渡頭故名

梁

拱北橋縣治北門外瀉水邑之通途宋咸淳間丙邑人楊起莘創建石墩架木分九孔未樂壬辰圯於洪水正統丁巳知縣楊慶依舊修繹正德間大壞於水朱僧募勸五千餘金全用石甃九眼圖拱稷石

[illegible]石橋拱北橋右今廢　鸛公橋石縣東園山下嘉靖中前御史顧建今廢

朝宗橋石縣南一名朝宗橋洪武中主簿白壽建後廢萬曆中僧海清募貲全用石砌三眼

青石橋縣北一里　太平橋石縣東五里文獻通考宋有太平港即此

北港橋石縣西四十里　第一渡橋石西南二十里源自玄烏嶺

龍奔橋石縣南七里成化十九年鄉民萬思信募修

三公橋縣西二十里畔有三公祠　石潭橋石縣西二十里

南蝦橋石縣西三十里　何保橋石縣南五十里

馮港橋石縣西南二十里成化二十一年鄉民徐昊募衆重修

烏橋石縣西北五里　萬家橋石縣南十五里

水口橋石縣東北十里白馬舖上百步嘉靖戊申僧海德募修

拓橋石白馬舖下五十步通民所建舊志云崇陽非也往省孔道故載之

古蹟

仙翁石縣南五十里黄龍山之巔相傳葛稚川修鍊於此未就而去至今桑炉丹灶尚存[illegible]產奇竹數根風來自為掃壝井有靈湫中有二黃魚歲旱禱之則應呂純陽有詩云山高一千八百丈太玄二十五洞天落花飛出水衝石帳撥開風捲烟金鯉一双游碧沼石田三畝種紅蓮我來絕頂無他事為訪仙翁葛稚川

子磐幕縣東南五十里幕阜山之巔吳太史慈為建昌都尉拒劉表使子磐於此建營幕故名宋許元規有詩[illegible]山縣[illegible]幕幾千丈[illegible]頭印天上捫蘿躡磴到山巔猶如平地[illegible]

治知天高應無極慕阜層蒼一拳石洞達八□古所傳對此還看一鏡圓當初有上三尺太和
知天下有山川

雨壇 縣南三里錫山之巔有石碑歲旱宜于此禱

石塔 縣北一里星華橋側昔僧滿大師所建武昌周潮重修市民因以勝迹石佛鎮之

龍印石 縣西四十里有龍印之跡

黄大石 縣東一十五里相傳有仙人黄太嘗坐煉於石上

仙棋石 縣東三十五里相傳有二仙圍棋石上至今棋跡儼然

石龍 縣西二十里峻岩怪石遠望若龍

風孔巖 縣西三十里四脚嶺之巔昔風孔太仙於此得道其中可容四十人

破石礁 縣東十五里道旁一巨石中裂一縫竹木生焉

箬姑尖 縣西三十里山項有三石仙人雲起夕必有雨

大鼓塘 縣北十里形肖大鼓爲崇通之界

主簿廟 縣南錫山之陽舊傳姑擲採礦穴崩官夫俱陷後雷雨大作擁出主簿屍知生立祠祀之

土産

貨類

棉絨　棉布　葛布　葛麻　苧麻　茶葉

花椒　棉花　藍靛　白蠟　綠礬　黄蠟

漆油　桐油　竹筆　竹紙　皂炭　鹿皮

穀類

稻　黍　粟　蕎　大麥　小麥

芝麻　角豆　綠豆　豌豆　紅豆　芋頭

刀豆

蔬類

青菜　白菜　芥菜　芹菜　莧菜　苦菜

苦蕒菜　葱　王瓜　絲瓜　冬瓜　西瓜

萵苣菜　蒜　南瓜　瓠子　葫蘆　蘿蔔

蔓荽　韭　蒿蓬　木蕈　石蕈　董蒿

油菜　茄　笋　蕨　薯　蕷

薑

菓類

桃　梅　李　栗　柿　梨　棗　杏　柑　橼

柰　藕　橘　菱角　白菓　楊梅　櫻桃

木瓜　石榴　枇杷

藥類

菖蒲　茱萸　山薑　百合　蒼朮　紫蘇

薄荷　芍藥　香附　荊芥　烏藥　當歸
干葛　牛膝　皂角　苦參　黄蘗　枝子
枳實　萆麻　香薷　匾豆　槐角　石乳
南星　半夏　木通　香附　地骨皮　瓜蔞子
車前子　蒼耳子　五棓子　金銀花　枸杞子
五加皮　桑白皮　益母草　何首烏　麥門冬

木類

桑　柘　松　栢　梓　杉　椰　株　桂　槐
楊　柳　榆　桐　楮　樟　楓　椿　檀　棕

漆　梨　栗　檜　楑　杏　柿　杷　白楊
椆

竹類

南竹　荊竹　苦竹　水竹　焰竹　筆竹
班竹　紫竹　篛竿

花類

玉簪　鳳仙　芍藥　薔薇　木犀　水仙
蜀葵　木槿　山茶　海棠　酴醾　芙蓉
紫荊　萱草　百結　菊花　杜鵑　映明

幽蘭　蓮花　雞冠　石榴　月月紅

草類

鳳尾草　龍胆草　馬鞭草　車前草　狗尾草
夏枯草　白茅草　寄生草　螢火草　扁竹草
青蒿　紅蓼　茨菰　芭蕉　鼠耳
蒲茭　藻芹　荇　萍藻　稗

禽類

鶴　鴈　燕　雉　鷹　鴿　烏　鷺　鷗　鷗
鸛　雀　鳩　竹雞　鶺鴒　鴛鴦　喜鵲　鵝

練鵲　山鵲　鷓鴣　布谷　子規　畫眉　錦雞
鵪鶉　百鴿　啄木　山鷓　鸕鷀　野鴨　鳴
天鵝　淘河　姑惡　翡翠　鷙鷹　鴟鴞　鴿
青鵃　白頭翁

獸類

鹿　虎　豹　馬　牛　羊
豬　騾　驢　猫　犬　麞
麂　麋　猴　豺　獺　狐
貍　猩　山牛　野豬　豪豬　兎狗

豻狗　黃老鼠　鯪鯉甲　豻豬　黃野狗

鱗類

鯉　鰱　鯿　鯖　鯽　鮎

鱖　鯮　鱑　鮸　鰽　鰕

鰟　鱵

介類

龜　鼈　螺　蚌

蟲類

蚕　蜂　蛇　蚊　蠅　蚋　蟻

蛙　蟬　蜩　蛾　蜈蚣　蝴蝶

蜻蜓　蚍蜉　蚯蚓　地蚕　蜘蛛　莎雞

螳螂　水蛭　百節

通城縣志卷之一終

通城縣志卷之二

志田賦

按丁起三軍貢程九式而中正畫一之法周官獨詳焉偽增無横征足圖裕民實嘉賴焉故志

户口

明洪武二十年

軍民二千六伯玖十一户

男婦一萬七千九伯八十口　内男子九千六百二十九口内婦女八千三百五十一口

明永樂十年

軍民二千七伯二十户

男婦一萬九千六伯四十口　内男子九千二百二十五口内婦女一万四百乙十五口

成化十八年

軍民等户二千六伯一户　内民二百八户○内軍一千一百一十六户[illegible]

軍八百三十三户○雜役三百四十四户

男婦肆萬九千二百六十口　内男子二万二千二十七口内婦女一万七千二百四十三口

弘治伍年
軍民雜役户貳千陸百三十二户内民三百三十九户内軍一千一百一十六户内船軍八百三十八户〇内雜役三百四十四户
男婦肆萬二千肆百六口内男子二万四千五百二十一口内婦女一万七千八百八十五口

隆慶陸年
人丁一萬二千二十一丁
大造逐户清審是年知縣楊汝桂厭審覈之勞每粮乙石註人乙丁

萬曆四十八年
人丁如前

天啟七年
人丁如前

崇禎十六年
人丁如前

國朝

順治七年
人丁照一萬二千零二十一丁之数其銀即
於糧内是年知縣盛治清審按明制共弍

丁户口更易不一隆慶六年以後直至崇禎而未
改查志載先年知縣楊汝桂厭編審之勞每糧一
石註人一丁然通縣秋粮一萬二千一伯八十一
石三斗四升四合五勺丁僅一萬二千零二十一
丁是粮浮於丁丁較少於粮也若石粮一丁差有
不平猶之可也惟七八斗以上者派一成丁四斗
三斗以上者派一次丁甚至一斗以上少至數升
者亦派一下丁視之五六石之粮僅僅二三丁極
之拾石二拾石之粮不過五六丁殆偏宜於粮多

之富民獨累乎粮少之下户也清審之謂何頑仍
踵此弊而不畜衡鑑持平為萬世利賴之楨乎因
訊諸父老咸曰各縣舟揖可通商賈多於農功故
丁以人計通城山邑不通河道人口無甚生理止
望田為活計則丁銀之派應蠃縮於粮之多寡耳
非力為釐滌斟酌而剤量之將積習乆沿縣治何
繇更化今既照粮鋪派丁銀庶苦不偏惟樂可徧
及士民誰不嘆服後之令通者雖百世不易也

洪武二十四年

夏稅小麥壹千壹百三拾壹石二斗肆升四合二勺 徵收本色絲九百六十八斤一十一兩八錢一分○織造絹疋解京

秋糧壹萬二千壹百六拾伍石叁斗六升肆合七勺 地僻山谷水淺灘多舟楫難通奉例每米一石折徵綿布一疋

農桑絲壹拾七斤捌兩二錢柒分

永樂拾年

夏稅小麥壹千壹百三拾柒石六升二合四勺 永樂十一年奉湖字二千六十九號勘合照依秋粮每石折徵綿布一疋○系一千斤零九兩九錢六分○織造絹疋解京

秋糧米壹萬二千肆百肆拾貳石六升三合七勺

農桑絲壹拾七斤壹拾貳兩伍錢玖分 織造絹疋解京

照舊折徵棉布

成化拾捌年

官寺民田地塘壹萬九百三拾一頃三畝一分

內田一千五百二十九頃九十九畝三分

內地三百四十七頃七十畝五分

內塘五十三頃三十三畝三分

以上三項共科

夏稅小麥壹千壹百四十三石九斗八升一勺 系一千一百九十七斤一兩四錢織絹九百五十七疋有零運送北京內府交納

秋粮米壹萬二千一百三拾三石一斗一升三合七勺 內官寺田地塘共四百九十四頃六十三畝 內田三百五十二頃四畝一分○地一百四十二頃一十二畝七分○塘四十六畝二分 以上三項共科

夏稅小麥壹千壹百四拾三石九斗八升一勺 系二百九十七斤六兩四分

秋糧米陸千叄百二拾一石三斗一升九合八勺 民田地塘共一千四百三十六頃四十畝 田一千一百七十七頃九十五畝二分○地二百五頃五十七畝八分○塘五十二頃八十七畝一分○以上三項共科

夏稅絲捌百玖拾九斤伍兩叄錢六分

秋粮米伍千八百壹拾壹石七斗九升三合九勺

農桑地陸頃玖拾肆畝九分 栽桑二萬八千二十七株

絲一十八斤五錢五分織絹一十四疋一丈二尺八寸三分運送南京內府交納

弘治伍年

官寺民田地塘壹萬玖百叄拾七頃六畝三分

內田一千五百三十三頃一十六畝○地二百五十頃三十七畝○塘五十三頃五十三畝[illegible]分○以上三項共科

夏稅小麥壹千壹百四十叄石九斗八升一勺
係一千二百斤七兩五錢七分〇織造絹九百六十疋一丈一尺三寸六分運送北京內府交納
秋粮米壹萬貳千壹百五拾二石五斗二合五勺
內官寺民田地塘共四百九十四頃六十三畝
內田三百五十二頃四畝一分〇地一百四十
二頃一十二畝七分〇塘四十六畝二分
以上三項共科
夏稅小麥壹千壹百四拾叄石九斗八升一勺
內係二百九十七斤一十二兩四分
秋粮米陸千叄百二十一石三斗一升九合八勺
內民田地塘共一千四百四十二頃四十三畝
三分〇田一千一百八十一頃二十一畝九分

〇地二百八頃二十四畝三分〇塘四十六畝
二分〇以上三項共科
夏稅小麥壹千一百四拾叄石玖斗八升一勺
內係二百九十七斤一十二兩四分
秋粮米陸千叄百二拾壹石三斗一升九合八勺
民田地塘共一千四百四十二頃四十三畝三
分〇田一千一百八十二頃一十一畝九分〇
地二百八頃二十四畝三分〇塘五十七三頃七
畝一分〇以上三項共科
夏稅絲玖百二斤壹拾一兩伍錢三分
秋粮米伍千八百叄拾石柒斗三升二合七勺
農桑地陸頃玖拾二畝九分栽桑二萬八千二
〇株科

係一十八斤五錢五分〇織絹一十四疋一丈
二尺一寸三分解南京內府交納
萬曆玖年　甲詳請丈
秋糧壹萬二千壹百捌拾壹石叄斗四升四合五
勺田塘內派〇內二斗以上起科官米二十九石
八斗九升一合五勺〇內一斗以上起科官米
六十一石五斗一勺〇民米升一斗以下起科
官米六千一百五十石九斗五升二合九勺本科
年申詳清丈不分官民一体徵粮編差
夏稅麥米壹千壹百四拾叄石九斗八升一勺地內派
夏稅絲壹千二百四斤柒兩一錢三分三釐三毫
三係田地塘三項派今秋粮內通融派

農桑絲壹拾捌斤伍錢五分叄釐三毫三系
舊栽桑地派今秋粮內派
田清丈共貳千六百伍拾頃壹拾七畝壹分捌釐
肆毫〇內上中田一千八百六頃七十九畝六分
四釐五毫　每田一畝科粮米四升零
九合九勺共科秋粮八千九百六十一斗七升
七合三勺科夏稅系八百二十二斤一兩四錢
七分八釐一毫五系六忽〇內下田八百四十
三頃三十七畝五分三釐九毫〇每一畝科粮
粮米三升三合一勺共科秋粮米二千七百
十一石五斗七升二合二勺一抄〇科夏稅系
二百五十六斤二兩八錢零四釐四毫
地清丈共叄百壹拾頃壹拾肆畝捌分柒釐捌

□田一畝科夏稅小麥三升六合八勺二□
共科夏稅小麥一千一百四十三石九斗□
升零一勺科夏稅絲八十六斤一十二兩三
三錢一毫七絲四忽〇科農桑絲一十八斤□
五錢五分三厘三毫三絲

塘清丈共壹百貳拾玖頃八十一畝七分二厘一
毫〇每一畝科秋粮米三升三合一勺共科秋
粮米四百二十九石六斗九升四合九勺
大抄五撮一圭科夏稅絲三斤九兩九錢
[illegible]

國朝稅粮俱如前順治伍年知縣□□奉□清丈田地塘□

夏稅本色起運

盛京户部錢糧

盛京絹玖百六十三疋壹丈六尺八寸五分每疋正
七錢費銀二錢扛銀二錢共銀乙千零五十
九錢乙分乙厘八毫三絲三忽二微當官四
絲成造責經手人役觧　司搭觧過累歲年分
州縣官帶觧不許分□粮室

江南工部錢糧

江南農桑絹壹拾四疋壹丈二尺八寸三分每疋正銀
五錢五分扛銀乙錢五分共銀乙十兩零九
九厘四毫五絲新議京扛每兩五分該銀五錢
四厘九毫七絲觧　司類附各縣部運南□
漕觧

撥運

本□倉小麥抵米壹千四十三石□斗八□

原額每石折銀四錢該銀四百乙十七兩五□
九分二厘四絲觧府

存留

本縣倉小麥抵米原編司吏三名各米三石六十
每石折銀三錢五分共銀三兩七錢八分孤老
六名口各米三石六斗每石折銀五錢共銀壹
十兩八錢除知典司吏孤老外剩銀四兩五錢
二分所遇閏及原議四□照名數請觧支給

秋糧折色起運

盛京户部錢糧

京庫米二千三百七拾五石二斗九升八合八勺

肆抄三圭五粒四粟每石折銀二錢五分該銀五
百九十三兩八錢二分四厘

七毫乙絲八塵八纖五渺每兩原議京扛銀三
分滴珠銀乙分該銀二十三兩七錢五分二厘
九毫八絲八忽四微三纖五渺觧官盤費每兩
五厘該銀三兩八分七厘九毫觧　司搭觧

秋糧本色起運

兑軍本色正米二千乙百八拾一石每石耗米四
斗共米三千
五十三石四斗另正米乙石里納盤脚米二斗
船脚米三升共米乙百零九石五升

秋糧折色起運

叁陸耗蓆輕賫銀四百三兩四錢八分五厘□□□

觧准扛銀乙分該銀四兩三分四厘八毫五□
附兑粮官觧

運糧官軍行月二糧米五百柒十五石八斗八□

原議每石折銀四錢該銀二百三十兩三錢
分二厘
撈木松板銀捌兩柒錢二分肆厘
派剩太倉米三百二拾二石六斗 每石折銀六錢該銀乙百九十
三兩五錢六分每百兩京扣銀乙兩二錢該銀
二兩三錢二分二厘七毫二系原議解官盤費
每兩五厘該銀九錢七分九厘四毫解司搭

江南戶部錢糧
江南倉本色正米二千九拾六石八斗 每石耗米二斗五升
共米二千六百二十乙石另正米乙石里納船
駝腳米乙斗五升該米三石乙斗四石五斗二
并外正米乙石本折蘆蓆備竹圍𩢰斗銀二分
乙厘六毫該銀四十五兩二錢九分八毫八系

部解南兊二糧運官盤費銀二十六兩六錢 內扣銀乙
兩大錢解司類給總部部通判餘本縣兊軍
官銀五兩南糧官銀二十兩

撥運
福府租課正耗銀壹拾一兩三錢一分六厘 解官盤費
每兩五厘該銀五分六厘五毫八系解司
剎岷二府庶人口糧米捌拾三石八斗五升六合 每石
折銀五錢該銀四十乙兩九錢二分八厘原議
解官盤費銀每兩五厘該銀二錢九厘六毫解
司
練兵糧餉米壹千[illegible]八百四[illegible]十六斗壹[illegible]勺

每石折銀三錢該銀五百七十乙兩四錢一
八厘五毫七系原議解官盤費每兩五厘該銀
二兩八錢五分七厘一毛解司
本府倉折色米四百五拾五石一升六合九勺 每石
折銀五錢除原議咸免外實徵銀一百七兩五
錢八厘四毫五系○原議代派江夏縣原編楚
府將軍祿米本色每石折銀伍錢并本縣祿
米一千七百五十乙石三斗三升八勺五抄九
撮六圭四粟六粟每石折銀三錢俱改抵平江
縣原編大有倉米乙千三百五十石七斗九升
八合五勺一抄五撮七圭八粟六粟每石折銀
五錢該銀六百七十五兩三錢九分九厘二毛
五系七忽八微九塵三纖弐項解府

存留

本縣學倉米原編廩生二十名各米一十二石 每石
折銀六錢共銀一百四十四兩吏一名并香燭
米各三石六斗每石折銀三錢五分共銀二兩
五錢二分除教官廩生李吏香燭外剩銀一兩
八錢收貯縣庫聽遇閏奏支

起運
盛京禮部錢糧
盛京藥味正價銀四兩八錢一分七厘六毫七絲
壹忽八微七塵五纖 每兩京扣銀凖分該銀一錢
九分二厘七毛六忽八微七
塵五纖解官盤費銀每兩五厘該銀二分五厘
乙毫
盛京工部錢糧

臘疋正銀九十兩三錢內扣征銀九十三兩五錢偶閏止征銀一十九兩八分該
每年帶徵柒兩六錢每兩京扛銀九厘該銀九錢三分四厘二毫解官盤費每兩五厘該銀五
錢二分三厘七毫

白硝麂皮壹百柒十二張每張價銀四錢京扛銀二錢共銀乙百三兩二
錢解官盤費每兩五厘該銀五錢一分六厘如遇折色之年每兩另添京扛銀九厘

狐狸皮正銀四錢九分五厘五毫四絲每錢京扛銀九毫該銀二厘四毫大系解官盤費每錢五毫該銀二厘五毫

翎毛正價銀二兩四錢二分八厘六系七忽三微
玖塵三纖五渺每兩脚價銀九厘該銀二分乙厘八毫五系二忽六微六纖五緲解
官盤費每兩五厘該銀乙分二厘三毫

弓箭弦條正價銀八十一兩二錢二分四厘京扛銀二兩弍錢四分八厘九毫六系解官盤費每兩五厘該銀四錢二分二厘四毛

胖襖鞋褲壹十玖副每副正銀二兩二錢水脚銀三錢共銀二十八兩五錢官解領銀製造解司另給夫馬不必加派扛銀

營繕司料銀二百一拾四兩八錢六分三厘每兩京扛銀九厘該銀乙兩五錢三分三厘七毛六系七忽解官盤費每兩五厘該銀一兩八分四厘

盛京戶部光祿寺錢糧

坐派光祿寺甲丁庫供應等銀二百玖拾兩

分該銀五兩八錢解官盤費每兩五厘銀乙兩四錢七分九厘

派剩岳州軍餉米八拾石六斗每石折銀六錢該銀四十八兩三錢
六分奉文改抵岳州府屬黔陽縣坐派光祿寺甲丁年供應等銀每兩原議京扛銀二分該銀九錢六分七厘二毫原議解官盤費每兩五厘該銀二錢四分大厘大毫解司

扣解岳州軍餉改抵岳州府屬黔陽縣坐派光祿
寺甲丁庫供應等銀壹十二兩一分八厘一毫每兩原議京扛銀二分該銀二錢四分三厘大系二忽解官盤費銀每兩五厘該銀大分乙厘三毫
解布政司交收

潞府本價銀壹十三兩三錢七分五厘

福府茶價銀一拾三兩三錢七分五厘二項解費每兩五厘共該銀一錢三分三厘八毫

綾紗紙價銀一百三十柒兩玖錢二厘二毫五絲
捌忽四微俟部文之年方派不必每年帶徵

江南禮部錢糧

江南藥味銀五錢九分四厘二毫三絲四忽三纖
柒塵五纖系照扛解

漕運

曆日銀四兩九錢四分九厘一毫四絲

軍需銀五十三兩二錢五八分
科舉銀二十玖兩四錢五分
淺船銀三十九兩四錢一分三厘四項解工部盤費每兩五分五厘該銀
六錢四分五厘
本府惠民局藥味銀壹兩三錢三分解府
起運
江南户部錢糧
江南户口鈔本折正扛共銀二拾四兩玖錢玖八
五厘八毫五絲二忽三微二塵帶閏銀八分八錢三分二厘八毫六系乙
忽七微肆塵四纖解官盤費每兩五厘扛脚銀乙錢二分四厘九毫解官司脚解

撥運
本府户口鈔銀三十六兩三分六厘帶閏一錢乙兩乙厘二一毫解
府
起運
江南兵部錢糧
江濟水夫壹百四十二名每名銀四兩九分五厘共銀三百八十一兩四
錢九分每百兩京扛銀九錢該銀五兩一十錢三分三厘四毫乙系解司附部運南糧江戶供解
撥運

館口驛馬五匹每匹銀三十兩帶閏銀五錢共銀乙百五十二兩五
錢
山陂驛馬六匹每匹銀三十兩帶閏銀五錢共銀乙百八十三兩俱
解給
扣解辰州軍餉江南户口鈔連帶閏共銀四十玖
兩七錢二分二厘溆浦縣白硝麂皮銀乙十二兩
七錢五分九厘九毫又新改抵沅陵縣額派猫竹
銀五兩五錢以上各項解官盤費每兩五厘該銀三錢三分九厘九毫解布政司交收
軍門民練兵壹名銀柒兩三錢帶閏銀一錢二分
民練兵三名每名七兩二錢帶閏銀乙錢二分共銀二十乙兩九錢六

分解給
本府糧廳二名刑廳壹名共銀二十乙兩玖錢六
分徵銀解給本縣民壯內美
楚府審理柴薪肆名每名銀壹十二兩共銀四十八兩帶閏
銀乙兩六錢
民校三名每名銀一拾二兩共銀三十六兩無閏武岡通城宣化三王
王府乙名
布政司門子八名每名銀七兩二錢帶閏銀乙錢二分共銀

□□兩五錢六分　本堂各四名

承差副理問經歷門子各壹名每名銀七兩二錢帶閏

銀乙錢二分共銀三十乙兩九錢六分

一派辰州單餉民壯銀今抵黔陽縣額派布政司

表夫銀二兩四錢

按察司皂隸七名每名銀七兩二錢帶閏銀壹錢二分共銀五

十乙兩二錢四分　□堂二名屯塘道五名

屯塘道快手一名銀七兩二錢帶閏銀乙錢二分

本府刑廳柴薪二名每名銀一十二兩共銀二十四兩帶閏

銀八錢

馬夫三拾名每名四兩共銀壹百二十兩無閏

刑廳經歷知事各十一名

門子一十五名銀壹百乙兩四錢帶閏銀乙兩□錢九分共銀

百三兩九分內府堂四名清軍帶糧捕盜理刑四廳各二名俱每名銀七兩二錢帶閏銀乙□

二分

經歷知事照磨各一名俱每名銀五兩閏銀八三釐三

轎夫快手三名銀二十玖兩二錢帶閏銀三錢分共銀十九

錢二分

撫廳一名銀七兩二錢閏銀乙錢二分

經歷照磨各一名每名銀六兩閏銀乙錢

捕盜廳皂隸水夫二名每名銀七兩二錢帶閏銀一錢二

分共十四兩六錢四分

廣積倉斗級銀一十二兩

文廟門子一名銀六錢帶閏銀二錢

三江口守備廩糧銀七兩七錢四分帶閏銀二錢五分八毛

界口驛支應銀一百二十五兩

馬頭口驛支應銀一百兩二項無閏

編協各巡司弓兵從編九名每名銀六兩帶閏銀

乙錢宗充九名每名銀一兩八分帶閏銀一分八

至湘共銀六十四兩七錢八分　石石碯口徭編五

名宗充六名土門界徭編四名宗充一名羊樓

巡司宗充二名

存留

本縣馬夫二十名每名銀四兩共銀八十兩無閏

典史各十名

便民倉斗級一名銀三兩帶閏銀五分

孤老現在六名口每名口歲給布花銀三錢共乙兩

編八伐遇有開除扣銀貯庫候新收支給以免

修理渡船銀壹兩二年一修每年該銀五伐

文廟二祭共銀肆十兩

啟聖祠二祭共銀柒兩

名宦鄉賢二祠各二祭共銀柒兩

山川壇二祭共銀壹十二兩

社稷壇二祭共銀壹十兩

邑厲壇三祭共銀壹十二兩

鄉飲二次共銀捌兩

歲貢盤纏銀壹十五兩以上俱徵銀入庫支給

看守門子二名銀三兩八錢帶閏銀六分三釐三毫共銀三兩八錢六

分三釐三毫內分司一名貳兩三分三釐三毫

山川社稷邑厲壇壹名銀壹兩八錢閏銀三分

各鋪司兵徑編壹十七名銀七十乙兩閏銀乙兩八分

三里三毫求充乙十五名每名銀乙兩八分帶閏銀乙分八釐共銀八十八兩六伐五分三釐

三毫縣前鋪徑編二名每名銀六兩閏銀八分三釐三毫求充四名進口鋪徑編乙名求充四

名白馬清水三鋪各徑編三名求充二名各鋪徑編四名求充一名以上徑編每名銀四

閏銀六分六釐六

毛公渡夫二名每名銀壹兩八錢帶閏銀三分銀三兩六伐六

分三項徵銀給領

里甲

原編銀三百壹十肆兩七錢六分今無增減除優

免外丁肆糧大萬派

排夫壹拾八名每名銀七兩二錢帶閏銀乙伐二分共銀乙百三

十乙兩七伐六分內扣解府堂抽夫快手一名本縣隨後六名走差壹十一名俱徵銀給領參名

經制除應役大名八縣走差共壹十二名實徵銀八十七兩八伐四經制內派并府抽六本

分

腳馬壹十匹每匹銀一十八兩帶閏銀三伐共銀一百八十三兩俱

給走差徵銀給領

公費

朝賀習儀朔望行香紙燭銀六錢

修理龍亭銀貳兩

本縣應　朝覲經首領官二十五兩該縣吏壹十

兩紙劄工食銀四兩共銀三拾九兩三年一次每年該銀一

三兩

分司府館合用什物銀三兩
紵紗圍裙各二副銀二兩
緞座褥二副銀六錢
皮涼匾二架銀一錢六分
珠盒筆架二副銀三錢
預備素轎一乘銀二兩五錢
轎乾一副銀五分
青絹傘二把銀二兩四錢
雨傘二把銀二錢 以上通共銀二十兩二錢一分 三年一換每年該銀三兩四錢

通城縣志 卷之二 二十

四元
撫院公費二十九兩
按院公費二十四兩五錢
司道公費一十四兩七錢二分四厘六毫二絲五
微五塵五纖三渺
黑紙石州帶納民壯銀原抵崇陽縣額派布政司
清軍道紙劄銀四兩
分守武昌道紙劄油燭等銀四兩公費十三兩八
錢八分九厘

道紙劄油燭四兩四錢
學道公費銀五兩一錢二分[illegible]厘
歲科考生童合用試卷供應給賞等項每年派銀
二十五兩 館考期扣銀五兩協濟江夏縣搭廠外 餘扣某實用銀數造冊申 李道仰發
本縣存照
本府公費銀一十六兩
新舊會試舉人以一名為率給長夫銀二十四兩
三年一次每年該銀八兩如新中數多本年暫於備用內銀扣支次年照名加編如有甲第出仕者即照名減編以免冒破

通城縣志 卷之二 二十一

歲貢生員盤纏除徑編外花紅旗匾酒席銀一拾
兩 其呈詩作與陪期于備用銀內支給正陪二名 先考御方銀各一兩共銀一十二兩二年一名 每年該銀六兩新例縣李十年通選每生給銀 乙兩館期於剩銀內支給不必另派
科舉生員以一十五名為率每名盤纏銀一兩五
錢花紅銀玖錢酒席銀壹錢共銀三十七兩五錢
三年一次每年該銀一十二兩五錢
科舉謄錄書手二十四名每名銀五錢共銀一十
二兩 三年一次每年該銀四兩
刊錄梨木板壹十塊每塊銀一錢水腳銀一分

一項共銀壹兩一錢五分三年一次每年該銀三錢八分三釐三毫

本縣刷春紙劄工食銀三兩三年一次每年該銀壹兩

門神桃符春牛春花酒席開印封印祖醴香燭等

一項共銀四兩

霜降祭祀銀壹兩五錢

知縣緞紗圓領各二副青絹傘雨傘各二把油絹

雨袍棕雨帽各一件硃盒筆架二副共銀五兩

典史青絹傘雨傘各一把硃盒筆架一副土絹圓

領一副共銀一兩三錢以上二項大兩三伐俱一年一換

供應銀三十兩今無增減例不優免丁四糧大燕減供應往來上司過客油燭柴炭

下糧小飯下程中火紅紙劄交際鄉宦等項支用有餘撥入備用另下遞支

備用銀六十兩今無增減例不優免丁四糧大華減知遇害錄造冊恭應卷箱扛架

鋪墊內牌上司經臨攸索吏書飯食止宁瓶仟

行香講書給賞花紅字綱紙劄工食又五年幡

刑公費等項臨期動支〇歲貢呈討作興并歲

考科考府考生員花紅盤纏德臨期動支〇本

府縣應付燈油燭銀一兩五錢〇修理文廟錢

五兩并各衙門舖舍倉廒本縣頭二門等項中

請動支〇修理城垣一兩五錢〇本縣季考銀

七兩〇正官明轎銀二兩五錢暖轎連絹圓銀

四兩五錢冬衣座褥銀二兩轎靴四副銀四錢

執事一副銀一兩二錢新任支一次每年修

銀二兩凡事作逆料或數難預定或前銀用

許託項奏

本縣知縣一員俸銀每年二十七兩四錢九分無閏每季該銀六兩八錢七分二釐五毫

薪銀每年三十六兩每季該銀玖兩

程紅紙張油燭每年三十兩每季該銀七兩五錢

修宅家伙每年二十兩每季該銀五兩

迎送上司傘扇每年十兩每季該銀二兩五錢

吏書拾二名工食銀每年壹百二十玖兩六錢每名

歲支十兩八錢

門子二名工食銀每年十四兩四錢每名歲支七兩二錢

皂隸十六名工食銀每年壹百拾五兩二錢每名歲支

七兩二錢

馬快八名工食銀每年壹百四十四兩每名歲支十八兩

民壯五十名工食銀每年三百六十兩每名歲支七兩二錢

燈夫四名工食銀每年二十八兩八錢每名歲支七兩二錢

看監禁卒八名工食銀每年五十柒兩六錢每名歲支

七兩二錢

修理倉監每年二十兩每季該銀五兩

轎傘扇夫七名工食銀每年伍十兩四錢每名

庫書一名工食銀每年十二兩
倉書一名工食銀每年十二兩
庫子四名工食銀每年二十八兩八錢每名歲支七兩二錢
斗級四名工食銀每年二十八兩八錢每名歲支七兩二錢
典史壹員俸銀每年拾玖兩五錢二分每季該銀四兩八錢八分
薪銀每年拾二兩每季該銀三兩
書辦一名工食銀每年七兩二錢
門子一名工食銀每年七兩二錢
皂隸四名工食銀每年二十八兩八錢每名歲支七兩二錢

馬夫壹名工食銀每年七兩二錢
教諭一員俸銀每年十九兩五錢二分每季該銀四兩八錢八分
薪銀每年十二兩每季該銀三兩
喂馬草料銀每年十二兩
訓導一員俸銀每年拾九兩五錢二分每季該銀四兩八錢八分
薪銀每年十二兩每季該銀三兩
喂馬草料銀每年十二兩
齋夫每學六名工食銀每年柒十二兩每名歲支十二兩
膳夫每學二名工食銀每年四

門子每學五名學教三名分教二名工食銀每年
三十六兩每名歲支七兩二錢
學書一名工食銀每年七兩二錢
匠班匠班自解

起運

江南人匠實在納班四十名一班五班該班每名
納銀一兩八錢遇閏加銀一錢解司轉解
攢造軍黄二册紙劄工食原議允于税贖銀内四
六襄支不許科派小民

一本縣新任修衙置辦什物銀正官二十兩佐二
首領教官各八兩廵撿倉官河泊各三兩俱動支本縣申報自理贖鍰如有不敷許于庫內魚課官鈔中請動支不許用里甲修設科斂
一到任陞任合用祭門猪羊香燭紙公宴酒席等
銀正官四兩佐二首領教官各二兩
一公堂日用茶六房紙劄每月銀三兩佐二首領
各銀五錢二項俱動支本縣月報自理贖鍰
新奉　糧儲道條陳停歇奉
院批允每漕糧正米一石加耗米二斗以補

并失賠解之費銀四厘以補江夏縣不足耗米
及修倉等費并不許積里積保額外科索小民
一本縣漕糧正米二千一百八十一石該加耗米
四百三十六石斗該加銀八兩七錢二分四厘
內銀鮮糧道發江夏縣交收
本縣倉小麥抵米一百石每石折銀五錢該銀伍
十兩內知縣一員歲支俸米二十七石每石折銀七錢共銀十八兩玖錢○內典史一員米二
十四石每石折銀五錢共銀十二兩○內司吏三名各米三石六斗每石折銀三錢五分共銀
三兩七錢八分○內孤老六名口各米三石六斗每石折銀五錢共銀十兩八錢通共實支銀

四十五兩四錢八分外剩銀四兩五錢二分听遇閏及原議口糧照名數請詳支給
奉經制知縣典史共銀肆十七兩零一分
開除原額知縣典史司吏俸銀并剩銀共三十玖
兩二錢
實支銀五十柒兩八錢一分內經制知縣俸每年銀二十七兩四錢九
分○內經制典史俸每年銀一十九兩五錢二分○內原額孤老月米銀一十兩八錢
本縣學倉米三百一十玖石二斗每石折銀六錢
該銀一百玖十一兩五錢二分內教官二員歲支俸米各三十六石
該銀四十三兩○內廩生二十名各米一石每石折銀六錢共銀一百四十四兩○

一名米三石六斗每石折銀二錢五分共銀一兩二錢六分○內香米三石六斗每石折銀三
錢五分共銀一兩二錢六分通共銀一百八十九兩七錢二分外剩銀一兩八錢收貯縣庫听
遇閏奏支
奉經制教官二員每年俸銀共三十玖兩零四
分學書一名每年七兩二錢
開除原額教官學吏并剩銀共四十六兩二錢六
分
實支銀一百玖十一兩五錢內教諭一員每年俸銀一十九兩五錢二
分○內訓導一員每年俸銀一十九兩五錢二分○內廩生二十名每年俸糧銀一百四十四

兩○內香燭銀一兩二錢六分○內學書一名工食銀七兩二錢
應役民壯七十八名每名柒兩二錢帶閏銀一錢
二分共銀五百七十兩九錢六分內本府糧廳二名刑廳一名共
銀二十一兩九錢二分○內本縣巡捕典史二名工食銀二十一兩九錢六分○內本縣听差
七十二名工食銀五百二十七兩零四分
開除本縣民壯并典史民壯共壹百八十玖兩
實給銀三百八十一兩玖錢六分內經制應役民壯五十名工食
銀七兩二錢每年三百六十兩○內本府糧廳三名工食銀二十一兩九錢六分
本縣柴薪五名每名銀一十二兩共銀六十兩閏

銀二兩知縣四名典史一名

開除銀一十四兩

實支銀四十八兩内知縣薪銀三十六兩内典史薪銀一十二兩

本縣馬夫二十名每名銀四兩共銀八十兩知縣典史各十名現入兵餉

開除原額銀七十二兩八錢現入兵餉

實支銀七兩二錢

門子三名每名銀五兩帶閏銀八分三厘三毫共銀一十五兩二錢五分知縣二名典史一名

奉 經制知典三名工食銀二十一兩六錢内知縣門子工食銀一十四兩四錢〇内典史門子工食銀七兩二錢

本縣皂隸一十四名銀八十二兩帶閏銀一兩三錢六分六厘共銀八十三兩三錢六分六厘内知縣十二名每名銀六兩閏銀一錢共銀七十三兩二錢〇内典史二名每名銀五兩閏銀八分三厘三毫共銀一十兩一錢六分六厘六毫

奉 經制知典皂隸共工食銀一百四十四兩照十六名工食銀每年一百一十五兩二錢内典史四名工食銀每年二十八兩八錢

奉 旨禁子四名每名銀[illegible]兩帶閏銀一[illegible]

銀三十六兩六錢

奉 經制禁卒八名每名七兩二錢每年工食銀五十七兩六錢

排夫一十八名每名七兩二錢帶閏銀一錢二分共銀一百三十一兩七錢六分

開除走馬工食銀七十四兩零四分

實給工食銀五十七兩七錢二分内本府正堂抽快手一名七兩三錢二分内本縣轎傘扇夫七名工食銀五十兩四錢

本縣庫子銀三十兩内應役一名工食銀七兩二錢帶閏銀一錢二分餘銀二十二兩六錢八分抵作公堂心燭紅紙張等項之用

奉 經制每年搵紅銀三十兩

本縣預備倉斗級銀一十五兩内應役一名工食銀七兩二錢帶閏銀一錢二分餘銀七兩六錢八分貯庫以作查盤造冊賠補之用

奉 經制四名工食銀二十八兩八錢

本縣庫子工食銀七兩三錢二分

奉 經制四名工食銀二十[illegible]兩八錢

儒學齋夫四名每名銀一十二兩共銀四十八兩
帶閏銀一錢六分
奉　經制每季六名每名一十二兩共銀七十二
兩
儒學門子五名每名正閏五兩八分三厘三毫共
銀二十五兩四錢一分六厘七毫
奉　經制每季五名掌教三名分教二名每年銀
三十六兩
本縣燈夫四名每名一兩八錢共銀七兩二錢

奉　經制燈夫四名每名七兩二錢共銀二十八
兩八錢
儒學教官二員各傘扇銀三兩共銀六兩
奉　經制每員每年喂馬草料銀一十二兩共銀
二十四兩

通城縣志卷之三

志善政

賦役既定清理為先其間利所宜興弊所宜剔凡
因利而乘便法今以傳後規則烏容不立乎是以
甃奸去蠹因革損益之餘口碑交頌一時利賴永
埀萬世故志

申詳清丈

按誌載通城民刁糧欠然非刁也則壤定賦先王
畫一之式萬世無弊自世代遞更經界紊而井地

不均民之田地塘畝不清甚至有丰田丰糧者又
有有田而無糧者逋欠豈盡編氓哉無糧者恣其
埰鉚糧多者輸將莫措耳從前之有司皆莫能釐
滌爲萬曆九年知縣臧石具文申請
兩院　題奉
聖旨清丈奉之而通城田分二則其承源水泉水者為
上中則上中則每畝派秋米肆升九合七勺其承
天水塘水者為下則下則每一畝五分折一畝由
是阡陌町畦毫不混淆錢糧樂輸

國民興利

惠民不費

按舊通民止知春耕不知秋種墻桑之利且憪然止知養鵝鴨鷄牲及猪牛馬不知養羊萬曆九年知縣臧石因清丈遍歷三鄉見不種蕎麥樹桑不養羊者隨出示諭民曰爾通民不鋤者不種不喂者不養何癡蠢若是因而民漸種蕎麥樹墻桑養山羊興利無窮

條編輸納

按舊時錢粮起撥存留照依倉口逐項差人下鄉徵收差人不啻紛擾比較不勝繁瑣萬曆二十四年知縣趙廷儀申詳

兩院列一條編每秋粮一石派銀六錢三分立定比期追徵令一十五里納户俱於儀門外投櫃六庫起撥者按季起解存留者按數支給

空總便民

通城起解之差繁難有四一則解批絹一則解南粮一則解漕粮一則解條編舊例每年一十五

遇比絹起解每里一甲朋差南粮及條編其起解亦如之萬曆二十四年里人經歷鄭一元羅欽詣黃仲賢條陳知縣趙廷儀申詳

兩院每石秋粮每一則追徵空總銀三分以為收解之費比絹於正銀買絲雇募機户造成貯庫空總亦貯庫三年一給朝覲官吏需解盤批回銷南漕米每年每里一甲里長執手簿收米八月初一開徵完日庫發解運或上倉或兑軍俱係官名名曰官收官解條編銀每年每里一甲里長執戥彈稱收合封入庫季終官親詣首謁見

上司徑解府者見府即投文交兑次日辭謝領批轉解者見府投文次早仍見領文轉見　司道交兑領批隨回辭謝換縣批存案由是民心樂輸幸免追呼之苦間有差下縣者今日投票次早回文隨發飯米乾魚及草鞋店資之類計日而給分付出城不令羈留滋擾違者隨具文申報本衙門

院司道府無不禮重通省馳名

華富民馬

按舊走遞馬疋報富民有馬者答應每遇上司差承及本縣差遣該長馬者給工食銀一兩二錢票一個送其富民折錢糧出長馬應付該中馬者給工食銀六錢票一個送其富民折錢糧出中馬應付該短馬者給工食銀三錢票一個送其富民折錢糧出短馬應付雖然銀於庫內給馬自富民出差可相當但有馬有夫之富民尚不見損而衣食略豊有夫無馬之富民僉報實受其害萬曆三十七年知縣楊浩出示禁革不用富民走遞着令一

十五里當年里長每里報馬頭一名每里發庫腳馬銀一十二兩買正馬一疋副馬一疋答應設一簿馬皂隸置一長中短馬格簿十五里列拾五格分別之或長或中或短一里撥一疋如輪轉爲自是完差者悉享其利卽始有者亦不茹其苦矣特

志

均平糧差

按明制通縣一十五里每里十甲萬曆九年知縣臧仁春文清丈太得通縣秋糧一萬二千乙百八十一石三斗四升四合五勺均分一十五里每里八百一十三石一里十甲每甲八十一石三斗十年一收解條銀之差十年一收解南漕之差明季知縣推收未嚴派糧里書任意收除奸棍富豪賄臨當差完一二年分賄同里書推半存半閒入當過差甲內立戶甚有全戶隱匿當過糧差仍立本甲以致有一甲不滿四五十石者甚有不滿二三十石者又有多至一百餘石者徒徒糧少甲分詞音消乏計畝卸差下甲下甲又皆不係該年不

服承管沿習成風流弊莫詆順治七年知縣盛治察知此弊遂出示均平先着總散里書清造花名糧冊一十五本交衙查勘查出某里少糧若干不合縣總某甲少糧着干不合里總夫法立而弊從此爲里書隨立詭名湊足額數知縣盛治洞若觀火又出示清審丁糧着老人原差喚集通縣士民每日清審一里逐名對質勺合不敢隱匿糧得清其既清之後從公均平裒多益寡將次年應當差里甲之多糧撥補次年該當差糧少之里甲其足

當過差之里甲粮多者則撥入三四年後輕差粮
少之里甲糧既得平民鮮重累且又額定粮数即
有買賣止許本甲収除不許過割滑移名矣畫一
之規洵哉久遠之利

剔収除弊

按明制五年一大造税契粮許過里三年一小造
止許過甲雖然有等奸民臨差假立契券作絶賣
作承粮巧将一二錢之税銀以免當年之重費致
當事者稽察不密里書借端此有除而彼無収隱

吊蝗 國彼有収而此無除重派瘠民
國朝知縣盛治灼知此弊凡有買賣不許擅過里甲
止令於賣主項下除糧立户莫十年正辦買主接
年計筭驗粮承當前差仍屬賣主如是則買賣承
粮不能借隙隱吊重派無復生端從前莫破之奸
竇從茲杜矣 國民並福

定法催徵

按通城舟楫不通猷難措辦向来か長毎四或五
名或八名至十名晋催[illegible]

明李知縣朱奇議天啟四年在任謂户長名数[illegible]
多無統難追出示編立毎甲甲總一名云發點粮
多者総揮催徵於以来式細户一月兩比以十人
共有之責任統歸之一人其純良户長毎隨甲總
應比刁頑者與原差均得優游偷閒漁利錢粮亦
仍拖欠夫甲總之立原以懲積逋而期輸納但勢
苦難行意則甚美而法或未盡宜也
國朝知縣盛治詳鑒此弊毎甲秋粮八十一石三斗
不用老人開報将存衙粮簿親點粮多者十名為

户長毎户長管催秋粮八石一斗立為毎月一限
毎限足一兩者免人應比不足者添差拿所欠納
户二月初開徵數月則停直待穀登方行開限士
民咸服糧餉樂輸

除革陋規

按明季萬曆四十五年間户書續林小甲周自勉
以舊例獻諛本縣遂設立陋規每里櫃収頭承管
各票取供堂二兩馬頭承管取印烙二兩里長解
粮小船送至大河鎮口交上大船取打掃官為[illegible]

小茶飯及長夫斛面種種名色剥取小民胥久相
例後令以為固然
國朝知縣盛治庚寅年到任吏書仍進此規投筆叱
曰佚堂何解斛面等項何因左右凛然不敢應聲
即出示概行禁革收糧則照　京頒撥斛較正弁
斗平盪量收不許淋尖踢斛収銀則照　司頒法
碼較正鏨戳納户同櫃頭面彈投匣置鑼一面於
儀門敢有重收者許受害小民鳴鑼禀究革弊豪
民　當代樂[illegible]

重建文廟

自兵燹以來黌宫盡巳灰燼並無片瓦寸椽知縣
毛鍾彦蒞任首為設法經營蠲俸重建廟貌聿新
俎豆生色

廣額生童

人才與文運相關通城向係小學進取數窄知縣
毛鍾彦考選時原以中缺除授到任後即為具文
申請　督學道蒙准具疏
題請准改中學人文蔚興士子鼓舞

修緝城垣

昔年獻賊入境蹂躪城垣悉皆傾頽知縣毛鍾彦
蒞任設法修理周圍完整屹然有金湯之固士民
始得樂業安居群歌孔邇

招撫市民

兵火屢經市房盡被焚燬百姓竄處山谷不肯入
市治平雖巳多年民居寥寥鮮少知縣毛鍾彦親
往郷間勸諭曲意安撫陸續招徠居民遂爾稠密
始成市井

創造監舖

監舖傾廢巳久前任以民房為獄墻室卑隘穢氣
逼侵人犯每多致病知縣毛鍾彦措處建造一仍
舊址創立新房廣其前制規模始覺大備

代輸優免

文廟鼎新諸生好義者咸願以優免銀樂助共計
有捌拾壹両貳錢伍分交納教諭别仲茂主其出
入番幕經營賢勞允著故得不日告成適是年奉
文優免銀兩裁充兵餉盡入條編諸生向實慕義賞

堪復與追徵知縣毛鍾彦甘心蠲俸仍將前項樂助銀查登庫簿作正支銷士林歡頌

通城縣志卷之四

志公署

布法象魏乘廢會極經文締武邦之紀也創始更緝勲猷炳赫志公署

縣治

正堂三間　後堂叁間　敬信堂一間

東西書房各六間　東西皂壯房二間　儀門三間　東西角門各一間

頭門三間　東馬房一間　國朝知縣盛治順治八年建創

戒石亭一座今廢　架閣房三間　在正堂左

幕廳一間在正堂右　土地祠一間　榜房一間

外庫房一間　楚南名邑坊一座

儀扶庫一間　旌善亭一座　俱廢候創

石庫樓一間在後堂左知縣簡廷什建

東西糧房各三　知縣趙三台建在儀門內每年里長於內收銀今廢

迎賓館叁間　知縣劉棟建在儀門外左今廢

廨宇

縣衙正廳叁間　望街樓三間

左右書房各三間　廚房三間

東西馬房二間 國朝知縣盛治順治九年建

縣丞主簿衙正統元年裁革

典史衙

廳屋三間　住房二間

厨房一間

六房廨 廢 在典史衙前今申明亭 在頭門外左今廢

旌善亭 廢 在頭門外右今陰陽學 在縣西三十步後建頭門外右今廢

醫學 在縣東三十步後建頭門外右今廢獄房三間 間左右各五房二

獄神祠一所

布政分司在縣南八十步

按察分司在縣東十步

府館

惠政

廣豐倉 廢 在縣治內西司房後倉九間貯存番米今

重義倉在縣南門內西

預備倉

東倉在梓木里塘湖市西倉在手蘇里六湖下畈

南倉在上黃里烏橋上北倉在盤夾里沙堆市

便民倉萬曆三十六年知縣楊浩捐俸於縣北二十里星橋舖基後創建敖倉三口儲南兌二粮六千二百有奇倉前舖房五間大門一座周繚土墻六十餘丈基近末前岸崩塌募工甃築用費百金親自督修轉運稱便今廢基存

論曰常平社倉備荒賑饑制亦周悉矣每遇歲凶神明之宰獨斷獨行惠之遍洽固易易耳獨計通據山谷南兌之儲往借民倉費耗不貲我侯楊浩捐俸創立便民倉於星橋舖所輸儲南兌以垂不朽第倉便於儲矣再令舟便於運則惠政萬全唯師帥一留意焉

惠民藥局在縣正街二十步知縣储澤修今廢故址申明亭

養濟院 舊在縣城外西北半里成化二年知縣杜斂改遷于隆平寺右正屋三間男女房各三間每名月給米三斗歲給布花銀二錢近縣仍附城內為便

學校

儒學在縣東三十步

學制

明倫堂三間

進德齋五間

修業齋五間

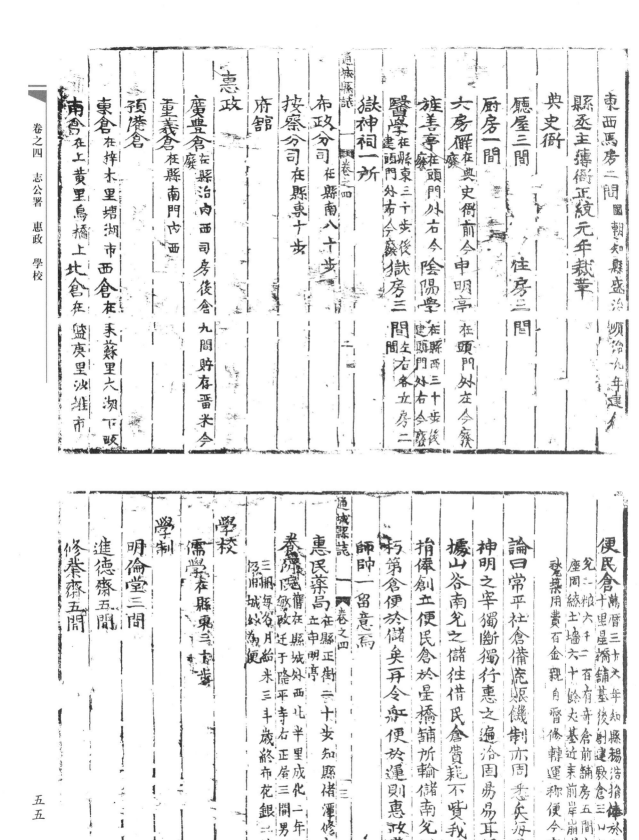

號房東西各三間　饌廚三間
卧碑一座　號樓二十間
學倉三間　廣居堂一間
敬一亭一座石碑四座在明倫後
禮門三間
儒學門欞星門左
射圃知縣揚浩委典史楊九成督建儒學後觀德亭一座門樓一間周繚土垣暇日率諸生習射後知縣褚潭重修今廢
書院靖陽書院在儒學東學門內嘉靖十六年巡撫都御史顏璘臨縣見學左空處大建書院

五間橫列號房三十三間大門二門各一座周圍土墻前後後道為諸生講習之所以補左虛
汪必東記
書籍永樂十三年頒降五經四書大全為善陰陽孝順事實彰善癉惡録正統十四年頒降
御製五倫書俱無存萬曆三十六年知縣揚浩復買立四書五經大全通鑑性理大全各一冊
廟門
大成殿洪武五年知縣馬極建嘉靖元年訓導馮介石甃聖座臺高五尺造聖龕一座萬曆二十年分守叅政趙欽湯臨縣捐助贖鍰五十餘金檄署縣教諭黃鶴鳴更制知縣李學曾修先旧有聖像萬曆二十五年兵巡馮應京臨邑廢像立主崇禎七年雷擊殿東井柱知縣趙一台换脩

東西廡各五間
戟門三間
欞星門一座
泮池一口旧在欞星門內知縣揚浩改修門外
宰牲亭一所
啟聖祠在明倫堂東
祭器成化十八年知縣胡俊置錫酒罇五幕三錫爵一百四十一錫盆二錫瓶二籩豆簠簋全帛匣牲盒燭架祝版齋戒牌祭酒圖一軸俱全萬曆十五年加魚數諭揚文會署縣事置銅鑄雲雷罇一銅鐙一銅鉶二銅爵二十九

生徒廩膳二十名增廣二十名附學無定數
官廨
教諭衙在進德齋後正屋二重門樓二座後有小屋
訓導衙二所一在分司後一在明倫堂後各正屋二重門樓一座
學塘在新興街口學後
學田學之有田亦養賢之一助也獨通為缺典萬曆三十六年知縣揚浩捐俸六十兩置買靜合周舒典田二頃計種一十三石八斗歲出租谷乙百一十五石四斗給付學宮以為通士補肋恐歲久弊生以致湮沒教諭徐應斗詳革衙繼先并收給定法勒着成冊有託有跡以識不朽秋糧歲輸第田既屬官仍旧納稅非休坐當事者設法除額為便

社學在縣治南門內西

鄉約所舊在縣左今改隆平寺每朔望率縉紳士民論講孝善糾惡以示勸懲鄉村遇朔各隨寺觀會講

武備

演武場在北門外拱北橋西半里

民壯七十五名每名工食銀七兩二錢每遇霜降祭旗纛演武事

論曰民壯即民兵也果能超距制挺以達豎利者乎食於民而不能衛民蠹也若徒以急呼行者役且以養食鄉民則蠹之甚也令其守護城池從勤演習訓於有素而以禦侮責之斯亦聖世不諱言兵之意云

保甲

按保甲之設聯比族黨之人守望相助法稱良矣然平時擁戈餙勇誼若同室一至有警退各自完甚且為蹻為藪要䂱而攖鷄黍矣是在言之法密近設千百長亦緩急之一助也

郵舍

縣前總舖縣治頭門　白馬舖縣北十里

星橋舖北二十里　進口舖北三十里

青水舖北四十里　石壁舖北五十里

按公署星羅縣治為重學校以育才倉庾以備荒武事以訓練三者又縣治所尤重故經營實舍先後殫心而章程肯試盡人事以振起文運於師儒有深望焉至於四境遞舍發帑平糴一遇告凶則就社賑之菜色者甦矣時簡閱利器械有勇知方可以即戎三者備而富強彥碩出焉巖邑詎不爭雄於楚湘

祠壇

文昌祠舊在縣治北門外拱北橋東萬曆二十二年奉例建城祠基逼近知縣趙諲遷之青陽書院祀之

名宦祠在戟門之左

鄉賢祠在戟門之右

論曰名宦鄉賢創始於萬曆之丙戌誠鉅典也未幾而圯鞠為茂艸之場神罔馮焉今幸更創廟貌重新崇德報功于茲稱快至擬應增入者備錄垂俾以俟崇祀者擇焉

從祀名宦

孔端植　馬極　褚渾俱知縣

從祀鄉賢

楊起莘洪元　廖顯忠臣　胡文忠邑人

顯烈行祠

城隍祠縣西南百步洪武初年知縣馬極建正廳三間在右廂房寢室過廳各三間兩廊各四間二門三間門樓一座周繚土墻洪武初頒誥命封監察司民城隍顯佑伯景泰二年知縣楊慶重修增塑像判門馬市民置鐘鼓成化二十二年典史羅膺塑六曹六案神像萬曆二十二年知縣趙廷供置執色轎傘

三皇廟縣西南半里今廢

東嶽廟縣西南半里九峯山正統間鄉民續朝貴重修

五顯廟東岳廟右天順四年鄉民黃裳募修前殿成化十七年鄉民楊名等建後殿三間

三公廟縣南百步秀水之滸祀會澤慈濟侯蕭公顯聞廣利侯赤山威聰惠侯葛翁三位

關羽廟縣東南一里朝宗橋畔萬曆十五年僧人海清重修

廖將軍廟下六里之茹山祀邑人廖忠

吳王廟縣水秀水之右團山上祀吳王楊行密五代時吳各據江左僭號吳子隆演嗣位追尊為孝武王孫楊溥僭帝號又追尊為孝武帝俗謂孫權者謬也

柳主簿廟縣南錫山之麓祀宋朝採礦主簿柳者事詳古蹟

舍人廟縣南錫山之麓去主簿廟一里相傳為舍人督礦柳主簿歷死二舍人亦卒于山鄉人立廟祀之

丁公廟縣北半里楔北橋西弘正間商民粮辦析禱于六溪口丁三祠咸有灵應遂迎像立祠儁水之滸歲時市民祀焉

壇壝

社稷壇縣西北一里洪武初知縣馬極建石砌垓東西二丈六五尺南北二丈五尺高三尺四寸出陛三級垓下前一十二丈東西各五丈以垣繚之立四門石主長二尺五寸方一尺埋于南上中道近南小露頂尖距垓邊二尺五寸社神牌二座縣社之神一縣稷之神一庫神廚宰牲房各三間洗牲池一口齋房六間外門一座復環以墻成化十八年知縣胡浚置錫鑪二幕二爵六籩豆簠簋全萬曆二十五年建石城侵垓知縣趙廷供改設於後武亭前延議置垓於北非制又經查勘西城外舊址尚寬可作垓壝相應追出仍復旧制為便

山川壇縣南半里洪武初知縣馬極立石砌四方垓塲屋宇並與社稷垓同神牌三座一風雲雷雨之神一境內山川之神一本縣城隍之神成化十八年知縣胡浚置祭器錫酒鐏三幕三爵九籩豆簠簋全

邑厲壇旧在縣北半里洪武初知縣馬極設立石砌四方垓塲各二丈高一尺五寸垓下前十丈東西北各六丈廚房三間門一座厲文碑一座周繚以墻歲久圮倒萬曆二十二年知縣趙廷供擢於南門外廷設近議社稷垓改後西城外田址則北垓地近北近宜作厲垓為便

亭閣

泮水亭在儒學泮池西今廢　丹桂亭在縣東今廢

愛蓮亭在縣東今廢　黃鶴亭在下太里頂豎樓仙人乘鶴憇此名

金沙臺在黃沙寺上壘臺三重祀東岳　圜山閣在東門外嘉靖中徐鶚建祀吳王

寺觀

隆平寺唐開元懷珍禪師創銀山下宋熙寧五年陞鎮為縣遷縣治西為慶賀習儀之所後毀于兵火明正統八年僧行童修成化十八年將宝慶寺田地稅一十畝収作常住崇禎六年知縣趙三台捐俸於佛殿後建观音閣一座併观音準提菩薩

錫山寺縣南三里正德十二年金盆寺僧戒完建今棟宇並額泉石奇觀

金盆寺縣東南二十里

真如寺縣西南十里

白雲寺縣西北四十五里

壽隆寺縣南十五里

福源寺縣東南二十里

昭聖寺縣東三十里

百華寺縣東南五里

寶勝寺縣西北二十里

九嶺寺縣南二十里

妙音寺縣東南四十里

化成寺縣東

碓峯寺縣北二十里

大明寺縣東四十五里

金仙寺縣東四十五里

白石寺縣西十五里

永吴寺縣東南四十里

回龍寺縣東南四十里

鳳山寺縣南五里上有古刹

東嶽觀縣南門外

真君觀縣東四十里

金沙觀縣北十里

論曰祠廟壇壝修祀典也而功德以報亭閣寺觀表勝槩也而□觀以時併為紀錄以俟後來

通城縣志卷之四終

通城縣志卷之五

志職秩

有地百里董之司牧職之師儒而丞簿尉吏各以
其職佐之若絲縷之有紀也展采錯事以為王休

職秩

知縣一員 縣丞一員正統裁革 主簿一員正統裁革 典史一員
司吏東西各一名舖長司一名 典吏六房各一名各一名 承發架閣
教諭一員 訓導二員嘉靖十三年裁革一員 學吏一名
訓術一員 陰陽生四名 醫生四名

縣令

宋制 知縣 丞 簿 尉

知縣孔端植字子固至聖四十八世孫孔昌之第四子端
友端操嫡弟山東曲阜人宋令通城秉吏愛
民民亦愛之卒於任送家為隨奉
聖旨允孔氏子孫流寓代郡照例優免詳明
院司道府將植子孫秋粮另編朱良里十甲八十一石三斗
正額之外免例止許办納京編以示不與齊民倫差植七世孫
孔克亮洪武国初由選貢三仕今戶初任廣東鉛山縣調旌德縣
復任陝西咸寧縣以廉介勅旨致政歸田加增優免嘉靖中
布政司杜僉憲馮詣縣清查譜系派衍魚差端植十三世
孫生員孔弘養并具呈申詳 院司道府給帖優免選李家
札儀嫺習者申詳李道代襲祠生選李遺冊今生員一体優
奉承祭祀春秋奉牌送入孔氏祠堂頒給孔氏後裔

元制 尹 簿 丞 典史

尹

監侯札木花至元五年任
衛良弼大德五年任
郝英大德七年任
韓王大德八年任
李傑大德十年任
王德成兼勸農事

明制 知縣 縣丞 主簿 典史

知縣

馬極見傳
高世昌洪武三十三年任設倉備荒旧志載其平心率物卓有異蹟
曺元昇見傳
楊慶見傳
萬鍾天順七年任重修縣堂
杜敏見傳
喻俊成化十四年任
杜暹成化中任廉勤自勵未久致政
胡俊成化十七年任修置儒學各坛祭器蹟可知

王　恭成化十八年任

褚　潭見傳

陳　禰弘治十六年任

閻　祿正德初年任

余應龍正德九年任訟田

李　蘭正德十二年任

衛　準嘉靖二年任威行

莫　磷嘉靖九年任平易柔嘉奸民媒櫱田籍

何其賢見傳

李　貢嘉靖十四年任慈祥愛民愷悌作士已之貧生後進多賴甫成以調去

殷學達嘉靖十七年任

林　渙見傳

侯　相見傳

羅　用鵬嘉靖二十八年任

徐　鶚嘉靖三十一年任嚴毅有為建鳳山石閣陞南京工部主事

夏汝礪見傳

傅以智嘉靖三十八年任愷悌知易士民相安陞成都府判

朱　節嘉靖四十三年任[illegible]

陳希歐舉人隆慶二年任政尚平易事惟簡謫陝西苑馬寺圉官

楊汝桂舉人隆慶五年任丁艱回大計謫州判

簡廷仁萬曆二年任

臧　石見傳

虞　科貢士萬曆十一年任出納混淆為帑吏詰謫照磨

劉　棟貢士萬曆十三年任嚴以馭下工於催科陞王府審理

周之德貢士萬曆十五年任半載丁艱回大計改教

趙鳳朝見傳

岑學曾貢士萬曆十八年任被誣改教

趙廷儀見傳

吳　諗貢士萬曆二十六年任講學精透博詩溫雅綽有長者風陞審理

嚴　寅貢士萬曆二十九年任性資渾厚操守清慤未經兩載起京調用後陞審理

梁雲鵬貢士萬曆三十二年任性尚和平政務恬靜以物議起京調

楊　浩號西瀛四川內江人選貢萬曆三十四年八月任

王應旂貢士萬曆三十八年任四川儀隴人

侯之屏貢士萬曆四十一年任北直安州人

賈復淳貢士萬曆四十五年任南直蕭縣人

沈道全舉人萬曆四十六七年任浙江慈谿人

朱崇讓 舉人崇禎元年任南直蕪湖人陞南城兵馬

戴明聖 舉人崇禎二年任廣西淮陽人陞北直中城兵馬

趙三台 恩選崇禎六年任四川城都府彭縣人

周昌會 舉人崇禎十年任浙江鄞縣人

陳夢說 舉人崇禎十二年任福建

國朝

牛 汎 舉人順治三年任

趙齊芳 進士順治四年任山西平陽府曲沃縣人

盛 治 進士順治七年任江南陽州府江都縣人

毛鍾彥 舉人順治十三年任江南蘇州府長洲縣人

巢遠翔 舉人順治十六年任陝西西安府人

章元隆 號星原由拔貢于康熙元年任係江南寧國府涇縣人

張 起 號卓庵由歲貢于康熙五年任係直隸順天府大興縣人均派當年里長照另徵月士民咸服承為遵

丁克揚 號琴溪係浙江紹興府蕭山縣人己亥科進士考選推官因奉例裁缺于康熙十年二月任

陳東政 號君輔遼東遼陽人由正紅旗官生授七品筆帖式奉恩詔加一級于康熙十二年六月任陞河南開封府鄭州

縣丞

宋 元 無考

明

李 暹 宣德中任正統年裁革

主簿

宋

東元喆 見傳

元

王 洪 未詳

元

李 芳 大德九年任

明

白 翥 見傳正統元年裁革

典史

宋 無考

元

張思祖 大德六年任

李 寅 大德九年任

李元亨 未詳

史敏行 未詳

明

胡　仲 成化二年任

李　恭 成化中任修明倫堂

羅　廣 成化二十一年任見傳

李　溥 正德九年任

余　正 正德十二年任

林　高 嘉靖二年任

袁　滋 嘉靖八年任在縣九載大計去

黄　顒 嘉靖二十年任

孫　相 嘉靖二十一年任

張　鶴 嘉靖二十三年任

鄒天宥 嘉靖四十五年任

徐三賜 嘉靖四十三年任

何　顒 隆慶二年任

趙江山 隆慶中任卒于官

劉　珩 隆慶伍年任

陳萬策 萬曆二年任

莊自嚴 萬曆十一年任

馬　彬 萬曆十三年任

陳尚志 萬曆十六年任

徐廷幹 萬曆十九年任陞倉

鄒慕舜 萬曆二十二年任馭下無私修城有績

胡侯文 萬曆二十五年任見傳

王宣中 萬曆二十九年任廢隅不飭伕餽無狀以論去

趙　國 萬曆三十一年任

李　蓋 萬曆三十三年任禁奸輯暴才堪奉職負氣矜能事多忤上以薦訪去

楊九成 萬曆三十六年任

褚從望 崇禎元年任

于守仁 崇禎三年任

陸一瓚 崇禎六年任

翁　輝 崇禎七年任

陳一治 崇禎十年任

朱顯忠 崇禎十二年任

國朝

曹曰鳳 順治二年任青陽縣人

教諭

元

蘇克讓 至元五年任

明

朱 隆 永樂中任博學洽聞誨人不倦

丘 谷 宣德元年任

丁 琦 舉人宣德中任端方勤敏陞學録

戴 讓 正統中任見傳

羅 寧 成化十七年任

濮 智 舉人成化中任學問該博教誨不倦聘典文衡士林瞻仰

徐 交 成化十九年任持己有方誨人不倦

周 綱 弘治四年任啟迪多方型範可法

黄 錡 正德九年任

劉 啟 正德十二年有詩才

敖 四 嘉靖三年任

何遵武 嘉靖八年任見傳

張[illegible] 選貢嘉靖十[illegible]年任陞[illegible]

周大才 嘉靖二十三年任見傳

王 畿 舉人嘉靖二十七年任重學簡默義利分明陞知縣

黄讓之 嘉靖三十二年任

周之岐 舉人嘉靖三十九年任

胡良蕃 嘉靖四十一年任

劉則唐 嘉靖四十三年任見傳

朱 恩 嘉靖四十五年任

童士良 隆慶三年任

曾士弘 萬曆七年任

戴時濟 萬曆中任

龔維賢 見傳

尹尚張 萬曆十五年任

黄鶴鳴 舉人萬曆十六年任

梁維同 見傳

鄭宗相 選貢萬曆二十六年任

李 華 萬曆三十年任

羅道範 萬曆三十三年任陞鎮江府教

徐應斗舉人，號文垣　萬曆三十六年十月任，本省里號

袁君翔貢士　衡山縣人，陞廣東惠州府通判

梁斗輝舉人　廣東人，天啟七年任，陞太平府同知

萬國寧貢士　武陵人，崇禎三年任，陞永州府授

彭益泰　歸州人，號惟謙，崇禎八年任

訓導

宋元　無考

明

劉　昭　永樂中任，李問薦，傳立教有方，陞國子監丞

三　俊　正統中任

黃　裳　成化二年任

彭　懋　成化七年任

宋　崧　成化七年任

楊一貞　正德九年任

馮　介　正德十五年任，見傳

尹有容　嘉靖三年任

劉　宏　嘉靖十四年任，見傳

楊廷芳　嘉靖十八年任，見傳

揚　治　嘉靖二十三年任，陞李正

張振纓　嘉靖十七年任，陞教諭

王廷秀　嘉靖二十三年任，秉性溫和，持身嚴

朱世英　嘉靖二十一年任

朱　從　嘉靖三十四年任

仲　遷　嘉靖三十六年任
譙　恕　嘉靖四十一年任
柯宗翰　嘉靖四十二年任
龔　渭　隆慶中任
潘　江　萬曆元年任
張　美　萬曆二年任品高學博士林斗仰
朱廷珂　萬曆三年任
陳奇策　舉人萬曆五年任事艱回
陳天則　貢士萬曆七年[illegible]大計回

周效良　舉人萬曆九年任陞知縣
陳鳳鳴　萬曆中任
王　儒　萬曆中任
韓希愈　萬曆十一年任陞授
楊　孝　見傳
蘇以治　萬曆十七年任
鍾朝佐　萬曆十八年任陞諭
王　符　萬曆十九年任
吳　寄　見傳

揚尚義　萬曆二十二年任大計回
王夔龍　萬曆二十六年任陞通道縣諭
賀應表　萬曆二十八年任陞通山諭
陳宗顏　萬曆三十年任黃岡人秉心淳厚揸節孤高譚說書旨卓有超識陞宜城諭
郭繼先　四川隆昌人號承所萬曆三十一年任
彭良相　慈利人號贊宇萬曆三十七年任
劉定國　天啟七年任潛江人
向好樂　崇禎二年任浙江人
何遇高　崇禎七年任雲南人
王業新　崇禎十一年任雲南人
朱化熙　崇禎十五年任遼東人

國朝

李之洵　順治四年任潛江人
東　夏　順治八年任沔陽人
何餘旦
袁士英　襄陽人康熙八年任
潘　淶　荊州府江陵縣人康熙九年任

通城縣志卷之陸

志循良傳

按愛遺棠碑留峴石秉彝好德今古同調特志

循良政績

縣令

宋

孔端植見秩職傳

明

馬極 永陽人公勤慶介拔荊棘置縣治正廳爵台三十餘間廉除群宄撫綏遺黎迺

年田野闢户口增境内大治建文廟殿廡明倫堂社稷山川壇橋梁關渡郵舍分司倉庫

慶田正户均徭役搆浮費四民樂業治縣四年績書上考從征伐合符徵兵諭

旨柔遠人董工作給餉饟諭功授寧國丞國初大一統志叙為武昌第一名宦吏民立碑祀名

宦祠

曹原昇 發歷表諱慶明公正遇事剛果修斈黌遷邑治改觀節愛作興孚于士民一時

人才樂有造就科目之盛自此始

楊慶 字佑之四川長寿縣人斈人建重義倉勸民輸谷備荒草美聚瀾盜賊潛消

知學問民有積儲立社學修悅北橋九載考續耆老左留新等保留兩院題奏

欽依再任　陞

勅封父母併奏仍優陞九年愛民如子治事

前後二十三年古謂長子孫者非耶順民多任竟未超迁非明時之缺典乎擬祀名宦

杜敏 字志聰北直隸霸州人貢士廢黜律己明斷服人重修縣治民為子來學校法

遺橋梁道路煥然更新建便民倉十五於六溪口委讞疑獄能辨冀文陷人命之誣政善

民安至今思慕

褚澤 浙江天台縣人進士正大存心是非不爽衡鑑當路器委托質成者心服逼

處稅契贖鍰買穀一万二百餘石脩賑修飭號房號樓覃召當編五經之序廣激勵之條

受嵾如陳天佑因之進取三為令尹莅本縣最後焦勞之年以致仕歸士民懷之

何其賢 號江雲四川瀘州人斈人操履純潔任事勤謹節省里甲隆礼師儒上信而下

服迁政儒學門至今稱吉

林渙 號梅皋福建莆田縣人舉人博綜多文循介自守邑豪梗催科以法逮治且上

聞刚遺郡為媒孽終自昭雪造就諸生士類吳起卒以罷職竹時謫臨靖州判

侯相 號白竹廣西臨桂縣人斈人廉敏有為籌書周嚴以摄奸勤于課士考滿為

積通所羈竟自帰田

夏汝礪 字維金號碧泉廣西融縣人斈人寬嚴石得躰才識兩全刑罰輕省賦役無不均以

之盡加意斈校士子靡不悅服任甫二年以調繁改福建南安縣既去邑之人相與立去

思碑並之儀門

簡廷仁 號高崖廣西馬平縣人斈人剛毅之性絕不依阿邑有盜𧦣留心緝捕自是境

無至今言盜息民安者嘖又稱焉

戚□右 □□□□寧州人選貢一□□
諸事實公政尚簡易心更慈祥明斷
訟無曠滯公田履畝斂糧隨畝事不擾
允□
隸李不用首府差役不敢需索任七載陞
西□州知州去時行李蕭然惟敝廬衣
數件古詩垂橐而行者非耶縉紳士民攀道
泣送數十里今志思慕擬祀名宦

趙鳳朝 號鶯峯雲南太和縣人舉人恬淡愷悌
待士民如家人事不深求尤輕刑薄歛
荒民飢發廩賑貸雞取怒上人不計也踰年
告疾南城紳衿清白之守士民相率脫靴懸
諸□以志思

趙送儀 號霍岡山西岳陽縣人恩貢才具敏決
政尚通變調停新徵舊逋民咸樂輸約
東鄉梨鄉村寨均奉撫建石城錢糧丈役無
擾于小民貲而數屬邑賴保障之功

朱宗藻 號修之江南蕪湖人戊午舉人歲經元五
鈴關心安節大青案廣澄清同寅協恭
士林優遊撫字寧京南城兵馬司至今人思
慕不忘其有革夜德聲楽

戴明聖 號□□廣西灌陽人戊午經元精敏當
治溫易近人士類仰其菁莪蒼赤賴其
蘇甦雨陞江南京城兵馬司一時散鏹者餞集
遠從

趙三台 號泰六四川古藺州人貢元愛任定心
誠美慈良遇事斷裁明決風采飛騰士
民安堵會立忠補輸聯云涉世半生渾是心
居官三載始知非處議如是賢可嘉□

國朝

盛治 號霖襄江南揚州府江都縣人戊子經
元□□□□□□□□□□□□□□□□□
城被□□□□□□□□□□□□□□□□
□□□□□□□□□□□□□□□□□□

後□□□□解散舍十七間召民入城給官地
令建市屋是年春夏大荒捐俸糴買谷三千
餘石賑貧季夏又遇蟲災蟊賊肆毒殊甚矣
心齋禱詣隍祠建醮計七晝宵蟲患逐殄黃
雲後過綠野壬辰春虎勢虓張不獨村懼苦
附城間亦受噬誅禳後虎亦斂戢歸山視驅
鱷高風何多讓焉至若法之良者如均平如
清審取物平價修理河渡及 上司驛客往
來無應付者不給夫馬諸則未易僕數惟催
徵歲為最每甲點糧多者為戶長每戶長管糧
八石有奇如前定法催徵內所云誠不刑令
與也且聽訟摘發如神贖鍰多免造士子勤
考課念 聖殿榛蕪慨然修學敦本崇隆當事者謹其匹之
班班美政士民醉心製錦帳二函揚芳梓里
鐫石碑一座豎蹟縣堂
國朝開刱第一名宦

佐尉

宋

東元吉 宋來自隣邑主簿以才能調任攝理執
法毀淫祠正風俗善政為一時所稱

白壽 洪武初任主簿翼贊馬侯開創縣治營
建靡不殫力公署完美與有力焉

羅廣 成化二十一年任典史勤勵任勞平糴
備賑魚擾魚私建義倉社倉城隍祠又
捐俸修李建李諭倘一訓倘二所幕職稱最

胡侯文 萬曆二十五年任典史謹恪供職勤敏
集事巡道委用歷吏目

論曰古之傳循良者所居見德所去見思載之史
乘於今為烈通僻邑也孔公而下事核者錄

事供者誌其賢徵信焉耳夫遺澤在人異代如見
傳頌豈獨芳馥涸簡冊哉

志師模

按洙泗以降關洛嗣休轂扶世運培植風教則有
羽翼聖真者在志師儒芳範

教諭

明

戴　謨四川銅梁縣人制行獨標奇節敷教能剖宗旨何陞僉重等親授其業並登甲選

何遵武號午窓廣東東莞縣人舉人禮讓餘躬寬和教教口不言利手不釋卷古作尤
其所長陞四川灌縣知縣

周大才號北岡四川宜賓縣人貢士儀表渾朴襟懷豁達勤於課士品第尤精舒大猷
胡澤皆其作養庠訓吏飛手偕並登科第

劉則唐號源洸江西廬陵縣人舉人性情溫雅學問該博日與生徒論難未嘗厭倦文
行冠一時陞廣濟知縣

魯士宏號密野四川瀘州人舉人純謹自持禮讓訓士應聘南都取士多魁春榜陞河
南淅川縣知縣

辛維賢號景魯本省竹山縣人選貢秉禮度以持身飭章程以課士接人事上絕無阿
徇陞陝西興安州正

樂繼同號平野江西新建縣人舉人學宗經史執擅詞林勤訓迪嚴督課掄聘專粤品
拔萃他經得名士陞知縣

訓導

馮　介河南息縣人貢士館型樹標重義輕利捐俸砌臺座造神龕粧繪聖容士林傳頌

劉　宏號蒙齋江西安福縣人貢士貌甚古朴學有淵源任九載茹清苦嘗署李選撫
院按臨師生以迎遠取怪謁廟特命講五美四惡章氣象從容發揮明暢亟稱而學賓之
遂以實學註上考陞兗州府授

楊廷芳號月窓四川西充縣人貢士悃愊無華忠誠有量訓諸生務存篤實令長高其
行無不推重陞廣西武宣縣諭

楊　孝號達宇四川開縣人貢士正直律己和易與人會課無分寒暑品題不爽衡鑑
士民至今懷仰

侯　寄號重吾本省宜城縣人貢士器度沖雅制行端方卻餽而濟貧士捐俸以修文
廟崇儒重道高風可想

劉定國號清源潛江人歲貢性負骨鯁學懋淵停歷任五載有奇宗衡兩諭精明瀟操
雄才大展竟以公郎柴援解紱言旋攀轅莫暨闔邑紳衿碑豎去思以銘不朽特志

國朝

教諭

別仲茂 中庭午科第五名習春秋學窺 聖奧德成眾師修葺宮而發壁聿與考課而人悅奮最勤紀述復樂味吟司鐸此日稱良崙他年有待

訓導

束夏 號彌菴沔陽州人歲薦品望端凝學識亮嚴制行而取與不苟勤課督而良栝均培慈光憐疑療之剩擦直性敬頑鈍之敬畏資格奚足限前哲所罕傳暫志壯模於

侯掄擢

論曰司徒造士若陶冶之於器然豈弟作人薪起頌大都功令廣厲身教者從也通自蘇朱二公而下春風雪色騰世如見御聞風尚可與起而况親炙以故擷芳展采代不乏人而稱作人之功者

衰

通城縣志卷之六終

通城縣志卷之七

志人才

按川岳有靈鍾毓必厚乘時應瑞何地無材即潛見異而趨操殊終之皆可效國用維世風者高山仰止文獻在茲志人才

人才

唐宋元無考

明

揚志忠 下太里人通書史有才能洪武中奉例以人才薦授漢中府經歷有奇績當路推重

胡文忠 修竹里人才幹踈朗品格魁梧洪武中以人才薦授四川南川縣典史公勤爲介邑民立祠祀之

進士

唐

金與政 世代未詳初任御史官至侍郎

金同慶 登科第十一名官至郡守與政子

宋

揚起莘 登理宗寶祐四年丙辰科文天祥榜第三名是年一甲二十一名人皆以狀元稱官終九江倅考崇志載莘名謂通爲崇分地不知縣分於北宋神宗熙寧五年壬子距寶祐四年

□□許□山□□□□□□侍混八崇□□□
第三泰志第二誤也況華墓在陰平寺西側
通城人益徵

明

劉士昌字時亨梓木里人登永樂甲辰邢寬榜授陝西道御史陞浙江按察司副使彈劾上觸忌諱糾察下庁措封匾賜清朝鳴鳳

劉紹玄修竹里人登成化丁丑王華榜授南直隷鼎為州知州有奇政士民尸祝稱名進士

舉人

唐　宋　元無考

明

黃添貴盤庚里人書中洪武丁卯科任休寧縣訓

汪茂賞梓木里人易中洪武庚午科任吳江縣諭陞四川按察司僉事戶部陝西司員外郎

田子昌盤庚里人詩中永樂乙酉科任文阯清化州知州

魏崙義修竹里人詩中永樂乙酉科任交阯知縣

傅□縣市人春秋中永樂乙酉科任交阯知縣

徐志義崇仙里人詩中永樂乙酉科任鳳陽縣縣丞

劉試才修竹里人詩中永樂甲午科

余必勝梓木里人易中永樂甲午科任清江主簿經歷

黃用文盤庚里人春秋中永樂甲午科任廣東□同

□□□州府訓人春秋中永樂丁酉科任廣東韶州

金　諒梓木里人書中永樂庚子科任福建布政司理問

劉士昌梓木里人書中永樂庚子科見進士

舒化安修竹里人詩中永樂庚子科任南京龍虎衛經歷

劉　哲縣市人中永樂癸卯科任四川順慶府訓

洪伯良甫田里人中永樂癸卯科任雲南麗江軍民府通判

方　瑛修竹里人中正統戊午科任萬全都司斷事

鄧　恭崇仙里人禮記中正統戊午科任山東平陰縣知縣

何　隆縣市人春秋中景泰丙子科任四川新津縣訓陞長春諭雅志歸田詠詩自適修緝縣志

金　璽梓木里人中景泰己卯科任河南寧陵知縣

劉紹玄詩中天順壬午科見進士

李　茂縣市人中成化丁酉科任河南光州訓

陳天祐朱良里人中弘治壬子科任河南襄城訓

吳景寅在坊里人中正德庚午科任直隷豐縣諭

謝　梓來蘇里人中正德癸酉科任四川知縣

舒大猷甫田里人中嘉靖丙午科由江西安仁縣諭陞四川江油縣知縣陞眉州知州陞南京戶部浙江司員外本部□□司郎中四川□□究府知府調廣東韶州府□□□

□□提學兵備副使浙江右參政兼僉事受
□易海防兵備河道浙江按察司按察使浙江
布政司布政使致仕越三朝歷十八任而
京部院省直撫按薦舉四十二次奉
旨陞正三品從二品俸二次
欽賞銀幣七次事蹟詳萍海紀略歷任拙錄中家
居集有諸儒粹議集學纂維本縣志族譜及清
心亭襟蕖壽八十二大新公員呈星慶雲之標
光風霽月之度學術足步朱程勛伐追踪韓范
明鄉賢第一名流久宜從祀

熊世英號玉山上太里人貴州畢節衛籍以軍生
詩中貴州嘉靖丙午科任河南扶溝縣諭
陞山東知縣

胡澤字汝澤守紀子甫田里人禮記中嘉靖巳
酉科任南直隸霍山縣諭奇偉慷慨正直
方剛推實學以垂訓捐廉俸以易書及門之士
悉稱奇髦應聘舍其事取士如李峨山諸公皆督
撫鄉二之器考盧州府志已入祀名宦宜祀鄉
賢祠

饒實字性和梓木里人易中萬曆甲午科任安
鄉魁諭陞河南孟縣知縣茂年擢彩未艾
歸林久頹之文運頓與勇退之高風足尚布鄉
蔬食猶太古之風龍石激流縉有幽人之趣
有司敬重鄉里儀刑考孟縣建有生祠宦績可
知

胡文達下黄里人由高平知縣陞四川威州同
方添常修竹里人任浙江慶元知縣陞貴州鎮寧
州同

永樂

湯鑽上黄里人
萬德彰石喬里人
陳良貴下黄里人任嘉林州同
黄獻遜盤庚里人
胡仕進盤庚里人任陝西襄城縣主簿
彭俊道盤庚里人任廣東萬寧縣知縣

魯廷茂信義里人
朱思忠甫田里人
聶必達上太平人
洪思敬石喬里人
程文貴上黄里人
鄭必勝移風里人
徐孝傑朱良里人
張文達盤庚里人

艾文顯　新安里人

周必文　甫田里人

胡文海　修竹里人

熊得俊　来蘇里人

宣德

陳必高　朱良里人

韋侍昭　梓木里人

郭文質　石喬里人任浙江山陰縣訓

鄭志良　上善里人任武城中衛經歷

胡昺　上太平里人任江西廬陵縣縣丞

正統

余志名　甫田里人任江西寧縣訓

王崇　崇仙里人

范純　縣市人任廣西宣化縣知縣

楊懋　上善里人任四川奉節知縣補廣東新縣知縣

鍾秀　甫田里人任廣東按察司檢校

舒煥　甫田里人任四川大竹縣知縣

景泰

陳遜　崇仙里人

劉玉珪　字廷器仕昌孫選貢

羅文　新安里人任河南開封府經歷

吳宣　修竹里人任福建建寧縣主簿

侯信　新安里人

汪勝　梓木里人任南直隷巢縣主簿

羅政　修竹里人

胡海　下黄里人任河南淯川縣主簿

陳珪　天祐父

天順

張愷　梓木里人任泥溪長官司吏目

胡政　修竹里人

劉試恕　梓木里人任福建州府判

周砥　石喬里人任山西平陽府判

伍英　崇仙里人

成化

吳進　上太平里人

張昶　下太平人

魏 上太里人
何陽 縣市人任彭澤縣訓
蕭定 上黄里人
羅嵩 辛安里人
陳律 上黄里人任雲南右衛知縣
胡璽 盤庚里人

弘治

胡榮 字尚仁修竹里人
楊鈴 上善里人

劉玉珪 字廷善仕昌孫任江西湖口縣訓
吴淳 上太平人任雲南斷事
劉孟儒 字宗道玉珪子任河南遂平縣丞
吴景明 景寅兄任河南陳州訓

正德

徐守誠 上黄里人任四川彭水知縣
何信 字希誠在坊里人任廣東電白縣訓
盧仲秋 號竹窓盤庚里人任四川忠州判
李時秀 字春芳辛安里人未任

桂顕 下太里人任廣豐縣
吴尚經 在坊里人任雲南騰衝衛經歷
艾鰲 辛安里人任江西上猶訓

嘉靖

蕭懋 任江西上高縣訓
胡守紀 南田里人
胡時盛 辛安里人任浙江浦江縣知縣
何寅 在坊里人任雲南通海縣知縣
李介 來蘇里人任四川資陽縣訓陞貴縣諭

吴慶 在坊里人任江西上高縣訓陞泰州諭傳 李蔄易諸士心服
洪溉 判 石喬里人任北直東平府通判調温州府
羅仲元 任陝西漢中府通判見利不苟遇事有能
謝仁 來蘇里人任四川大足縣知縣渾厚質朴有古人風
何宏 在坊里人任北直永清縣知縣器度端雅才識敏達
吴立 任衛輝府訓
李邦直 任太平府推官方正之性應酬真誠絕人一以禮法晚年歸田杜門習靜屏賓 鄉里稱賢
井榮 石喬里人任四川順慶府訓

吳聰　字世榮崇仙里人
胡安　字綏之修竹里人榮子
黃天貴　字道充下太里人任四川重慶府推官
張旬　字志遠下太里人
楊潛　字時見懋孫任陝西華州判心行正直佐郡有聲林棲十餘年並不干有司
王興舉　字尚賓冉田里人任彰德府訓資性高明言談磊落起敬於師
鄒潔　字汝備梓木里人任仁和縣主簿
劉卿　字一相孟儒孫任廣西思明州吏目致仕鄉忘情勢利訓子勤厲
徐克諧　字子舜守誠孫任江西新淦縣丞

熊嘉九　字汝極寧州家籍
吳尚恭　字子安在坊里人任四川隣水知縣
劉孟桓　字汝白仕昌曾孫任四川酆都知縣謫安州從陞判府紀善致任自幼有志問學中勤君增盛邑之儒士君司教信語具舒方伯誌銘
胡萬倫　字世明上黃里人任四川溫江縣主簿致仕謹厚有餘恬退自適
魏良楨　字汝弼上太里人任浙江浦江縣主簿
慶
盧立　字可擢盤庚里人任甫涇縣主簿慈祥愷悌下佐理有聲
余善　號見川盤庚里人選貢任南直無錫縣陞柴府審理

胡淳　字汝化紹古井不偉表暴忠誠自能動人任荊門州訓陞御史拔重
周枯　字民望石喬里人精易工詩從祁亦古人風度未任
萬曆
彭大治　字子道大猷弟恩貢性資純雅文學博綜孝友稱於鄉黨七舉未第謁選竟賞志以殁興論惜之
何謨　字成功信孫任□路縣丞陞貴州宣慰司經歷浩然勇退明經訓子怡情棋酒
宋廷佐　字良輔石喬里人冠帶
徐克尹　號湘南上黃里人任湖口縣訓陞星子縣諭廣西太平府教授心厭浮靡明辨義利所至士林依歸林下十餘年孫子滿前翩又皆青雲器日惟授閒課讀而已

宋昭蓮　號養葵石喬里人任江西鄱陽縣訓
劉性有　字近立卿子任四川蓬州判
王天鑑　號次崖修竹里人任江西奉新縣訓補廣東順德縣又補長陽縣
周書　號別南恬弟任浙江青田縣訓學問該博風度豪奉長於詩詞歌賦有一一軒集
盧敦　號彡堤盤庚里人任平江縣訓陞四川□縣諭恬談無容謹厚有守
盧宗瀕　號繼川仲秩曾孫任蘄水縣訓
劉性文　號彬所梓木里人任敘浦縣訓
胡順則　號亞石澤孫選貢任貴州印江知縣
鄭譙　號火台梓木里人任益陽縣訓

楊大類號魚方朱良里人未仕

吳文懿號德完下太里人黄陂縣訓陞沅陵縣諭

楊大頌朱良里人

盧維祺號贊明盤庚里人任常德府訓陞京門州正

熊一魁號鳴楚上太里人任山海縣訓改山東館陶縣

胡試可號啟吾朱良里人任上津縣訓

孔弘憲字以恭甫田里人端植十三代孫万曆己未貢任黄岡訓陞寧波府授

盧維紀號莫凡盤庚里人任常德訓陞隨州正

楊大顯號观我朱良里人任益陽縣訓陞平江諭

劉一英號憲思石喬里人任四川順慶府判

劉汝燦號復宇朱良里人任黄州府訓陞祈陽諭

盧錦心號闇生盤庚里人考取縣丞任江西新淦縣薦獎四次陞四川茂州未任復奉明季事例題授本省沅江縣知縣陞監紀府丁憂回籍

盧維德盤庚里人

盧仲秩盤庚里人任四川忠州州同陞大足縣知縣

盧文彬盤庚里人任廣東塩運使

吳之麟號文明上太里人考取縣丞

廖為珍號奂晴上太里人任楚東縣訓

鄭一龍號雲從上太里人任上津縣訓

余士皋號九華盤庚里人

湯之孫號維武上太里人

陳在郁號鑑二在坊里人

吳廷輔號近合在坊里人任鎮江府訓

胡楚完號白野修竹里人任太平府訓

績道統號在吾梓木里人未任

劉性篤號匯川梓木里人任武穀縣訓

劉格禹號善吾梓木里人

楊大順號吉所朱良里人

盧維垣號翰宇盤庚里人

胡奇珍字王三順治元年五貢任[illegible]府澧州安鄉縣諭陞澧州学政年辭退歸田著樂親歷任五載造士有聲

吳鼎呂號製泗於順治初年任長沙府長沙縣訓于順治八年因寇致殊守東安卅年九十奉叔水以承我司戒五年雖苑苦而乃自樂衣敝不恥室陋罔憂督耕課子前藐見容知德行之不足三舉纔寔愧學問之無長奚堪作吏無月旦之可評有春秋之独斷

徐堃旦号明珍其為好善有致明風

盧国薦

徐士昌

杜聞學

吳應鵬 字圖南崇禎中庚子鄉試在坊里人平陽府推官舉早卜丙中丙辰巳未會副決志不仕大司馬司

傳公諱應鵬訓導於辛未春官後強其就職始授浙江溫州府

李到任之日即郡苦海氛逼詳平海十事當道異之元戎

政尚書吳公亮亭溟嘉獎優首薦拔臺翰公亮輔郡商人苦鹽

說公詳出鹽法十約鹽院祝公徽亦有風幇左為將發但公持才

性傲遇事敢言值海氛剽香老綠賊台寧突入溫州公執海

防券都□□常古宝書計別駕海晏瑞之嫡孫戮為斬馘郡邑

賴安督臣□司道以平海首功表入偶武弁副戎袁大亮嫉功

不出己積怨于公遂率盤石黃華寺衛官役賴即月粮平賞

鼓噪守府弁士龍力沮云吳司理既出平海防待其歸變

就法公旋視事臺台出公任李臨郡為諸戎迫於館驛年人

公功逐數十餘件鹽台悞劾公吳顛買查府即陳楊黃黃金

鼎九員及□兵憲杜公喬林皆入參公即掛官歸田杜門吟咏

昔子弟亭□臘讀書餘無他囑司馬付公授崇禎中年節鉞天

下粮餉年□任內院楊公嗣昌擬天下節鉞会勦張李逆賊也

公出山公□知足不辱吾老不能用力辭是請公善詞賦字

画著有補少小易義永嘉方伯周公應期張公惠麟有為之序

門生牽入周宗璧何逢年遂令授梓武林陸鳴奎諸先生復為

參閱翻刻公著有劍吼諸集燕臺焚搞雖未行世亦以誌公之

苦心云

老年高寢不曾安恰整閑心事幾般家有藏書誰若讀

田多編賦未完元杯中日子混頭過門外傍人側眼看

古事如舟撐到岸烏紗尚覺有炎寒　圖南解紱後示子弟詩

圖南辛未考選天下第一推官吏部王大堂試詩題燕臺懷古

秋登晴烟薊門陰慷慨渾疑擊筑音謀国豈緣輕白骨抬賢

未是築黃金從王公義重常天地好士名高自古今指顧河山

畏生事　帝城佳麗正囯尋　少子長沙訓異男呂　中孫生員異樹敬全錄

儒官

杜仲熙 字汝舜南田里人以廩膳生□授

楊守溫 字崇和朱良里人以附學生員授

貤封

明

志良 上善里人仕廣東肇慶府四會縣知縣

劉原達 以子仕昌封文林郎陝西道御史

鄧碧海 以子志良贈徵仕郎武城中衛經歷

舒孟溢 以孫大猷贈中大夫浙江布政司右參政

舒勝禽 以子大猷贈奉政大夫南京戶部廣東司郎中加贈中大夫浙江布政司右參政

鄭氏 劉仕昌母封孺人

王氏 仕昌妻封孺人

姜氏 鄧志良母封孺人

程氏 志良妻贈孺人

袁氏 志良繼室封孺人

吳氏 大猷生祖母贈淑人

陳氏 舒大猷嫡祖母贈淑人

王氏 大猷母封太宜人加封淑人

胡氏 大猷妻封宜人加封淑人

鄭鎬爵 守梅父贈徵仕郎
戴　氏 守梅嫡母贈孺人
李　氏 守梅生母贈孺人
毛　氏 守梅妻贈孺人
閔　氏 守梅繼娶封孺人

義士

唐

廖　忠 宣宗大中間尤勇斜率精兵救黃巢迎戰賊斷其首猶躍馬七里山即今之七里山走馬嶺是也鄉人祀之廟貌儼然按廖無官守舍生衛境節義凛又祭則忠臣誤矣

忠臣

宋

方　瓌 重和間命為領夷將軍戮力防禦辛死國難葬屯印石立廟雞鳴嶺下祀之

孝子

明

沈良教 縣市東門人奉 撫院王給扁額慕休考語孝喩大舜孝惟一致有出告返面誠執冬温夏凊之礼

義夫

明

□才生 縣市人奉 撫院□□□義夫考語居如己子待鄰里若眾人鰥居四十載行不聞年登七十歲手不失卷

節婦

明

江　氏 黃里人陳子進妻永樂中進運糧北京死于途江年二十五歲誓不再嫁日紡織自給育孤成立旌表之年八十一而卒

貞女

國朝

皮鳳貞 本縣東門外人許配周文樅未字而守有傳

逸士

何　端 字邦正 父 資穎達讀書請大義磊落不羈耕隱南墉怡情詩酒八十二而卒

胡正清 字端本上黃里人家貧耆孝言動不苟為塾師取佛老書史凡天文地理之類悉加步細志務古礼詩句可觀殊無塵俗態

孔　棋 字執謙端植三世孫以孤好孝習經讀史著鍋山草堂集五卷村居雜興三卷

旌義

正統柒年輸谷一千石備賑撫院 題請奉
勅獎諭賜冠帶義民肆名
胡大諒 下黃人　盧欽 盤庚人　羅敬宗 辛安人　李原 下太
成化三年奉撫院明文輸穀五百石備賑給冠帶
官拾名

盧萬頃　盧萬紀
胡　琥下太
葛雲翔崇仙　李　寶下冬
成化二十年奉撫院明文輸谷二百五十石備賑給
冠帶義官四名
程　景上太　張　義梓木
成化二十一年奉撫院明文赴布政司納谷價銀四
拾兩給冠帶義官五名
黎　王下黃　揚　瓚朱良　羅　瀛修竹　杜　隆崇仙
黎　琥[illegible]安子

弘治二年奉撫院明文輸谷價銀肆十兩備賑給冠
帶義官九名
吳景華下黃　彭　浩盤庚　孔文錦朱良　李千宗下太
洪　銘石喬　羅維濟辛安　厲孜實石喬　文　浩崇仙
周　榦河南固始人教諭周綱之子
弘治六年奉撫院明文納穀價銀三十兩備賑給冠
帶義官拾二名
黎　勝　黎　錦　黎茂新[illegible]下　范　璘

劉紹濟修竹　胡仲文　劉　富
李伯恭辛安　黃萬方朱良　程　璽上太
萬曆八年奉撫院明文納穀三百石備賑給冠帶
官一名
黎允喬下黃
萬曆二十二年因平倭奉例輸谷一千石
奉
旨劄行撫按司府動支官銀三十兩[illegible]行建坊
經歷一員　鄭守梅上太

萬曆二十八年
撫院明文輸谷五百石備賑給冠帶義官
杜　漸
萬曆三十年本縣申請
院道給孔氏後裔冠帶壽官
孔承武
萬曆三十五年奉
禮部明文納銀六十兩給冠帶儒士
優老

成化元年奉　詔冠帶壽官

周朝英石喬　徐方貴　朱良

成化二十三年奉　詔冠帶壽官

汪仕通　胡文琛

彭崇讓　王志富

羅文勝　孔受昌

廖澄　彭云昂

何通遠　俱年七八十以上

嘉靖　年奉　詔冠帶壽官

胡奭　洪元錫　朱本信

明朝吏職

李思德成化十八年奉例納米壹百石充知印

彭伯嵩倉大使　黎萬祺典史　劉滋

李木　王相　鄭守梅福建斷事

鄭守桂屯蓋衛　胡文輝沔陽倉使　周尚易

鄭一元涼州衛經歷　雷爀陽　鍾天衢

黄重寶省祭　諶一教　胡斌省祭

論曰通邑彈丸地也以道匪時以死勤事以逸䚡靖編紀考稽覈人代　餘均見

人心採玉探珠者寧得不　之耶

明朝耆民

李彙茂　金士乾

吳紹洲　習孔章

國朝

胡思南諱天晃來蘇里人優字浮艮取敦禮遜三次院取善人而巡撫通語淳風儀世

譚華宇諱楝　北門人

葛泰宇

志巡歷

巡歷故無志謂當路常調也第皇華咨詢剔蠹興利所謂遊豫爲度者非耶志巡歷

巡撫都御史吳諱琛成化年臨縣訪問民情釐革奸弊題奏依設便民倉于六溪口即晋題云三年兩度至通城則關心民瘼可知

武昌知府秦諱夔成化年臨縣清理邑事修飭學宮明倫堂廣居堂鼎新亭學倉泮池齋□煥然士民懷服

提學副使薛諱綱成化年臨縣校士命修兩廡並作社學

提學副使沈諱鍾臨縣校上　二首

巡撫都御史顧 諱璘 嘉靖年臨縣務剔邑敝威惠並行命建青陽書院於學左甃石橋築高堤於東門外捨土衆一人實之法士民至今稱曰顧都云

督粮叅議王 諱瑜 加靖年臨縣清覈奸吏安靜無擾

分巡僉事周 諱在 加靖年臨縣清徵除兇良善安堵

分守叅政馬 諱鳴鸞 萬曆十七年臨縣賑飢

分守叅政趙 諱欽湯 萬曆二十年臨縣復大漢口倉基指贖鍰五十金修理覺驗至今維新

分守叅議丁 諱繼嗣 萬曆二十五年臨縣查剔倉庫收支出入之弊

志署篆

接署攝其暫也時暫而政可久斯父母之信宿謳九戢良有以也志署篆

本府通判張 諱經 高郵州人舉人加靖年署政尚節愛吳奉發壁

武昌縣主簿度宗武

本府同知鍾 諱銳 錢塘人舉人萬曆十二年署 明達中有鎮靜之風

本府同知張 諱十可 浩州人舉人十七年署 寬厚惠用吏習民懷 偹講惠政舒六猷有郡

武城縣志卷之八

志宸翰

天章龍渥雲漢昭回古人拜命而考成廟器尊辰以榮親也志宸翰

誥勑

洪武二年正月

勑命一道封本縣城隍顯佑伯

宣德八年三月二十三日

勑命一道勑陝西道監察御史劉仕昌

宣德八年三月二十三日

誥命一道封陝西道監察御史劉仕昌父原達子職毋鄭氏孺人

誥命一道封陝西道監察御史劉仕昌妻王氏孺人

景泰二年四月二十四日

誥命一道封武城中衛經歷鄧志良徵仕郎弁宴程氏贈孺人繼妻袁氏封孺人

誥命一道贈武城中衛經歷鄧志良父碧海子職毋姜氏贈孺人

隆慶元年十一月十三日

誥命一道封南京户部廣東清吏司郎中舒大猷奉大夫并妻胡氏宜人

誥命一道贈南京户部廣東清吏司郎中舒大猷父倫子職〔户〕人

萬曆拾三年三月二十四日

誥命一道封浙江布政使司右參 妻胡氏封淑人

誥命二道贈浙江布政使司右參 孫敗嫡祖母陳氏生祖

誥命一道贈浙江布政使司右參 敗母王氏太淑人

萬曆五年閏八月十九日

勅諭一道勅廣東按察司副使舒 蒸分巡事

萬曆七年二月初七日

勅諭一道勅廣東按察使司副使 州等処參政事

萬曆九年三月二十六日

勅諭一道勅浙江布政使司右參 大猷整飭淮陽海防兵 劉屯田營田事

萬曆三十二年三月十七日

誥命二道封南京安慶衛經歷鄭 氏贈孺人繼妻閔氏贈

誥命一道贈南京安慶衛經歷鄭 母戴氏生母李氏俱孺

論曰人臣拜命而策之簡書

推及其所自生壹閣之覽猶

厲人心洋洋鉅矣哉雲

謁云、

封大夫中大夫

政舒大猷祖父孟溢

母吳氏俱淑人

贈舒大猷父勝禴子

大猷整飭海南兵備

大猷提督廣東瓊

議按察司僉事舒 兼管河道驛傳水

梅徵仕郎并妻毛 人 梅父惟爵子戟嬗

毅意也酧勞賞功

罵焉勸忠廣孝

啓後生獨

志藝文

按楚人之嫺於辭其素榮也而直淋名公間有記傳詩詞翩翩大雅足稱藏道錄而紀之政教關

志藝文

記

明朝開創縣治記

洪武己酉二月阮埜武昌府儒學授劉賢記曰鄂介江南要區屬邑曰通城距郡伍百里昔為通城

鎮屬唐年縣宋熙寧五年陞為縣東挹黃龍幕阜之奇西聯衡嶽洞庭之勝南山在前雋水在後長江坦如平壤曠如衣冠文物為他邑稱元失其馭西海昂沸萬兵往來屯駐殺人而食撤廬以爨民之迯徙十将八九水火可勝言哉聖神受命應天順人削平僣亂整理郡縣乙巳夏赤陽馬極來知縣事始至剪荊棘焚蓄翳夷道塗攘除奸宄撫輯遺黎宣布德意中餘悉章未幾逃徙者咸復其業慕化者襁負而至田野以闢户口以增中興之嘉

不□四郊之大不驚遠于政治大行境内文□□
慶田正户均征役樽浮貢愛養民力既庶而富既
富而教絃誦之聲相傳禮義之俗已興一旦環視
廨宇慨然曰茲邑之廢久矣曾陋甲而可為政乎失
務之急莫有甚於此者夙夜孜孜載謀載治刊山
伐木詠吉召工或良材是斷或隙宇是遷為屋三
十餘間端大堅緻洞達軒豁署事有廳公愿有司
吏贖有房禁鼓有樓黝垔塗塈墨繩以法又懼斯
文遺隳大建孔子殿庭上下尋尺視昔無比三皇

社稷秩祀之神皆復廟貌開渡橋梁道里郵傳靡
不完理上官嘉之傍邑效之邑之士民廖王等状
其事請為文以垂無窮余嘗忝
明詔布告多方由南嘉沂華川歷崇陽入其境野
無曠農耕桑晏然入其邑民物熙熙井田不譁屢
其庭吾執役勤吏奉法讙化所創置修飾文賁得
宜左顧則曩宮巖巖聖造以尊右瞻則新廟翼翼
神祇妥靈噫馬極之為政足徵士民之所請不誣
極和緩直方廉明敏　從□仕征代令年□□

諭□□
旨遠人董工作給餼餉以功援寧國丞時僚佐令長
咸以罷廢去極蒞事四年贖書上考他日理大府
典名藩等而上之功業未易量也姑述其槩以副
士民之所請云

重修儒學記

通城縣學創自　明朝乙巳夏令尹永陽馬極來
知是邑公勤廉介下車之始瞻顧左右訪儒學謁
先聖者民咎毀於燬諫然驚嘆曰學校風化所關

歷代所崇虞有上庠下庠夏有東序西序周之世
左右有學東有膠西有庠王宮國都以及里巷莫
不有學明人倫育人才淑人心洽隆俗美乎載不
磨洪惟
皇上受命法古為治建國君民教學為先凡一郡一
邑靡不立學通城為武昌望邑建學校施教化誠
縣令首務也吾學緩乎甫替年察天文披地圖相
地一區遠縣東二十步水遶山迴四獸拱伏正聖
王之居賢人君子會聚之所即定厥址捐俸勅贖

不適用木植泥片胥辨度地取中首建聖殿列[illegible]
大成高三丈五尺深廣四丈有奇丹青耀目棟宇
連雲前創櫺星門戟門間計以三翼以東西廊廡
數各如之後創明倫堂饌堂各三間東西衛以齋
舍如數東曰進德西曰脩業既而神廚庫房射圃
豎亭出入廠門嵬嵬峩峩煥然鼎新厥功告成師
生日相講道於堂微者顯幽者闡人人知父子之
有親君臣之有義夫婦之有別長幼之有序朋友
之有信斯道大明民風丕美隆古未之有也故允

王之得遊於門者豈特旅進旅退而已由鄉舉膺
擢歷職憲府讜議　皇猷若汪茂實輩肯此焉
出猗與盛哉歲月云邁殿宇剝落堂舍頹傾師生
罔復講道之處永樂辛卯令尹曹原昇承
命涖邑崇儒重道復諭工修葺生徒得盡講學之功
歷甲辰登黃甲冢冠象簡鵠立朝端若劉士昌亦
從茲而出學校為之再盛矣自茲厥後涵養積累
人材之盛濟濟彬彬後先相繼風俗之美稱為[illegible]
龐學校關係豈小補云[illegible][illegible]余[illegible][illegible][illegible]年諸生[illegible][illegible]

楊懋請言以識往事輒令二生詢于邑之耆民
文貴與得始末之蹟因書以垂不朽云

重脩城隍祠記

景泰壬申春王二月浙江紹興府山陰縣訓導邑
人郭文質記曰城隍神靈之濯濯者也有國家者
寧不廟食以祀之記曰聖王之制祭祀也法食于
民則祀之以死勤事則祀之以勞定國則祀之能
禦大災捍大患則祀之我
太祖高皇帝膺天明命奄有四海敬禮神明故內而京

都外而郡縣皆立城隍致祀焉蓋欲其捍禦災厲
而默相乎家國通城素稱望邑山高如城川深如
隍惟高惟深惟神聰明正直德崇而利溥洪武己
酉工嘉其功特賜為監察司民城隍顯佑伯以主
斯土先乙巳夏永陽馬侯來知縣事大建祠宇於
縣治之西南百步祠當南向廊分左右儀門大門
暈飛於前過堂寢室踵接于後仞墻周繚巋然偉
觀自是以往風雨摧射祠宇傾塌[illegible]宣德辛亥蜀
川楊侯來職司土克謹於神而神亦為之配焉者

教洋溢四達絃誦蒲邑桑麻榮郊正統壬戌九載
考績吏民懷而不舍合邑耆舊咸以德政請留藩
臬俱聞
勅褒嘉復任斯邑徃來三十餘年政治馨香皆神之
貺也景泰辛未擢乞骸歸鄉遡嫣工率衆偶新其
祠繪以華藻峩峩燁燁賢侯之功蔑有加矣又捐
資造龕塑神驥列于門之左右威儀壯觀視他邑
蓋未有方於此者噫神之所以為神貴於正直斯
能效靈而致敬于人則大焉侯揚侯恪恭乃心

後先創葺祠宇神之為德其盛矣乎尚冀神靈不
昧俾合邑之民家給人足永無禍患之虞凡所倚
仗神其相諸夫揚侯造福于民而盡敬於神幽明
之績可無以紀之乎邇因耆舊幸得盛之請書此
以識可久云

重修縣治記　黄裳　本縣訓導

通城縣治創自國初制度規模久而漸壞百餘年
來未有緝而新焉者今
上即位改元成化大計天下吏課決更新而杜侯敏至

侯霸州人而豪傑者也由太學事內府請練世故
久矣今適一載政務畢舉民以和寧乃議修縣治
增所未備僚以下咸賛之於是隨宜設材不取於
民量力致工罔劳於衆不紊旬材木山積工役子
來有莫知其所以然者期月而後堂五間成架步
如法穿堂四間成裁就有體皆板以覆椽泥以橐
瓦堅固縝密用為退思之所曹司緣周為垣高尋
尺許以嚴關防二門側緝兩翼舍各為小門以謹
出入鐘鼓則為京觀而內之左右立捞房各九間

張成憲以示勸懲街衢則甃之以石對待立長竿
數十遇
恩慶以懸彩坊巷要衝立巡鋪夜警更點慎火盜也
作土磚砌東西南北城門為保障加屋其上以達遠
望與凡學校壇廟寺觀橋梁靡不煥然改觀共成
之日遐邇聚集咸謂縣治繼新足副
朝廷寄命之意不有記何以傳永久乎遂請予予惟
世之位通顯食厚祿者意在金紫氣之蕉介清如
水斷決平如衡慎重有德後必有書循良傳者

不及諱也獨喜有益縣治故記之以貽將來云

元脩社稷壇記

元大德七年冬十月既望正議大夫江南北道肅政廉訪使程文海記曰社稷郡邑通祀也而或廢不立立或不式予乘軺行春武昌境中見其具且式者無幾耳蓋推之自郡始繼而亡縣以維新告通城興焉予或記或否者顧吏民有請不請也越二年秋文海以公事至其邑邑長以治中好學而文請記其事治中議以諉予予謂治中曰民人社稷

天子受之於天以授于下而分理者知一而不知二或幷於而遂怠且虐之可乎夫民為神之主神依人而祀固不可廢也政亦不可慢也至治馨香感於神明之謂者何蓋民為貴社稷次之何任其責者皆不可不知也吾之所能言者治中亦能言之治中曰公之言戒心也請以是記治中名縣丞第居白雲山中號曰白雲其邑長前曰衛良弼後曰韓王縣尉張思祖

脩陳公志政記　萬大猷　邑人

通城為武昌下邑去郡五百里而遥介西陽分寧之間盤亘崇山俗朴而民愚垂白之老一不覩憲使威儀以故奸宄罔詰誘上行私恣肆而罔忌邑務如糧稅里甲徭役差之類鮮克聽命罔敢違余昔宦遊時乘公歸省目擊政令耳聞田野愁嘆之聲頗願思能為要長太息萬曆乙酉遭艱家食見輸賦往役習見而身親之則喟然嘆曰何政與法戾哉夫

兩臺奉

天子德意惓惓以休息斯民為念行四差行條鞭不啻

三令五申思非條法以惠民奈何四差徵銀而里甲答應如故條鞭總科而各則復分追之一役黃數人而為黨一馬報四家而後定夫無定則徵用賑恤狐鼠蚕食我民隱忍不敢控此其與民休息初意耶越三年戊子邑饑且缺令當路定四有識以請撫臺梅敦郡公曰通隣西江饑則可虞西臺審非循倅張某不可於是爲原擬倅繳義庵公以往其是公令鍾祥守興國署崇陽所至輒有惠政無論文轄之民咸戴之通民甚手額公而他署亦[illegible]

老稚謂曰奚爲後我誠忍報特與吾闔邑欣欣如再造蓋德梅敦公知人且愛人四月公下車首釐夙蠹次覈冗役次賑饑荒次省公費撫恤里甲調停夫馬威愛交徹感行而露湛父老彈冠相慶曰公何來之莫耶越三月巡臺又以艱大相護督入會省公尤強駐數日定其規制如輸納則易知有單蕪里併收里甲則裁額外之辦送解户則革三總之科斂息壯則人充一役屛其白丁救荒則計口給粟勸借有差輿夫用禁役吏置去久恋冗

奸究爲民蠹者蕩滌如洗規制大定然後東裝遄發父老攀卧相泣曰公何去之速耶公謂法貴永賴無徵則不信倘惡害己者去其籍法奚以久又次第釐革諸條請爲久遠計當道嘉其請咸謂良法翼善政惠民者當恒守也行邑鐫諸石今讀經畫數事上體休息至意下察閭閻疾苦一剔沿習之垢與民相安於無事條辦四差較若畫一普之誘上行拯倚法爲奸者自屏跡無所容蓋條分縷析家喻户曉雖有黠者莫之或欺字此五者鑄

[illegible]水之民豈復慰吾怨嘆乎父老又喜色相告曰公何來之莫耶何去之速耶何惠之久遠如是耶獻夙大息於紛擾之政[illegible]嘯然於林樸之時茲焉邑事更新民若更生樂張居之政易維其志通諭諸父老曰惠政其不朽哉將來其不懲不忘哉父老唯唯相與磨貞珉勒所陳五事豎之邑門大猷爲後特紀始末以弁碑石愛吾邑者其尚有考焉公名仕可別號義菴蜀之涪州人由鄉進士本府同知時署縣與國州同知何君惟愈本府教授劉

君九淵本縣典史馬彬咸慶惠政之可久而樂觀其成云

重修拱北橋記

通城縣治北有古橋九甃石壞上架木板聯向君之義而名以拱北乃宋狀元楊公知華所創也我朝正統丁巳邑宰楊慶覆以重屋正德初板朽石頹而病涉者數載十二年丁丑巡按御史毛公伯溫布政司周公季鳳檄縣修葺維時武昌知府張公陳同知唐翊通判馮勳尹覺知縣李蘭典史余

欽諭劉荅訓導楊一貞馮介上下集議咸謂工鉅
費大非廣募不可適命老僧朱貞咸偕其徒如寧
如滿谷濟簿勸輸而邑之好事者壽官洪彥銀柱
萬鳳醫官胡鳳耆民吳伯彰陳允舉仗義倡率鄉
縉紳知縣徐守誠訓導何信大使彭伯萬咸願易
采以石一勞永逸樂助為鄉人先以故士農商賈
及遠近山谷之民罔不聞風捐貲共成厥美崇陽
知縣程賓綸圻知縣張佩嘉惠鄰疆劉俸玉成於
是功逾大展因舊貫而改作橋高叁拾叁尺其廣

如之長肆百二十丈兩傍翼以石欄集工貳拾餘
萬食倍之積石數萬有奇總用銀穀伍千兩有奇
經始於正德丁丑之七月越六載未就嘉靖癸未
維揚衛準宰是邑吳泰黎堅勤厲不息典史林蕃亦殫
贊[illegible]甲申拾月四日工始告竣適郡倅鄉君鐵石
張君衛君尹君先後以公務至皆樂觀其成而慶
楊公之偉績頼有續焉由是東通洪都南達閩粵
西至蜀陝北抵幽冀昔有洪濤巨浪之阻今則如
履周行昔也傾命而及溺之虞今則易危而安爰書

其始也勤今則歡聲載道焉僉然稱曰
若騰驤乎天衢之上超越乎蛟龍之背一邑之奇
觀也昔恆利濟之心郡邑牧君之政縉紳耆宿倡
先之義咸於是乎慰且孚矣王敦教於庠覩王政
之有成知氣數之當亨將必有瑰瑜之士乘時奮
發於其間續楊公之文章華國以柱石廊廟雲龍
風虎駟馬津要與是橋同悠久豈獨一邑一時利
賴已哉敬紀修橋顛末以告後之君子

夏侯去思碑

去思碑者思夏侯之惠政也侯蒞任歲餘即以調
煩去何為而得此哉蓋通城去郡五百里僻處山
谷風俗頑悍士習浮靡士瘠賦繁昔稱難治蒞茲
土者鮮能令終況既去而思之乎惟侯誠心惻隱
平易近民處邑事如家事視蒼赤如子弟興學校
則士習丕變勸農桑則民生殷裕脩武衛而四境
安堵省刑罰而萬姓騰歡均徭役無擾於閭里理
冤抑察見於淵魚民皆欣欣然喜色相告曰吾民
之得夏父猶赤子之有慈母也政績懋著聲聞

試兩臺交章薦遂調閩之南安蓋銓曹以理煩
治劇優之也夫南安閩之鉅邑為泉州藩屏侯以
輕車熟路治之不綽又然有餘裕哉既去士民思
之不已生員胡淳等里老劉讓等相率立石以志
思請予為記予即耳目所睹記而直書之非敢為
侯侈觀風者採焉侯諱汝礪字維金號泉其別號
賡右鄉州之王融人

通城便民倉記　　徐應斗教諭

長人者而欲有所興建於民也必有惠愛實心經

久遠慮又不憚勤動之勞而後可善其利於不窮
通阻山谿之險額運南兌二糧四千二百有奇每
歲輪甲收解倉屯船運用耗不貲至每石派銀四
兩費且十倍正項
楊侯蒞通洛訪利害之端而首及此大為痛心余手
春曠然慮永久規便宜鳩材庀工較水陸遠近於
星橋鋪府建倉一座分明為十一廒深黎廣儲貯
運可四千石啟聽堂旁列兩舍列張門扃周繚垣
墻更樹甓疊石儼然曾副一大觀也每歲秋中

賦倉所隨日徵收計月米齊隨即分運轉解官運
濟充之務取次可完何所若倉屯船運派四倍上
之費一槩可省為通破除積蠹興建永利真億萬
年不朽功德也且民便於轉運而蒞茲土者免拙
催科民樂於奉公而操國計者無憂開之足裕之
謀兩得光輯之效可蔡孰非
侯真心遠慮愛民如子治邑如家而不憚勤勞之貽
賚哉第非常之原侯創其始更藉後來者以續芳
猷推廣德意補其所未備維持之於有終其為通

民利賴寧有紀耶是役也始工於初夏終事於仲
秋通民觀其成樂其便也則有歌於載道者曰孰
釋我勞孰與我逸乃建斯倉惟侯之續孰任其勞
孰享其逸繼只君子永世無斁乃二三耆老以為
此碑於口者也不籍一言無以徵永久而問記
於予予為撮其大槩若此侯諱浩號西瀛選貢蜀
之內江人董其事者楊幕君諱九成號小橋直隸
太興人例得附書遂書之是乙言者俾勒石識年
焉

通城創建學田記

粤稽

祖制廣厲學宮作興文學意何□盛哉既復其身家

矣又養以餼廩督以齋號□□實以優文稽行以考

德凡可作善良而寓振勸者有何不用也乃提調教

士者更推廣德意設厲租□錢以覃及餼廩所未周

貧窶之無資者不使歷覽□更志有學有田在處皆

然獨通為缺典

楊侯莅通三載諸凡修舉振□教崇文學者無不備

至乃悵然於學田之獨缺也為捐俸薪置買田若

干畝歲出租若干石給付學□官以為多士禄助此

其嘉惠盛心直傳之世世無窮極寧止一時之惠

愛已哉尔多士列在膠庠者孜孜湛宜何如以副

之不使叨領庠校躬逢盛□且樂觀其成為立收

給定法勒着成册俾之□廢隱匿侵漁之實無

自而入

侯之惠與永又有賞賴數語於册首以識

笑拂烟霞新皇作意私銀罌故遺台星照□明

文

親民美蹟快如何起敝銀城借箸多稅粟移民心

有限已饑已溺道全過顰草顏老稚閭閻祝椽腹黔

黎鼓腹歌載路由來碑在口宦息特達奏臺□

祝盛侯誕　楊若白　邑人

昨夜流霞接斗光滿城瑞色映煌煌雙鳧駕並揚

州鶴甲胄開同海島堂觴水酌為千歲酒銀山磨

作萬年坊生來國亘成仙供頌勤當呼祝羽觴

頌盛父臺賑饑　吳鼎彝　貢生

蜒嶽丹華舊流芳捐囊賙恩□呂崇入百倍開饑

切已三千火待賜稱壬朱霞采映灼灼曉紫馬蹄輕陣

香白叟黃童歌聖德天長地久戴龍光

賀盛父臺禱雨　吳鼎彝

天意由天集百靈龍翻鰲吐倒蒼溟平鋪阡陌渾如法

寄酒篤驕建若饒入閣書傳馨馥隨車新見

青袞頑獰□且涵風鼓繪父蘇公喜西亭

送學師別於此上　吳鼎彝

米芾先發竟陵船北望蕪臺萬代高事業無如金
署充章真是鳳凰毛祖幄細着長安雪雷劍還蒸上苑
挑興發銀山一回首故人長嘯倚東皐

星聚寺對雪　吳思義

新年而見雪花飛俱坐一星華静掩扉衲子談經能伏火
陽隣沽酒不加衣鉛華剩與珠顏借練影紛從玉手
揮有與那須勤訪戴銀山銀屋政霏霏又

邑大祲頌

丁父臺捐俸賑士民落業　吳鼎呂任長沙訓

遂城縣誌　卷之八　一十九

嵩目銀山幾百家何緣惠洽使君車千門樹合帝饑
烏萬壯風消咽涸蛙農復右田分綠飛婦閒束徑倚青
可憐黃白呼庚癸一賑酒酤雨露奢

頌

丁父臺實政十頌　其三

實政從心久布誠如臨如保恤蒼生治成十頌歌非媿
振三年信有成不獨市中無僞飾且晉境上息呼庚
老稚怙棠柘南國棠陰棠又青

丁侯作養士子宮墻根　生員吳根新

喬家艦蓋溢於蜀中尚有祀可市腰間尚有帶可
解盡捐以求木以鳩工僅月餘壯一危樓於上扁
之曰大士居夫居大士以邀福果也乎哉勝地之
崇隆是或亦省耕之小法界而大士之靈爽熏借
以悚驕子之逸心後之君子慎勿薄而夷之趙三
台讓記別號泰六古益州人

國朝開創縣堂記

守令所賴以安天下者藩垣而外惟守令矣然守
令之難非循吏不可非才吏不能兼以兵烽殘瘁

遂城縣志　卷之八　一二十

民嗷然喪其樂生之心而邑倏丁更創害此者不
愈難乎
戚侯以南充儒品騰茂金馬度冲恬而心淵亮學識
才名尤優過之其受令通邑殆出兩牛之背以烹
雞耳且通邑之俗大有眉州風易脤而難治又屢
年警戎告歎餉漕不濟國需致譴其官罷其民者
有由然矣語曰損政不修不可以救處益政不修
不可以救損　侯視邑之所急而圖之視邑之所
褱百年之攻天心立能以受民爲E其平衡

蟠龍古刹地偏幽今日來開始得遊洞裡桃花春
不老岩前異石水頭源身林好鳥清音巧沿路香
攜綠影稠自是斯文無外事謾將詩句定賡酬

又　劉景韶都御史

金盆落日擲征衣石磴盤雲上翠微萬壑晴烟合
兩意諸天色界淨塵機究中不作浮生夢天外寧
知世事非自咲俗緣還未斷濃陀花下戀朝脾

露禱田天　徐應斗

躋攀靈嶽叩蒼穹露見機忱感速通聯夕雲霾驅

漢外片中陽德現裏中機輪年觀堯天麗軒鏡重
開舜目同響應真如捋鯨捷誰人不頌大夫功

遊黃沙寺　天應鵬

驅車小憩話恒沙合下空門別是家石榻半懸雲
外鳥瓦爐初佛雨前茶玉孫有興聊傾酒天女何
緣可散花好識逃禪應自憐靈臺原是有靈芽

八景

銀山積翠　王恭本縣知縣

銀山屹立對花封千樹蓬文黛色濃政暇幾迴翹
首望不勝仰止企前蹤

又　褚潭本縣知縣

鎮日琴堂上南山往望中四時青不改千古翠無
窮拔地規模壯凌空氣勢雄孕靈生俊傑先後看
登庸

秀水迴瀾　楊浩本縣知縣

一脉盈又帶郭來溶又錦浪幾潆洄何能一取磯
頭水散作甘霖濟九垓

又　徐應斗本學諭

一溪拖秀遶東城百疊潆洄錦浪生誰是觀瀾
道者成章端可達瀛

太平春耕　徐友學諭

聞道太平地春耕獨占先子規三月雨布谷五

冤天

又　何陽

灃又童叟樂堯天無事妨農得力田補助不須勞

拙手饑寒自免意懸　又

興賢夜誦　鄒珍

世濟文明泰運享峥嵘芹泮集群英通宵斷續絃

歌韻比舍咿唔朗誦聲忘寐不知寒漏徹倦眠

待曉鷄鳴探珠探玉爭光睹接武夔龍上玉京

又　彭良相　學訓

崇文何幸際明良一寸光陰肯自荒漏盡燈殘人

未倦餘音猶聽遶宮墻

雋溪映月　何隆

雋溪流水靜涓涓　又　雲散晴空月正圓萬頃寒光澄

素練一泓秋影漾嬋娟金波不動汪洋水玉宇無

塵上下天此夜廣寒宮不閉清虛池上集神仙

又　舒大猷

碧波蕩漾影嬋娟水底雲端共一圓天上化形

識得仰观俯察思悠然

岩嶠曉雲　吳[illegible]　本縣知州

浮屠三百尺突兀聳層霄滄海從空孤根不度

提星燈光徹夜風鐸鳴終朝寄語青雲客若名題

早探

又　劉宏

雲內嶠峋插太空光芒直射五雲中登臨四顧渾

無際人在接台第幾宮

隆平曉鐘　朱□

聲聲数闋古禪林側耳鐘音梵音漏尽鶯啼天

漸曙一声敲碎利名心

龍崦暮鼓

真慶禪宮地煙霞景趣多冬冬兩經殘壁法鼓兮三

擬喚起穿牕月催回宿樹鴉似閤星斗現歲向

無譁　涵

路鵝遶樹暮雲横法皷三撾徹雉城旦晝紅為[illegible]
此息分明夜氣靜中生

虹橋比拱

九眼虹橋百丈長駕從萬水作津梁往來利涉人
燕濟題得芳名賽洛陽

雨行晚晴謁黄龍禅師　黄山谷

山行十日雨霑衣幕阜峯前对落暉野人自添田
水滿晴鳩更喚雨鳩帰灵源大士人天眼雙塔老
師諸佛機白髪蒼頭重到此問君还是昔人非

巡撫通城　都御史吴

三年兩度至通城山路崎嶇不厭行漫布網羅樓
吏弊徐停旌節問民情牿渠旱魃從天降若我農
家不歳成自媿一官叨國用撫安切又為蒼生

通城中道　御史佘

寧親便道過通城只咫鄉關馬足輕山掃翠眉迎
使節柳垂青眼照行旌堂前白髪愁中緒膝下班
衣夢裡情牿日承顏何以壽頤扈北海膾長鯨

通城道平江道中　叅政王昂

滿隆春風吹面来看輿白髪未摧　山如識[illegible]
回首花本無名只亂開人語静随空谷應水流還
趣小橋回欲形勝歸風雅挨筭誰知子美才

自崇抵通　時華林盗發潮　提學

桃溪避逅復過城官轍應慚似水萍更有真愁難
伏酒可憐終歳只論兵四郊羽檄勤烽火百里鐃
歌雜鼓聲明發開閑經岳道好將時務策諸生

冬日遊錫山　尹誠　撿吏　吳人

錫山原即是銀山欸日登臨興不慳金簿祠藏紅
樹裡舍人庙鎖白雲間偶因知己三杯酒縱得浮
生半日閑莫咲一身徒碌碌眼前多少鬓毛斑

又　徐友

曉随朝使去登山酒量詩情總不慳無数人家烟
樹裡幾多風景畫圖間一生尋樂何時樂此日得
閒方是閒醉後不知歸去晚梅花飛雪點衣斑

又　劉宏　邑人

偶来載酒賞銀山風景悠然興不慳鵝護舊巢
樹杪虎留新跡印苔間野梅帶雪参差發澗[illegible]

雲一樣閒歸到琴牕心似洗薰炉燒盡鷓鴣斑

登圓山閣　　汪必東崧巖

圓山高閣勝蓬萊幾個閒人辦此來只為鶴琴妨猜性漫呼花鳥豁吾懷兩三童雅借風浴百轉歌喉曉露芸謾說家鄉千里外乾坤內面莫相猜

次韻　　舒大猷邑人

銀山秀水小蓬萊一閣旁招四美來畫棟朝雲迷樹色蟾宮秋月暢吟懷河暢花映黄金闌檻類星高白玉臺不讓滕王江上閣落霞孤鶩豈相猜

宿錫山寺房　　陳魯峯人

雲霄翔翼正横秋暫借緋園一宿晋燕闕幾年同鏖戰蓬萊今日得真游半空石室藏岩谷五夜禪房宿斗牛讀歇金剛經卷罷謾將鍾鼓發高樓

遊九峰觀　　周樂邑人

一入九峰山江山指顧間平生未着足今日始窺顛石響猶嘈吸雲春碓自閒柯爛人何在丹燒竈未寒紅塵不到處別是區寰

春日遊金谿寺　　楊佐與國判進士

冥佛烟新皇仁作意私一瓢鄂故遺合星照觴卮

又

親民美績快如何起散銀城借箸多移粟移民心有限已饑口溺道全過犨類老穉開顏祝梼腹黔黎鼓腹歌載路由來碑在口哀思特達奏蠶坡

祝盛侯誕　　楊若白邑人

昨夜流霞接斗光滿城瑞色映煌煌雙凫駕並揚州鶴甲署開同海島堂粤水酌為千歲酒銀山磨作萬年坊生來圖画成仙佚頤効嵩呼祝羽觴

按藝文記縣治記學校記廟壇橋梁記德政去思非贅也數者之興廢治體之攸關前有作後斯述矣可無紀乎[illegible]景偽[illegible]名公　些輩山川之光文獻之一[illegible]可遺　辨瑕瑜於[illegible]尚俟大雅君子

通城縣卷之八終

雜志

災異

自君相以至牧宰遇災不可無戒心或先事而捍禦或後事而撫綏皆脩省消弭之道況遐僻之邑如旱荒疾疫水火盜寇小民所待命者惟睠睠於上之人者猶忘不載豈春秋紀災之義乎倘百姓見憂則防御有法天變人孽豈能為地方災耶志災異

正德四年大旱歲饑民難十四年華林寇流掠

嘉靖元年洪水　七年大旱　十三年旱

十九年五月二十五日暴雨如注各山龍起平地水深四尺沿河淹廬舍千百間溺者千百人全家陷沒者田地沙壅浪削一人葬哭父母兄弟妻子慘不忍聞暮則弱鬼悲號事出創見始

嘉靖三十四年大飢斗米三錢草根樹葉挖削盡鬻妻賣子者無受主父子不相見餓莩相望

萬曆十一年八月[illegible]

至隆平寺止燬房舍數百間

萬曆十七八年大旱民飢　十九年大疫

萬曆二十年九月強寇數十人踰城劫庫官民莫敢援後擒渠魁陳四李仔等於湘潭縣拿黨類於武昌縣緝到王於與国州時大治知縣預查寇黨事發即捕胡尚時等贓証明白前後獲十七人俱置之法

萬曆三十二年五月初龍水忽起平地水深八尺崇仙里民知為毛等等家老幼數十人盡行漂沒大傷禾稼牲畜稼穡無論矣

萬曆三十六年四月初連陰至五月終山崩川溢知縣楊浩詣錫山祈晴閤邑士太有露禱面天詩冊

萬曆三十七年春夏間民苦疫疾死者十之七八知縣楊浩為祈禳三日查得不給者開倉賑濟又漢沔間流亡就食者以萬計皆得安集幼給食全活甚衆　按災異所紀水火盜賊旱疫飢饉類皆生民剝膚之害睠睠望上之人旦夕

嘉靖日食蝕星變地震應驗不甚關繫姑畧
之贅
天啓七年旱蝗　五年荒　七年旱
崇禎六年旱　七年蝗虫　九年地動三次　十五六年乱
國朝元年獻賊破縣燒燬縣堂民舖四城盡皆赤土
殺擄不數莫荒三月無塩
順治二年闖賊盤踞鄉村四月壯擄弱殺白骨如
山署官汪一位收埋數畢儼側有塚
順治三年　馬往　相續不絕民未落業
順治四年奇荒米價　斗賣石谷　知縣芳捐賑
順治八年四月俱發禾稻尽遭食葉剪根知縣盛
治捐俸建醮七日殄滅得收十分之三
順治九年三月十八斷雨直至七月有雨知縣盛
治祈禱驚擊有傳
塋墓　孔端植墓
孔端植先聖後裔宋熙寧間知水縣事卒於官　葬城南一里九宮山
尚元楊起莘墓　葬城內城隍祠後
滕銶書辨胡如盟葛象春書寫
梓人吳鍾陳刊刻

通城縣志跋

古史不貴修文載筆取義進退沿革之間深心與風教為終始國史郡志詢非一家言凡建置興廢習尚隆替文物升降皆足表彰先哲式訓來茲矧邑司民牧志切摩風其所以起敝維新與時變化者但

斯有獲豈惰仕　二年來撫綏而殘剔之有以振舉而滌除之有以摩痛播癢矢無遺力猶恐於風土物情和理未知奚似百思所以終始之公餘即校正是編取其山川之嶽昭以觀興廢取其風氣之重輕以觀隆替取其人物之秀特

以觀升降覲鄉評而思賢按宦牒
而思理是編之輯庶於古史勸戒
之道有當焉覽斯志者進斷斯義
風教深心與簡冊為無窮矣
治癸巳年仲夏下浣日感治跋

尊川　　佩訂

梓人羅光且

荆楚文库

〔乾隆〕通城縣志

〔清〕明福 修

〔清〕吴開澄 纂

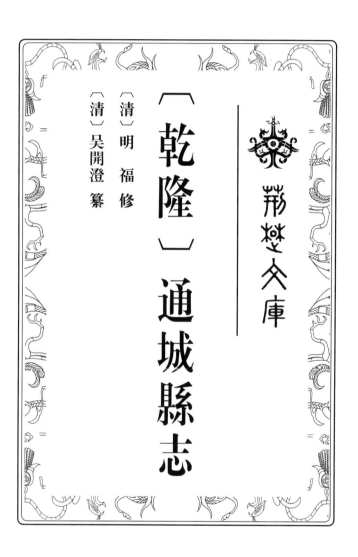

《荆楚文庫·方志編》編纂組

組　　長：劉偉成　陽海清（執行）

副 組 長：劉傑民（執行）　王　濤　謝春枝　郝　敏　嚴繼東

參編人員（以姓氏筆畫爲序）：

王　濤　李云超　宋澤宇　范志毅　郝　敏　柳　巍　馬盛南　陳建勛

夏漢群　梅　琳　陽海清　彭余焕　彭筱澂　楊　萍　楊愛華　劉水清

劉偉成　劉傑民　謝春枝　戴　波　嚴繼東

編　　審：周　榮

顧　　問：沈乃文　李國慶　吴　格

前言

《〔乾隆〕通城縣志》十卷，清明福修，清吳開澄纂，清乾隆二十九年（一七六四）刻本。是志僅存卷九、卷十。

明福，滿洲旗籍官生，由筆帖式授寶鷄縣，乾隆二十八年（一七六三）改任通城縣令。吳開澄，字峩峙，邑人，乾隆六年（一七四一）舉人。《〔同治〕通城縣志・人物・文苑》載其『編輯縣志』。

邑志明歷三修。清順治九年（一六五二）邑令盛治續修後，康熙十三年（一六七四）邑令丁克揚又增刻。乾隆二十九年，明福集邑中同志，『博採羣籍，周諮耆舊』，以舊志爲藍本，補缺訂訛，纂修志書。《〔同治〕通城縣志・序》載：『……吳君峩峙共十卷計纂至乾隆二十九年止……』『……續修於國朝吳孝廉峩峙……道光二十四年郭孝廉珊屏復援舊志，續纂十卷。』則是志應爲十卷。

是志未見於諸目，僅通城縣檔案館藏有殘本兩卷，分别爲卷九、卷十。其中卷九爲藝文志内容，含『國朝藝文・詩五言』及『國朝藝文・詩七言』，另『國朝藝文・詩五言』前有兩葉『詩五言』，應爲清以前内容。卷十爲雜志，含『災異』『塋墓（官山義塚附）』『雜記』。『災異』記載至乾隆二十八年，『塋墓』記載至乾隆二十九年，是志版本據此確定。

對比前志卷九、卷十，是志在體例上應有一定改進，如前志『藝文志』僅有『誥』『傳』二目，是志按體裁擴充，並依年代排序。前志『雜志』僅『災異』一目而已，是志增至三目。其收録原則較前志也有變化。吳開澄《序》：『所以編輯者舉避怨避忌，惟俗弊爲穩諱，質之志體大相悖矣……幸邑侯明公洞志體也……錢穀今昔異制者註之，人物之良莠、善揚惡隱，必覈必信……而於鄉俗尤必詳且晰者爲備。』又《雜志・雜記》小序：『按史志者，所以勸善警惡也。前志善惡漏則警勸漏矣。』據此可知是志纂修者注重志書對於記録事實與警勸教化的作用，所載内容在信實的基礎上善惡良莠不忌，較前志更爲全面。

是志吳開澄《序》見於《〔同治〕通城縣志》。
本次據通城縣檔案館所藏殘本影印。（彭筱溦）

目録

手[illegible]自[illegible]外乾坤內面莫相

[illegible]韻　　舒大猷　邑人

[illegible]道秀水小蓬萊一閣旁招四美來畫棟朝雲迷樹色蟾宮秋月暢吟懷河陽花映黃金闕橋類星高白玉臺不讓滕王江上閣落霞孤鶩豈相猜

宿錫山寺房　　陳曾　舉人

為翼正橫秋暫借紺園一宿留燕關幾年同鏖戰蓬萊六游半空石室藏嵓嵌谷五夜禪房宿斗牛讀取變將鐘鼓發高樓

[illegible]卷之九　十五

春日遊金盆寺　　楊佐

蟠龍古剎地幽幽。今日乘閒始得遊。洞裏桃花春不老。巖前實花頻泛。穿林好鳥清音巧。沿路垂楊綠影稠。自是斯文無外事。謾將詩句定賡酬。

又　　劉景韶　都御史

金盆落日拂征衣。石磴盤雲上翠微。萬壑晴煙含雨意。諸天夕景淨塵機。不作浮生夢。天外寧知世事非。自笑俗緣還[illegible]詠。謾陀花[illegible]拂[illegible]暉

露禱同天　　徐應斗

躋攀靈嶽叩蒼穹露冕披忱感遂通瞬夕雲霾驅漢外片時
陽德現寰中曦輪再覩堯天麗軒鏡重開舜日同嚮應真如
桴鼓捷誰人不頌大夫功

金雞石　楊起莘　宋進士邑人

千年古石號金雞化雨霏霏長羽儀不把稻粱爲食啄且將
天地作籠棲祥雲架上非孤立人曉聲中豈亂啼過客莫同
凡鳥看等閑飛上鳳凰池

春日遊翙鳳寺　知縣　趙三台　古益州

鳳翙古刹隱巖阿轉旆[illegible]尋鳥道過霧裏[illegible]

鐘磬隔煙蘿好鳥枝頭堪傲俗遷鶯陌上伴行哥

怡情處游心重擬寄雲窩

送別七女臺調任黃陂 六十韻　吳開澄 崴峙 舉人

親民歸牧宰父母望明賢閱歷勞成愛鋤扶惠困懲仗公
抒保抱答　主副承宣淹貫儒經更矜廉儉作緣魚懸東壁
坌鹿蝷北園煌竿牘無閒入苞苴莫竇傳菈宦讙礦鐵讞理
爍爐鉛對簿恬聲色吐情狀駒憐縈關披鏡照肯綮爇犀燃
論一爲殘苗匿幻攢擁足蚿剛薅苞訟蒂義決買謀川異艮懲
三蘗東南息百壓繁辭刪險坎五鬼讋嚚乾學校秋風甜閒
聞夜雨眠憂勞強半載釐敷甫週年獄減三之二

門馴良游綠野羸弱泳青天賡尹徵惟日時霖
咸欽隊石穀累豐蓮公退吟庭草仕優味架篇更咨文苑駁
絡糾壘程偏訂約諸生儁期占每月圓授飧扃署課藍案就
批編來去疏題脈節章究旨躔剗浮摹古藻刊腐繪新妍詩
辨辭神貌詳匾義腹弦頻邀優錄獎罔惜累旌捐僻塾知歸
徑迷津醒渡船猶虞山水鈍或抑鳳鸞香倡復文峯搭對森
錫岫巔壽霄凌漢矗陰雨刺雲穿培補川原闢裁成璞玉全
午科雖負望嗣榜應聯翩過暴冰壺裏作八玉尺前九重寄
保赤四載慰懷鮮展蘊疇經朔輸忠報國先清標慙謗綏循

蹟諳歌絃膺譽鬻鄰嘖夰閗溢上銓西陵調展驥上雋嘆飛
鳶來伏魯恭雉去辭劉寵錢攀轅號巽儒卧轍泣危顛灘水
民何福銀山命忽邅匆莞猶有獻河海不遺涓赤縣雖支數
巖疆刧猾淵巨憝籌訟慣詭蠹舞文沿謀窟麤難覺機潛淺
被彌南濤江納垢北蛆豫毗邊草竊嘗輕法蔓滋瀆廣延榜
腸攖粥粟兗體攫襦綿免窟營幽壤狐城吸盜泉渾資祈折
膽[illegible]待久攻堅鬪奪風彌熾奇袤術更鐘因循階厲恣姑息
釀癰纏火烈調濡水驍狂伏楚鞭髀髖游刃澀盤錯利鋒鐫匪
懈防微漸用中刷絓牽入鄉先問俗因地更斟藿

素備營政最專牛刀磨再試鳳翮翩超遷愚[illegible][illegible]

採鑒焉

銀山積翠 五言八韻　繆　奎景垣 訓導

銀山千古秀磊落景連連古柏穿巖出蒼松挂岫懸勢爭黄

鶴勝氣靄碧雲天鬱鬱蘢朝露蔥蔥帶晚煙苔痕侵石蹬黛

色映流泉俯瞰千門曉逶迤一水漣琴堂開翠帳文筆挺花

俯仰止情何極登臨一曠然

主簿廟春色懷古 五言六韻　黎興鑑如金 太學

雷雨當年後唐基半作園漣漪流激湍疆畧砌漈豐雨潤山

花淚風搖蔓草𨫥猶疑銀壁峭不盡玉墀息白日照先墉晴
嵐鎖舊冤懸懃詢往事芳草靜無言
遊桃源洞仝劉致煥則巍年兄聯句　程良材秀一歲貢
任雲夢訓
二十入桃源劉花光連境動程何如苦竹街程勝似蒗荷洞
劉喜子去嘉禾程多君遊雲夢劉他時歸若何劉年仲與求
仲程
龍仲春識集見銀山八景圖照拈分賦　程士椿引年
邑庠
大似終南景靈奇現筆端一溪煙雨重拖出古長安姪盛度
八公量
學生南城一澗流清綽如人幼鑄鈷鈷傳名寧作

太學生越看越難越瑶城對瑶闕欲窺人外影玩我胸

昌仁世顯邑庠越踏越可踏上於青旻合名從高處題在我穿雲塔

昌伊新于府庠一擊聲鏦鏦門隨闢九重人天分曉界賴我隆平鐘

昌明大文廟庠一打聲衎衎聞之皆起舞騰名響四方賴我九峯鼓

昌杰時英邑庠賦景得諸謝鼓旗眞不下慵吾夢草晝懷爾與賢夜

弟士榜詔太學丹草向池塘發情眞景亦眞但今從我飲同樂太平

春椿

黃鶴山懷古五言

周德揚增庠

羽客有何戀而來憇此邱宿蘿縈丞竈叢棘翳丹樓樓隱仙

俱隱山留鶴未留耵聹游碧落野馬騁悠悠

遊黄鶴山　熊一純希文　綿邑庠

鶴去名猶鶴仙歸樓已空天香花爛竈神樂鳥嘈宫雲寶錦鏽日翠茵暈漲風颭衣身欲翥忘卻駐山中、

相師山　李開揚芹藻　儒士

峻極連天表岩巖四望空書傳漢相國名著此山中雁渡驚寒陣麋遊失舊叢井泉流激湍石室踞崇隆翠積千秋秀靈鍾萬類功人歸去不返振古話英雄

登黄龍山　周大乾秉克

吳楚矗雲分嶮巇不易登半腰低樹嘯絕頂遠烟[illegible]

鮮鯉丹爐漫古藤仙翁何處去含笑問山僧

八景　　羅萬河 天崑 庠生

翠積橫天半瀾迴八海東耕春鶯囀曙誦夜鶴喇風月映茶

爐裊雲穿疊浪融曉鐘連暮鼓黎獻樂時雍

文峯塔　　楊騰蛟 惇恭 邑庠

峙亭軒碧落寶塔削成犀禿幹千峯伏孤根萬岫低破空森

[illegible]礙日矗雲梯琰暈中聯璧銀光指斷霓仰瞻撤漢藻俯

謂窺璇題緣筆知神來詞鋒賦翰雞

踏雪登張師山　乾隆癸未年冬大雪登張師查通平汾界其山四方上一方屬通城山上庵堂屬平江咸外　毛文繹覲皇 邑庠

冬邀韵侶遣興陟名山絶壁攀恒嶽懸巖掛鐵關仰看天
岳聳俯瞰雋溪閒瑞雪飄銀粉醉風捲玉斑三生籠袖斷五
夜擁爐頭雅洽陪僧話趣依覺路還

銀山積翠　五言八韻　李文祚 商德 增生

山以銀稱異巍然郭外連巒蔥凝實地崛突接青天古徑封
苔蘚叢莎襯澗泉朝曛籠薄霧暮色鎖輕煙兩水環城雋水
水秀雙橋落照邊拱北橋朝宗橋翠屏開畫壁層塔應星躔地長

秀山靈欲吐姸臨風舒一嘯高踞碧雲巔

石塔　楊騰科雋泰

銀丨如畫譜水繞岫排空突兀金莖卓岧嶢玉筍崇石錐穿

月白木筆照花紅知得層巒上神惟嶽降中

遊黃鶴山得東字　吳太尊觀風增生吳芳樹

偷閒尋勝跡散步上崆峒峰峻俯邱垤氣佳覽鬱葱力疲頻

坐石目曠數迴瞳望近行彌遠步紆路轉雄到來山絕頂便

宜亭茸中煖酒還燒葉沖霄欲御風從容訪古蹟仔細覓仙

宮樓塌苔荒砌鶴歸烏駐楓崖花無姓字林草幻天工樵語

嵐煙裊鶯聲壑靄籠層巒巧障目戲蝶亂穿叢泉冷懸巖出
竹谿曲徑還探闕黃鶴勝更破白雲蒙白面兒孫幼黃龍祖
鷲崇聳肩隨幕阜伸足踏梧桐鐵束陳樽俎銀峯列侍僮分
庭龍蟄客抗禮相師翁壽水眠金帶盤山壓石韻三峯諸小
伏萬慮一齊空天地憑舒卷山川徹始終眺勤勞目倦遊飽
惹情觸暇收雲光瀾兩菓歸色總欲同心復醉御退腳無功
櫳且龢御鶴再參省舊東

登相師山　　胡鳳隆展苞 邑庠

只傳多勝概果見傳無訛瀑雨斜溪上松風出壑

漢路達谿洞庭波爲問黄公在攀登更若何

泉灣夜谿聽雨廻文二

吳黄棟袞堂

府增庠

寒聲花佛半溪傾雨和風灘帶樹鳴攢簇暗雲堆滿地單燈
濕影照茶鐺

其二

寒雨度聲駐耳傾芘揉花碎撼條鳴攢溪煽爍雲翻電單襖
傍爐薪冷鐺

國朝藝文　詩七言

邑志成贈吳孝廉公峨峙　　程盛泮 潤芹 舉人

七十年來守一貞　先生於我實同人是非不掩唐書范隱
顯互陳漢紀荀不許闌交傳海甸且看手教董鄉鄰今成此
志還何事一棹熅濤歸富春

祝邑侯楊公任太母　　吳開治 尚晨 貢生

内勤釋褐護烏桓別駕任投尉難春煦山戎饒雪軟風恬
海若鑽瀾安成仁既遂良人由義旋教王器看冰蘖何緣
吟鴛水操刀更自解髀髖

雋城懷古　程盛泮 潤芹 舉人

上雋何由改作州為時南北轉相讐江陵既不思興楚湘沔行看盡入周百戰嬰城覘守力靈洗十年破柵顯神謀文季將軍父子今雖去猶記成功屬此邱

過銀山石塢四賢祠　黎正輝 秀倫 廩貢

銀山之麓新祠新特喜師居得古鄰魯案懽斟彭澤酒袁灘羨悅嶺湖塵一竿竟是隋唐水五柳還留漢晉春收得乾坤風月在年年磯上釣漁人

[illegible]錫山贈門弟黎君秀倫奉咨上京　程盛泮 潤芹 舉人

銀盎胎宕何從容任着如居古七松五里牌聯十里市三峯
嶺架九峯鐘白沙港護黃沙繞秀水瀾迴雋水封我看　君
龍潛伏久定然此去必成龍

文峯塔　吳開澄峨峙舉人

地德苞靈早秀峯秀靈毋德豈虛崇英華珍秘須文運光焰
掀揚補化工真蘊漢根心聲應谷昂霄尚志影隨躬學行交懋
栽培穩莫負因材大造衷

邑志告成贈吳孝廉　張士樞曉堂教諭

百年記載付荒唐綜理何人挈大綱風景河山原不異

節義久淪光延陵舊獻陳鴻寶伊洛賢裔倒石倉班目

亭苦茗爐煙細細任相徉

甲申重建明倫堂紀事　繆　奎 景垣 訓導

三載卒瘏復此堂翬飛依舊傍宮牆筆峯聳插凌霄漢銀嶺

屛開擁翠妝循級升階俠履坦入門鼓篋盡思皇百年

聖澤深培養湍地絃歌雅化長

新明倫堂落成　步同寅繆莪亭韵　張士樞 曉堂 教諭

擢秀掄英聚此堂千秋大業振宮牆人咺晉代風流格士戒

謝却脂粉妝根柢文章早屈宋淵源道脈溯羲皇鵞湖鹿洞

旨謹守彝倫教澤長

陸文師贈別詩　黎昂朝台垣齋長

勲載勤勞德政洋甘棠千古姓名香九重報最千家佛三異循
良五月霜鶴琴清韻流芳遠鳧舄仙標沛澤長坐風三歲熏
陶渥此日攀轅悵望狂

赴茶陵往宿河婆橋　黎正經南屏教諭

行旌此日到河婆野艷相逢陌上過風鶴疑兵思借箸馬牛
呼我最高歌忘機水鳥飛翔迅聽琵江鱗活潑多謾說衡陽
書雁斷且教飧蔗莫言他

遊黃鶴山　黎由高鵬翥 貢生

三峯競起插天寥凭弔仙踪果未遥黃鶴飛騰原偶憩白雲出岫自常饒山川一氣無吳楚今古千年共壤霄幽秘不須崔句重高樓正恐落塵囂

黃鶴山　杜世睦 和鄉 恩貢

鷄羣獨立在穹窿萬籟飄飄兩翅風雪映九皐招宿鷺蘆生一字引飛鴻朝飡秀水煙霞藹夜憩銀山雨露融幾度疑來仙跨蓬瀛金穴兩相通

[illegible]山　毛一苞 五采邑人 房縣訓

巋然迥出碧霄間平地生成玉筍斑夜靜巔錐明月近朝來
巒外白雲閒單擎銀管文人夢獨照金蓮學士還想是天龍
伸一指引人參悟透禪關

文峯塔　潘有璜 渭州 國學

卓立翠微拱學宮直標椽筆破蒼穹巖頭礙日追華表峯頂
穿雲挺碧空漢藻近霑霜頴潤天章就瀉燄毫融謾云人壘
非天造補救栽培地道隆

復遊銀山寺　章旋凱 南士 邑庠

披衣復上銀山寺野服芒鞋踏磴田犬吠雲間迎舊客

塵壁貼新聯霞飛洞口千峯紫雨灑巖頭萬壑煙屆看

如畫裏令人遊賞快無邊

重九遊楊師洞　黎正輝秀倫廩貢

霜明露白岸深秋百丈寺名清涼山名七斗地名遊石亂峯攢蟠折

上月華星暈坐來收濛濛細雨籠黃鶴山名靄靄晴煙幕伏牛嶺名

蹩躄臨高拈一律清吟不是等閑謳

登關聖寺　前名

寺名關聖肢巉巖喘步雙雙細玩來幽徑不曾因客掃蓬門

郄肎為誰開蠶叢背愁鎖山川寂鳳眼盡看草木摧一俗一僧

直落寞教人賦罷自徘徊

龍眼橋觀水步吳先生次元原韻　　程昌晉南才邑庠

川光漾眼眼光多一澗分披作九河出隘舟行爭似箭浩溪葉落快如梭波牽虹影流還駐水擁人形去復過我欲從公題幾句未知司馬筆如何

銀山積翠　　吳芳綬銀蒼廪庠

山以銀名藉蘊涵誠形妙裏貢奇嵐曙煙靄歷青雲幔夜月披拂碧玉函影倒長河疑染黛光聯列岫儘浮藍頓教雨過初晴曉灑滿綠油暈更酣

送繆學師　吳芳欗平翹　廩庠

塵金砌玉欠鹽酥洗刻無資亦碱砆璧水何緣邀慧孫銀山
爭躍就鴻鑪藻評磨鈍霏珠唾程課開蒙彙錦圖詩後循循
誰倦聽春風吹架拂珊瑚

登相師山　章忠烈顯周　邑庠

楚分南北相師雄登覽寰區一望空千仞煙塵騰足下萬層
雲路出寘中洞庭俯視南蛟穴衡岳平臨北斗宮迴盼斯山
多勝石須知留此記黃公

石磬灘　吳芳霖士豪　庠生

磊□縱横環砥柱駛流激斡轆轤盤浪翻磷鎛掀瑩菌紋瀲

風□琢皓瀧縈折日湛濺玉碎繽紛煙沸噴珠蝙鳴珂擂鼓

聲□變誰減渦洄灔瀕離

八仙臺

葛行瑆 繼爽 國學

不識當年志此奇蓬萊羽客果臨兹我疑是幻訛傳也人道

非虛古號之無鶴想依璈笛去有鷄誰復玉丹遺搜求勝蹟

都穿鑿千載風流憶總謳

黃龍山

葛行琥 碧山 國學

隱隱隆隆氣象雄雲蓮霧起接蒼穹千巖巍峩煙霞外萬壑

爭流澗石中幕阜分陪風冉冉湫泚應禱雨濛濛洞天勝景
多奇異跨有三州探不窮

南樓嶺　前名

位鎮離宮霄漢橫危樓飛聳勢崢嶸蒼茫林壑雲煙靄盤曲
石蹬車馬驚日暮撑光留夕照雨餘著趣看晨征界分吳楚
天然塹遥聽鐘聲嶺上鳴

苦竹嶺　前名

勢接南樓氣象均青巒翠嶂白雲屯嶺分疆域橫吳楚鎮
方隅壯濤銀渴有冰泉消過客倦憑石屋憩行人千章林樾

森森竹鐘鼓離塵應却塵離塵却塵兩嶺寺名

蘋荷洞　前名

洞中岐洞類蜂房古木蒼藤迸石岡鶴欸深山伴老叟雀噌

幽谷雜筌簹屯雲旅宿巒添翠野火枯燒日映黃廬舍鱗鱗

爭聚族武陵耕織自豐農桑

遊白水寺　前名

曲境重重蹊徑斜茂林深處是僧家千叢翠岫峰頭落一片

白雲洞口遶峭壁瀑流懸素練巉崖禱繡映丹霞窅然隔斷

塵多少老衲清閑煮苦茶

雞籠山　前名

一峯亭立矗青天蒼翠披離意敞然霧隱石潛形卧豹雲横岫出氣騰煙半腰冷井清泉宿孤頂頹垣古寺湮四面春光堪入畫還期喚醒夢中眠

遊老虎巖　前名

亂石殘巖屋窟多苔裀草褥鏽藤蘿腹濼細澗疑龍與腰鬬重崗信虎窩蟄燕驚燎飛拍壁乳峰衝巇鬧投梭由來地僻探奇少攜屐蠶叢喜一過

橋石洞　前名

[illegible]臺百畝足春犁洞鎖橋橫活水西殘石嵌谺泉逸達平岡

石[illegible]樹高低堰渟日月符池沼峯拄雲煙疊梧梯無限風光

饒領畧設遨標景客留題

大白塅　　前名

黃鶴西來結構雄參差歷落展平洋四山環峙岑樓矗二水

分流襟帶長阡陌縱橫鋪錦繡人煙稠密足倉箱桑麻影裏

絃歌曉風景尤殊未易量

八仙臺　　前名

詫異名垂定有因苦無古蹟可搜論神僊自昔多疑幻臺榭

於今幾劫塵勝必超凡棲隱地漫求辟穀煉丹人當年果曾八公過奕世流傳好認真

鯉港　前名

屈曲河形似寫之沿流疎密樹低垂灘聲怒號撾鼉鼓浪折迴渦繹繭絲皎月潭空渾著象微風紋捲隱生姿金鱗赤尾多游泳百尺門高貴及時

河市感懷　前名

滄桑幾變遷臨岐無語意愴然荒凉景况非疇昔冷淡生涯市廛僅數家簷帘招客飲卒棲籬舍補葺罕徘徊未已

府聞見飽看沿河樹繞煙

龍潭　　葛郇再孟 邑庠

龍潭問尚有龍麽一帶澄泓遶髻螺岸濆五花珠吐沫濤翻三級石鳴珂神奇漫駭延津劍光怪渾驚雷澤梭造化生成知有意未容好畫粲餘波

過銀山石塢四賢祠　　章旋凱南士 邑庠

溪頭近作古陵臺一石生成似劃開港比嚴灘雖是小松如陶柳不須栽鳥知客意隨雲起魚識人心上釣來留此齊眢高士案生生世世比蓬萊

登盧空山　　葛忠璞琢萬邑庠

山巔凭虛繞薜蘿紅塵隔斷白雲多風吹竅壑鳴樗角日射衙巖印吐螺一水低眠迴碧浪層巒環湧叠青波置身峯頂無窮趣尤憶黄仙煉汞窩

金山　　姜啟榜文熙邑庠

高聳卓冑日流金霞蔚雲蒸絢碧岑迤跨銀山爭挺秀低黎峩東漫成琛玉沙坪擁丹沙氣聖水泉鳴麗水音百仞天峯峙艷寶藏蘊處落花深

九世叔元起莘公墓　　楊騰苞惇泰邑庠

宋賦名元翠壽藏周環雉堞護滄桑春煙漲灑杏花雨秋露凝粧菊葉霜塚卧麒麟雲藹藹紙飛蛺蝶樹蒼蒼年來五百楓林遠特憶風光世澤長

石塔　　姜　琰 藕來 邑庠

文巒高插斗牛宫地設人爲一樣同昔日唐賢題勝字而今天馬現長空銀峯錐破東山日金管揮颺北海風黄鶴有情穿雁塔行歌鳳巘湍城中

銀山石塔　　黎興唐 聖瑞 邑庠

漫道壘成不足傳女媧曾補石於天缺殘自古常天地輔相

由來在聖賢儆礐層棲森玉筍岑峯列映露巨椽長輪日月
閑相照秀挺銀岡翠萬千

銀山　　吳芳植梧喬廩庠

巀嶪南環列笏攢頻嘘靈氣聚欒團近前紀遍神明宰越石
現同仰面看

秀水　　前名

一泓瑩徹遍城隈遠揫弃朝此地廻誰出東闈觀逝者直教
鑑影鑑心來

次古城庵和壁間元韵　　前名

小橋疎桐繞此山飛來何處且躋攀忽從竺國譚經處偶宿
僧房一話間塔頂流星搖樹影岫頭明月落清灣別來自有
迦陵韵莫謾天空一白鷴

龍潭玩月　楊臣璧 世顯 廩生

一片冰輪浸碧淵團團閃爍燭龍眠波搖皓魄圓還碎渦斡
晴光靜復旋銀瀉洪爐流蕩漾須鋪玉案走牽連眼花眩暈
洵洵裏盪我心胸徹底天

偶遊株樹潭　葛忠璞 琢萬 邑庠

坐對聖賢快雅調林泉偶涉趣尤超一泓綠沼迴潛石千頃

黃雲匝野橋村豎浴潭穿水腹樵童負葉過山腰斗巖古木
空煙外風景寬閒極目饒
七邑侯作養士子實政　黎明新瓊山邑庠
廉明蒞治儘堪碑鼓勵儒風更樂詩嚴律有時全是道寬容
無定並非私課程月望沾優賞塔建銀岡實厚期下邑何緣
來化雨宮墻應爾邁當時
林間居分寄弟明珍巧琊　徐士昇明瑞廪庠
南
思春復春宦途何似娶鄉鄰無羈欵段行原坂不繫
[illegible]一水濱明月光窺村酒甕和風影動釣絲綸養成鶴頂

蹤莫等閒作花前笑語人

[illegible][illegible]晚歸

徐開泰待來 邑庠

一點銀峯思杳然水田莫莫近春天爭來野薇迷岐路聽得鳴泉失故川松岫吞雲遲吐石柳陰覆地不藏蟬白榆風動疑歸晚那意鄉村適舉煙

八景

徐管寧兆 邑庠

八景天排氣象雄雋溪秀水繞城東銀山靜擁郊原綠雁塔高瞻海日紅漏盡聞鐘常朗閒月殘響鼓亦逢逢太平世界還何事涵煦春耕夜誦中

文峯塔　徐國倫 仲書 邑庠

一枝椽筆卓銀屼萬丈光芒矗廣寒石筍披霞擡積翠金莖倒影入廻瀾岫雲刷處晴煙裊山月涵來曉鏡團秀挺培塿羣壓倒慈恩仿徙煥文壇

黃鶴山　杜煥德 邑庠

鼎峙雋南透碧宵山傳姓字葛仙翁白雲有意湛浮浪黃鶴多情恍泝風吞落羣峯環列客參差巖石擁仙童有緣覓得蓬萊路鶴舞山頭接太空

錫山夜歸　黎瑚道 崇文 邑庠

炎風仍未解新秋山自青青水自流夜靜月明村犬吠清光
送我下林邱

茅坪春曉　　黎明進聖謨　邑庠

寒雲消散八華年晴日融融野照鮮桃萼分鋪連陌錦柳條
遥綴隔溪煙鱗霞靄靄浮籠岫簾水晶晶俯注川天德
聖恩齊發育爰催生意長芊芊

遊百丈寺　　黎珀道　楚和

禪林寂歷立層巒一上高樓一望寬黃鶴煙霞常谽谺伏牛
雲樹隱漫漫筆花秀積三峯聳文水瀾廻百丈寒大矣乾坤

真莫盡臥遊應作畫圖看

銀山塔

吳遠繩 經國 邑庠

新成雁塔破雲煙輔相地宜直拄天贊淡幾朝韜獨茂掀揚此日造高名夜摩漢藻摛銀管月印星文繪錦篇鏡影傑靈端莫爽凌霄玉筍應斑聯

黄袍山

吳家璉 文藻 邑庠

天衣裁成褕製工撐懸負扆卓東岑舍風褶漾翩翻浪映日襟瀟灑積蹤花繡春巖披錦翟紫凝秋嶂曬黄龍無人敢着儀威赫赫長挂崇山讋獷儂

黄袍山石谿瀑布　　吴　鎮正位 禮生

誰把冰絲織縞綾高懸青嶂漂澄泓九天飛帛飄風閃匝地
函箱盪日明劃破頑巖瞬碎浪劈開叠岫繡紅英珠抛玉碎
寒侵骨灌耳龍雷瀲水晶

雋溪玩月　　胡正珙玫石

鏡光夜凈上欄杆影落清溪只一丸蕩漾層層舒復皺湛瑩
隱隱散還圓輕飀嘘瀉銷鉛暈細浪牽流走汞瓣俯仰共圓
殊動靜倒顛印在水晶盤

梅港　　胡　鵬品元 國學

港名梅却本無梅慷慨滄桑幻劫灰鳥囀晴枝松匝岸魚穿
蔭柢柳環隈白沙風捲冰肌瓣烏柏光凝玉骨堆疑似依稀
無作有莫膠聲蹟付徘徊

金公井　楊楚賢 國榜 贊禮

侍郎唐宦已千年井甃自金金藉傳石液潛通疏脈絡土膏
清瀝滙源淵夏涼冬煖併行竅停瀦汲盈幻動川盥沐釀炊
餐[illegible]戶神漿倒沸亘城偏

閣古松　徐承元 初乾 廩庠

虯枝百尺倚晴空特壯銀城矗水東閱盡繁華桃李夢長表

迢遞分梅風霜凌斑駁思秦嶺颷起春容想漢宮尤憶朝朝
節日出夷然先見海波紅

黃桂村　章　炳文奇
邑庠

地名黃桂接天香勝占鎮城第一方金粟芬芳世界滿村
如在廣寒鄉

鼓鳴山　章　燈光廷
邑庠

鼓鳴岑寂山無鼓想是前朝割據時遞警驄高防隘護震鄰
傳響護屯畱日湛園石軒聲曉風撼擂斜播鼓遲撫景依稀
追往事幾知

聖世樂雍熙

龍奔山十里市朱砂口步鶴軒合咏　魏科舉燮元邑庠

龍奔世轄龍種步鶴仍宗鶴扉市里杏紅十里朱砂暗點朱

衣

鷄籠山巔有雌雄孳尾石　葛信品字佳士修竹里大自邑人葛卿長子

鷄籠關不住金鷄逸出籠頭石對齊煙裊裊雌雄孳尾伏日淇

冠翅貼身迷浮風磷蘚毿毛閃過雨礁涎脚濕低最恠陰陽

長合撲山鷂時代翰音啼

早春遊九嶺　熊勝第三及耆書

九嶺巍峩勢儼然蔥蔥雲樹滿巖前寺門經過逢僧話石上敲詩倩鳥傳左右溪聲流不盡去來人事渺無緣尋芳直躡梅花畔不是王維畫不全

謁萬壽宮　　方天程後旦　邑庠

浩蕩皇仁遍普天遥瞻宫闕儘森然雕甍峻起輝銀島閶闔宏開壯雋川日月總行黃道裏星辰常護紫微前無疆國步同神策允願躋堂頌萬年

忠廟懷祖　　方剛孔振　邑庠

祠號忠臣爲報功迴思祖德意無窮捐生祇了當年事赴難
詎希後日隆一片丹心依皓月千秋正氣貫長虹名垂竹帛
勳垂宋愾僾徒存想像中

遊碧龍潭　　方　奇 謹識 邑庠

懶罷琴書尋勝蹟隨山直到碧龍淵蒼苔帶雨斑猶潤石罅
衝波響自圓鳴鳥無聲絃管雜虬龍有象峭巖纏狂歌不盡
歸來後喜溢風光滿目前

慕阜山從兄開先眺望　　程文遠 奕照 邑庠

慕阜山頭見楚門洞庭湖上一崑崙捲開玉壘雲霞帳結作

銀城錦繡村九巷分流兄帶弟萬峯羅立子和孫我生伯仲同居此自覺源源步履尊

銀山小八景　　程八文 秀靈

瑞慶峰高半壁懸金輪嵩嶺峙幾何年棲霞石現龍精石鐘秀泉流鳳髓泉積翠巖巉横絲竹碧瀾溪湧泛紅蓮更留邀月臺巔望影印天池肖缺圓

銀山文筆峯塔　　徐家拔 廷標 邑庠

遠望文峯特筆懸一尖高插碧雲天奇光夜夜疑冲斗旺氣朝朝擬篆煙銀嶺春嵐排鄴架雋溪秋月照臨川千紅萬紫

花誰放都是江淹夢裏傳

登銀山偶咏　聶森儲萬邑庠

獨登銀阜四徘徊翠積層巒宿靄開滿徑嵐陰穿石髮一溪煙雨染松髭鶴山矗矗雲初起隽水溶溶暈自來翹首却疑霄漢近欲攀塔杪上三台

梅花尖　聶嘉利帝璽邑庠

一峯插出麗蒼天梅蘂芬芳歷有年勝景華林鍾更異須知瑞號古爲然氣傳壽本花舒萼香靄雲箋岫吐爐保障東南宜獨占何須和靖與翩躚

五花山　在金仙圖

聶嘉言　卜封　邑庠

遥望東山氣勢隆五峯環繞五花叢雨餘山色丹搖翠日曬花容白漾紅欲就還須龍乃友如知應教蝶難同窅然清寧非凡境天外奇葩曠世空

渡菖蒲港

周大乾　設使　一字柔克

夏天巨漲壅平沙古渡人來泛短槎細雨黏林藏遠塔綠本纜霧起新花明時法密鵰狐戢盛世河清燕雀譁半里溪山初出郭釣徒翻自羨魚鰕

珧珠峯

周文任　登庸　邑庠

矗聳東隅拄碧天崇通劃脊此軒然峯啣初月珠摩頂嶺吐晨曦玉盪顴雪滿玻瓈瑩卓柱霞籠瑞璺鳥飛綠鎖巖巔颭風鳴竅韻響琳瑯別樣鮮

沙堆市　　周德銑涵萬邑庠

莫攷何年一水囊水遷沙壅幻滄桑草縈漬漸凝堅壤舍築流連滙遠商篙戀花篙風起市貨攤鳥噪曙開張歆獻河伯彌東樵歷落晨星店兩行

百丈潭　　楊之仁先常

千尺巖懸墜峭湍淘鋒鎚石疊三灘珠拋倒擦侵顴兢玉碎

斜揮倲骨寒液湧銀銷廻贊瀫渦翻雪舞滮冰盤風來飄灑

雷淵雨目眩聰昏日月霞

黄鶴山　　王啓旦肇魯　國學

巉巖黄鶴古流傳高聳如屏列目前勢接銀山聯碧落腰横

秀水繞晴川白雲靄靄乎崔句芳草萋萋憶葛仙仰止情懷

垂不朽一泓丹井自年年

鳳凰山　　程　鵬雷崖　邑庠

萬羅峯裏現高岡每憶當年集鳳凰五色雲中方烱灼一聲

天下已明昌梧桐山露迎朝旭檜竹園株綴曉霜引得鵷鶵

丹穴起和鳴萋萋日朝陽

萬壽宫　徐承湯謹銘

萬壽

皇宫雪藕香羣臣端笏咏無疆紫霞歲歲盈金闕青鳥年年集玉

堂華祝雅占天澤履嵩呼時兆地靈長捲簾南面岡陵丞千

尺青松迸建章

龍潭漾月　龍洞　楊騰虎岸泰

誰把冰盤潑碧淵波心瀠碎水晶天晴潭閃爍銀鉤徹皓魄

沉浮玉印鮮藻井珠輪游聚散璧池冰鏡盪牽連影翻玓瓅

層層沸疑是燭龍貶眼圓

秀水廻瀾　　葛忠郕 鳳臺

秀出城南地脈完瀠洄带水信奇觀流來曲曲容堪挹滙處盈盈色可飧岸柳飄搖資活潑洲沙錯疊助波瀾臨溪奪目光瑩徹照取文星入禁鑾

石塔穿雲　　葛忠印 玉圖

突聳空中霄漢分儼然挺秀起人文嵯峨級級承甘露屹峙層層護彩雲剝去鉛華標太素別餘雅況淨塵氛名流遠近咸登覽錦句留題勝跡紛

太平春耕　葛忠鄞丹巖

太平地暖占先春，望歲山農不憚辛。紫燕泥啣傳氣至，黄鸝柳唤屬聲頻。一犂稔兆歸兹日，九穗祥符應此辰。預釀村醪勞力作，田家風味自醇醇。

興賢夜誦　葛忠鄆雄籓

映雪囊螢千古傳，芹宫脩士各心堅。殘燈明滅書聲曉，静夜謳唫俗慮捐。俎豆馨香居近聖，詩書遊息備興賢。藏脩試聽譙樓鼓，時斂寒氈尚未眠。

鬪山門閣　葛忠鄴架書

小小平岡結體圓上凌傑閣聳雲端四山爽挹風流匝二水波迴月盪寒雉堞參差排隅岸虹橋上下跨廻瀾蒼松翠竹鶯聲曉來往遊觀日幾般

文峯塔　葛信莊　品昂

半山環砌一峯超振起人文不復凋孤影凌空驚突兀危根拔地望岧嶤特生文筆探奎宿時發光芒晃碧霄從教吐揚舒鬱抑蟬聯科第著名標

新建文峯塔　王璣　玉衡

巍峩聳翠正當前仰面奇峯注望懸拔地初升堆玉笋凌空

崛起破荒墟孤高共賞層披秀特立同瞻疊助姸應屬銀山仰一臂定從科發數蟬聯

百丈潭　熊杲 初升 邑庠

百丈潭前淋石壁凝眸遥望白雲霄飛流千尺如紛雪瀑布一聲似响雷深澗秀靈旱可禱洪波錦浪瀾循廻巖溪崒嵂真天設風景幽奇萬古垂

慕阜懷古　何元敷 鳳儀 府庠

天嶽横雲壓楚邱易名慕阜爲拒劉嶮巇仰鑽何屯慕崒嵂離精邪騰舟神禹隨刊遺廟古强吳拔兌話蹤留亂離昏墊

同艱險極溺邀榮志異謀上有纜船石禹王廟

黃龍山　前名

際蟠天地介荆吳半入雲稚帕首孤赤鯉漩文擬淨沼黃龍臥影靈湫蘆天梯煙壘藤騰龍仙竹風颺石掃蘊隻角岑樓疑幻蜃純陽何處覓丹鑪　赤鯉山有赤鯉形影岑樓尖有隻角樓樓有仙人掃地竹天梯巖有上天梯天石梯

明倫堂落成步繆學師原韻　劉啟桂堂萬銀岡

彝倫千古啟斯堂都喜重輝數仞牆廣業崇功追往訓摛華掞藻時妝循茲步履中規矩正厥衣冠表穆皇桃李盈階

培植八紘歌響徹傳流長

太平畈　李卓林明德 西城外人

太平圖著幾千春業樂居安信可人綠水灣頭互讓畔青犁畈上共通津名山鳳寺歡聯里古洞桃源快與鄉八境田歌頻擊壤咸忘帝力識先民

湫池勝井　何元錦正誼 邑庠

碧泓滙靜四時留潤灔瀲光草際浮石室無書非禹穴藥槽有蘚似雷邱雨添湫漲龍湔鉢日漏林疎鶴集樓未許凡夫虔玩賞上池學飲且凝眸　湫池在黃龍山坪池在井上旁有藥槽藥鉢井在池下旁

石屋可容數人屋內有梗石臺謂之湫池勝井者因古鑴而森然也

石田三畝

何元淯 興矣 邑庠

誰鑿頑堅石作田畇畇三畝嶽山巔犁劖磊墢行溝脊鍬畫砌畦畛障弦栒杞春栽桃苑雨黃精秋穫菊籬煙場仍町畽無須築藥曬丹霄餌煉仙

尖山登覽

胡世鵬 大展 歲貢

山形四出絕攀援特覺峯高顏獨存左擁清流依北港右環一水接東源何年甘井新荒寺此日雷坡屬故園自古人才鍾地氣還當生發顯中原

麥田畈

黎元度弘量 脩生

誰把稻田號麥田平疇千頃畛編聯風浮翠浪秔披孂雨潑綠漪秋貢妍北嶂山泉池滿碳南環川淩桔鋪弦歲歌大有家寧止飽爨村花盪旺煌

塘湖　劉修韶邑庠

漠漠水田千畝多春風披拂漾紋波環岡秀色圍青幛繞樹扶踈掛薜蘿雪點平疇棲白鷺苔鋪繡壤疊秋螺一泓凭眺雙眸濶疑向瀛洲泛棹過

石觜頭　葛信鳳天詔 邑庠

巉峭岡橫盤徑通石觜草木自蓊蔥負崖祠宇千秋祀燃壁樓基萬象空逆旅層枯停過客沿河煙火勝長虹天然圖畫掛難就留與詩人點染工

明倫堂落成會課步繆師尊原韻　[illegible]譜邑庠生

文明丙蔚啟斯堂拂座春風覲耿光漫厠宮牆慚淺陋隨諸生

盛世慶明良功崇惟凜陰當惜業廣難忘月有將桃李盈階

沾化雨步趨竊願答巖廊

崇儒里諸山集咏　吳開瑚穎泉

天交山名星斗照林郎瑞氣飛空山名爽氣浮鼓浪黃龍山名翔北

回山名穿雲白鶴山名過南樓山名鳳凰山名登紲鷄籠山名宿赤鯉

蒼龍山名定儲馬蹟石名游好囑桜八山名船山名解纜快隨張子泛槎

舟

銀城八景　童添琪殿颺邑庠

銀山遠望色青葱秀水源匕一派通映月雋溪浮玉鏡穿霄鴈塔鎖簾櫳寢聞暮鼓塵思靜起聽晨鐘俗慮空至睹聖賢齊夜誦春耕共樂太平中

銀城八景　徐家師世表邑庠

九眼橋頭望邑中匯徒二塔顯玲瓏雋流委折環城北秀水瀠洄出縣東夜誦春耕成化境曉鐘暮鼓韵仙宮天生好景如斯備真覺銀山振古雄

太平春耕　章　煥赤符

通邑良田數太平農工自昔早春耕膏流土本肥千畝秀發

苗常勝一城犂耒不須商歲晚操豚自爾順年成八蜡帝力
無些事日覺悠悠樂　聖明

興賢夜誦　　吳粤省 亦魯

坊號興賢應企賢顧名思義豈陳編錐牕滲月疏魔鱃彈紙
帷燈却颭煙夜氣息涵爻擴性靜機滋長箭培天酬知經濟
輕縈利纔剷明庭籲俊虔

太平春耕　　吳粤省 亦魯

重熙累洽太平田況值芳春解凍天笠戴簑披紅杏雨鞭擎
軶絮綠楊煙黃鸝聲聒犂翻撥紫燕喃嘈草反壇耕罷甜憩午

鴉立背縈封畛畬皆肥消

庚陂陂創唐時後廢明弘治間太祖伯彰公修復旋架庚陂板今易以石歷我族祖力經營

吳粵瞻亮觀

椰蔭魚游水一泓石縫漱日白鱗〻鋪塗畚壤雲淒埭渠決
鋤沙雨溢津人篙滋苔龜坼漙從容潤洛象耕勻縱橫千畛
藉手後人補天功祖澤新

秋讀寶勝寺

吳粵瞬透觀

空門空一不得書籠為愛清幽煉實功讀徹梵堂燈熠〻吟殘衲
子夢融〻虛牕疎滴梧桐雨香席斜飄桂粤風靜趣投機真

寶勝晨鐘驚抹枕肱瞳

金沙臺臺爲太祖伯彰公捐創購施山田　吳粤盱爽觀

傳說金沙郤白沙洲沙彌望那金芽秋垂橙實霜盈樹春匝

楊花雪滿樓刴客談香蘭鉢葅遊人醉暈菊園霞溯洄祖澤

檀那蹟依舊林疇快靡嗟

龍潭在梓木里　劉治璉商臣庠生

吐霧興雲久在函一泓上籥雋東南氣分乾象雖非二表玥

天亭寶有三日麗金光浮碧水月明珠影映澄潭天生神物

應時出莫道池中小似蟠

灣頭　　盧弘道 際雲 庠生

半含三灣步此頭沿谿細澂和沙流草拔西麓香排岸禾秀東皋翠漲疇北旅南征行漸澀左擔右轉喘徐休暇冬時揭南隰望靄渟水皺湍側畔

遊相師山　　劉興治 晃甸

穩步相師絕頂遊孤巔矗出白雲頭香龕草繡留名蹟石柱昔封現古邱低壓銀山連靄嶂遙臨雋水露汀洲追懷圯上傳書事漢業韓仇蘊此收

文峯塔　潘世楠 秘書

文星峰矗峙南關琰玉凌空對
聖壇錐日銛鋩騰地銳劍風鈍鍔揷天寒卓光兢劃銀山月倒
影遥涵秀水瀾不讓慈恩三淨塔題名從此慶彈冠

鄭思潭 開塞不常　吳粤錡 松儔

潭號沉獅或鄭思傳音譌舛聚阿誰西汀樾蘆鴉翻影東路
大樓鱷駭綠雨噴鮫螭廻□浪晴吞日月印漣漪緣何通塞
詩張茂惆悵滄桑邦幾時

拱北橋 俗呼九眼橋　黎政授 靜華 庠生

郢盡樓臨雋水雄巍橋拱北勢淩空雲迎五色遷迷眼闕向
九重應鞠躬捧日何年題墨宇朝天有路矢丹衷溪橫不斷
千秋水輙潑無垠萬里風

八景　　吳粵驕透觀

翼軫星分片玉封山川景物獻奇蹤雋溪月映穿雲塔秀水
瀾迴積翠峰耕徧熙春闌暮鼓誦殘清夜徹晨鐘謾言此地
無佳既更聳虹橋跨石龍

拱北橋　　吳粵眺巔觀

甃石中擔左右壓往來輦步擊摩天浪梳九竅爭東赴虹縮

一條拱北懸漲砥狂瀾濺玉屑洄衝淨礫佩瑶編石欄夾護
趺虎眺撿點風光直敞然

楊師洞　　　楊國勳唐謨
庠生

洞自仙傳趣豁然烏啼花放匝年年春銀百丈翻潭雪駐日
三峯刷岫烟黃鶴撑霄雲路迴伏牛扳地錦屏聯造知造物
開闔盡饒得清風隱稚川

百丈潭　楊仙洞下堡次　百丈寺嶺下　　毛文繹覲皇
邑庠

夾束危巖一澗來探奇冒足駐徘徊匡廬瀑布懸天漾雁蕩
自虹劃岫開風擺簾斜霜撲面日湛珠碎雨濺鬢忘轟雷高瀉

深潭沸倒激濤翻捲雪洞

佛嶺螺河陂土茴鷹嘴岩仙人圖

毛支繹覲皇 邑庠

三渡遥飛諸暨來石谿化作浦江隈夾涯崟壘淩霄壁横澗砢犖激浪壹怒磐滙錚鏦石臼悍濤拋鍔洞谺熛轆轤萬轉駢花暈戰鼓三撾耳聾雷

鐵來山

吳芳稜 縞別 國學生

墟壤烏沙石黝黧壘凝鐵柱峙岐涸右迴膓水煙子片左束虎隊碧蘚緣巔阜兜牟嘟旭暈坡鳴鼓角夾風颭三顏廟矗精忠做恍揭心肝日月披

舍人廟觀泉在錫山洞頂仙石圖事詳古蹟泉石奇勝　黎珊道步崇庠生

九皐深處一阿邱廟基偏高山自青々澗自流遥憶三人非樂泌
相將劉羅楊三舍猶懷二子肯乘舟涓々瀑布當人耳律々
入採礦卒於此

巉巖觸我蹄回首當年情不擇優游林下為誰謳

賦得銀山積翠丁亥年三月張撫院取准觀風二名

趙承禧瑞鳳庠生

銀出未提不等常何期此地擁高岡烟霞燦爛黄金色雨露
鮮明白玉光石透清流垂聖井林環寶剎向琴堂層巒聳翠
渾如畫八景魁名萬古揚

銀城八景

章煌　文彬　庠生

磊磊銀山翠澄澄秀水溶一溪涵月小雙塔聳雲重峯外聲
聞鼓城頭響應鐘囘思耕鑿樂真覺太平濃

雁塔穿雲

章煒

雁塔矗雲叢登臨俯瞰雄蟬聲鳴遠近鳥語雜低空沙擁溪
溪白霞明樹樹紅感懷人在此局局此塵中

銀山積翠

章甫

閑覓銀山勝亭亭鎖翠烟雨餘峯轉麗露潤艶偏鮮浮影迎
朝日垂光媚晚川青青林麓春?藹色慶長延

庚陂　吳泰然坦懷 庠生

盈匕惠堰號庚陂蹟昉唐朝毋萬畱夾岸垂楊青蕩漾一灣新漲綠漣漪魋來皺葉苗齊秀潤得蒸莖頹倒披廻憶宗功鳥言澤承盛義德錦雲詩

龍潭在龍潭洞腰　吳顯標備林 庠生

出蟄潛龍欲見田郄劍夾壤浚深淵吸流峭壁垂舂剸吐劃平谿不激濺澄影中涵蟠永日湛光底徹盪晶昊天落花泛到洞邊送養晦斟時待翥㕣

黃鶴山事記　出程姓章子侯譜記

黎正煌　庶常　縣丞

唐有父子三仙廣濟堂前濟川明達明匕達照炳文炳匕文傳五龍齊驅歸洞一鶴單騎上天自判與熊會馬扶通七百餘年

大石潭

吳顯炳　佑烈　庠生

北屈西流復北旋中攢壁石激成淵漲濤雪噴炎陽景飈浪浪翻皓月天西濟侯蒲魚總映東汀蔭飛鶩偵鮮更饒俯照空心影日淵晶光卻卧淵

銀山懷古 唐代德間籓戎变訌民窮國窘採鑛支給銀山洞陷壓瘞役夫百主簿一舍人三

吳 龍國擎 庠生

籓鎮西戎疊跳梁民膏枯竭憶衰唐穴巖撿鑛獻山髓瘞役淘銀給將藏主簿酸煙沉血碧舍人淒露漫祠荒繞知
聖世時雍景花媚鶯嬌任徜徉

桃源洞石芬春日省墓 吳家贊 采藻 庠生

桃源郤不盡桃花錯日松楸潑黛霞風洗暉開林漏錫煙銷光透樹噌鴉芬披石徑雲落香粉苔繡墓臺掃翳必展謁先靈循歲事紙錢灰和蝶飛槎

楓樹潭　吳家憲 南屏 庠生

吐吸新安水滙潭渾無搘劃掭狂湍練光印鏡瑩吞日綠灩
浮煙淡漩瀾魚唸石谺穿時眼人泗崖覽鮮寒冬來湍瀠
霜開蔓競說蔬圃向未闌

登黄鶴山　吳湘 以揚 庠生

躡磴旋盤上古峰鶴閑僊杳翠微濃響抛澗坎泉春石影掛
岑梢日倒松風蕩輕煙低鐵束嵐聯簇浪小銀封花菌小憩
芒鞋以趾翹首天榜問幾重

木沙陂　吳廷棟 禹定 庠生

涯匝沙疏莫障瀾穴椿揹木壅沙壇畚雲渠雨炎威德槁潤
[illegible]惠澤攤翠暈風浮秔粳浪緑油光潑稻翠瀲天權歲奪
人功低新月行輝部屋歡

馬鞍山　　吳家翼 庠生

天馬何由墜地搏現成駿表現成鞍翠抽春草青驄鬣紫染
霜茸赤兔瘢凹萼纈紛安繡褥崙曦欽艳鋄金鏝渾年立仗
空山裏遞莫揮鞭亢傲攢

夏日遊翔鳳寺　　吳禮 秩序 庠生

[illegible]斷松根報客吠科頭僧覺倚門窺笑逊花木深匕坐暢語

維摩泛樾颸

錦山靄瑞　吳家讓　唐遂

嶤嶭蓊蔚錦模糊占郡郊亭別樣殊春繡林花光織嶺秋蒸
霞暈綺紉嵎迴瞻西岫塿聯翠俯瞰東皋礫攃珠細草鋪茵
趺近蹟美中自是暢前模

沙坪清風　吳必祺　吉士

誰把瑩珠攃湍坪眠雲湛日縞光盈徐來無礙輕風漾醉卧
桃笙夢也清

吳氏義井　葛信友　昌談　庠生

吳述道唐朝人也七世同烟八丁數百紳士齊匕誓不出仕恐傷同烟之雅門前有一井供汲不竭有司申奏唐主加獎勑賜義井牌坊至今石文現存故老世傳美談不絕宮室遺址宛在今崇仙里花凉亭大路右旁是也予里居相距祇數十武久有闡揚之志今逢通邑續志爲表其盛事以壯仁里之觀以勸一邑之誼云

由來孝友紐天倫述道芳傳久尚新七葉爨烟聯灝氣千餘食指飲醇仁浦江鄭節同香齒溢水陳厨共虀唇井幹旌鑴天地老山川色壯鬱佳人

銀山積翠　郭章華 邑庠

銀山高聳矗天台積翠葱匕一望開聖井（山巔井名）凝霞流碧溶仙崖（一名仙人石）浮靄潤蒼苔金雞磴石雲攢樹黃鶴岑巔風掃埃

文塔增雄形勝壯蔚然儲啟棟梁材

黃大石 上有仙人足跡下一溪繞雖山出　　雷鷩春 英宇 廩庠

盤石何年踞此隈憑誰姓字浪傳來昔人已遠幽芳草遺跡猶存卻古苔未向陸欽鐘帝子想因隨履鍊奇才堆山指顧峰迴鎖一曲溪流去不回

秀水迴瀾　　郭奇珣 庠生

自兌鐵離水一泓隨沙轉折抹奔湍紋成錦繡晨昏現響叶絲桐日夜彈選勝浙川春可浴式歌淇澳匯同觀衆泉特出銀山下衆聲爭趨擁奔瀾

登慕阜山　　庠生　徐發雲書

[illegible]西嶙峋壓萬岑東吳太史昔連營山擠獰石貔貅旅林匝斜坡草木兵雲飛盪胸俄眼豁光風洗脚欲身輕回頭慷慨前朝事平不得來者箇平

銀山積翠　　庠生　吳顯鰲俊雲

但山浮翠豈銀山郡有銀山翠淨完那間峻巖㙮駁錯渾銷烟留蝃蝀斷銷攤氣蒸賚祇朱揾湧光沸坩爐綠玉攢坡嶂高低澱錯浪風洶日漾碧溜寒

稀列髻鬟小庵軒絕頂登眺且怡顏

黃鶴山

沈孔遺

喀鶴雲遊不記年樓山名字古今傳樓高百尺頻舒眼山聳

九霄插碧天日落殘孔山點色雨餘薄霧樓輝炯仙翁黃鶴

已乘去千載遺徽葛稚川

雜志

災異

自君相以至牧宰遇災而懼或先事而綢繆或後事而拯䘏況遐僻之邑如旱荒疾疫水火寇盜小民所待命惟引領於上之人者舊志不載豈春秋紀災之義乎倘百姓見憂則防䘏有法天變人孽豈能爲地方患耶志災異

明正德

四年己巳大旱歲饑民莩

十四年己卯華林寨寇侵境

嘉靖

元年壬午洪水

七年戊子大旱

十三年甲午旱

十九年庚子五月二十五日暴雨如注諸山蛟起平地水深四尺沿河沒廬舍千百間溺千百人至有全家漂沒者田地沙淤潑剗慘不忍聞

三十四年乙卯大饑斗米三錢草根樹葉搜削殆盡鬻男妻賣

子[redacted]無受王父子不相見餓莩相望

萬歷

十一年癸未八月巳時火起西門燬鋪延燒兩邊至隆平寺
止燬房舍數百間

十七八年己丑庚寅大旱民饑

十九年辛卯大疫

二十年壬辰九月強寇數十人踰城刼印官民莫敢攖後擒
渠魁陳與學等於湘潭縣拿獲黨類於武昌縣緝劉玉於興
國州時大冶知縣預查寇黨事發即捕胡尚時等贓証明白

前後獲一十七人俱實之法

三十二年甲辰五月初龍水忽起平地水深八尺崇仙里鄧家坪葛元傑子孫舉家漂沒僅留數丁今復蕃衍

二十六年戊申四月初連陰至五月終山崩川溢知縣楊沽詣錫山祈晴開霽邑士夫有露禱回天詩册

三十七年己酉春夏間大疫死者十之七八知縣楊浩祈禳三日查不給者開倉賑濟並漢沔間流亡就食者以萬計皆得安集老幼給食全活甚衆

按灾異所志水火盗賊旱疫饑荒之類皆生民剝膚之害引

頌望上之人旦夕祖席焉者若日蝕星變地震應驗不甚關繫殆寘之不贅

天啟

五年乙丑荒

七年丁卯鹽貴

崇禎

六年癸酉旱

七年甲戌虫蝗

九年丙子地震三次

十五六年壬午癸未旱兵亂

國朝

順治

元年賊張獻忠破縣燒燬縣堂民舍四城盡赤土殺擄無數兼

荒三月無鹽

二年乙酉闖賊李自成盤踞鄉村四月壯擄弱殺白骨如山

署官汪一位收理教軍廠俱有塚

三年丙戌大旱兵馬往來相續不絶民未落業

四年丁亥奇荒斗米價六錢頭牛賣石穀知縣趙齊芳捐賑

八年辛卯四虫俱發稻遭食葉剪根知縣盛治捐俸醮禱殄滅
得收十分之三
九年壬辰三月十八日斷雨直至七月有雨知縣盛治祈禱
擊泉得雨有傳
順治年間民間出穀二十石僅糶銀一兩
康熙
十年辛亥大旱饑荒
康熙二十四年乙丑以前錢糧官徵民解差徭煩重民田祗
須承糧尤有自貼價銀求主受田當差者詒退田者紛紛毋

穀一斗八石糶銀一兩鹽每包價銀一錢豬肉每斤價銀一錢棉淨花每一斤價銀八分

二十八年己巳大旱荒

三十五年丙子大水

康熙三十九年知縣辛禹昆被強盜四人黑夜入署刼去金銀紬緞不敢侵庫二人持刃挾知縣左右手送出頭門外不見形迹而去

四十四年乙酉大水

四十五六年丙戌丁亥大疫沿村徧鄉一戶患疫門外路絕人

[illegible]死亡相繼有全户俱死者其防避慎密不染疫者百不一
[illegible]亥穀貴毎石價銀六錢借舊穀一石者勒還新穀三石
五十一年壬辰大水
康熙六十年前穀五六石糶銀一兩田一石價四五十兩不
等
六十一年壬寅大有年
雍正
元年癸卯間穀四五石糶銀一兩塩毎包價銀一錢八分猪
十年壬子
肉二十五觔價銀一兩民田一石值價四五六十兩不等

雍正四年丙午夏初山水暴漲南城外石敢當民房俱浸衝頹朝宗磯並朝宗磯寺中　關帝殿湧去磯頭土深三丈知縣李玠諭市人料工填土葺脩潤田畈段姓土房倒塌殆盡

雍正五年丁未大疫自五月端午晴至九月二十七日始雨夏間穀貴鄉斗一石糶銀八錢原稻盡槁僅沿港車戽量收二三分

乾隆元年丙辰每銀一兩糴穀四石鹽每包價銀二錢田一石價銀六七十兩不等

乾隆九年甲子七月十八日雨止每月二三次雷霽間錯連
旱十箇月值至十年乙丑五月初三初四初五日方得大雨
民間始浸種穀栽田是歲牛瘟十欄九空貧家聚哭耕田以
人代牛二八扛犁六人拖軛日耕田五斗自甲子至戊辰五
年後鄉里牛瘟稍息
十年乙丑（二十年乙亥）間穀每[illegible]三石糴銀一兩鹽每包銀二錢五分豬肉
二十觔價銀一兩棉淨花一觔價一錢八分田一石值價七
八九十兩至一百二十兩不等
十七年壬申五月穀價猝長鄉斛每石銀八錢

二十二年丁丑四月　日夜白雲山起蛟山溝水深十餘
丈畬民房屋盡漂淹斃胡姓男子二人流至大湖港
二十三年戊寅五月蛟起赤如之淹斃張姓全家男婦五口
流至臨湘桃林河莫可識別
二十四年己卯六月初五日烈風暴雨不止至初六日辰時
辛安里雲溪洞里八畝上峯山蛟發丁王相家屋廳三四重
水從東衝浪湧泓溢丈深八從西奔家資漂蕩無存
二十八年癸未穀二石糶銀一兩鹽一包值價二錢六分棉
等花五觔價銀一兩田一石價銀八十兩至一百二三十兩

不第

塋墓志

孔端樞墓　宋通城知縣卒於官塟城南一里九峯山

楊起莘墓　宋狀元塟城內隆平寺前城隍殿後墳禁四至乾隆十四年憑衙隣定界約據

拜楊狀元墓詩

擧人程盛泮潤芹氏

廩貢黎正輝秀倫氏

乾隆二十九年甲申　生員章旋凱南士氏

秋月　生員楊騰奄惇泰氏

勸脩柳下壠僉鬮玉君墻未知千載綠先見一堆黃過客宜加敬居人不可傷問斯何代塚宋世狀元楊

其二

遥敌支丞相維公並甲春榜開龍虎豚池作鳳凰身宅記三庄舊橋傳九眼新今向登禁後無復採樵人

方伯舒大猷墓在辛安里田東畓

知縣鄧恭墓在崇仙里西冲仙人現掌形乾山

司理吳應鵬墓在中宮麥田畓龍船坪

節婦王黃氏墓在梓木里楚龍潭開山背乙辛向知縣孫斯璲捐立墓碑親詣拜奠

按武昌府所屬九縣一州惟通城離省城五百里遠界江西寧州湖南岳州巴陵臨湘縣編戶十五里山陬事簡入學十二名魚鹽貨財肩担步挑舟楫罕通西南山叢田窄作乂維艱奈生齒日繁地畝難闢食之者衆生之者寡薪桂食玉乾隆十年以後挑夫孀婦遠徙吳蜀依山力食者過半焉何之型仁講讓自篤維桑之誼者恆多望他邦而隕淚情事不忍言矣此蓋蕞爾微區人滿之患也夫豈撫字者未有以富之者哉

志官山義塚附

前代帝王制令天下府州縣並繁稠鎮集咸置義塚官山或士民捐貲義置收瘞孤貧旅櫬以昭聖人澤骨之仁也前明邑置有官山二所殯厝無主胔骼名曰義塚四周限以土塹杜民侵占詎有無良市民築窩築竈竊取黃土竟至棺露骸遺慘不忍目是在史册仁人力爲防杜則落魄幽魂咸戴安全大澤矣志官山義塚

計開

西城外今名孤老山一塅北至田塅東南西三面建有古塹

雜記

按史志者所以勸善警惡也前志善惡漏則警勸漏矣然紀籍莫稽者固不敢耳食妄登而記籍所遺實有見確聞確者不敢明知不補有失警勸之體尤不敢避嫌徇私有負是非之良爰志雜記

元季紅巾肆亂志乘罄燬凡例已註之矣通邑從前科甲膴仕傳聞失據明弘治間輯縣志踈怠搜攷續屆遂因簡襲簡如世傳東港李學士今尚名李學士屋場上黃何解元至今名解元屋場大盤山團義保境張十萬徧查李何張三姓家乘名字莫稽惟左港鍾學士閎鍾姓宗譜載宋理宗中有鍾洪號西溪者累官翰林學士度宗時見君臣荒淫元將傾宋告休

歸里從平江遯蹟通城之左港河田坳家焉元仁宗九年卒
塟邑西南山側子珩號義軒生宋端宗二年則通產也亦官
元學士卒元順帝二十六年塟祔父塋珩妹妙眞適江西寧
州進士沈艮鑑早寡因亂回母家矢守氷操左港迴龍寺觀
音像其所購銅範也至今猶存予以私家紀載猶疑信相半
也迨溯查今徐姓遥廣山公祖墳業原售自鍾姓在元名曰
南山予步勘鍾學士墓石墳高峻石塋開展塋前石級三級
前偃月石臺一臺前竪高石墓門一今爲土壅者十之九攷
元明官民塋制甚肅莫敢紊踰諗其規式似若殿閣八座學

士墓體迥非承旨及權署學士所可僭擬始徵鐘學士非虛傳也

坎宫鳳山圖石壠源有名楊家屋塲者世傳爲宋楊侍郎宅亦疑信相半也乾隆四年荒宅後左側霪潑溝齧有黎姓童子從塾館歸飱經其處見溝涯露有似横檮者激流戲手拔之乃一鐵簪持歸白母折驗爲銀飯罷母子潛挾鋤往掘一小瓦甕貯銀數十鋌並首飾冠帔銀片裏鐫侍郎楊夫人小字猶可辨識

雲溪中堡圖潘姓山塽康熙五十一年霪雨坍出一石碑簡

鐫御史會公墓碑陰小字土蝕莫可辨識

崇仙里何葛堖山塅雍正二年葛姓耕農犁出一金片葉有似戲子所戴國公帽片淨洗驗之片裏鐫有龔國公製餘字殘朦莫可辨識

石喬里桃花圖有山名張家坡者爲蔣姓世業乾隆壬午年霪雨山塅坍出一燒甎墓誌面首題宋故溫氏二十娘墓記記曰溫氏生乎崇陽縣暇心畈儒家諱浮者之女也年二十有四適通城縣石喬里張君諱德恭字順之其先豪右乃諱珪之曾孫諱遂之孫諱誦之子君少篤學長多能尤精丹青並

傳于世得溫氏則資以治內溫氏賦性疏通敏事沈審以儉治身以勤治家以均平視子孫以恩義睦隣里又喜張君接賓客之賢者及好教子弟生四子長安世娶丁氏次縉娶應氏次裳次王氏皆纘父之冊青幼多教以儒業年十五使遊學四方後以進士待詔鄂州次應詔開封府孫男三人曰琮瑾璞孫女二人皆其養育教訓享年六十以紹聖三年丙子六月廿八日辛亥至十二月十七日癸酉塟于華林山袁州椰岡擇其地鄉貢進士周須爲記於墓等詞借多進士科分應詔何事未經詳叙

元時深田壠有吳元四名昌祿者善隱形術兼精醫業元仁宗太后染奇疾太醫暨徵近畿醫人舉劾元四應徵至診視藥三劑全瘳　仁宗嘉悅賜之官職以不諳民社辭授御醫又辭以親老遂錫知府銜建坊旌焉今牌樓沖基石尚存吳姓立廟世祀之前志方技漏載

宋理宗崇理學崩因謚焉諸講學書院舉塑　宣聖像須送祀之平江吳雄爲朱文公門人就宅境地曰重堂者建陽坪書院講學其中理宗詔送宣聖像後遭兹亂書院被燬獨宣聖像森存灰燼中雄從孫六六得之嗣捧隨兄六二官通

城千長因家焉世祀于塾明嘉靖間被遊學生竊失原任泰州學正庚陂吳廉捐多貲徧訪得之黄岡縣訟官判歸至今吳廉子孫世珍奉焉

崇儒里吳氏爲本里吳　女適生員葛行起長子忠坦子信龍甫娠夫歿六月信龍始育時氏年十九矢守堅確翁姑憐氏青齡諭令再醮氏對天祖號泣拜誓之死靡他紉績累積撫孤婚教創置歷壽八十瑩玉終老遐邇欽譽

梓木里有金鳳詔女金　姑許聘盤庚里盧兼萬子從　未婚壻歿訃聞哀泣隨父赴盧壻柩前拜奠慟號欲絶父舁歸

服斬三年誓不再聘未幾父亦喪民事繼母備極孝養偕執
女紅勤劬累積撫畜幼弟婚教創置肅睦一堂渾金璞玉貞
兼孝賢閭邑傳頌
坎宮易宮圖雷氏嘉魚人爲儒士吳恆新繼室育子開淶甫
晬夫喪時年二十一矢志氷守勤劬撫子課讀成立孫芳荃
補邑庠白璧終老芳聲徧溢
經稱善人不踐跡善必有餘慶邑城有程儒憲者悃愊恂謹不琢不
華人咸老實調目之廼事親孝養備至鄉黨諸昆弟友愛終身接族隣
賓友銷爍機伎市習一唯根以性眞課子盛泮登賢書孫昌晉鄉邑庠昌明列

成材餘復椒蓄未艾足徵善慼慶應多在晦跡隱德間也

李有崇仙里葛應雷者字受卿卓犖才武樂詩書雄貲產好施與紅巾肆亂糾鄉人團義保障賊不敢犯境有司上聞功千戶元孫雲泉字德明號樂義冠帶義官晚値江西流賊通境承司檄躬率鄉勇擒殺獷賊百餘境賴安堵雲泉子輝春字時榮號友桂軀幹豐碩穎慧倜儻十歲能文詞未冠補博士弟子員貲產封殖明正德間江西寧州賊結連奉新華林砦靖安瑪瑙寨餘黨恣殺掠爲江西官兵追奔希竄逼城境輝春奉臺檄躬率鄉勇協官兵堵截南樓嶺諸隘賊被

遏不敢前尋約江西官兵前後夾攻掩殺殆盡通境得安有
司上聞優加奬勞葛氏累世倡義保境至今猶嘖嘖人口云

荊楚文庫

〔同治〕通城縣志

〔清〕鄭葵修

〔清〕杜煦明　胡洪鼎纂

《荆楚文庫·方志編》編纂組

組　　長：賀定安　陽海清（執行）

副 組 長：劉傑民（執行）　王　濤　謝春枝　范志毅（執行）

參編人員（以姓氏筆畫爲序）：

王　濤　李云超　宋澤宇　范志毅　柳　巍　馬盛南　陳建勛

梅　琳　張　晨　張雅俐　陽海清　彭余焕　彭筱潔　賀定安

劉傑民　謝春枝　嚴繼東

編　　審：周　榮

顧　　問：沈乃文　李國慶　吴　格

前言

《〔同治〕通城縣志》二十四卷首一卷補遺一卷，清鄭菼修，清杜煦明、胡洪鼎纂，清同治六年（一八六七）木活字印本。

鄭菼，字慕韓，河南羅山人，清咸豐九年（一八五九）進士，兩任邑令。杜煦明、胡洪鼎俱邑人，貢生。

通城古爲楚地，秦屬南郡，漢高祖六年（前二〇一）置下雋縣，漢武帝時屬長沙國，其後縣名多易，建置屢更。北宋開寶八年（九七五），改爲崇陽，屬鄂州；北宋熙寧五年（一〇七二），分崇陽縣南上雋、樂化、天寶三鄉置通城縣。南宋紹興五年（一一三五），通城併入崇陽，紹興十七年（一一四七）復置，隸武昌郡；元屬武昌路，明、清屬武昌府。

明弘治間孝廉何隆創修縣志，明萬曆間方伯舒大猷、學博吴文懿續修，明崇禎間邑令趙三台踵修，惜今皆無傳本。現存最早縣志爲清康熙十一年（一六七二）邑令丁克揚所修，清乾隆二十九年（一七六四）吴開澄繼修，各有版本流傳。至清道光二十四年（一八四四），邑侯林逢年諭邑孝廉郭亦棠等援舊志重輯，稿脱未梓。鄭菼蒞任，奉檄修志，將以彙成省志，乃延鍾壽朋、盧殿才兩學博爲校閲並邀集博雅端方之士分任纂修、採訪之勞，取亦棠舊稿參酌損益，『仍舊則訛以訂而略從詳，增新則訪以勤而核必確』『每成一卷，朋與盧君閲後即呈鑒於鄭侯』，鄭菼殫心綜理，『一仿新修省志規例』，專總其成，閲年餘而成書。

志分二十一門，内容依次爲星野、疆域、山川、沿革、建置、風俗、土産、田賦、學校、禮制、職秩、選舉、人物、列女、藝文、廟宇、古蹟、塋墓、祥異、兵事、雜記。卷首有新舊序文十篇、修志姓名、目録、凡例二十一則，另收圖二十幅（四境全圖、縣城圖、縣署圖、萬壽宫圖、學署文廟圖、文昌宫圖、武聖廟圖、城隍祠圖、隆平寺圖、青陽書院圖、考棚圖、九宫各圖）。

是志以道光志稿爲藍本，參以舊志，補缺訂訛而成書。據凡例：疆域、山川，古今不改，今均遵舊志類編，按序詳載；沿革、建置，斷自何代，改號易屬，官署、城池，修於何時，據實查核，依次編入；風俗、物産，今昔不殊，仍舊實録，風俗後特附方音，可供方言研究參考；學校教化，道光以前規模宏備，經兵燹後概遭傾毁，現今陸續修復，書院、賓興、考棚皆有詳述，未完者備録以待後之興者；禮制於現行典禮而詳述，田賦遵舊志備録並照現行新章依次彙入；藝文，舊志搜羅遺濫，此志則大加删削，按記、碑、跋、引、傳、議、詩分而敘之，便於檢核；雜記紀宜於記載而無類可歸者，别爲一編附後；補遺爲得之甚遲而不容見棄者，彙集分列以免遺失。《四庫大辭典》稱『是志選取甚宏，編次也頗有序』，給予高度評價。

據《中國地方志聯合目録》，是志多地有藏，本次影印以湖北省圖書館藏本爲底本，該藏本版面清晰，字跡工整，整體書品較好，少許頁碼有漫漶、缺損，用該館另一藏本替换。《中國方志叢書》《中國地方志集成·湖北府縣志輯》影印收録。（彭余焕）

目録

重修縣志序

維
皇上龍飛三年
天威震赫金陵克復羣醜漸就肅清楚北益臻安阜凡
聖主賢臣之異遇文德武功之隆庥與夫作新濟用有急
宜乘時奉行者惟省志之修爲最要焉而欲修省志
必自先修各府州縣志以資採輯通城屬武昌下邑
亦吳楚三省要隘也咸豐四五六年間粵匪或迭擾
盤踞經數月之久紳耆辦團輸餉不憚効力捐軀以

赴
國難至於婦女潔身拒辱草蔓煙荒間亦復不少貞魄
又何容聽其湮沒弗彰耶欽奉
大憲飭修新志札移適邑侯鄭慕翁以中州進士重
蒞斯土因與（朋）及同官盧兼三查邑志創自前明何
孝廉隆遞續修於
國朝吳孝廉莪峙後自乾隆二十九年迄道光二十四
年郭孝廉珊屏復援舊志續纂十卷歷前邑侯林澤
夫鑒定未梓其稿猶存惟咸豐十餘年來烽燹頻仍
其中事蹟紛更有待搜錄爰擇邑紳品端學優數人
敦請入局分司其事而鄭侯專總其成仍舊則訛以
訂而略從詳增新則訪以勤而核必確殫心綜理一
仿新修省志規例每成一卷（朋）與盧君閱後卽呈鑒
於鄭侯請加筆削自去歲八月至今閱年餘而脫稿
告竣雖未敢擬史狐之直班馬之才而天時地利土
風物產以及燼餘之典舉田賦之變通忠孝節義之
激烈靡不展卷而釐然在目亦庶可附郡隸省備
皇朝中外一統之全圖矣抑（朋）尤有進通邑山銀水秀不

乏英奇當妖氛熾時士民皆有勇知方不讓他邑特
文教昌明之世二百餘年甲科殊不數數覯豈坤輿尚待
儲孕歟抑未能如蘇頼濱之求天下奇聞壯觀以知
廣大而激發其志氣歟夫運無久而不變事有志而
竟成臚唱螭頭行踏鼇背詎不恃振拔於其人哉與
賢育才司教者亦與有責也修文修行尚期與在局
諸君子及都人士交勉之
大清同治六年歲次丁卯仲春月通城縣教諭
荆門蔣潭氏鍾壽朋譔

重修縣志序

國有史省府州縣有志史可知盛衰治亂之由志併可識修舉憲典維持風敎之意筮仕者涖任伊始必博觀縣志因地因時以制其宜如旅人之入境問禁入國問俗者然常例也亦重務也余自咸豐辛酉銓選司訓於茲兵燹之後惟

文廟存明倫堂學署等處盡廢於火其毗近之書院考棚尤蕩泯焉一無所有每月課縣試輒假

文廟爲局試地心甚憱然先後與同官張君鑑堂鍾君菊潭牒請邑侯李君毓夫袁君柳溪將舉書院考棚而重新之因急搜縣志以切究其所自來藉以考其疆域學校禮制人物之興廢於同學中覔得舊志一本係前明邑孝廉何君隆創舉而續修於康熙間邑侯丁君克揚者卷帙無多屬辭稍涉簡畧繼獲邑紳吳君羲峙志共十卷計纂至乾隆二十九年止引據之詳考核之確較舊志不啻開草昧而啟文明尤喜剏陳諸議申明通之錮弊其不避嫌忌若此則所志之足爲法戒鮮所緣飾從可識矣甲子冬 台憲彙纂

省志札縣移學修理志書邑侯袁君柳溪旋以事去鄭君慕韓赴任會商接辦適各首士合修書院考棚將次告竣即於該地設局集諸紳分襄局事復得邑孝廉郭君亦棠未刊遺稿凡所纂輯悉仍前志惟其去今較近亦且增所未備遂取其稿而裁訂之至於郭後又二十餘稔時勢既殊沿革尤多兼之上年邑中疊遭逆擾而仗義殉難之紳民婦女有宜褒揚其氣節以感奮人心者或訪諸父老見聞或諮之時賢紀略商訂編集越載餘而鋟梓告成功焉雖體製難語大觀而紀載務昭實錄虛車之誚其亦幸免也乎是爲序

大清同治六年歲次丁卯仲春月通城縣儒學訓導

應城兼三氏盧殿才譔

續修縣志序

我
國家承平二百餘年
重熙累洽久道化成自
京師以及各省下逮郡廳州縣莫不有志猗歟盛哉志
書之周徧休嘉之氣象也惟是各地方官長本其才
學無難草創而修飾之顧猶過於謙退必委諸各邑
紳耆夫亦謂生長是邦者閱歷既深見聞最確所由
詢及芻蕘也吾　邑侯鄭慕韓先生才猷卓越學問

淵深乃不以煦爲迂愚畀茲艱鉅晝夜開與同事擬
議總覺樗櫟庸材難勝重任既而思之吾儒幸際
文運昌明之會雖無才無學無識而業承　鈞命必敢爲
推諉不允抱愧多多乎猶憶癸卯春煦與郭珊屏雷
小明遵諭修志甲辰夏而稿成隨呈　藩司閻畢飭
歸首事刊刷而其稿在縣署內遺失至甲寅秋而邑
侯林改訂全稿又經緝獲今　上司疊次札催續修
又公舉煦司其事備細籌之煦係一識途老馬敢不
循循然從癸卯前後澄心校閱虛公研榷取其分曉
而混蒙者剔取其確切而恍惚者除粗備草稿先呈
學師覈核接呈　邑侯筆削然後錄成全部再觀其
大要再按其細微雖未必毫無可議而問之此心差
覺無愧焉此同事諸公所同心合志相與以有成者
也嗟夫力瘁矣其亦慎重之至矣而修志之事亦於
是乎遂矣

皇清同治六年仲春月貢生星航杜煦明敬序

纂修通城縣志序

邑之有志猶國之有史也而修志卽與作史無異蓋亦必兼乎學識才三者然後能無弊也通邑志書由元而上無傳創修於明宏治初年繼訖於
國朝乾隆二十九年道光甲辰　前憲林公澤夫諭邑孝廉郭珊屏等重輯稿具而未成書蓋至於今而永逝雲捲者百有餘歲矣雖山川未改或手采靡追有心者愴焉同治四年乙丑
上憲疊檄催各郡縣修志我　邑侯慕翁先生以中州名進士重蒞斯土經術沈博胸懷謙冲諭知志書荒渺之故爲愀然者久之爰集邑人士合修厲予司其事予以謭材詎堪重寄幸同事諸君皆竭志殫心匪伊朝夕相與徵文考獻補闕訂訛而又出之以和平行之以廉靜計取材分類經　鑒完編凡越一年而成爲卷二十有四爲目百三十有奇於正卷外更增補遺一則網散佚備蒐羅於是乎在竊惟志者記也記分野則照臨之所也記山川則靈秀之區也記賦役則國課也記畜產則土性也至於紀循良載忠

烈寓古今於一覽別褒貶於羣倫則又公直之道靡厲之具也夫紀事必提其要纂言必鉤其元從事於斯見聞疎則學不廣取舍謬則識不宏筆削虧則才不展三者交譏志非其志矣予不敏其於史家三長非所能冀然是書也隸事無造作類族無混淆立言無遷就雖不三長且獲三善是則予之所自信而亦藉以共信也夫是爲序

時

皇清同治六年丁卯歲仲春月稟貢直臣氏胡洪鼎謹譔

修志姓名

主修兼鑒定

署武昌府通城縣知縣鄭爽

校閱

通城縣學教諭鍾壽朋

通城縣學訓導盧殿才

分校

古鄖候選訓導袁登鼎

監局

通城縣汎把總吳鏞

通城縣典史丁觀光

原纂

舉人郭亦棠

候補訓導雷自昭

原纂兼纂修

增貢生杜煦明

監修

附學生王貽我

纂修

廩貢生胡洪鼎

歲貢生吳瑞麟

歲貢生杜諴錫

廩貢生孔繼香

增廣生方輯五

署蘄州訓導周芬

廩膳生黎煌

副貢生李蟠根

舉人吳蘭

協修

附學生鄭秀羣

優廩生徐思九

候補訓導何文田

增貢生葛對揚

增廣生李佳鵠

拔貢生黎炳東

歲貢生王耆貴

前署黃安縣訓導傅宗炳
附貢生黎雄左
郡庠生胡宗政
增貢生王占先
增廣生劉森林
候補訓導樊登雲

校對兼採訪

職員吳均四
職員李登如

職員孔繼禮
職員劉繡文
附學生羅用庚
附貢生李承煥
附學生潘炳如
通判銜葛銓
歲貢生黎照青
監生鄭禮和
監生汪保泰

謄卷

業儒杜綸九

檢查文卷

承辦禮房汪用貴

舊序

通城爲武昌下邑介然在山谿間其民若士耕鑿爲風入其疆無懷葛天之世猶可想也舊嘗有志蓋因時紀事其言簡其體樸而所爲敷張理道者寥寥矣迺者錫崖舒翁以至楚文獻起而編輯之始炳炳然人稱一方良史軼班馬而追春秋唐宋而下無論已不佞叨令此邦涖治初書告成翁郎令不佞以首序不佞取而閱之見其三才之理靡一不備且剏者有翁翊者有前令霍岡趙君佐政見庵胡君廣文于野

樂君董君侯君在田王君乃獨懇懇焉以序屬三吳之譾士則何也蓋翁之意曰是書也爾令之書也故爲令者觀邑之建置沿革則思所爲興廢之由矣觀邑之分野形勢則思上律下襲之道矣視邑之城郭人民橋梁學舍以至錢糧兵馬則思泛應各當之宜矣乃其宏且鉅者則表飾義育人材美風俗皆於一令責成焉則謂令之書也不可乎夫子麟經垂萬世而蘇子曰魯之書也非孔氏之書也則翁之意也即不然翁殫其精神規爲是書徒爲紙上之言且不足澤今而傳後也豈公之所由來乎不佞承翁之意遲回者數四竟不能辭不敢以常言諛則推翁之意冠之明不僭也若自鬋之情又奚俟贅云

萬歷二十六年歲在戊戌知通城縣事吳諗序

舊序

萬歷壬辰夏繼同奉命署通城縣教事通介豫章之
西吾鄉好遊者輪蹄絡繹其地習聞俗樸茂而厭華
士以質勝甄陶殆未易也十月度嶺展青氊弟子員
摳趨濟濟蹌蹌咸譽髦器所見異所聞頗樂之然鑿
貌未測其蘊且睚焉既而執經問辨涇渭不相淆試
之藝則吐霹真修不詭於元僻裁之可入彀竊喜之
曰謂通士少文者謬也維時薦書寥落士氣若餒鼓
舞以漸之惟先民是程而已恐其無徵也問之邑乘

使考焉諸生曰通志殘缺久矣無足徵迺請於舒方
伯公得宏治癸丑褚侯舊編剜蠹不可讀補綴諦披
遶無論已即南宋寶祐初省元有楊公起莘國朝洪
永間鄉舉則汪茂實輩制科則劉仕昌輩比肩接踵
文章雄海內勛庸貞度而宣猷晉爵何時可云不競
夫河山如故霧淑圖轉鏡往職幹旋景運不存乎其
人哉申諭之曰若鄉在昔士之享大名顯當世者志
有明徵高山景行能忘仰止念乎不有以的之孰從
而志之先哲其的也二三子其彀率之也諸生惕若

矢為濟焚計越二年甲午楚大比士通以捷聞數十
年未續之綫忽焉重光蓋思齊有自非聞風而興焉
者乎夫士之興也以志則勸懲爲民帥志不可緩矣
是年趙侯霍岡公蒞邑余以志缺白之侯曰曩郡取
屬志率爾莫能應謀諸方伯公業許纂訂尙再懇偕
余造而濆之公始忻然從事搜索稽考遐邇鉅細罔
或遺百餘年湮沒之蹟一旦指諸掌趙侯司綜覈余
同司訓侯重吾君謬與校正不踰時而志成焉繼同
受而讀之曰美哉志之成也視昔亦加密矣貫仍舊

則爲潤色事增新實關政體訂山川之豕亥補人物
之珠遺原始有志繇要終有按論今昔之名物事變
一展卷胥在目前是非權衡無錙銖爽一方文獻其
在茲乎繼同發軔造士粤稽故籍載揚濬哲餘波作
時雨潤澤芹藻勃焉菁菁洋水渙乎改觀蓋精神流
貫迎機速化捷若桴鼓影響受益不旣多哉官斯者
監臧否於成跡而經濟宜民立斯立道斯行功德當
流芳百世爲益遠且大矣產斯者守畫一於成憲而
範圍同風樂其樂利其利休光可照耀將來爲益深

且長焉無方之益余能專之謬序已耶是何以故昔人謂史須三長今之志即古之史紀載托之乎才品鑑賞之乎識表章藉之乎學三者缺一難乎其爲志矣孟堅稱太史公曰辨而不華質而不俚其文直其事核謂之實錄是有取於三長之兼也可以論志矣志兼三長是謂實錄將考之前而不謬俟之後而不惑豈不裨益於上下而世爲通利賴也乎趙侯樂成登之梓陛擢戩行余亦策駕上春官竟厥工而錫類通之人咸稱爲明嗣牧敢云告新令尹也繼同不佞

僭書之以識興維新之由而自慶有奇逢

萬歷二十六年歲在戊戌通城縣教諭樂繼同序

舊序

萬歷甲午趙大夫霍岡公至自晉勵精民事尤惓惓於廢墜越數月郡索邑乘大夫問之猷應以舊簡蓋斷自宏治癸丑百有餘年矣大夫愀然曰何遼邈若是耶往蹟久湮文獻曷徵責在長民吾其舉之毋敢諉遂屬裁訂於猷猷亦任之罔辭先是歲乙酉余讀禮林棲慨邑志久缺屢白之宰收諸君子咸謂簿書棼糾而饑稜且薦艱俟徐圖之冉冉將十載余亦知肩鉅者難遘姑置之矣大夫下車首念及曠典其待

人而舉乎適杜門却客遠搜近稽即耳目所覩記訊之故老凢斷碣塵編下及野史巷議采輯考索之靡遺然後參諸故志增所未備每條首引數語表厥繇若事關利病而煩商確者謬著按論用資蒭菲大夫公餘輒賡否諏躬筆削軒輕臧否燭照今昔就正於學博諸君而志成矣爲卷九爲目六十餘將梓以傳大夫有言於首猷得附言曰志者識也理識諸心則不忘事識諸言則不朽皆託之乎可久遡觀禹貢載致職方壤地無論褊小靡不經天之文緯地之理修

人之紀乃能育羣生熙庶績垂世而罔弊士生數百年後指掌譚故事於數百年前合三才而流貫騐盛衰評得失亦云難矣不有載乘能無遺訛志固無容緩也通覈爾地非禹貢職方所包羅者乎鋪張而志之也蓋亦祖述乎國史緒餘乎大一統志上下古今之變表裏人物之賾類聚而品騭之凛凛乎三代之直道所謂可觀可興咸正罔缺者非此曷繇哉惟大夫懸衡鑑平稱低昂明類物情乃芻蕘自獻於草莽疇昔屬其月旦乘時售其井天不徙因言識事且將

因言識理是故吾觀之官司政教倉庾津梁非仁之藹然不可遏者乎吾觀之戶口貢賦物產公署非義之森然不可已者乎吾觀之人物祀典古蹟文藝燦然不可掩者其禮所生吾觀之分野沿革疆土風俗井然不可淆者其知之實玉音彰君寵省方昭臣度典章之鉅且重者一補闕焉而忠愛寓代署俄頃之澤儒吏一秩之業修人以應天尋邱以弔古均難泯泯焉者增之奚贅若師帥之里第勲烈鄉喆之顯晦事業則詳畧殊而舛錯亦多非忽也籍亡事逸爾蓋前有徵者仍舊貫後有作者據新聞否則誣焉奚以傳信庶幾言非枝葉其永無斁僻壤文獻藉之可傳斯無負舉事意哉雖體裁無當於大觀此之乎他山之石攻玉者或資之也維時吳大夫樂貞公奉簡命治教吾通拜　先師日進諸生亹亹示肯綮觀聽者趨蹌圜橋門迺函志草請裁披省釐正樂成其美蓋治先典則政亟先務誠奇覯也夫先後同心緝熙以詔將來其徼際遇之大幸乎大猷日偕農圃奉典則以周旋皞皞枌榆中不識不知實斯志之貽矣百世

範圍永賴何極若鋟梓肇傳則邑幕胡君侯文與有勞焉

萬曆二十六年戊戌歲五月既望致仕通奉大夫浙江承宣布政使司右布政使奉勑整飭淮陽海防兵備兼管河道前廣東按察司副使奉勑提督學校兵

廵邑人錫崑舒大猷序

舊修縣志引

縣原有志年來火災其木遂成斷簡台奉命守茲土甫下車便意亟補修之而無如國事之艱何適聖天子下詔徧訪諸郡國志夫亦以蕩氣之後復新一番世界則地方勝槩若嚴川名人物若土產若風氣更宜詳明爽備堪供法眼爰是蒐昔之僅存者補以今之剏集世還其原志覺翻麗於夙可曰通城區區一幅幀無足備武昌指數然亦是天子附庸之隸也是亦聖朝屏翰之方也按戶口而稽保障之勤洞人情而落么麽之膽所關豈不甚重歟言諸首

崇禎九年歲在丙子四月朔知通城縣事趙三台小序

舊序

昔之編史者必數十年而後成誠慎之也國史釐正黜陟千古君子秉筆惴乎有肅心焉郡邑載乘亦將取史義而定之是故因時增損嚴翼校著簡覈是尚縟誕是正所以傳信也通志斷自先朝宏治間繼一校於錫崖舒君再編於西濂楊君復修於泰六趙君亦既釐然備哉上下數百年其間山川人物風土習尙皆得博綜盛衰之故年來兵燹迭經不啻草昧非猶夫前此之爲盛衰也治適承乏茲土甫入邑蓬蒿

接目瓦礫盈墟殘煙數椽頹垣幾堞褎裳就事疲勞靡極爲親民之官則思盡其事爲牧民之長尤思殫其心爲之診百傷而撫創爲之釐百廢而救凋爲之剔積蠹而剗其尤爲之攬積廢而舉其先興復要典刷滌陋規貴便衆無貴譁衆顧是不覆次第以圖就緒日月逾邁荏苒計期回觀風土文物進退正自難言旁求先哲儀型在望蒐訂遺牒考鏡不爽今之視昔愈難而嗣繼較苦後之視今雖遠而作述可據則所由表正疆土彰明文獻俯仰今古載歸一轍者此

物此志也一編之義將與昔日春秋同凜日星而觀
成之道庶幾深淺求之而胥有當云
序
順治九年歲在壬辰仲夏月知通城縣事邗江盛治

舊序

揚蒞通之明年郡檄屢下奉
命編天下山川形勢戶口丁徭地畝錢糧民俗人物疆圉
險要彙集成書以襄 至治甚盛典也敢不鐫刻以
裨纂修獨計通邑南抵豫章兼通漢昌西南入巴陵
郡西達臨湘以楚門為界西北入方山荟蒲圻境也
東北距崇之大岐嶺分列之鷄鳴峙其東栢橋據其
北皆崇界也其間車不方軌馬不並蹄而且石田滿
陌土多流移吏是邑者深悼前此之重累吾民也方
將撫綏不暇而暇修舉廢墜乎哉以是誦讀之聲鮮
聞閭里隸庠序者尚相救死不給難以副
聖天子隆禮求賢之意故
朝廷三年課士之典幾成絕響自先朝庚子以來已七
十有三年矣嗟嗟人文之凋敝未有過於通者乘風
之使其能不攬轡而躊躇耶所增輯者僅新增人丁
二千二百有六及永丁二千二百七十有五以及職
秩併歲貢士已耳然戶口雖增徒多寥落之感非藉
手入告力為減除無以甦民命於萬一其敢遽[illegible]

入作不刊之令典耶惟是丙午之歲舉於鄉者一人
己酉發武榜更得一人雖非土著其不敢不登之邑
乘者爲其籍於通也然茂草之鞠於通不無深慨焉
修舉廢墜岌岌乎難之又不敢不兢兢乎慎之蓋以
今之日帑既無餘財其鄉里又無餘積顧安所得備
其未備也哉補厥遺漏以佐成書非畧之也爲其力
有所不贍耳今
皇上睿資天縱德業日隆抑且名賢輩出黼黻太平苟得
稍一振飭使成美俗但不得不望當事者相與補偏
救弊躋斯民於三代之隆也竊有志焉要不敢以身
任耳
康熙十一年歲在壬子孟冬月知通城縣事越水丁
克揚序

舊序
省府州縣有志志其風土事產也顧易誌爲志者何
志聖王興除道齊一道德同風俗之志也所以周禮
春官小史掌邦國之志外史掌書外令掌四方之志
秋官小行人使適四方之利獘爲一書其禮俗政事
治教刑禁爲一書其康樂和親安平爲一書以五物
周知天下之務降而漢唐採風之使不遺美刺之詩
不陳郡邑利獘遂專藉志乘爲帝王周知之體要蓋
不惟各州各邑風尚攸殊卽一州一邑中方域之風
氣族姓之習尚亦或逈相逕庭惟志之也析而詳斯
一展卷有以周知州邑中何利應興何獘應革何風
應道何俗應齊豫爲
國家教治禁刑一道同風之化資也則禮俗之攸繫志
體也綦重矣哉顧開澄閱各州邑之志風俗也輒美
則錄之獘多諱之者何也爲縷陳敝俗有干官忌民
忌也粉飾官師忌其莫沽揚化變俗之名巧避失禁
失刑之謫奸暴士民忌其宣露獘由大妨作僞後徑
漁奪莫逞也所以編輯者舉避怨避忌惟俗獘爲穩

諱質之志體大相悖矣通邑固多士敦詩書農勤耕
作女務紉織吉凶賓嘉四禮近古者居多俗之康樂
和親安平者也惟匪竊訟師造僞兜鬬搶奪五大錮
弊俗之亟應刑禁者也幸邑侯明公洞志體也承諭
一秉至公爰集同志遵鈞教爲博採羣籍周諮耆舊
取舊志之闕者補之訛者訂之錢穀今昔異制者註
之人物之良莠善揚惡隱必覈必信不敢徇名混玉
翻致執石疑玉也而於鄉俗尤必詳且晰者爲備
聖天子周知之資懲以教治刑禁興除道齊之址也至志
猶史也古人云平素不做登志書事臨時要做入志
書人古今人通病也開澄不敢避親故之忌自牿是
非之良致令志體失體信史失信大負
聖天子暨諸臺憲官師懲勸激揚之盛心與除道齊之大
化也是則開澄差堪自信者是序
乾隆二十九年仲秋月舉人吳開澄義時撰

重修通城縣志序

道光二十二年春予選通城夏五月甫下車索志書
觀舛訛漫漶不可讀以意摹探乃頗得其崖界考其
所載舊蹟如演武廳邑厲壇育嬰堂久皆傾圮山川
社稷先農三壇蕪於榛莽　萬壽宮與　文廟之祭
器樂器書籍率殘廢不完　文武各宮廟學宮養濟
院亦有剝落名僅存矣存而朽蠹者又半矣問以考
棚賓興膏火義學育嬰曰未具也每覽心輒悶悶板
既蝕而前後創續各刻求之亦復無有念欲修舉廢
墜採輯成書而邑經崇逆亂後民心甫靖時又大荒
平糶濟饑百事倉卒計未遑也是秋中稔冬收稍饒
逮於次春雨暘應節歲事豐綏城垣兵房吏舖以次
督竣　文廟學宮祭器樂器經閣書籍之有殘缺者
勸監生傅協中出貲補葺完好北城外舊所議建之
文峰塔率令無稽事以漸舉顧其俗多溺女爲士者
應痛除此惡習以養生氣以培元氣而昌文運間與
學師沈藍生先生邑孝廉鄖西教諭吳玩齋孝廉揀
選知縣郭珊屏貢生候選訓導雷自昭附貢候選訓

導傳宗炳附職杜若增生李佳鵠庠生王家楨武生葛貴昌監生徐咸禮商議咸毅然請任弗辭乃募貲重編縣志舉行一切舉孝廉郭亦棠候選訓導雷自昭庠生杜煦明與纂志事附職虎與楨庠生杜精明增生葛對揚等分肄之不數月而捐者雲集乃擇其要者先之曰義學曰膏火曰賓興曰育嬰曰養濟增設孤貧入名所需錢穀各若干俱有欵又以其餘治山川社稷先農邑厲諸壇祀因而及於各宮廟與義倉演武廳義聲同畬有前無卻則有增生李佳鵠承修

萬壽宮庠生王家楨承修賓興館育嬰堂養濟院職員黎政岸黎政璽率其族衆承修考棚向之廢而僅存殘剝所未具者皆次第復整遂於是年行賓興禮羣欣欣向上而志稿亦以告成乃錄其所定章程與勸輸名氏入志俾永永無斁可守可遵計始事至卒凡四十五旬日籌貲購地踩田繪冊稽出入核工程嚴立規條博訪遺逸索念慮役精神困瘁口手廢眠食者不知數幸與諸君子獲覩厥成而予乃以他事去是書因不敢云盡善然事必覈實文求簡質較舊志爲尤加詳則纂修諸子之力也至設施之未竟圖維之未悉重有負於此邦父老屬望之殷則後之同志必有恕其才小肩重而匡我之不逮者姑序其始末使繼起君子有所考焉

道光二十二年甲辰知通城縣事候官林逢年序原稿

舊修志姓名

乾隆二十九年

纂修

邑人吳開澄 嶯峙乾隆辛酉舉人揀選知縣

通城縣志目錄

兵事

第二十四卷

雜記

補遺 附

凡例

一縣志自朱熙甯陞鎮爲縣後倡修於明孝廉何隆繼
而方伯舒大猷學博吳文懿續之迨我
大清順治十年學博吳穀泗康熙壬子邑侯丁克揚乾隆
甲申孝廉吳開澄以次修輯及道光二十四年邑侯
林逢年以年久事湮諭邑孝廉郭亦棠等重輯稿脫
未梓茲奉
大憲飭修新志擬將疆域山川之一成不易風俗土
產之至今未改者均遵舊志類編若壇廟城垣因時
修葺關隘田賦以時變通及忠孝節義必當隨時採
訪登載者除仍備錄原委以識不忘外謹仿舊志暨
現修省志條欵據實纂入矢公矢慎總期無濫無遺

一星野歲差分度微渺何窮茲本省天文志春秋元命
苞正其分野間採羣書以資攷證

一疆域山川古今不改康熙年間分立九宮大圖各轄
小圖其間形勢至到及山水等項按序詳載至陂堰
以防乾旱亦仍舊志所有登入

一沿革斷自虞夏及於
國朝其間改號易屬果係何代何年確實查核依次編載

一建置城池官署公所諸類興廢無常舊志所載今存無異者因之其近年補修添修以及有待興修者謹依次登明備考

一風俗土產原無甚異仍舊實錄自享耕鑿之利以存食貨之遺

一田賦　國家惟正之供取民有制咸豐初年改行漕折制稍變通除遵舊志備錄外謹查照現行新章依次彙入

一學校教化所由興道光以前規模頗稱宏備近因粵匪竄擾所有　文廟　文昌宮　崇聖各祠尊經閣明倫堂以及東西兩齋書院考棚概遭傾毀現經陸續修建尚多未完謹備錄巔末以待後之興者

一禮制照現行典禮詳載

一職秩遵照舊志載明姓名籍貫年月任卸若循績卓異有善可紀者則於本名下特詳其事蹟以爲有位者勸附志善政更備省覽

一選舉姓名科分依舊彙載其仕宦何地另爲詳註年遠遺漏者查實補登保薦封蔭一體登記其餘文武各職非由庠捐納不載

一人物舊志分列忠臣義士孝子諸條各以類從茲則先鄉賢次忠義依類而下不無小異至忠義一項比舊尤夥蓋自粵逆竄通以來合邑紳耆捐貲督團爲國捐軀毀家紓難者指不勝屈爰就其事實秉公確查據實酌登其未經申詳者仍俟爲餘遵舊志

一列女節烈各類已奉旌表者全錄未奉　旌表者謹據紳耆舉報確加採訪核實登入以待彙請

一藝文舊志紀載累幅茲承　諭札地理詳註詩文次之因節錄其所存至所得於後者略登數藝餘概從刪

一廟宇就前志有者列於前以下依次而序凡有香火田轇轕者俱不載

一古蹟塋墓祥異於舊志外有得之見聞者依類續入

一兵事於舊志所有者依次編入近自粵逆擾境凡堵

剿陣亡以及男婦被害悉心採訪列爲年表據實紀

載其姓氏據奏覆凊冊開列婦女入烈婦志

一雜記凡事有宜於紀載並無條欵可歸者另爲一編

以附其後

一補遺有得之甚遲而仍不可不錄者俱照正卷彙紀

良由槁項黃馘窮檐婺婦遺之甚易採之甚難因歸

此條以廣搜羅

一方外通城無大叢林兵燹後廟宇多毁僧道散佚過

半其前此者稽考缺如兹所紀錄或卓錫所歸或因

事連及藉見一班故不彙載

通城縣志卷首

圖考總目

四境疆

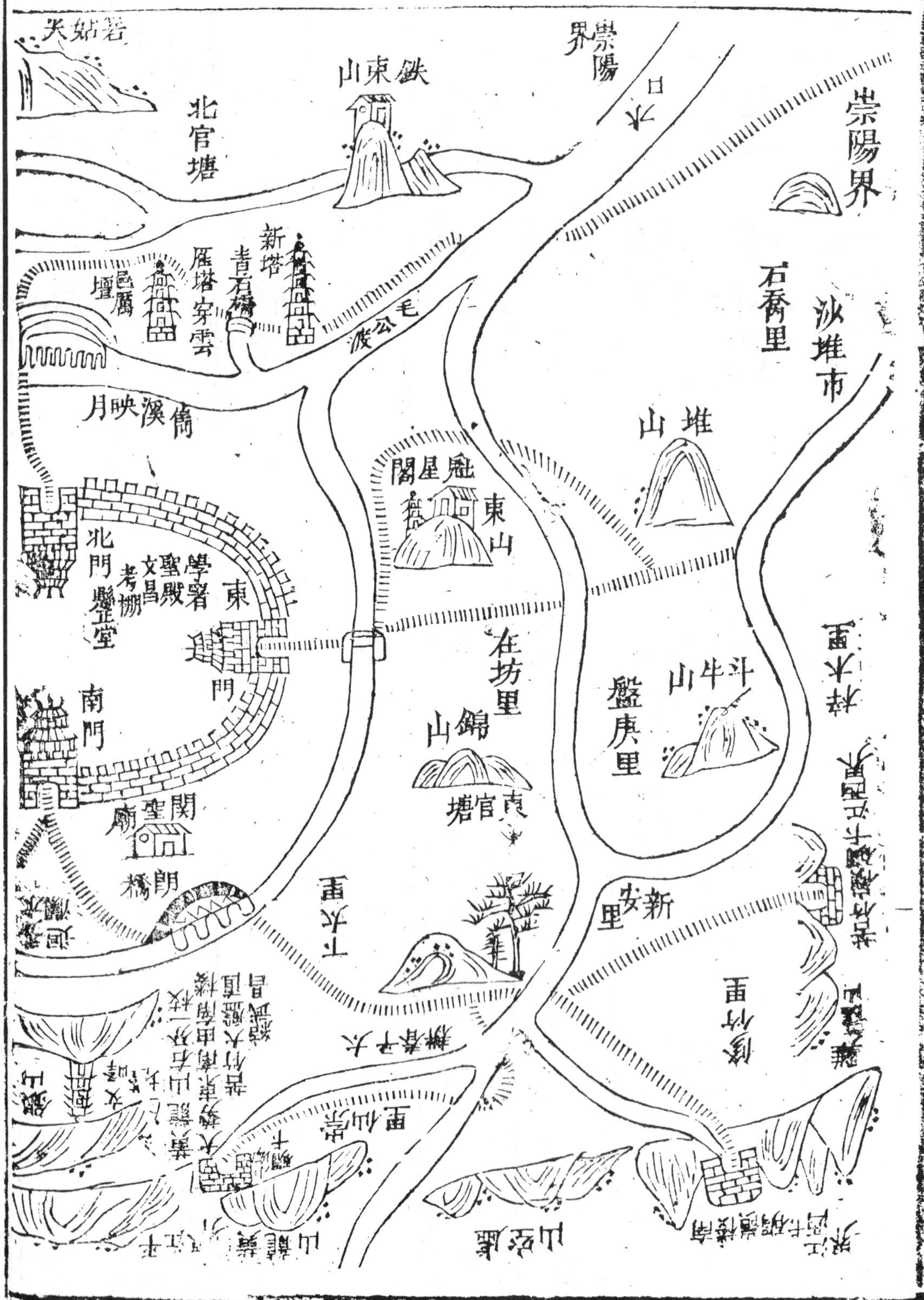
北官塘
崇陽界
崇陽界
水口
毛公渡
新塔
青石橋
雁塔穿雲
邑厲壇
雋溪映月
石橋里
汲堆市
堆山
魁星閣
東山
學署
文昌殿
考棚
北門
豐登堂
東門
南門
關聖廟
朗橋
在坊里
錫山
東官塘
盤庚里
斗牛山
新安里
下水里

界全圖

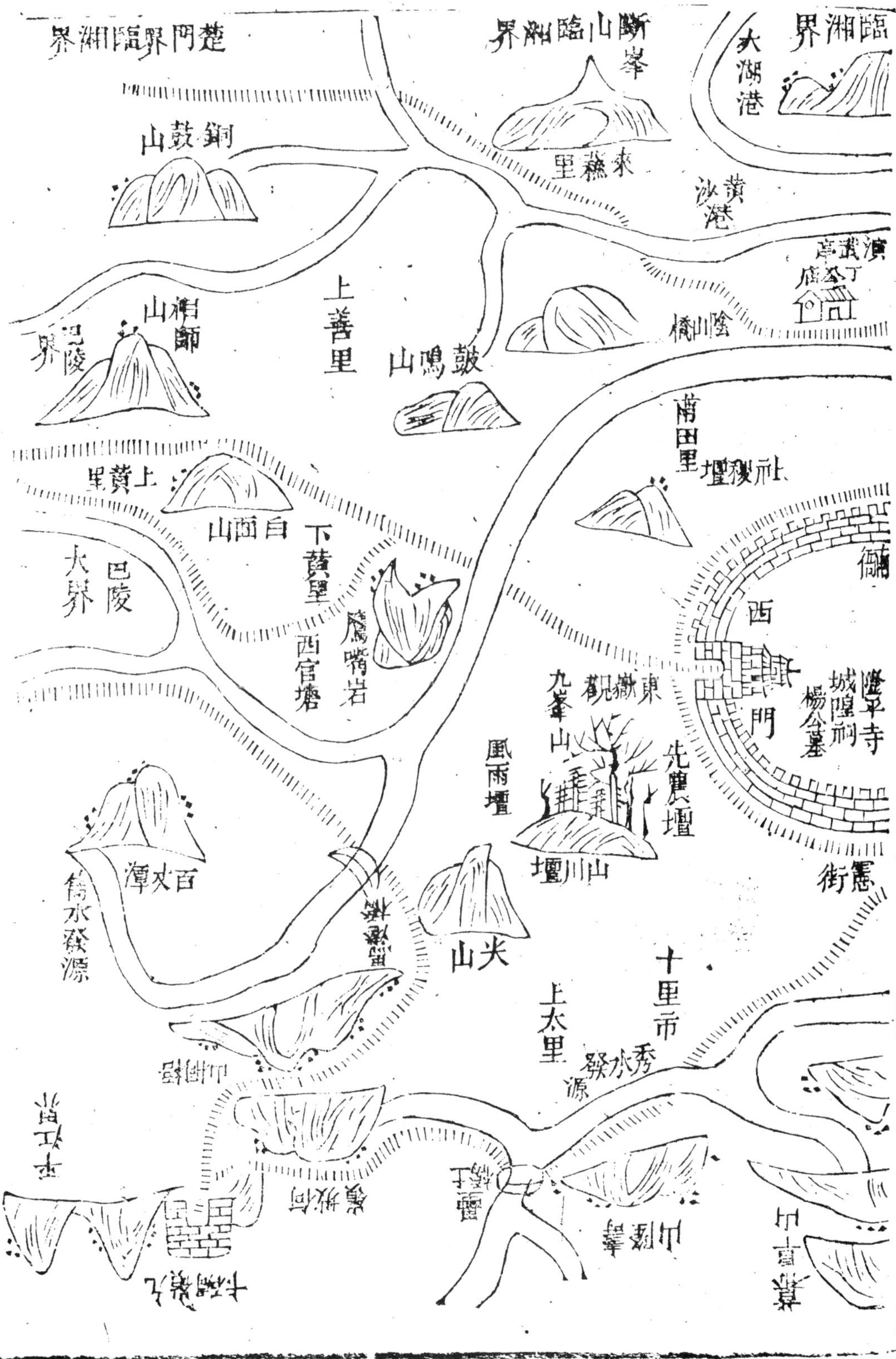
楚門界臨湘界
斷山臨湘界
峯
臨湘界
大湖港
銅鼓山
來蘇里
黃沙港
濱武亭
丁公廟
陰山橋
上善里
鼓鳴山
師相山
巴陵界
南田里
社稷壇
上黃里
白面山
下黃里
大界
巴陵
鷹嘴岩
西官塘
西門
東嶽觀
九峯山
隆平寺
城隍祠
楊公墓
風雨壇
先農壇
山川壇
百丈潭
雋水發源
尖山
十里市
上太里
秀水發源

卷首　四景全圖　二

縣城

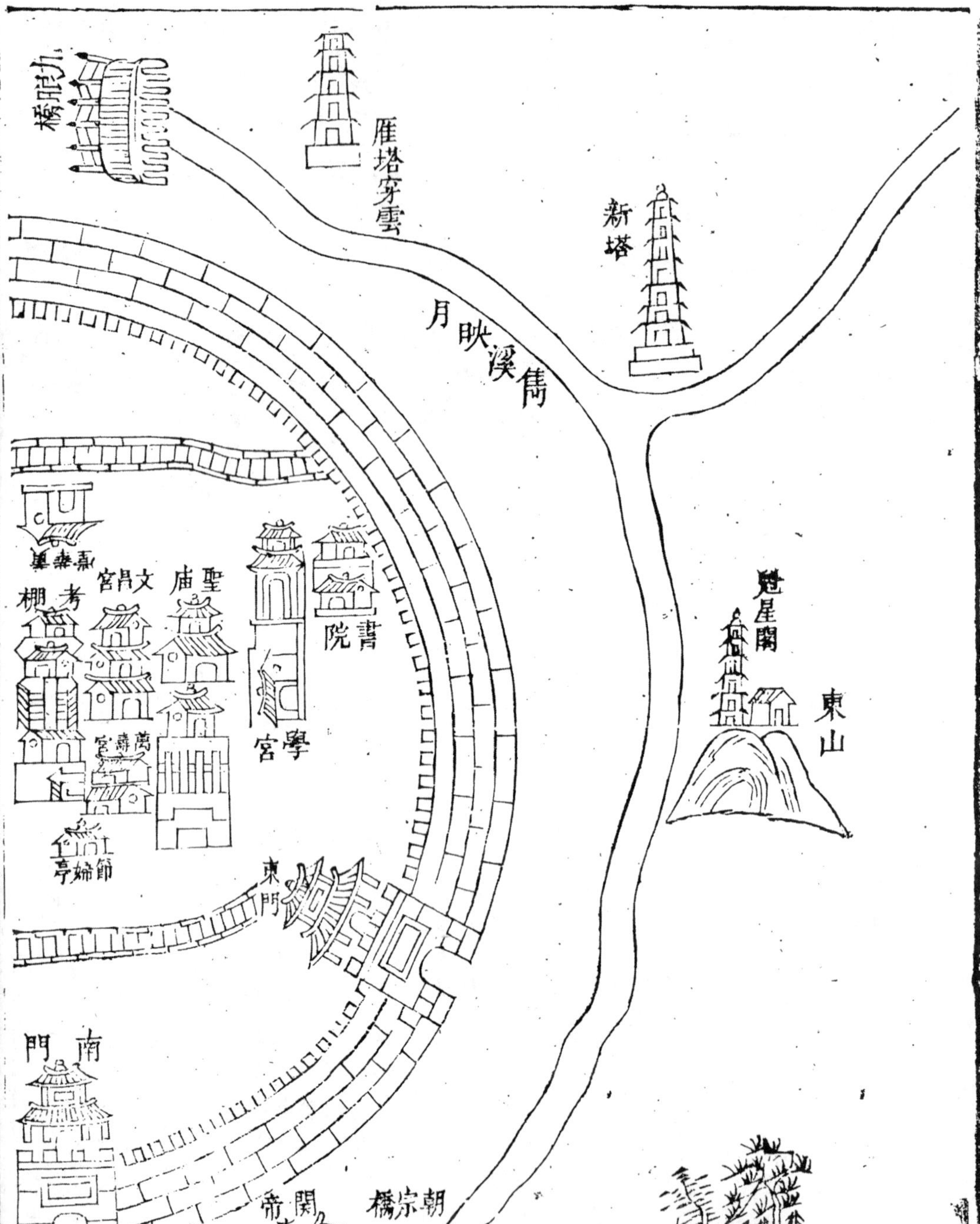

之圖

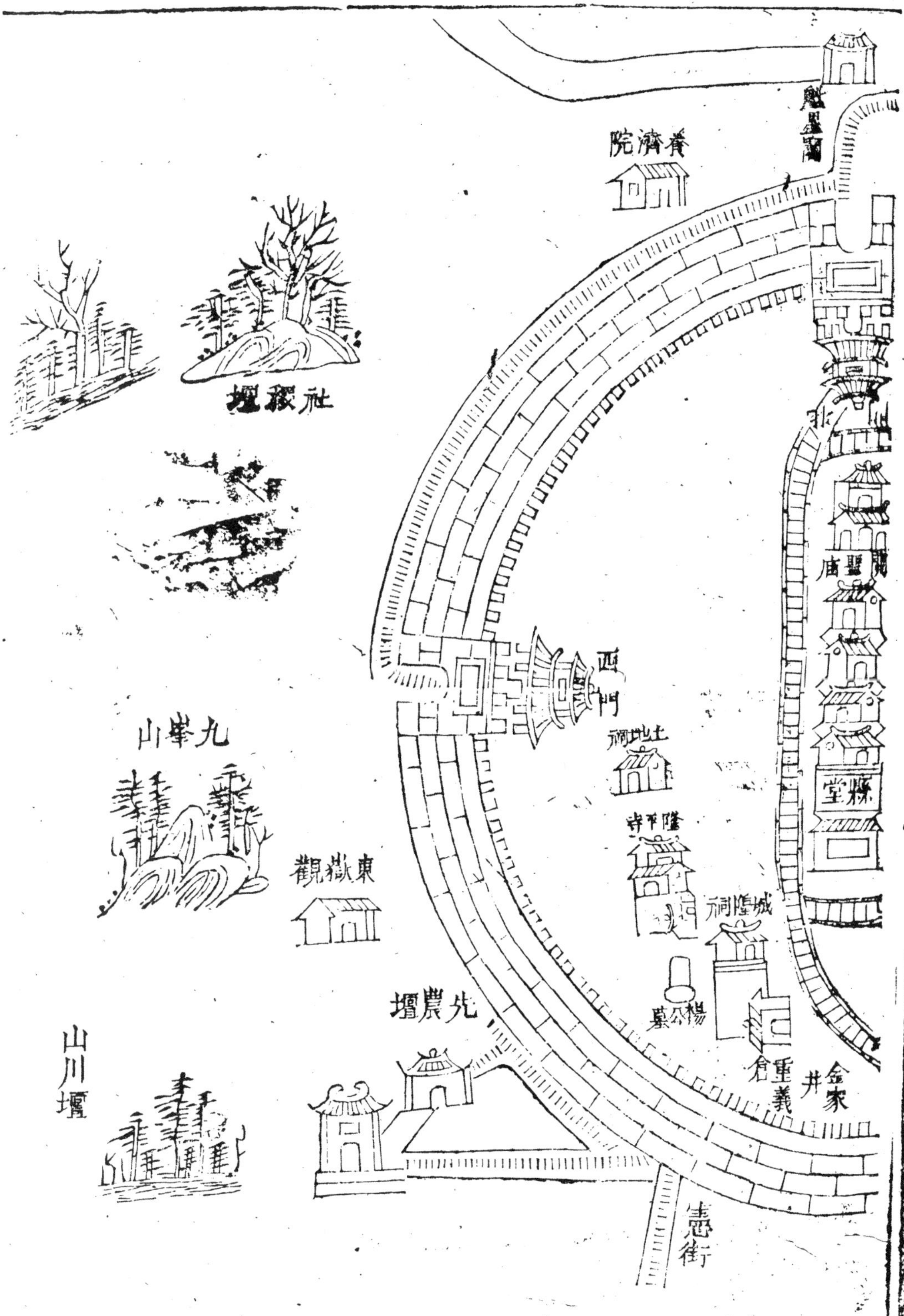

縣署

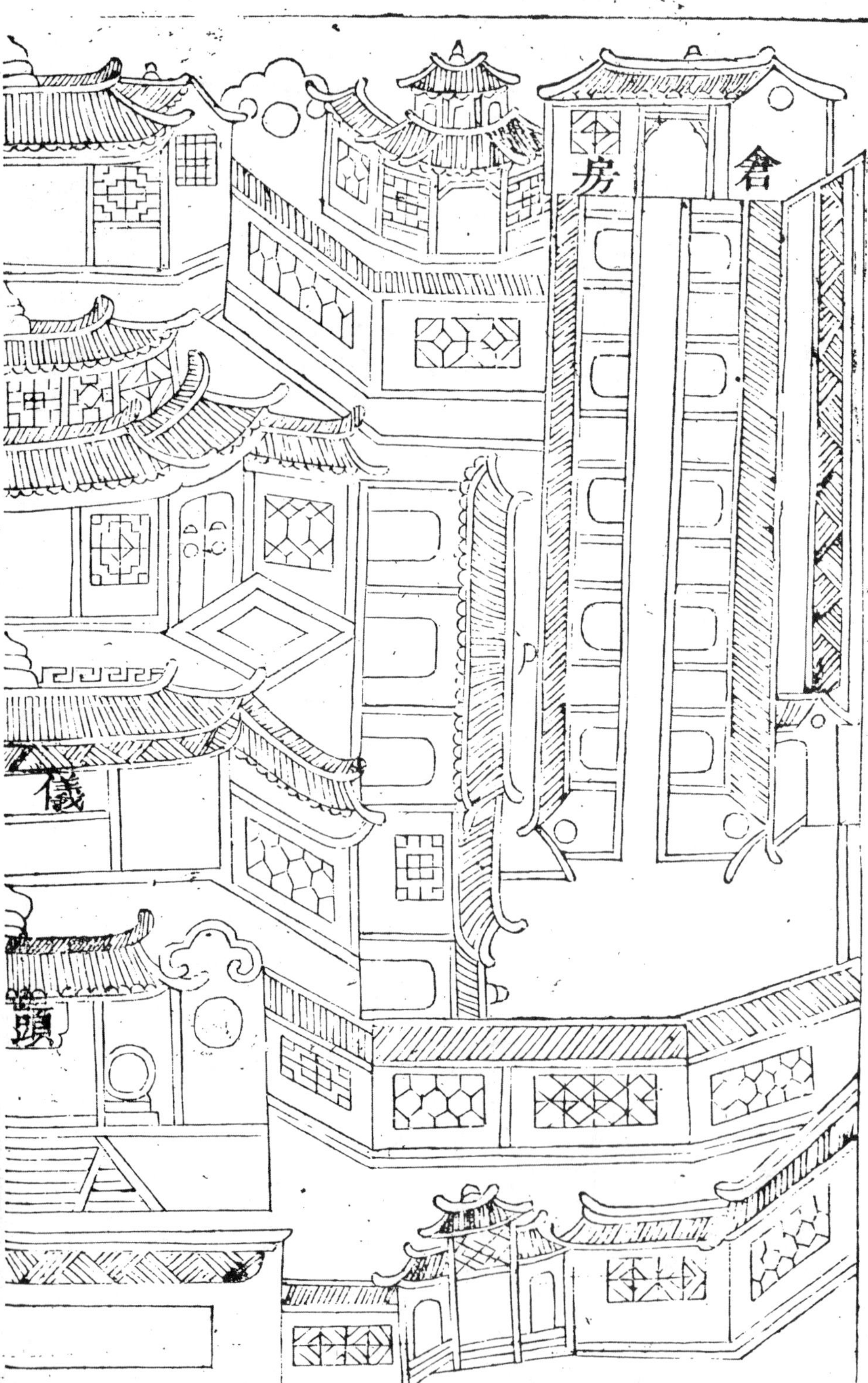

之圖

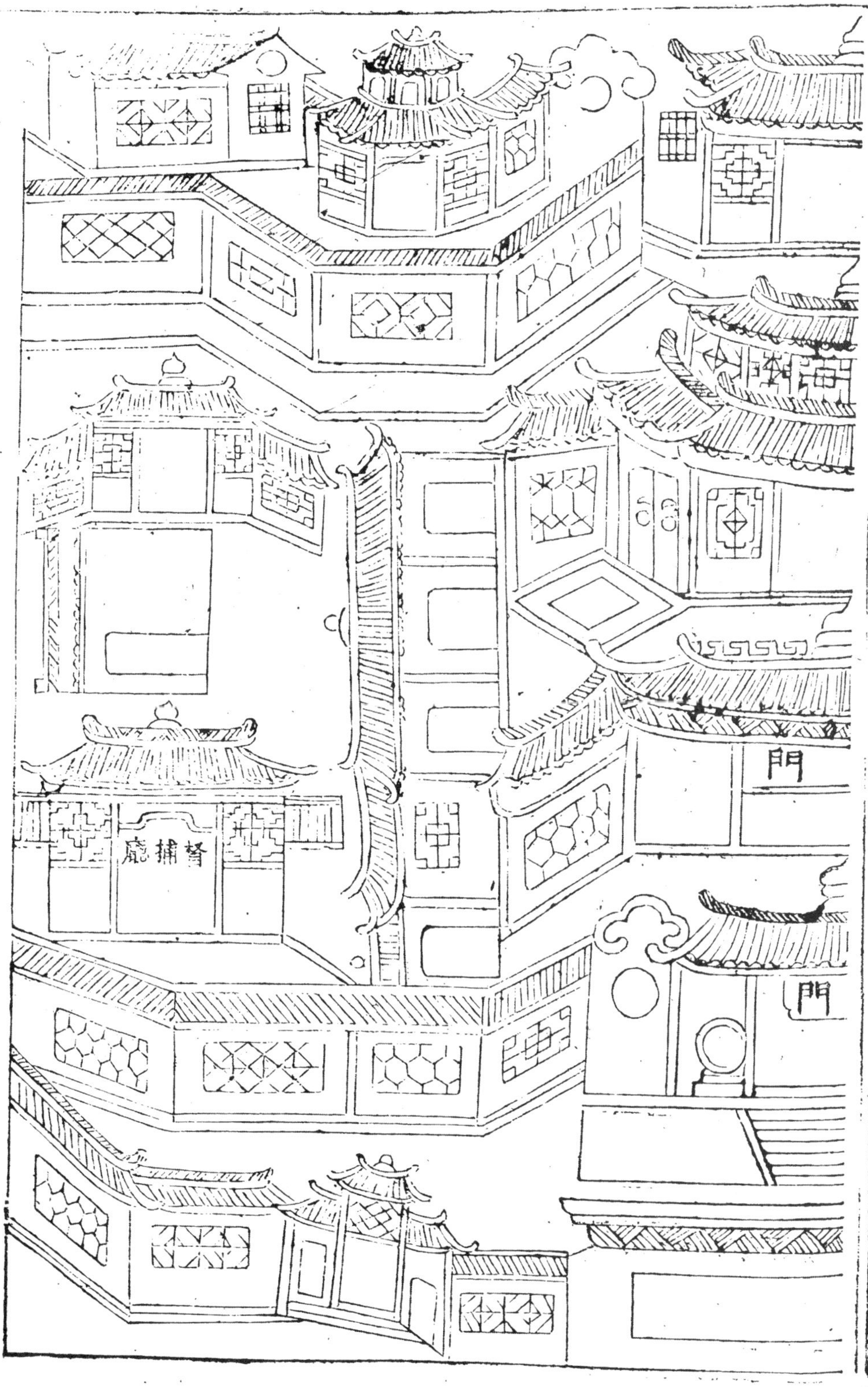

萬壽宮圖

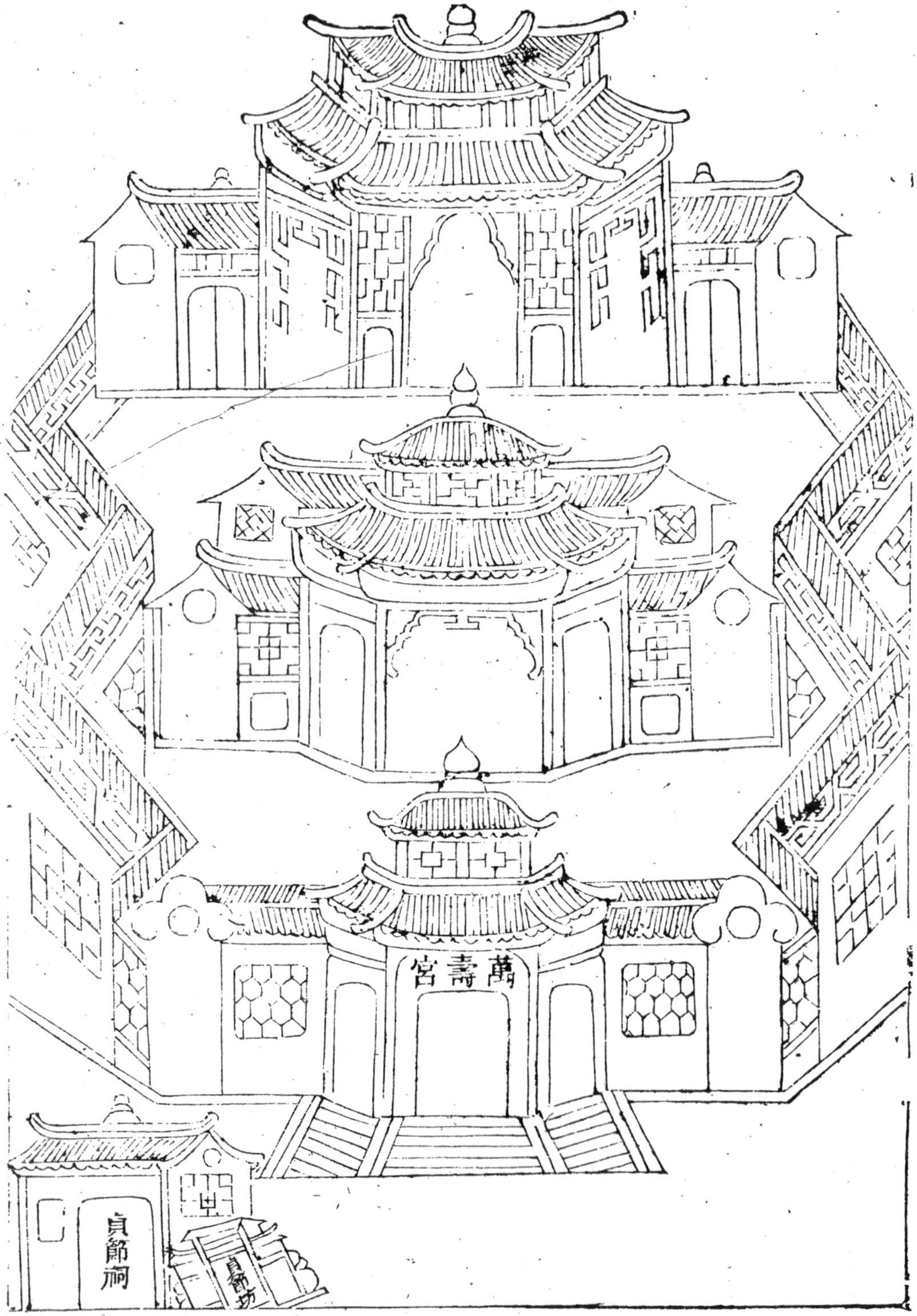

以上四圖皆仍舊繪惟

縣署

萬壽宮貫經兵燹無存有待重修

學署文廟

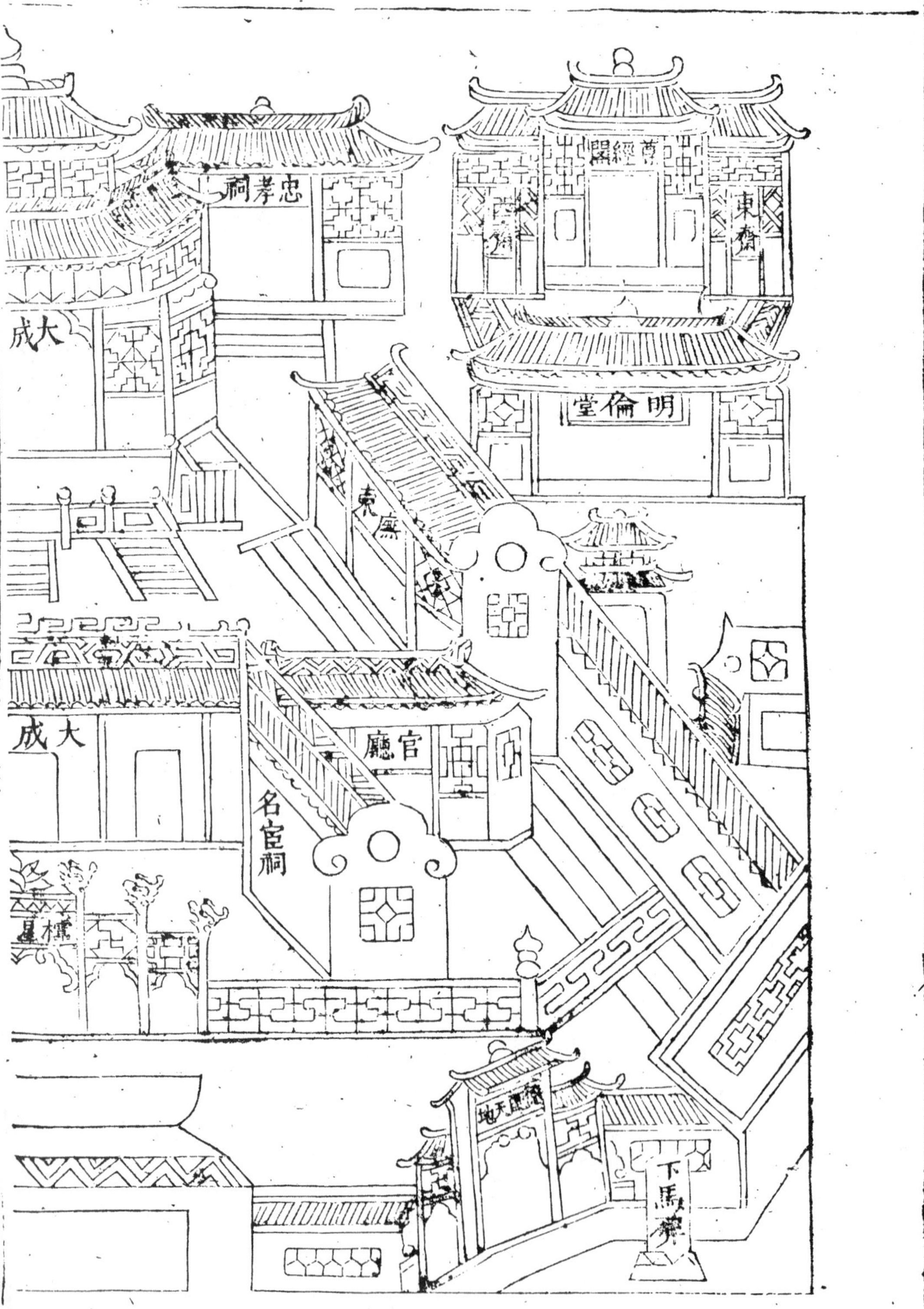

文昌宮圖

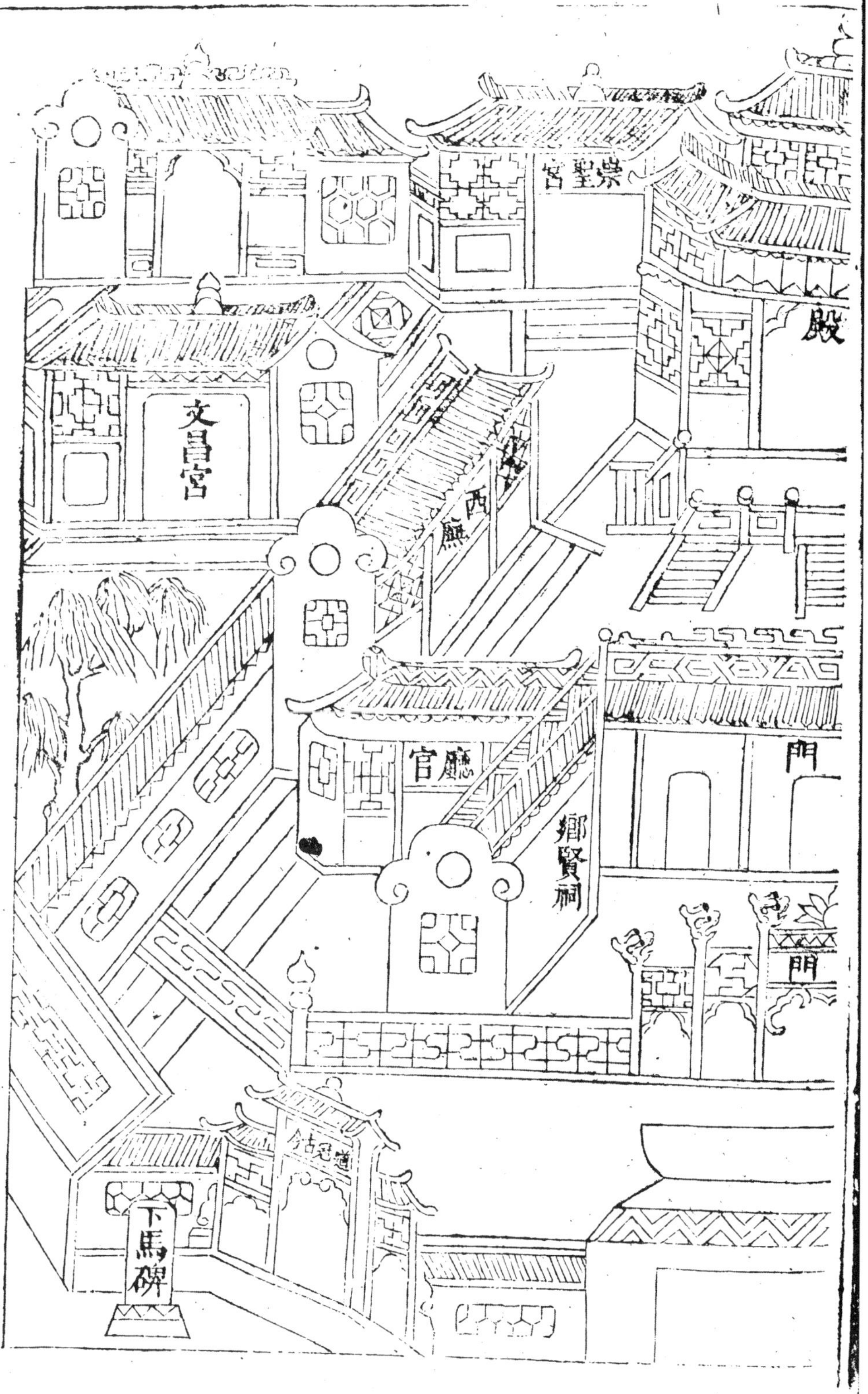

武聖

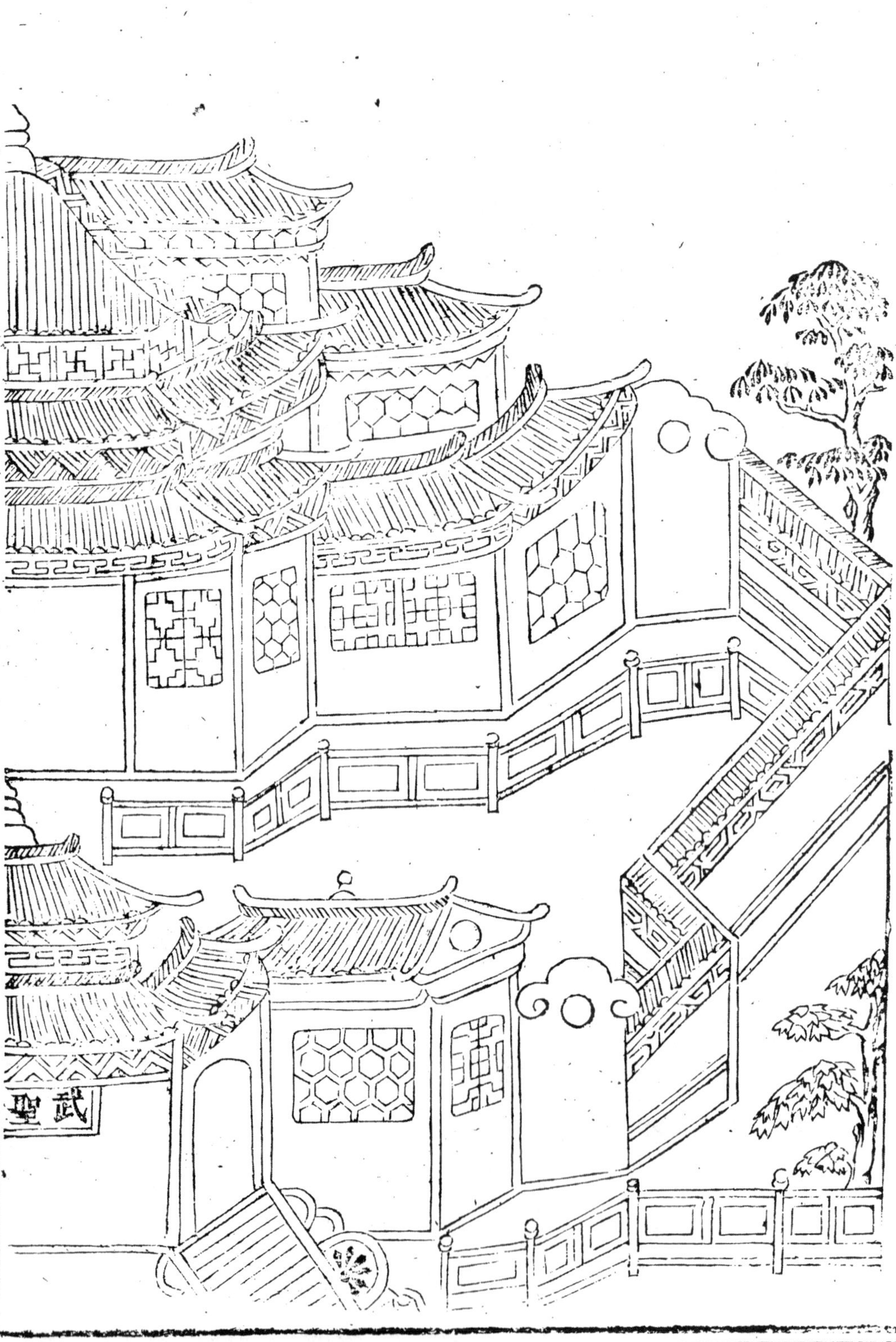

廟圖

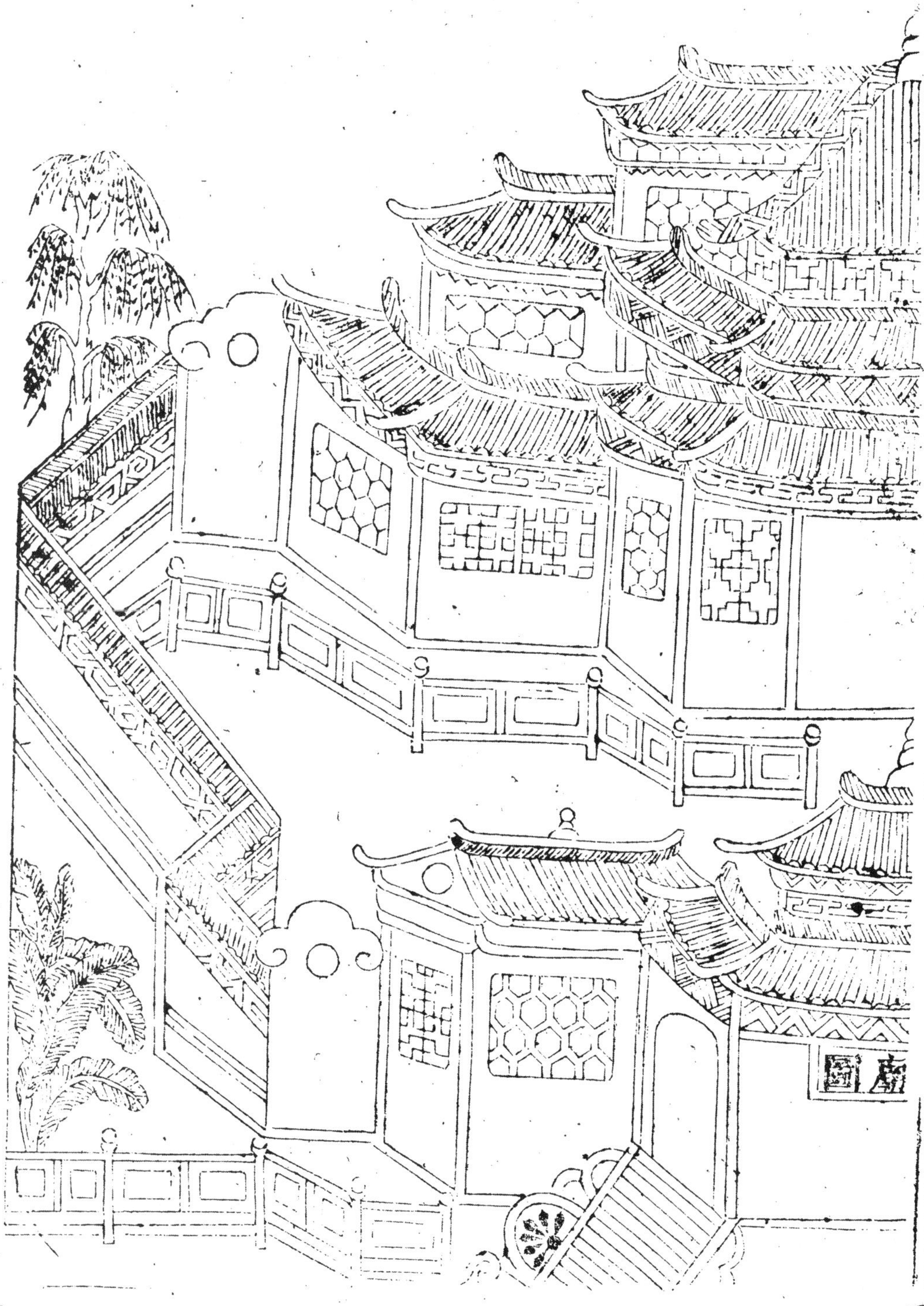

城隍祠圖

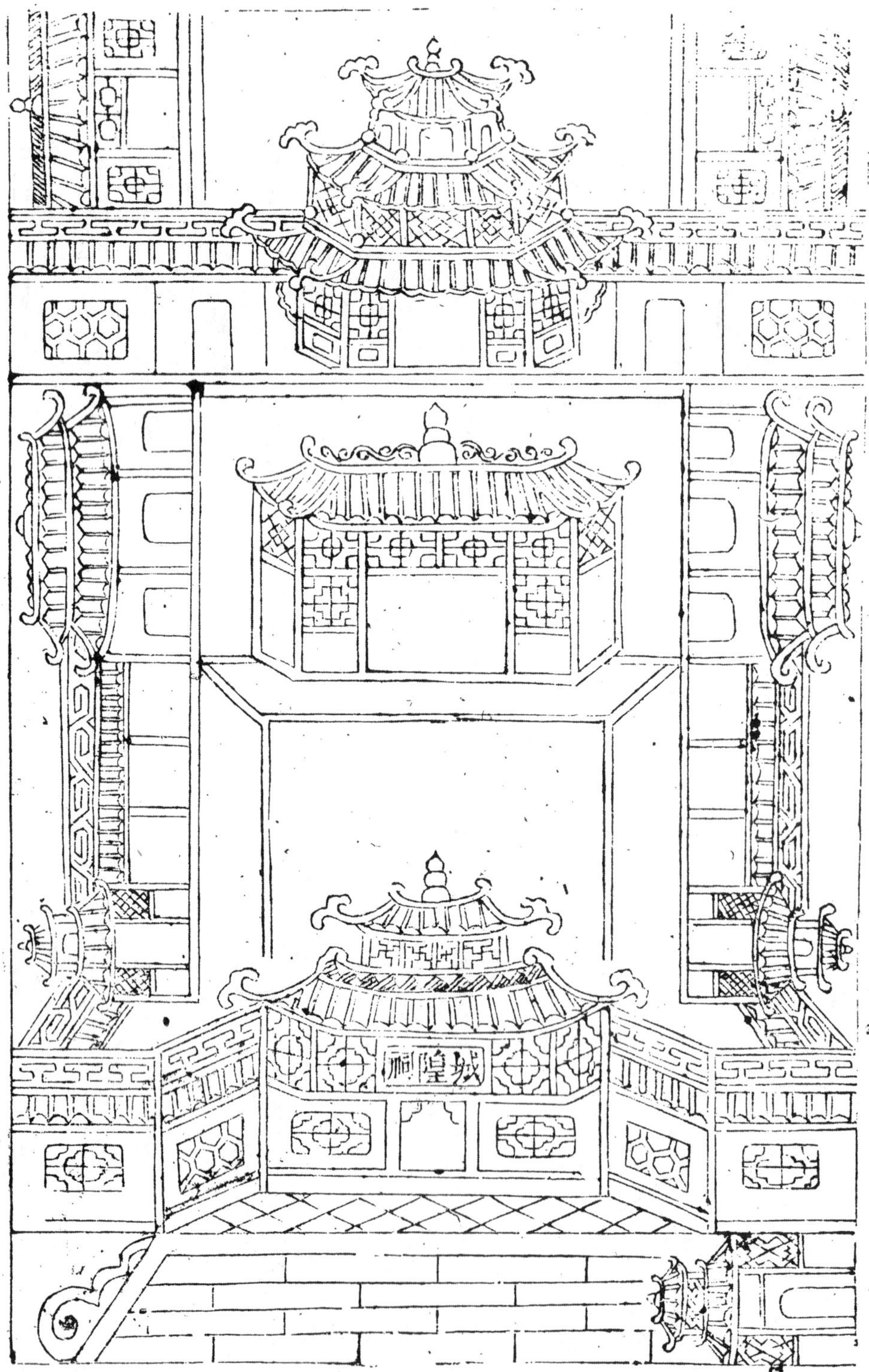

隆平寺圖

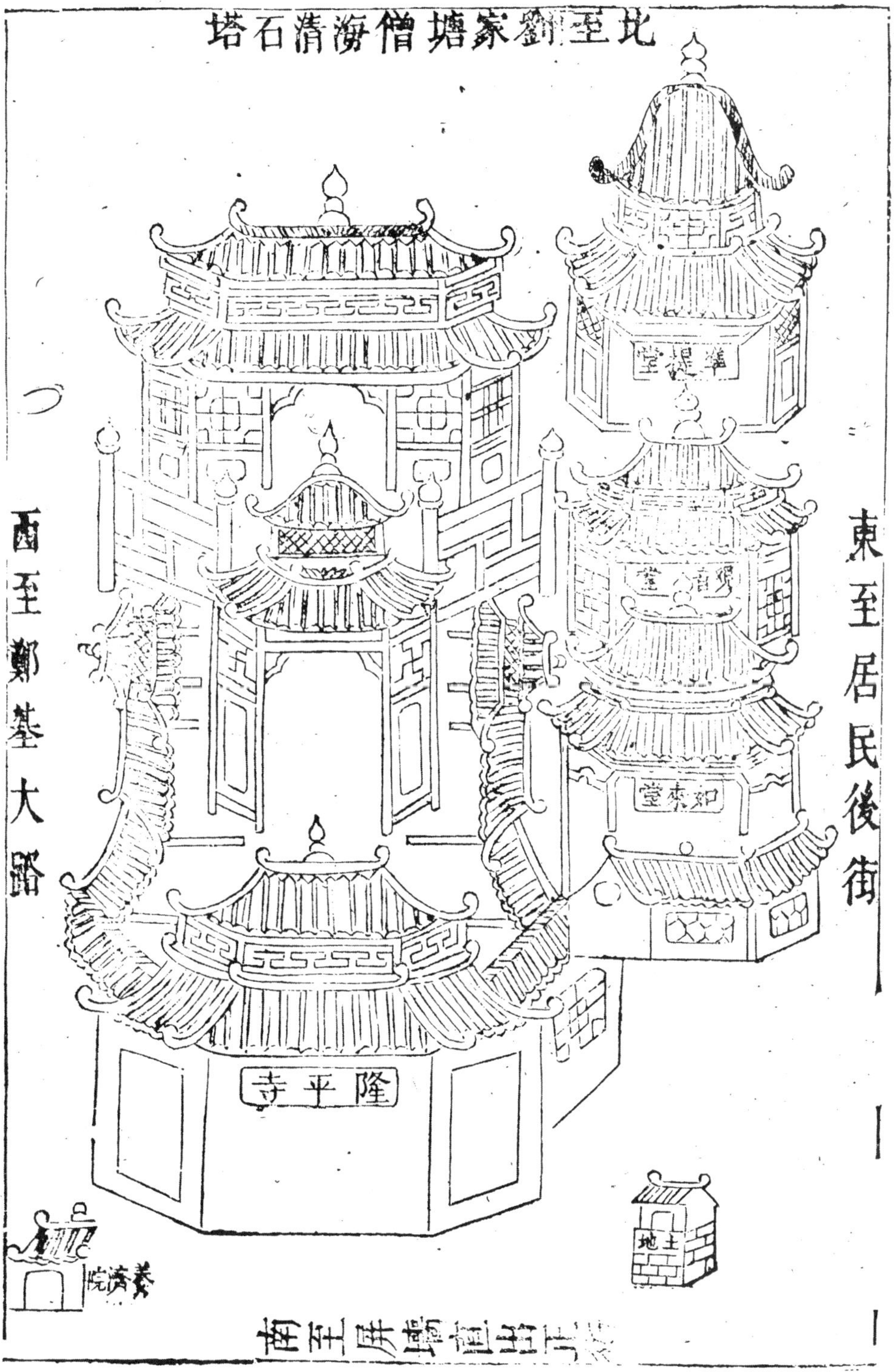

卷首 圖考 八

青陽書院圖

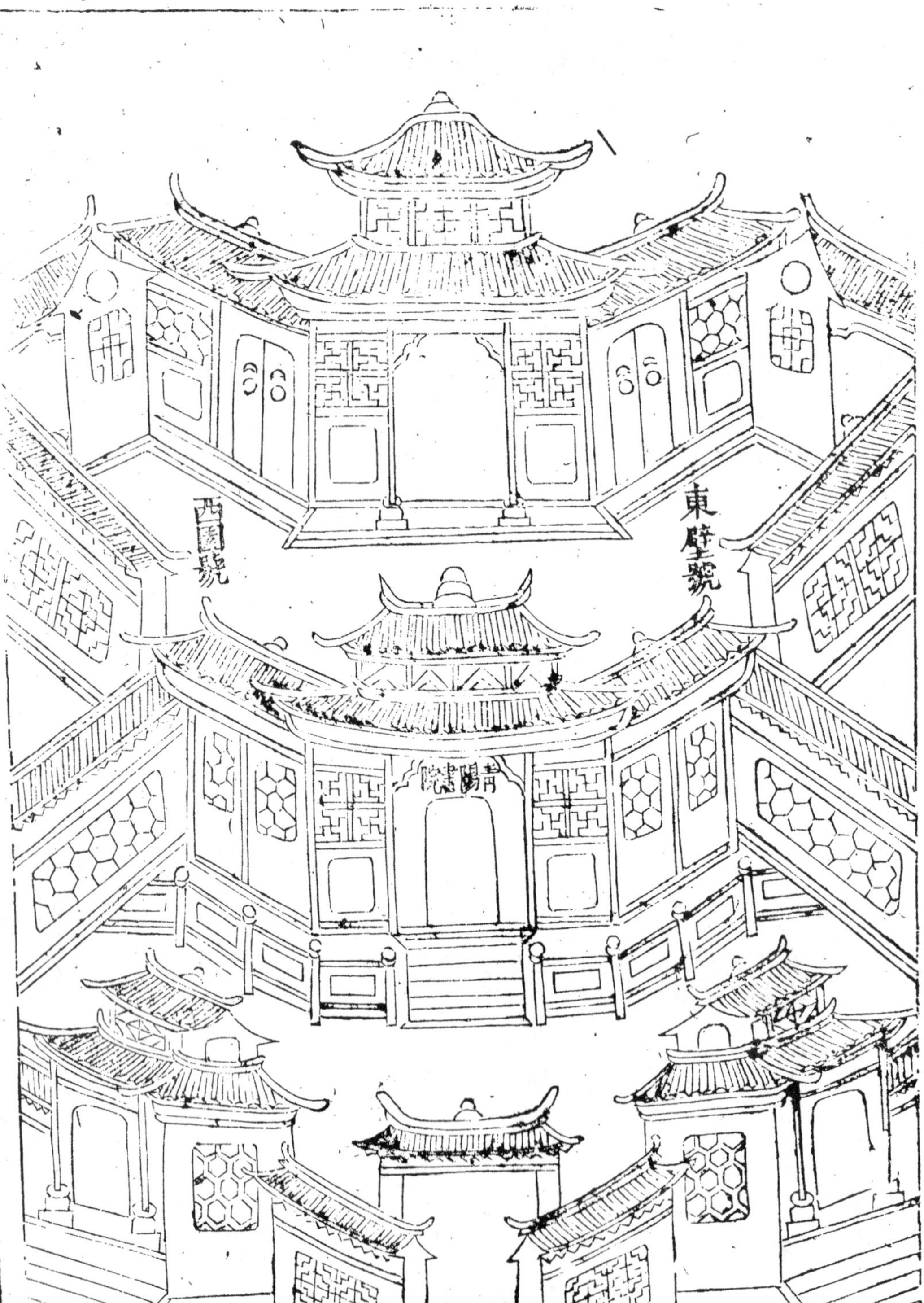

堂才掄

西　　　　　東

文　　　　　文

塲　　　　　塲

門龍

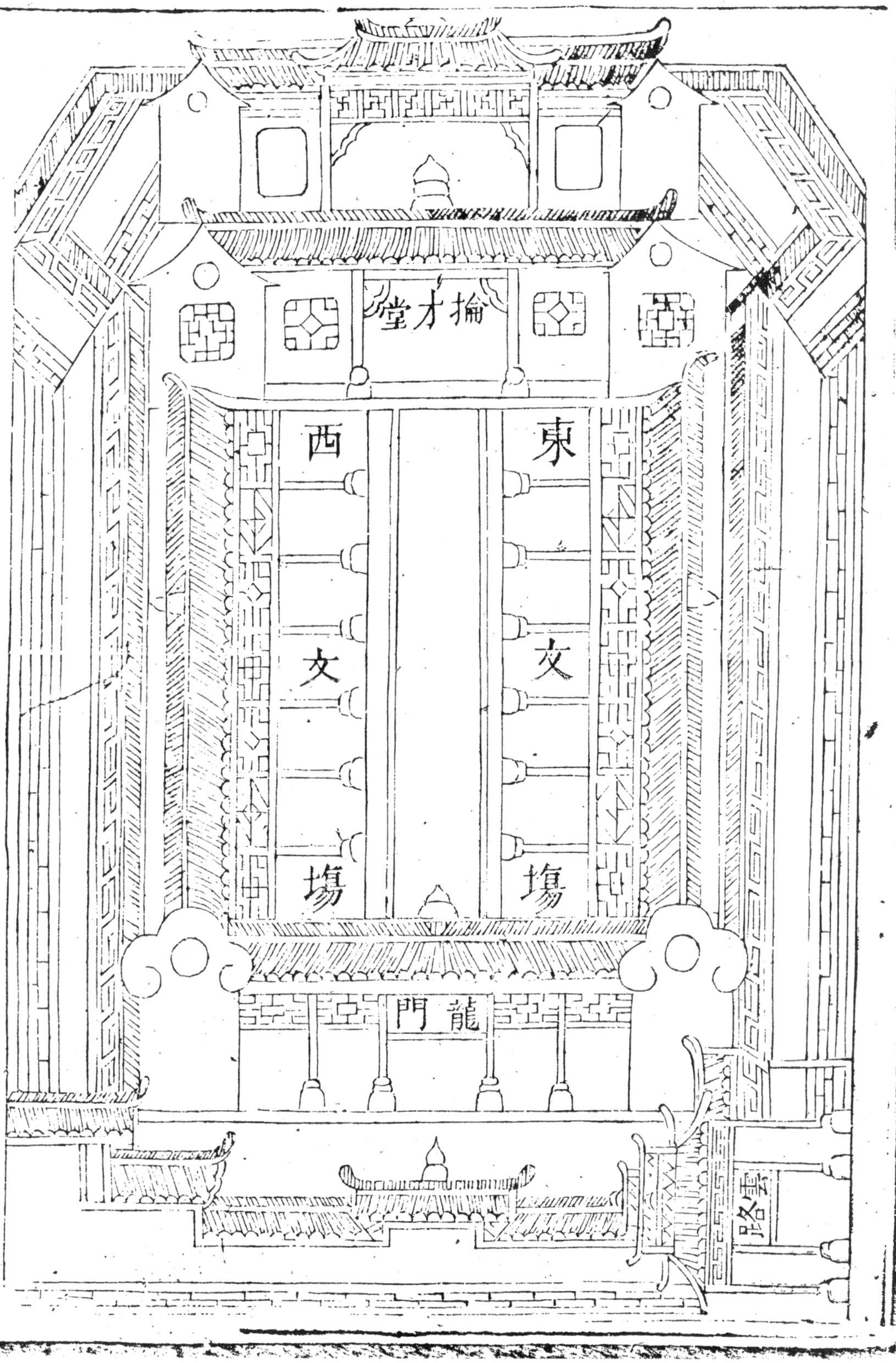

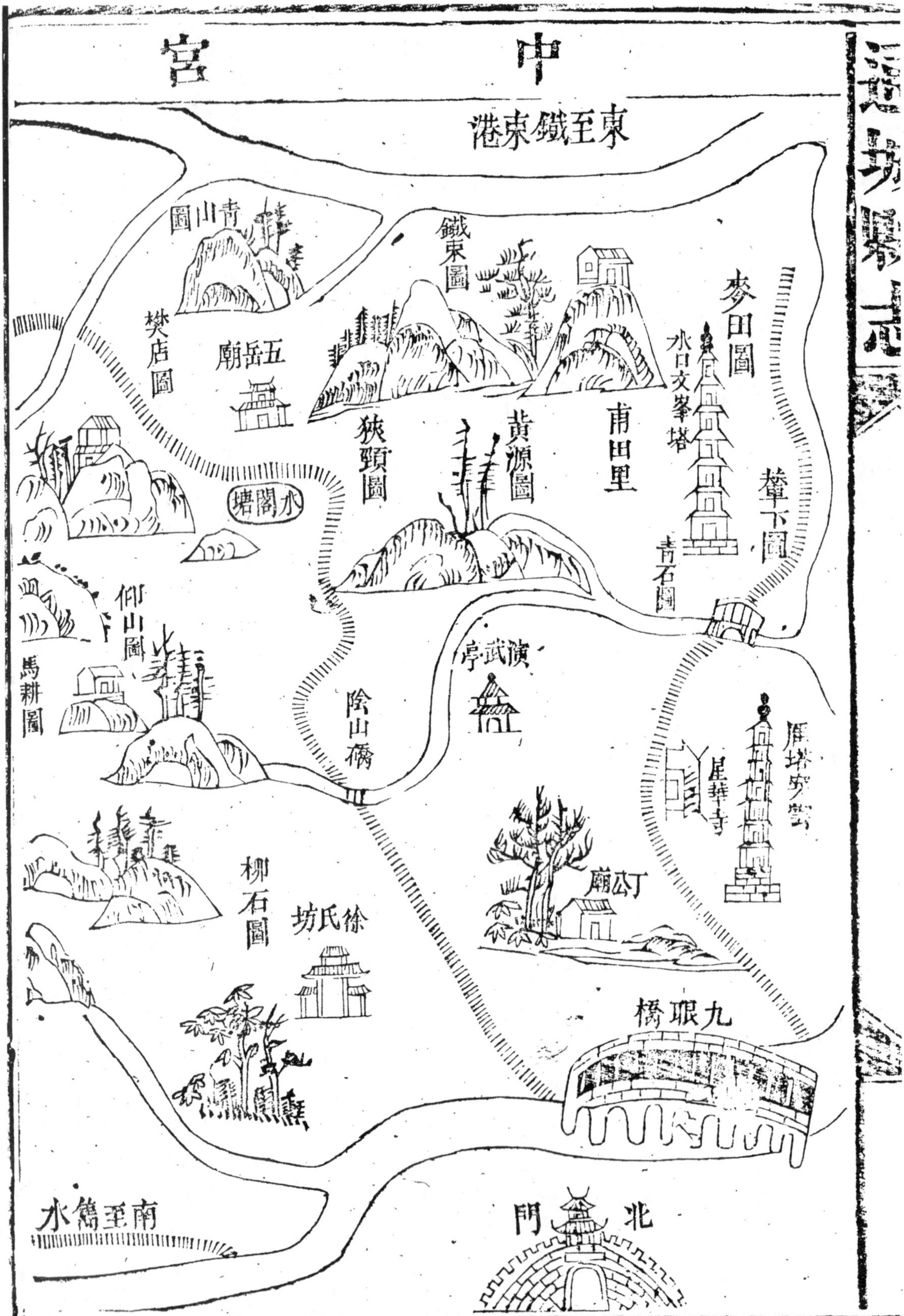
中宮
東至鐵東港
青山圖
鐵東圖
麥田圖
樊店圖
五岳廟
水口文峯塔
狹頸圖
黃源圖
甫田里
葦下圖
水閣塘
青石圖
仰山圖
馬耕圖
演武亭
陰山橋
雁塔夕照
星華寺
丁公廟
柳石圖
徐氏坊
九眼橋
南至鶴水
北門

大圖

西至相師山
左港
三公橋
沙港
石潭橋
石潭圖
白石寺
五斗嶺
鷹紫圖
白米圖
上畈圖
馬畈圖
梅港圖
上黃里
西官塘
水源
茅坪圖
下畈圖
風雨圖
鷹紫崖
黃筆圖
田社庵
長堤圖
馬港

卷首　圖考　十

乾宮

斷峰山
小源嶺
東至大山嶺北畬分水爲界
大山
北港圖
小背圖
白馬圖
嶺下圖
北港橋
南圍圖
土坳圖
引港圖
石馬圖
庄前圖
漂瀧圖
橋樣圖
南至石潭左港

大圖

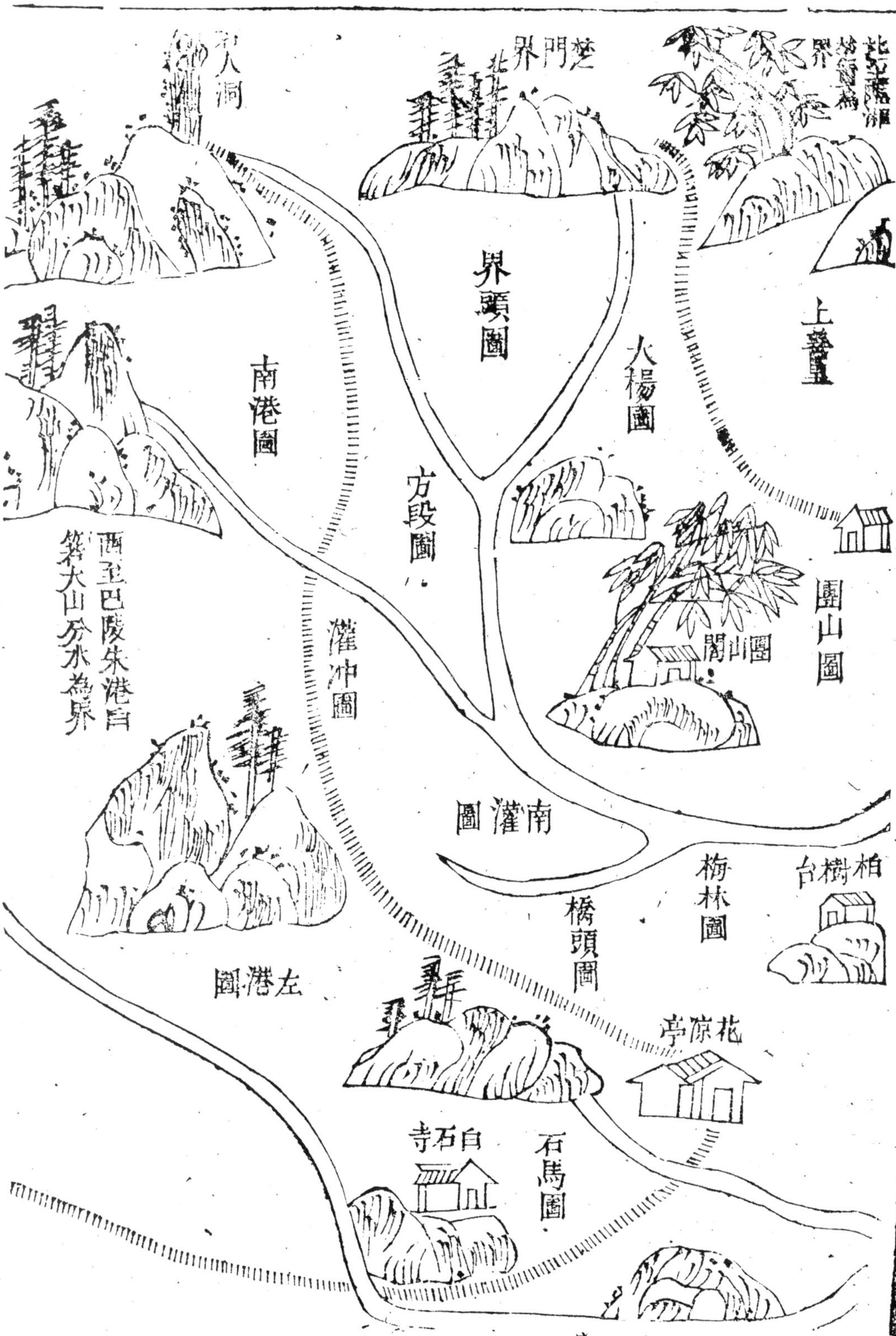

卷首　圖考　十一

坎宮

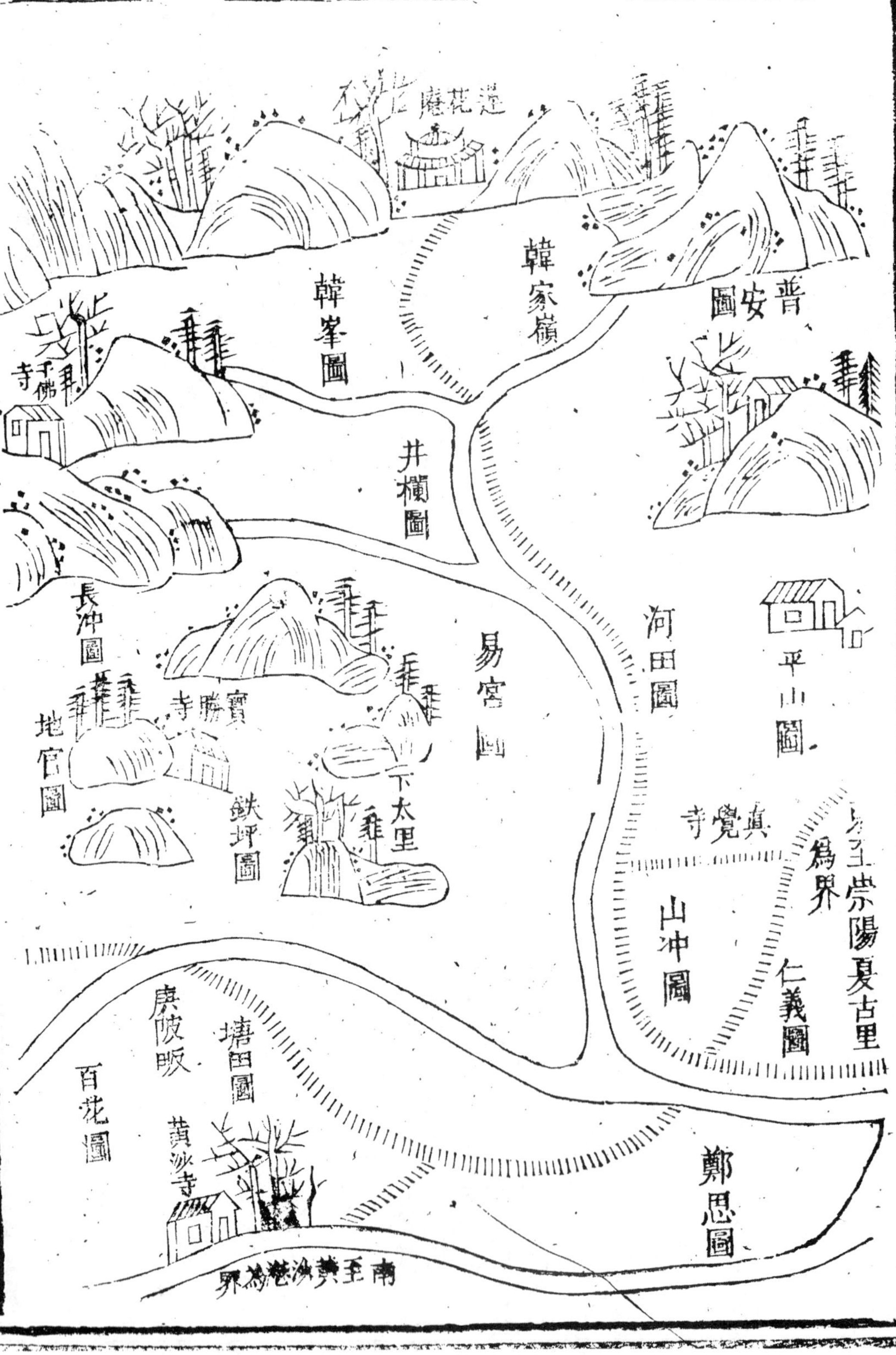

蓮花庵
韓峯圖
韓家嶺
普安圖
千佛寺
井欄圖
長冲圖
寶勝寺
易宮圖
河田圖
平山圖
地官圖
鉄坪圖
下太里
真覺寺
山冲圖
與崇陽夏古里爲界
仁義圖
庚陂畈
塘田圖
百花圖
黃沙寺
鄭思圖
南至黃沙港爲界

大圖

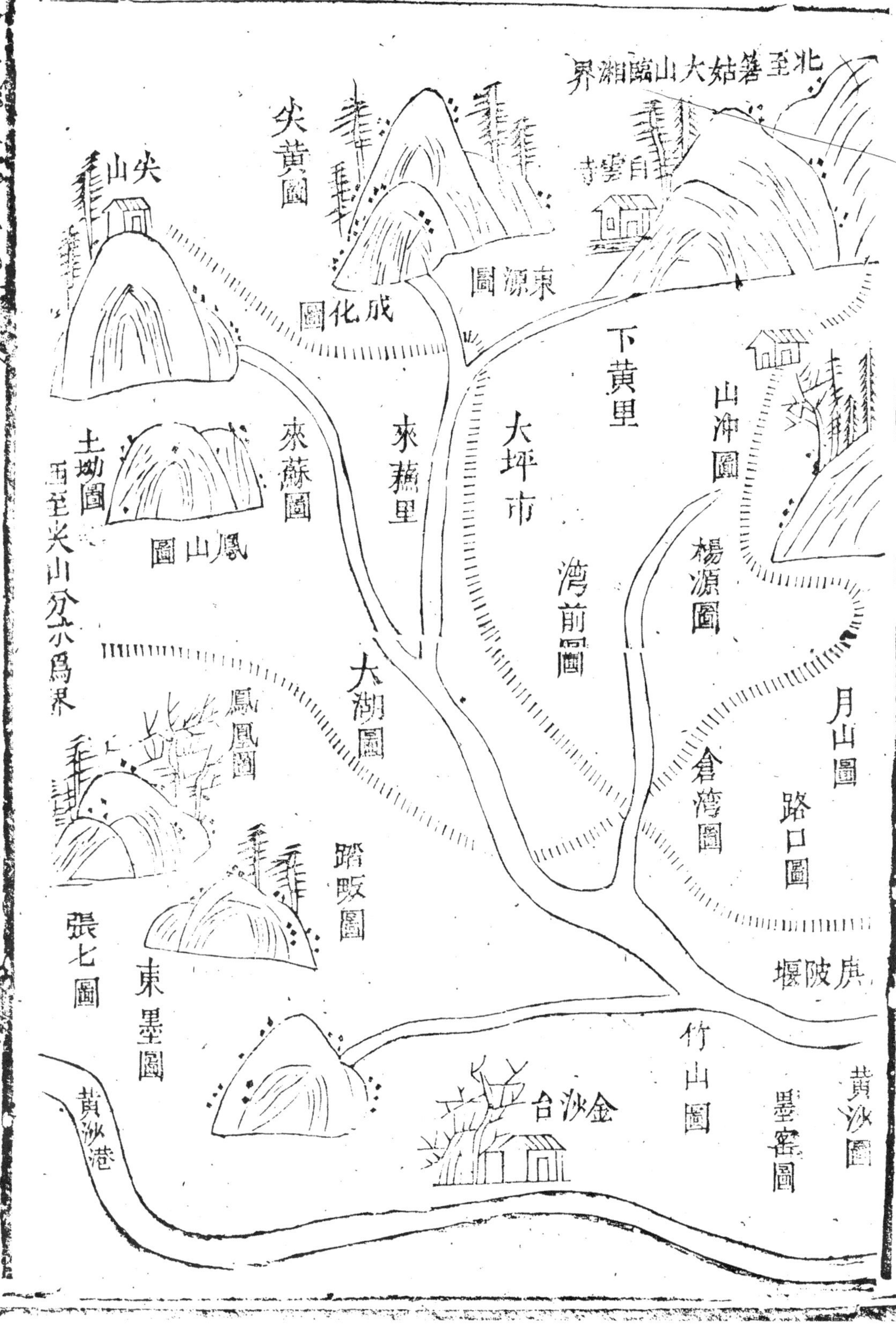
北至善姑大山臨湘界
白雲寺
尖黃圖
尖山
東源圖
成化圖
下黃里
來蘇圖
來蘇里
大坪市
山沖圖
土坳圖
西至尖山分水為界
鳳山圖
楊源圖
灣前圖
大湖圖
鳳凰圖
月山圖
倉灣圖
路口圖
踏畈圖
張七圖
東墨圖
庚陂堰
竹山圖
金沙台
黃沙港
墨窑圖
黃沙圖

卷首 圖考 十二

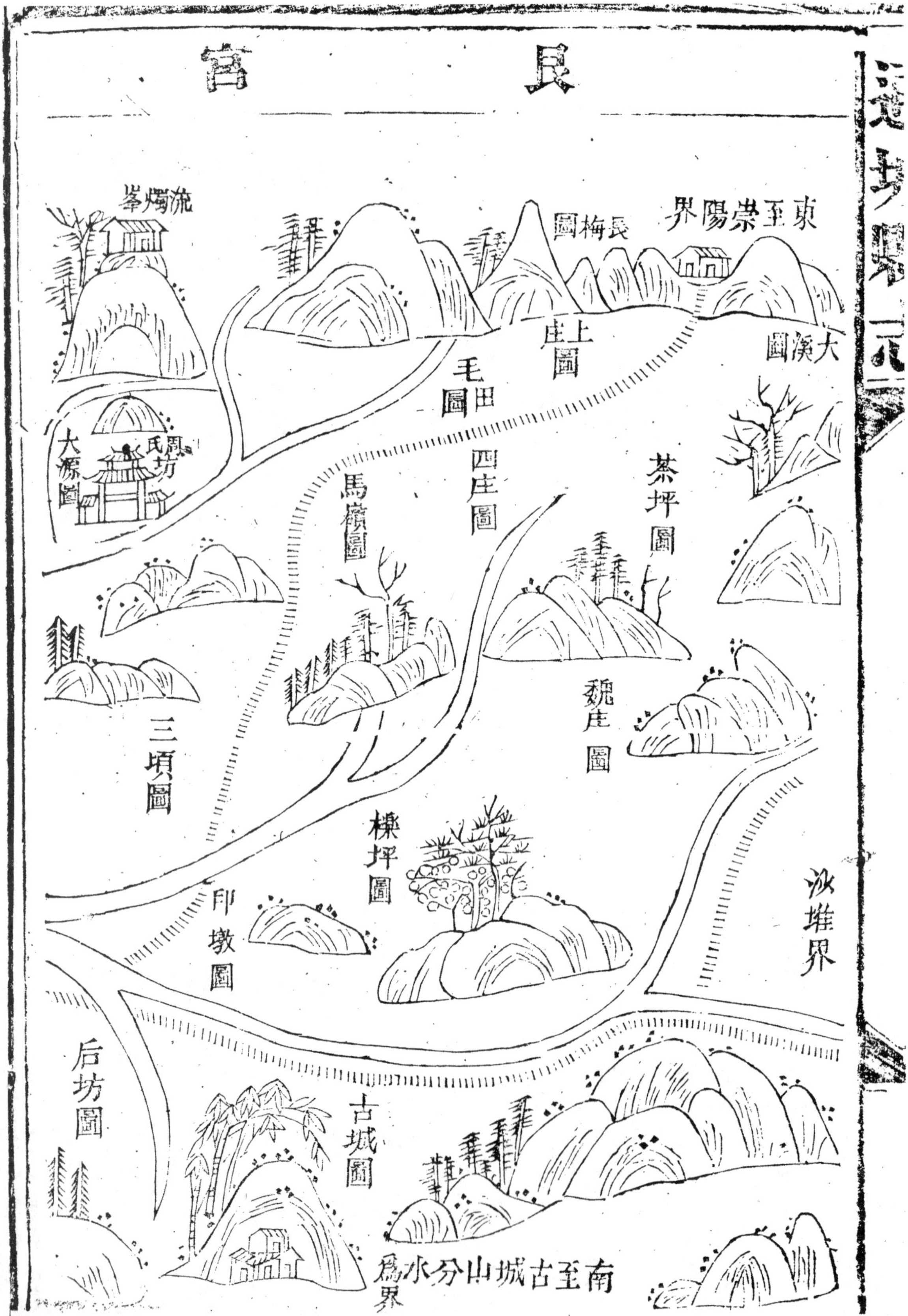
艮宮
流燭峯
東至崇陽界
長梅圖
上庄圖
大溪圖
毛田圖
大源圖
鳳氏坊
四庄圖
馬嶺圖
茶坪圖
魏庄圖
三埧圖
楳坪圖
印墩圖
汲堆界
后坊圖
古城圖
南至古城山分水爲界

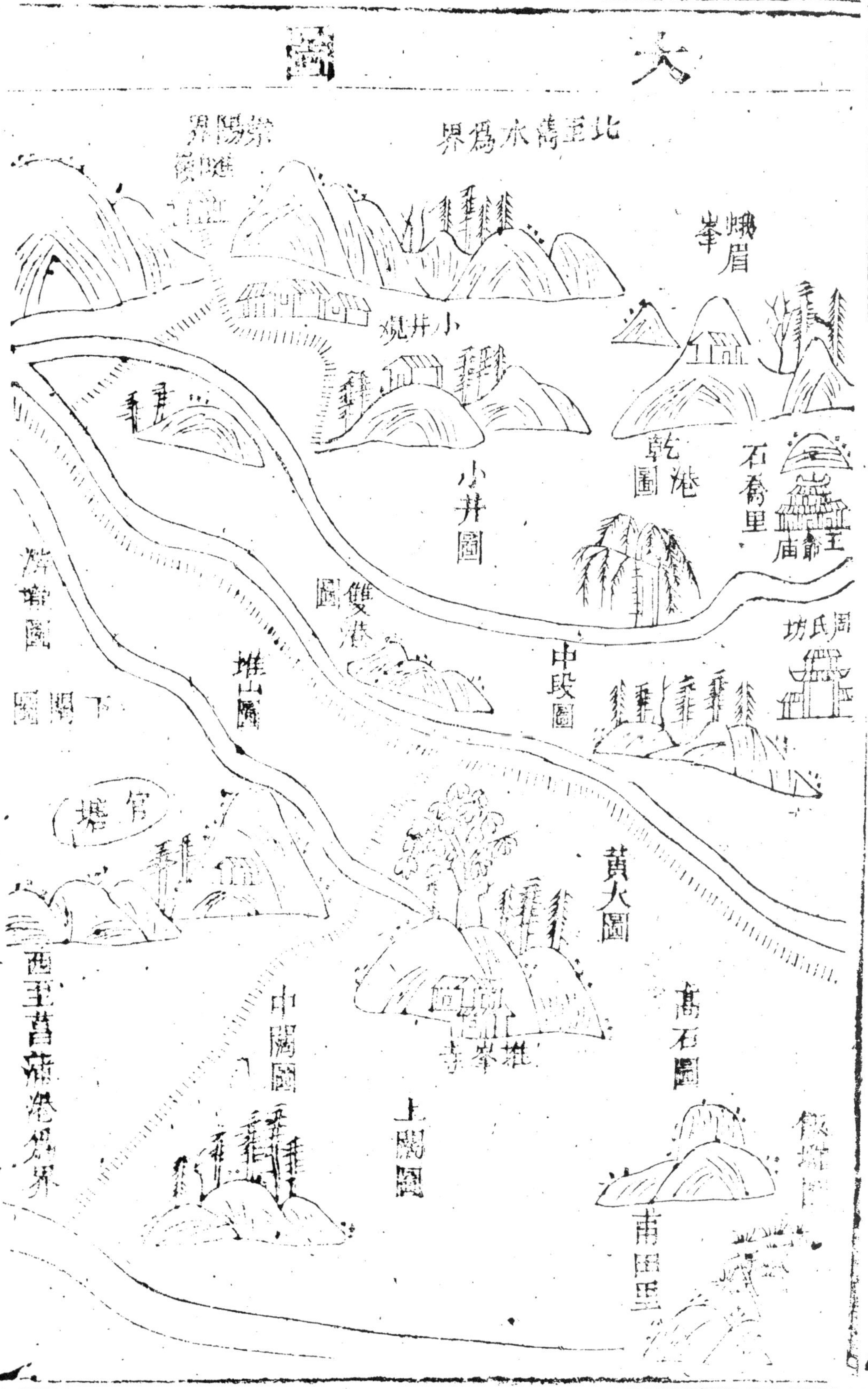

北至蕎水爲界
峨眉峯
小井嶺
乾港圖
石喬里
王爺廟
小井圖
雙港圖
周氏坊
中段圖
堆山圖
官塘
黃大圖
堆峯寺
高石圖
中關圖
上關圖
西至菖蒲港爲界
南田里

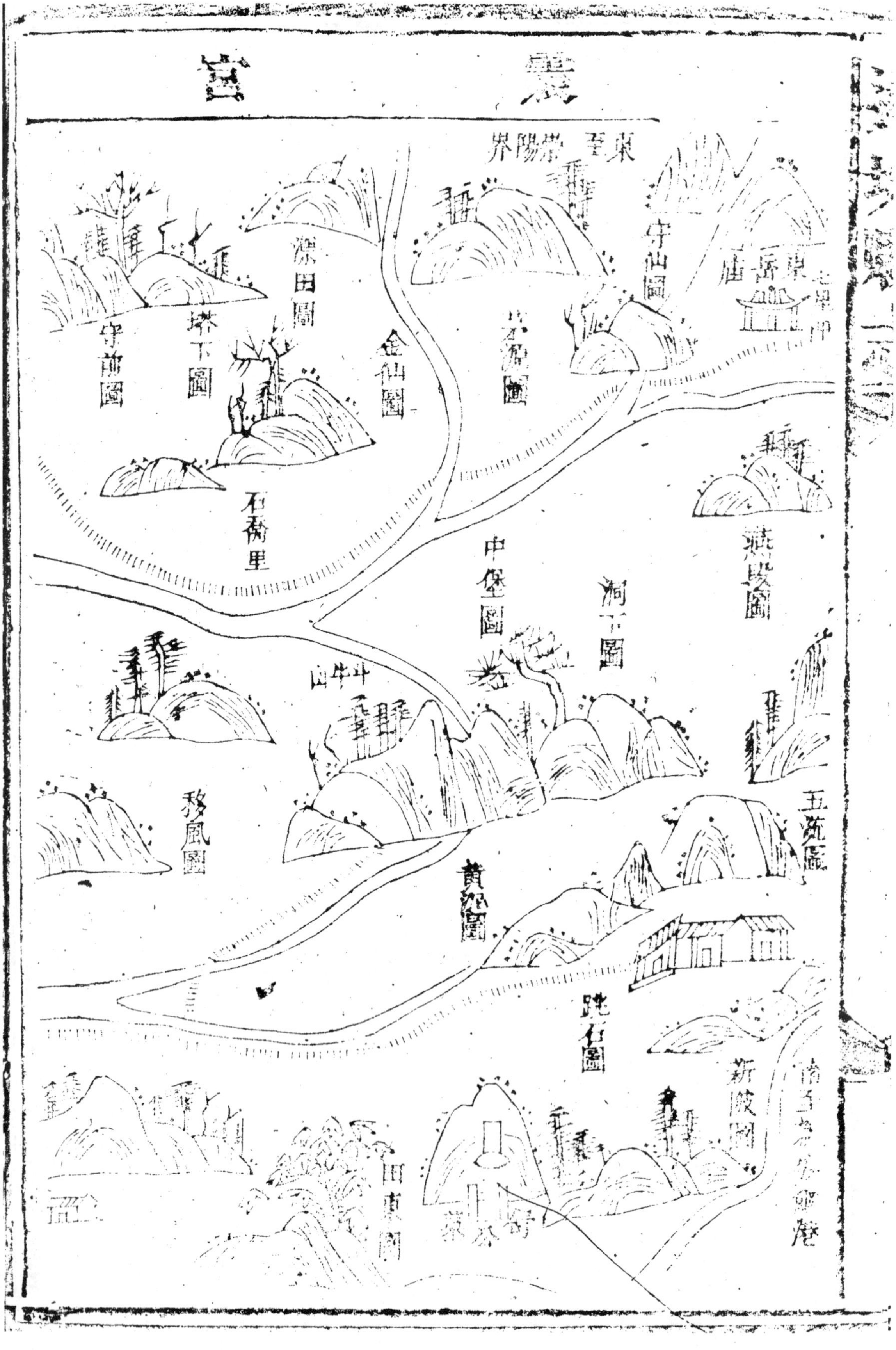
東至崇陽界
守仙園
源田園
金仙園
塔下園
守前園
中堡園
洞下園
斗牛山
移風園
黃沙園
跳石園
新陂園
田東園

大圖

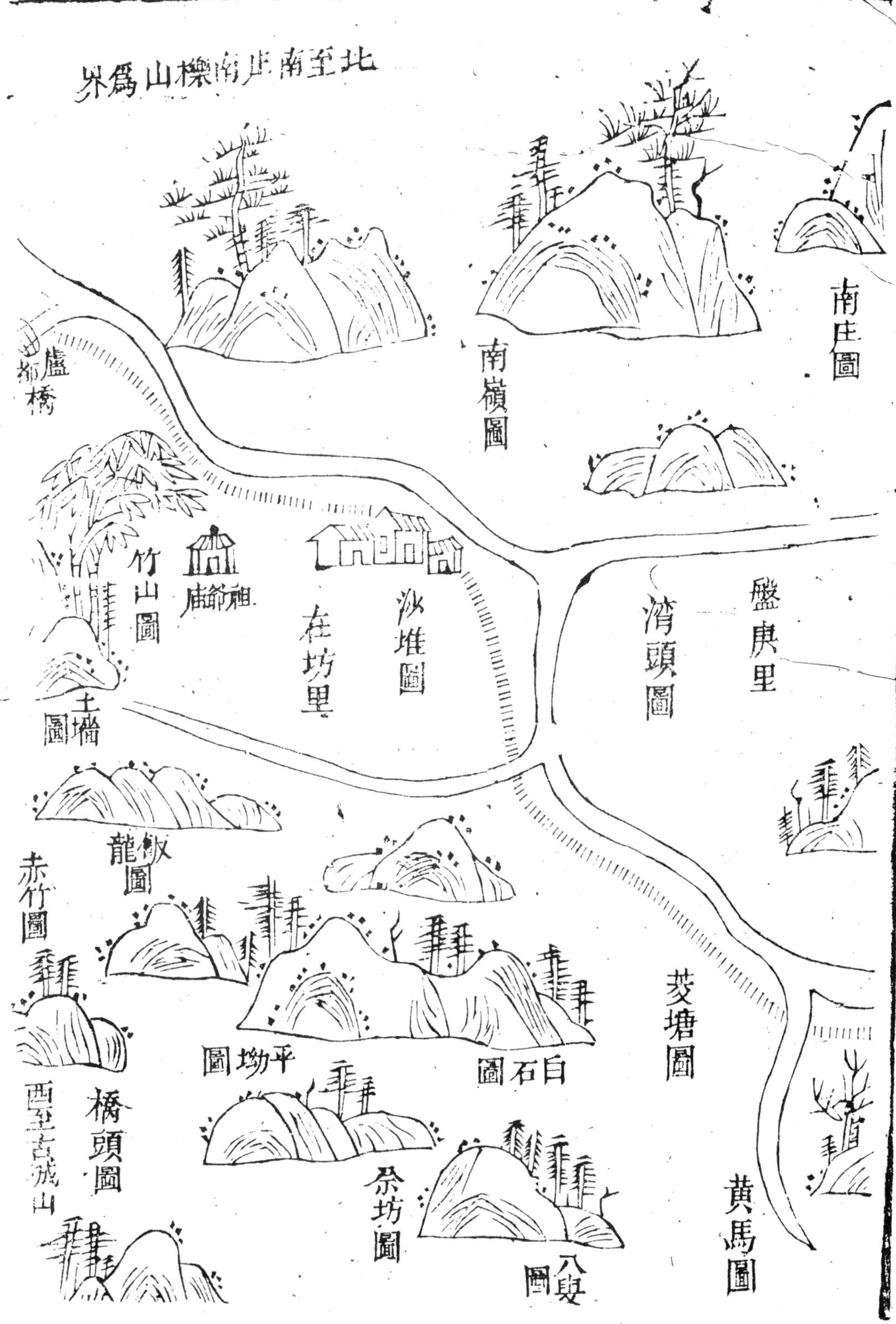
北至南庄南櫟山爲界
南庄圖
南嶺圖
盧橋
竹山圖
祖師廟
沙堆圖
在坊里
湾頭圖
盤庚里
土墻圖
龍畈圖
赤竹圖
平坳圖
白石圖
茭塘圖
橋頭圖
西至古城山
茶坊圖
黄馬圖
八畈圖

巽宮

黃氏坊
苦竹嶺
汪坊圖
南樓嶺新修碉卡江西留州界
幕阜
石港
白水寺
高石圖
洪石圖
黃龍圖
盤石圖
崇仙里
何氏坊
桃源圖
竹壠圖
修竹里
吳婆圖
大白圖
雞籠山
五显庙
金盆圖
義井圖
義泉圖
花涼亭
青石圖
南至平江大小坳界

大圖

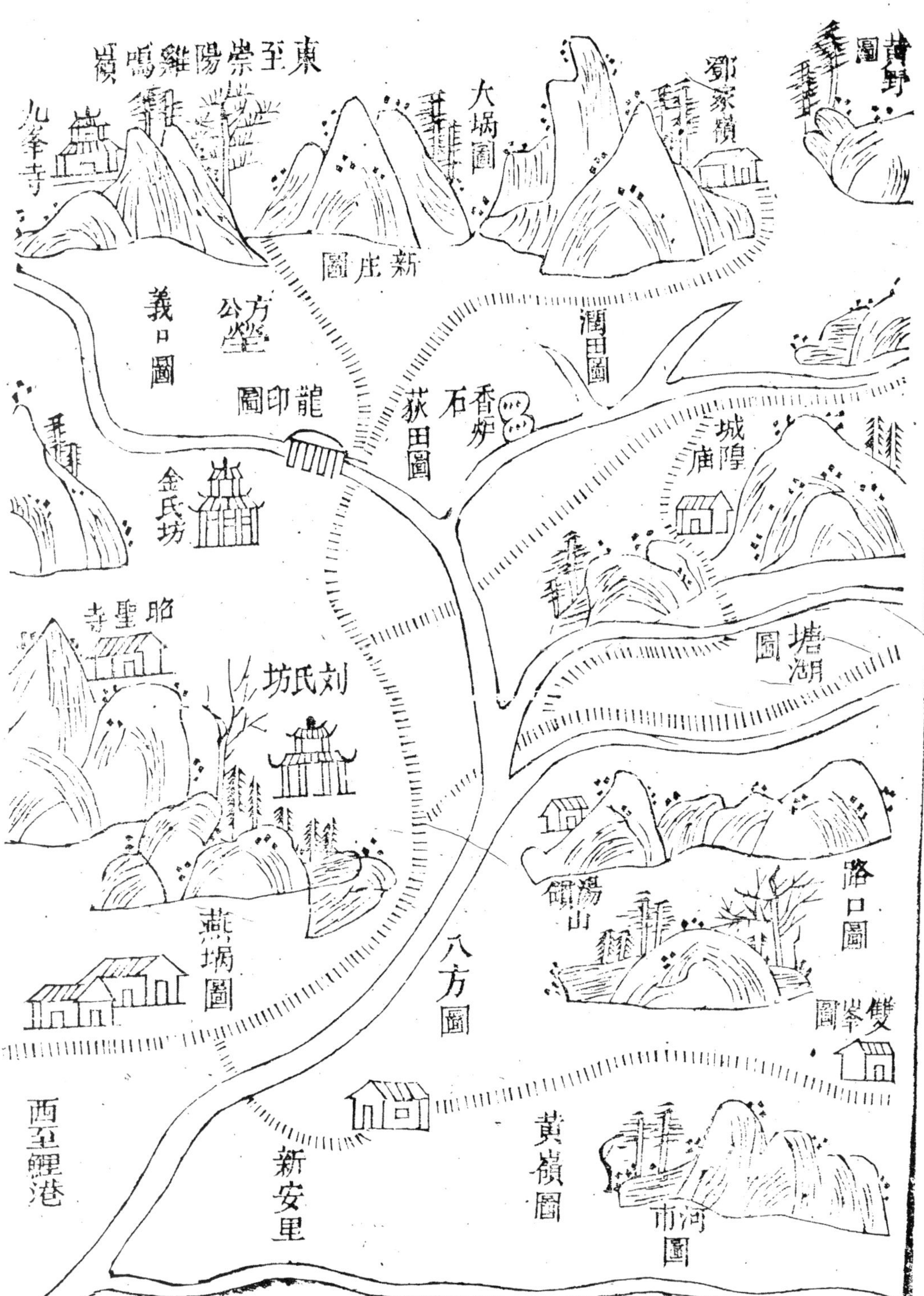
東至崇陽雞鳴嶺
九峯寺
大塥圖
鄧家嶺
黃野圖
新庄圖
義口圖
方公塋
潤田圖
龍印圖
香爐石
荻田圖
城隍廟
金氏坊
昭聖寺
塘湖圖
刘氏坊
燕塥圖
湯山
路口圖
八方圖
雙峯圖
西至鯉港
新安里
黃嶺圖
河市圖

離宮

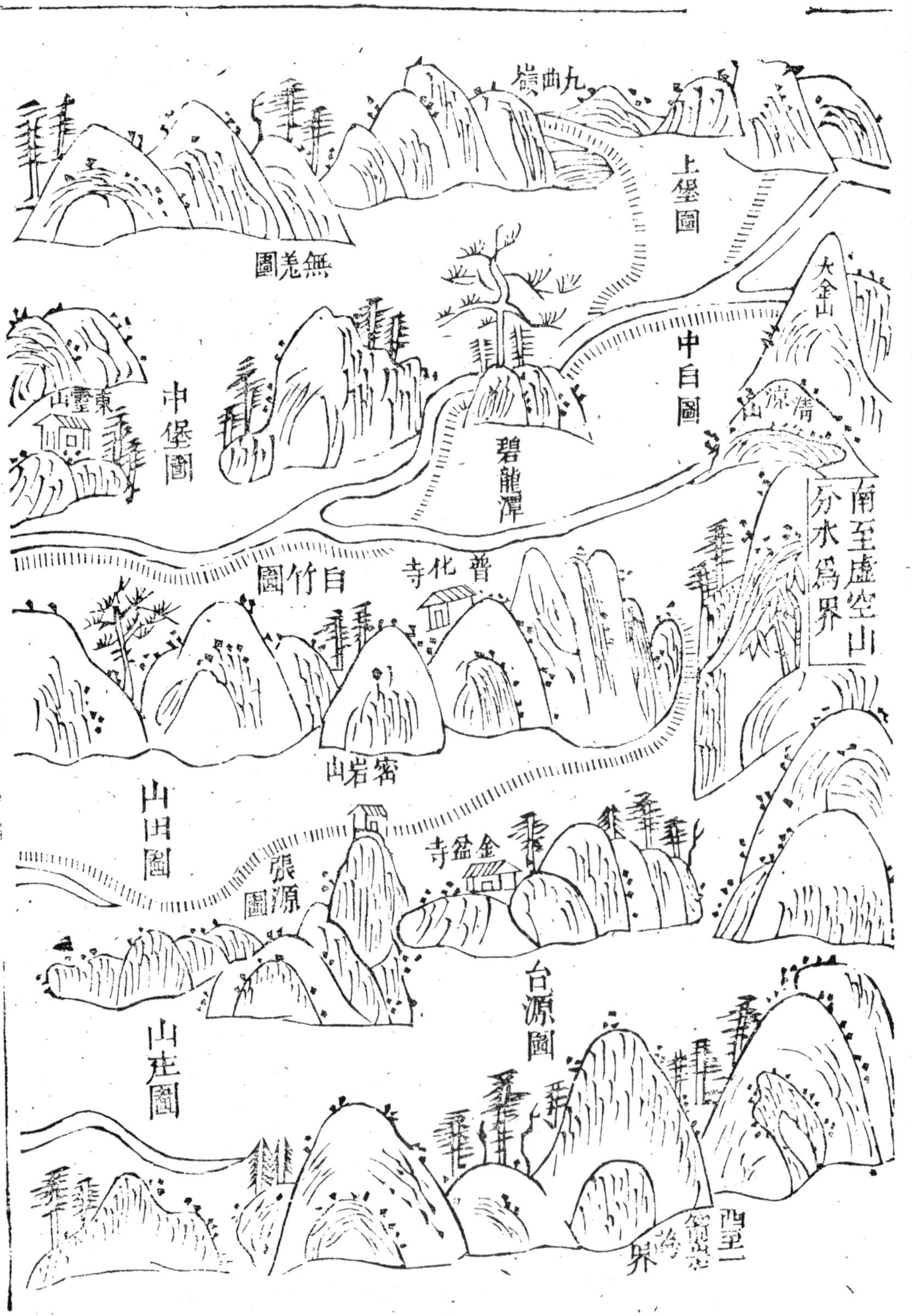
九曲嶺
上堡圖
無羌圖
大金山
中自圖
東靈山
中堡圖
清涼山
碧龍潭
南至虛空山分水爲界
自竹圖
普化寺
窖岩山
山田圖
金盆寺
張源圖
台源圖
山莊圖
西至一
界

大圖

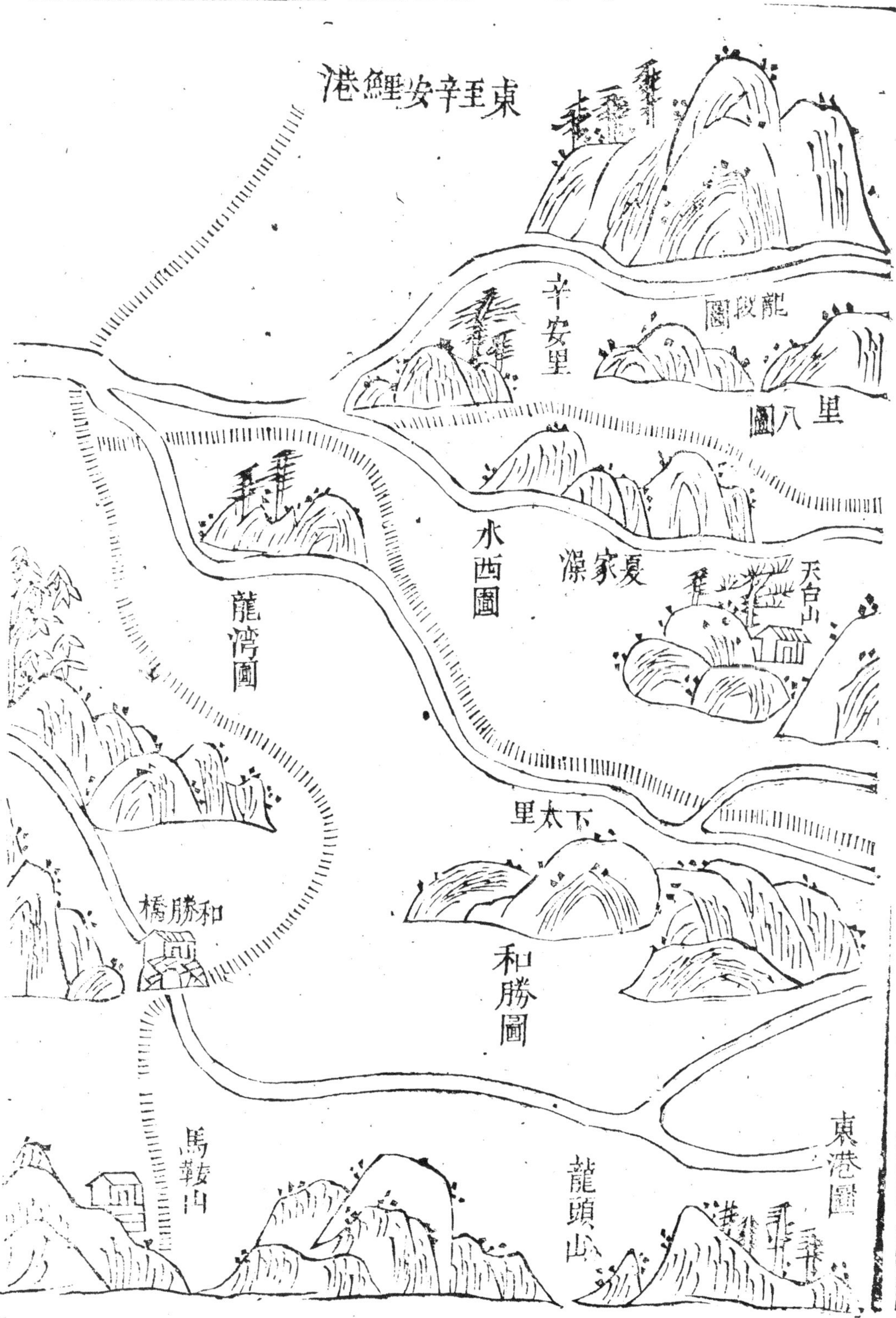

坤宮

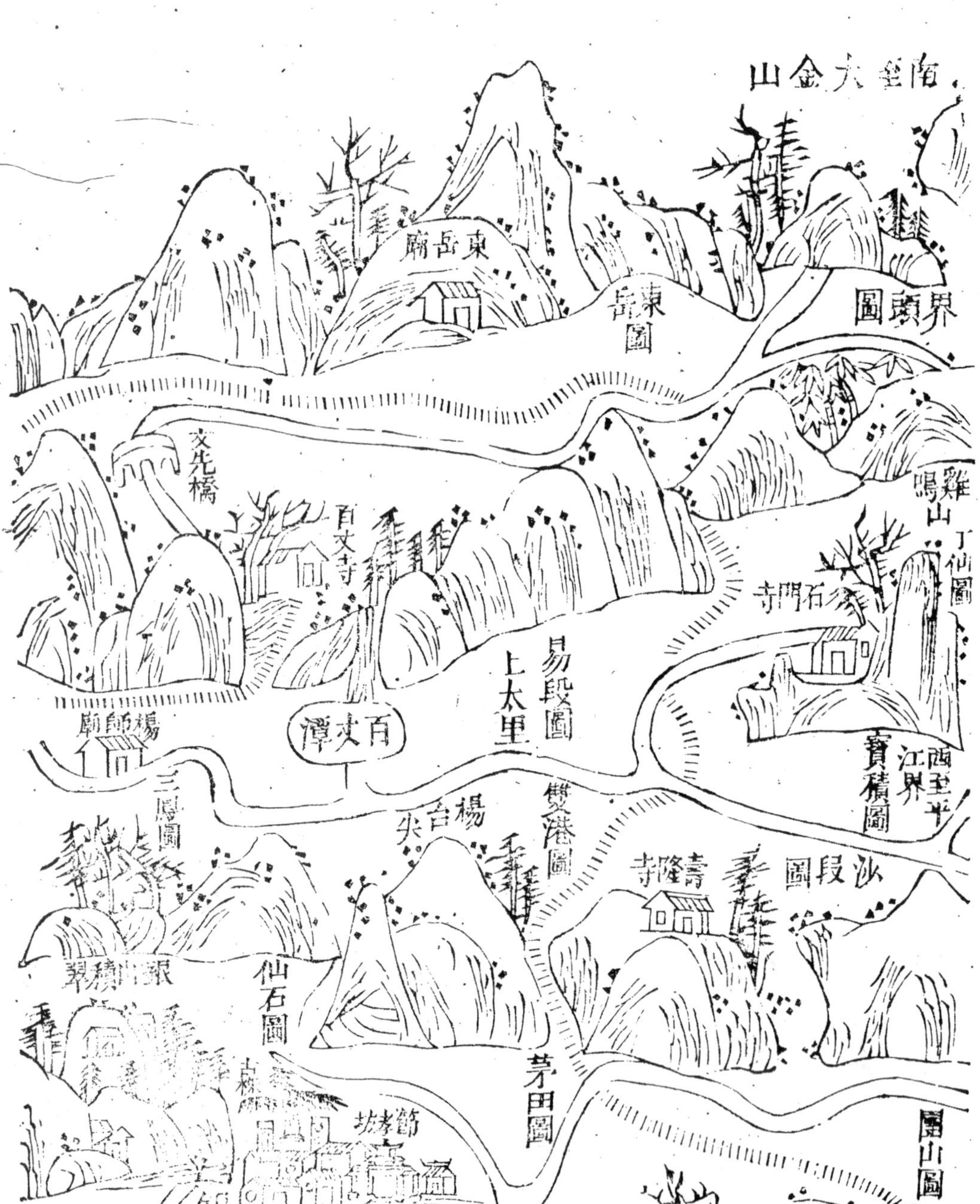
南至大金山
東岳廟
東岳圖
界頭圖
文先橋
百丈寺
雞鳴山
丁仙圖
石門寺
易段圖
上太里
百丈潭
楊師廟
寶積圖
西至平江界
三鳳圖
楊台尖
雙港圖
青隆寺
沙段圖
仙石圖
茅田圖
節孝坊
雷山圖

大圖

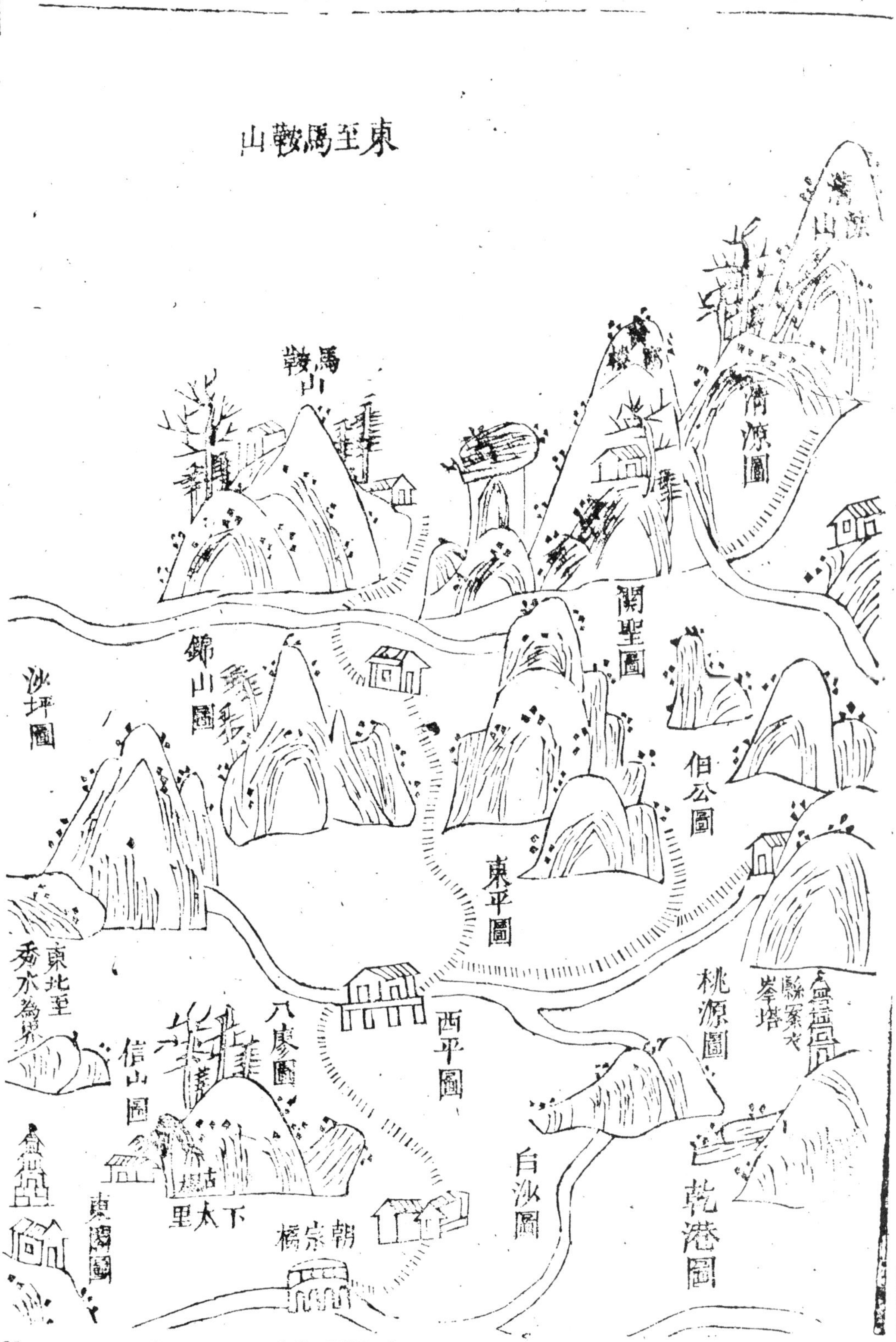
東至馬鞍山
馬鞍山
清源圖
錦山圖
沙坪圖
伯公圖
東平圖
東北至秀水為界
信山圖
八寮圖
西平圖
桃源圖
乾港圖
下太里
朝宗橋

卷首　圖考　十七

輿圖

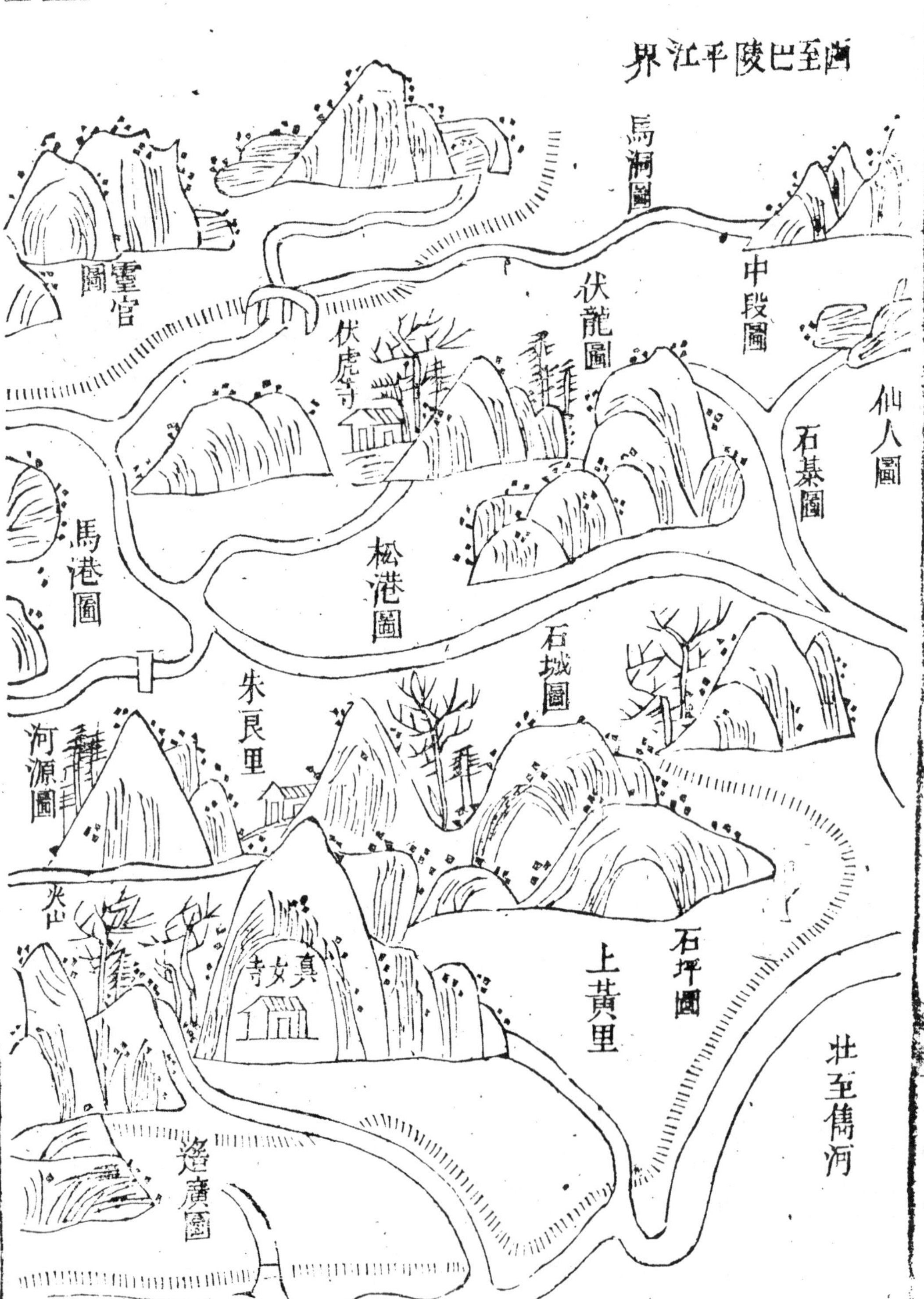
西至巴陵平江界
馬洞圖
中段圖
伏龍圖
伏虎寺
靈官圖
仙人圖
石碁圖
馬港圖
松港圖
石城圖
朱艮里
河源圖
火山
真女寺
上黃里
石坪圖
北至雋河
逕廣圖

大圖

通城縣志卷之一

星野

自帝堯時景星出翼軫而荆野之分遂羣爭先覩以為快星經江夏入翼地轄武昌然軫散為荆指長沙言通昔曾隸長沙正與軫宿中長沙子相應此翼軫所由測也洪惟

皇上寅紹丕圖文明肇啟酉年五星聯珠於張翼軫起張為鶉尾次天入協應下逮偏隅用並圖繪而備考其說為

翼宿舊起鶉尾三度終鶉尾二十一度今起鶉尾二十三度終壽星九度

本朝歷法翼初度至十度止東甌五星向有今無茲本續文獻通考繪載

軫宿舊起鶉尾二十二度終壽星八度今起壽星十度終壽星二十二度

天文翼軫

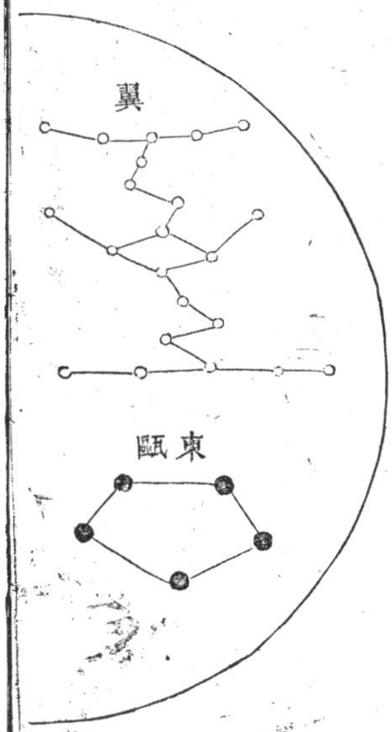

二宿全圖

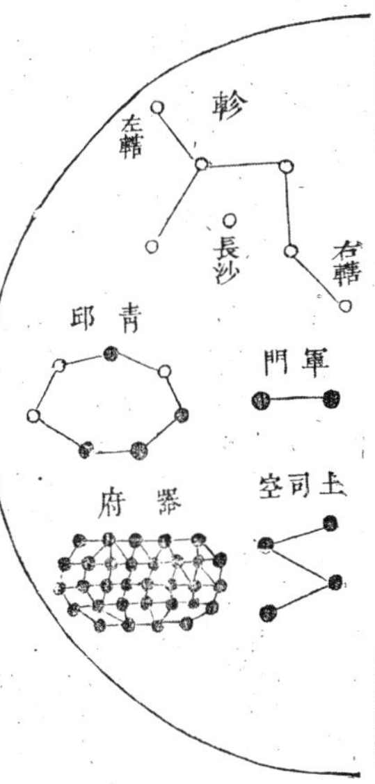

本朝歷法軫初度至十一度止軍門二星土司空四星器府三十二星向有今無青邱子七星今止存三星茲本續文獻通考明史天文志繪載以上星位

翼軫楚之分為荆州　星經

翼軫荆州　史記天官書

楚地翼軫之分野也今之江夏武陵長沙諸郡盡楚之分也　漢書地理志

軫星散為荆州　春秋元命苞

按此獨言軫而不言翼蓋指荆南四郡武陵桂陽零陵長沙言

軫之十一度屬武昌　星歷

軫十度楚之尾也　辰次圖

鶉尾初張十八度終軫十一度　律歷志

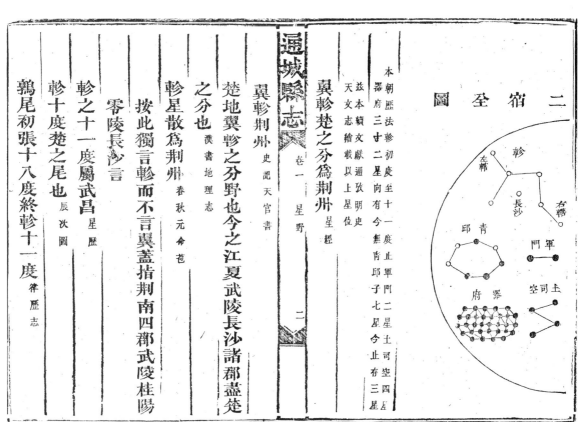

自張十七度終軫十一度爲鶉尾於辰在巳楚之分野又曰江夏入翼十二度晉天文志

按江夏入翼十二度鶉尾之次時爲大荒落律爲夷則斗建在申通城爲江夏南屏且地接咸甯咸甯古楚子國楚爲鶉尾通城爲鶉尾之次可知也

以上分次

翼十九度晉天文志今十六度五十九分

軫十八度晉天文志今十三度五分以上星度

孟夏之月昏翼中孟秋之月日在翼仲冬之月旦軫中月令昏旦度

謹按分星之說始於周禮散見於史傳諸書苟求其故宜可坐而致者其故若何分次一也星位二也星度三也二十八宿分列十二辰辰即次也楚之次曰鶉尾鶉尾之次始於張中於翼終於軫翼軫楚之分星也翼居張後軫居翼後而其前後左右又各有所屬之星得其位而度可測矣故必分以經緯得其盈縮之概驗諸昏旦審其遲速之端盈縮遲速者度之所由推也我

朝推測精詳較古爲密以節證節以中證中歲差自無或爽後有作者尚鑒兹哉

氣候 附

通城介居山藪半原廣闊之區亦居其半其地土所宜節候所占稽諸父老傳聞歷有應驗亦採風者所宜志也

元旦至初八日宜晴諺所謂一鷄二犬三豬四羊五牛六馬七人八穀是也

元宵宜晴

立春宜晴

驚蟄日宜鳴雷

春分宜雨

三月三日不宜風風則無果

清明宜晴

穀雨宜雨諺云穀雨日雨主多魚清明日雨麥多秕

立夏日宜雨

小滿日宜雨諺云晴則春蕎歉收

芒種日宜雨

夏至日宜雨

小暑不宜南風

六月初一日黎明占本年八月初一日黎明占來年霧多水赤雲主無雪

立秋日宜雨

處暑日宜雨

白露日宜晴主蕎豐

七月十六日宜雨主來年豐稔

十月初一日宜晴晴則多暖

春秋社日宜雨諺云社翁社母不食舊水故社日必雨謂之社公雨

四季不宜甲子雨丙寅晴甲申雨己卯風

春冬東風最宜夏秋東風主生蟲西風主滅蟲春南風主多雨

春霧晴夏霧水秋霧暘冬霧雨

四時有寒日俗云三月爲李花寒六月爲茄花寒八月爲木樨寒

通城縣志卷之二

疆域

形勢　八景　宮圖　四至　八到　路程

自元和郡縣志創載四至八到後世因之蓋惟至到明斯疆域之形勢朗若列眉凡路程津梁皆易於稽考也即地域以察其興衰修廢而政蹟之得失亦於是乎驗焉

形勢

縣治在武昌府西南五百里東西相距九十里南北相距五十里周圍二百一十里

東挹黃龍幕阜之奇西聯衡嶽洞庭之勝銀山在前雋水在後　明劉賢開創縣治記

秀水前迴雋溪後繞雷峰相師垣繚乎西南黃龍箬姑障環於東北中展平疇繡壤交錯高瞻俯眺恍若畫圖　節錄舊志

八景

銀山積翠　嵂嵂峰巒蒼蒼松竹縹緲翠微煙霏霧鬱黛色浮空天開圖幅

秀水迴瀾　迴環錫紫繚繞銀城波成三折石蹴千

鮮風行水上煥乎有文

太平春耕　原隰既平泉流亦清枌榆掩映黍稌續紛青陽舉趾物我皆春

興賢夜誦　春風拂拂夜色朦朧蒸我髦士肅肅雍雍絃歌誦讀明徹黌宮

雋溪映月　九曲縈洄一泓清澈皓魄當空浮晶沉璧水色天光瑩然空碧

鴈塔穿雲　浮屠百尺雋秀之間淩摩霄漢出沒煙嵐玲瓏峭拔遠近奇觀

隆平曉鐘　曈曈旭日謖謖松風蒲牢百八響徹琳宮平旦之氣豁人心胸

九峰暮鼓　一剎巍峩九峰環峙日冷松青雲蒸山紫鼓送夕陽聲聞遠邇

元豐九域志通城分三鄉曰上雋天寶樂化

明一統志通城編戸十五里　按上雋鄉轄里六曰在坊甫田上黄下黄來蘇上善　天寶鄉轄里四曰盤庚朱良上太下太　樂化鄉轄里五曰辛安崇仙修竹梓木石喬

宮圖

通邑疆域古無圖名康熙四十三年知縣辛禹昆詳准清丈田地因立九宮大圖以别方隅又於大圖區分小圖以便履丈嗣後户口煙冊循照大小圖分編造永為定規

近城西北曰中宮東至鐵柬港口西至相師山巴陵界南至雋河北至黄沙港石潭港分二十四圖

柳石圖城北五里　青石圖城北三里

葦下圖城北三里　黄源圖城北五里

麥田圖城北七里　狹頸圖城北五里

青山圖城北七里　鐵柬圖城北八里崇陽界

上畈圖城北八里　黄桂圖城西北七里

馬畈圖城北十二里　仰山圖城北二里

馬耕圖城西北十里　樊店圖城北十里

梅港圖城北十五里　石潭圖城北十八里

破石圖城北十五里　茅坪圖城西北十五里

長堤圖城西北十四里　風雨圖城西二十里

上白米圖城西北十六里　雨風圖城西二十四里

下白米圖 城西北十八里　鷹棠圖 城西三十里巴陵界
又西北曰乾宮東至尖山騎嵛分水西至巴陵朱港
白箬大山分水南至石潭左港北至臨湘楚重里
大山分水分二十四圖
石馬圖 距城十六里　土坳圖 距城二十里
庄前圖 距城二十五里　北港圖 距城三十里
白馬圖 距城三十三里　小背圖 距城三十二里
嶺下圖 距城三十五里臨湘界　界頭圖 距城四十里臨湘界
大揚圖 距城三十五里巴陵臨湘交界　方段圖 距城三十里

南港圖 距城三十二里巴陵界　團山圖 距城三十里
里仁圖 距城二十六里　引港圖 距城二十六里
上龍潭圖 距城二十五里　觀冲圖 距城三十里巴陵界
下龍潭圖 距城二十八里　南灌圖 距城二十五里巴陵界
南園圖 距城二十五里巴陵界　栢林圖 距城二十五里
上橋頭圖 距城二十里　梅林圖 距城二十五里巴陵界
下橋頭圖 距城二十二里　左港圖 距城二十五里巴陵界
城正北曰坎宮東至崇陽夏古里西抵尖山分水港
至張七嵛分水南至黃沙港北至臨湘縣板橋楚

重二里界分三十六圖
黃沙圖 距城九里　塘田圖 距城十里
百花圖 距城十三里　鄭思圖 距城十里崇陽界
仁義圖 距城十二里崇陽界　平山圖 距城十四里崇陽界
普安圖 距城十六里崇陽界　易宮圖 距城十六里
上鐵坪圖 距城十五里　上韓峯圖 距城二十里臨湘界
下鐵坪圖 距城十八里　下韓峯圖 距城二十二里
東墨圖 距城十二里　竹山圖 距城十二里
張七圖 距城十四里　下墨圖 距城十四里

鳳凰圖 距城十七里　鳳山圖 距城十五里
倉灣圖 距城二十里　達畈圖 距城十八里
井欄圖 距城二十二里　楊源圖 距城二十二里
長冲圖 距城二十六里　河田圖 距城二十六里
成化圖 距城二十八里　東源圖 距城三十里臨湘界
山冲圖 距城二十五里　尖黃圖 距城三十里臨湘界
來蘇圖 距城二十三里　來祠圖 距城二十五里
土坳圖 距城二十里　大湖圖 距城二十里
東冲圖 距城二十五里　灣泉圖 距城二十一里

南灣圖距城二十五里　路口圖距城二十二里

城東北曰艮宮東至崇陽犬牙界西至菖蒲港南至古城山分水又南至南櫟山分水北至雋河並崇陽犬牙界中爲崇陽犬牙錯斷上分八圖下分二十一圖

上闊圖距城八里　堆山圖距城十里

中闊圖距城七里　古城圖距城十三里

下闊圖距城六里崇陽界　游龍圖距城十里崇陽界

高石圖距城十里　黃大圖距城十二里

以上八圖東爲崇境錯隔

上三頃圖距城二十六里　印墩圖距城二十六里

下三頃圖距城二十六里北界崇陽　雙港圖距城二十五里

魏庄圖距城二十八里　中段圖距城三十里

桃花圖距城三十里　四庄圖距城三十五里

毛田圖距城三十二里　飯壠圖距城三十二里

馬嶺圖距城三十三里　上庄圖距城三十五里

櫟坪圖距城三十里　后坊圖距城三十二里

大源圖距城三十里　乾港圖距城三十二里崇陽界

小井圖距城三十里崇陽界　大溪圖距城四十五里崇陽犬牙界

長梅圖距城五十里崇陽犬牙界　高灘圖距城六十里崇陽犬牙界

茶坪圖距城三十五里崇陽界

以上大溪長梅高灘三圖俱在大溪嶺東

城正東曰震宮東至崇陽界西至新安港南至新安港經港及果盒山分水北至古城圖并南櫟山分水分三十七圖

橋頭圖距城十六里　尖坊圖距城十八里

八叟圖距城二十里　跳石圖距城二十二里

新陂圖距城二十四里　田東圖距城二十六里

楊藪圖距城三十里　五流圖距城三十二里

黃泥圖距城三十里　移風圖距城二十七里

白石圖距城二十二里　正壠圖距城二十五里

茭塘圖距城二十二里　平坳圖距城十六里

赤竹圖距城十八里崇陽界　石冲圖距城二十里

沙堆圖距城二十五里　上牆圖距城二十六里

南塘圖距城二十五里崇陽界　南林圖距城二十六里

永田圖距城二十六里　黃馬圖距城二十六里

軍營圖距城二十七里　大屋圖距城二十六里
洞下圖距城三十里　燕塅圖距城三十里
漂田圖距城三十三里　金仙圖距城三十三里
茅源圖距城三十四里　守仙圖距城三十八里崇陽界
灣頭圖距城二十一里　塔下圖距城二十里
南庄圖距城二十里　太平圖距城二十二里
寺前圖距城二十二里　中堡圖距城二十五里
竹山圖距城二十八里
城東南曰巽宮東至崇陽十一都界西至平江大小

坳南至江西義甯州界北至鯉港及果盒山分水
分五十五圖
黃嶺圖距城三十里　新安圖距城二十五里
楊源圖距城二十八里　路口圖距城三十里
燕窩圖距城三十里　八方圖距城三十里
大窩圖距城四十里　塔嶺圖距城三十五里
義口圖距城四十里　龍印圖距城四十里
上坪圖距城四十里崇陽界　桃源圖距城四十二里崇陽界
潤田圖距城四十二里崇陽界　汪坊圖距城四十五里

上荻田圖距城四十里　牆垣圖距城四十五里
下荻田圖距城四十二里甯州界　蕿荷圖距城四十里
新佛圖距城四十里　石港圖距城四十里
郭壠圖距城三十七里　青分圖距城三十五里
大白圖距城三十五里　山陂圖距城三十二里
塗壠圖距城三十五里　港下圖距城三十四里
狹頸圖距城三十八里　山背圖距城三十五里
西游圖距城四十二里　祝壠圖距城三十八里
長冲圖距城四十五里甯州界　游泗圖距城三十八里

義山圖距城四十里甯州界　蘆石圖距城四十五里甯州界
青石圖距城三十五里　油坳圖距城四十里
金盎圖距城四十里　義井圖距城三十里
安石圖距城三十五里　崇田圖距城四十里
南興圖距城四十六里　團山圖距城四十二里
吳主圖距城四十五里　義泉圖距城三十里
吳黃圖距城五十里　吳興圖距城五十里
盤石圖距城五十里甯州界　中興圖距城四十六里
盤竹圖距城四十八里　中旺圖距城五十里

高石圖距城五十里　洪石圖距城五十里
大源圖距城七十里平江界　黃龍圖距城六十里嵛州界
何西圖距城六十五里　西成圖距城四十里
城正南曰離宮東至新安港西至一箭巖分水及平
江界南至虛空山分水北至翔鳳山分水分十六
圖
東港圖距城十二里　山庄圖距城十四里
和勝圖距城十六里　油坊圖距城十三里
龍灣圖距城十六里　水西圖距城二十三里

台源圖距城二十里　山田圖距城二十五里
張源圖距城二十五里　無荒圖距城三十里
龔段圖距城三十二里　中白圖距城四十三里
里八圖距城三十五里　白竹圖距城四十里
中堡圖距城三十七里　上堡圖距城四十五里平江界
城西南曰坤宮東至菖蒲港西至平江界南至黃龍
山分水北至秀水及崔公山分水分三十圖
東閣圖東城外　八慶圖城東二里
信山圖城東三里　錦山圖城東八里

沙坪圖城東南十里　東平圖城南七里
西平圖城南五里　伯公圖距城十里
桃源圖城南十里　乾港圖距城五里
白沙圖距城三里　觀蓮圖城南一里
錫東圖距城八里　仙石圖距城十二里
團山圖距城十里　茅田圖距城十二里
寶積圖距城二十一里　雙港圖距城二十里
上易段圖距城二十八里　百丈圖距城二十五里
下易段圖距城二十五里　三鳳圖距城二十里

關聖圖距城二十里　清涼圖距城二十二里
石源圖距城三十里　中堡圖距城三十里
丁仙圖距城三十五里平江界　界頭圖距城四十里平江界
沙段圖距城三十五里平江界　東嶽圖距城三十五里
城正西曰兌宮東至縣城西至巴陵平江界南至秀
水及崔公亭山分水北至雋河分二十三圖
樂城圖西城外　九峰圖南城外
黃泥圖距城二里　龍灣圖距城八里
十里圖距城十里　尖山圖距城十三里

河源圖距城十五里　溪[illegible]圖距城八里
上石坪圖距城二十五里　石城圖距城三十里
中石坪圖距城二十里　仙人圖距城三十五里
下石坪圖距城十八里　石棋圖距城四十里巴陵界
松港圖距城三十五里　馬港圖距城三十里
東踏水圖距城二十五里　九嶺圖距城二十里
西踏水圖距城二十五里　靈官圖距城三十里
伏龍圖距城三十里　中段圖距城三十五里平江界
馬洞圖距城三十五里平江巴陵界

四至

東至崇陽縣雞鳴嶺五十里
南至平江縣元鳥嶺四十里
西至臨湘縣楚門界四十里
東北至崇陽縣栢橋嚴家嶺界石十二里

八到

東到高灘思義坳崇陽縣界六十里
東南到南樓嶺石門義甯州界五十里
南到幕阜山小坳平江縣界七十里
西南到元鳥嶺平江縣界四十里
西到相師山抵巴陵縣界四十里
西北到楚門抵臨湘縣界四十里
北到箭竹山大坳臨湘縣界四十里
東北到栢橋嚴家嶺崇陽縣界十二里

路程

至武昌省城陸路五百里水路六百四十里
至北京陸路四千五百里水路五千五百五十里
至崇陽縣城八十里大路由縣城北門拱北橋五里

過毛公渡五里至栢橋鋪二里至嚴家嶺界石達崇陽境小路由縣城北門拱北橋六里至牛毛嶺五里至鐵東港口達崇陽境
至臨湘縣城一百四十里小路由縣城北門拱北橋四里至雷打石白竹坳三里至水閣塘三里至樊家店三里至花園坳四里至崇古市二里過石潭橋一里過三公橋三里至長沙涼亭過黃沙港四里至庄前五里過北港橋五里過楠木橋三里至楚門界達臨湘境

至巴陵縣城一百七十里小路由縣城西門十里至烏橋段十里至過水埠十里至鷹紫巖右五里至塘西界石接巴陵大界左十里至古崙峰巴陵小界

至平江縣城一百四十里小路由縣城南門十里至十里市五里至河壆橋五里過壘土橋一里至九嶺十里至三埠橋五里至元鳥嶺達平江界

按舊志 國初有平江獷賊冷清樊甘明揚糾衆刼縣庫至鷹紫巖下鄉民李鳴玉等集衆以射虎毒箭拒竄又康熙十三年吳三桂踞岳州梗蒲圻臨湘辟道縣城屯營自西門至巴陵大界處處安立塘汎蓋通邑西方大小二界左有張師山鷄單山白石山障隔平江縣右有古崙峰相師山障隔巴陵縣俱緊層巒疊嶂大界在相師山之左峽小界在古崙峰之左峽路均平坦山峙如門有險可守爰附之以備查考

至江西義甯州城一百九十三里小路由縣城南門過秀水朝宗橋五里過太平橋五里過寶善橋二里至馬鞍山三里過和勝橋五里過河市跳石十里至義井三里至石觜頭十里至南樓嶺石門界達義甯州境

通城縣志卷之三

山川

山 嶺 峯 尖 崙 坳 巖 石 洞 壠 冲 坪 畈 段 業 水 港 泉 潭 灘 埠 陂 堰 塘 井 渡

泰山不讓土壤河海不擇細流通雖僻壤而黃龍幹擘犒水源長允具嶽峙淵渟之概下此陂塘井堰皆闢闢灌溉之資彙而志之俾知燥濕攸宜利其利者自樂其樂云

山原委

通邑山自廣西柳州桂陽縣聶都山南幹分支東

北至酃縣爲雲陽山雲陽氏暨炎帝神農陵在焉逕茶陵州攸縣爲武功山過江西萍鄉縣入瀏陽縣爲大潙山西過平江縣又北度義甯州爲土龍山又西爲黃龍山水經注所謂桓山也山分左右二支右一支東南行爲南樓嶺菩竹嶺油石尖菩竹尖大盤山由大盤歷武昌南康九江三郡止鄱陽湖口通邑巽震艮三宮諸山皆此右支所分也左一支西北行過小坳界平江爲幕阜山右膀一支東行又北東至通城縣治正支北行爲張師山

界巴陵迤邐北行爲白石山古崙峰相師山壘鍋鼓山界臨湘東過楚門界爲斷峰山白石崙白雲山箬姑尖箭桿山總名龍窖山又西南經岳州府城止洞庭湖布袋口通邑離坤中兌乾坎六宮諸山皆此左支所分也舊志

中宮

鐵東山　縣北十里跨麥田鐵東二圖接崇陽界爲通城總水口上有三忠祠祀唐顏公兄弟

白面山　俗呼白米山跨白米茅坪左港三圖山勢

高峻上有白符井每逢霧可以驗雨旁有石其下陡峻不敢俯視黎姓修塔於此　按省志載白面山在縣西南多白石南唐保大中嘗徙縣治於山下宋平南復舊治

相師山　鷹觜圖跨乾宮左港圖西北界巴陵舊傳漢張良師黃石公隱此高插雲表陡窄難登上有石柱石址神臺遺跡非人力可致北有井泉旱禱輒應

谷嶺山　馬畈馬耕二圖上有廟祀宋岳武穆王

石嶺山　石潭碊石二圖俗呼石潭山
鼓鳴山　馬坑圖　鳳形山　狹頸圖
杜嬰山　狹頸圖　單家山　鷹紫圖
馮家山　鷹紫圖　月半山　長堤圖
虎形山　仰山圖　寒婆山　青山圖
仰山　仰山圖上有廟今廢

乾宮

鷄尾山　左港圖一名鷄鳴尖前後兩峯半嶺石巖
可避暑連相師山巴陵界

金山　大陽圖山北港三圖上有金山寺
銅鼓山　大陽圖西界巴陵北界臨湘
仙姑山　引港漂瀧二圖上有廟
斷峰山　嶺下圖上有寺臨湘界
勝珓山　界頭白馬二圖
尖山　尖黃山冲小背三圖上有廟
虎巖山　柘林南灌二圖
燕巖山　方段圖上有廟
羊見山　左港圖　團山　團山圖上有廟

坎宮

箬姑山　東源圖北界臨湘一名龍眘山上有龍潭
仙姑壇舊傳李氏女姊妹三人衣箬修煉於此壇
址猶存山頂雲氣常聚晴明可望黃蓋湖爲岳州

祖龍

白雲山　東源圖在箬姑山南與箬姑接連突兀嶮
巘山頂有唐建古寺
鳳凰山　鳳凰圖舊傳有鳳凰棲其上
烏龜山　百花圖　高椅山　百花圖

蓮花山　井欄舍灣二圖
舒家山　鐵坪圖　梳妝山　普安圖
箭笴山　韓峰圖北界臨湘
天井山　普安圖北界臨湘
丫髻山　普安圖　團山　百花圖

艮宮

堆山　堆山黃大二圖突起高峻山下有寺
大嶂山　上潤橋頭二圖
琉璃山　峰如玉筍古木參天

寶蓋山　下闔圖

震宮

老牛山　軍營圖古名嚴坪山山麓店舍連接如帶號老牛街吳楚兩省通衢

斗牛山　移風圖

果盒山　五流圖

雲蓋山　糸坊圖時有雲起如蓋

蛾眉山　正龍圖　鳳凰山　移風圖

船頭山　三田新陂水口三圖

萬峰山　八叟移風二圖

巽宮

黃龍山　盤石黃龍二圖南界義甯西界平江高插雲表週圍百餘里頂有湫池為楚省祖龍屬武昌吳志云黃武二年黃龍見於武昌即此山也地有十勝詳古蹟

幕阜山　南接義甯西入平江東連黃龍山　按輿地紀勝載山周五百里跨三縣水四出東南入彭澤湖西入洞庭北入雋吳太史慈為建昌都尉置營寨於此以拒劉表子磐因名詳古蹟志

大盤山　吳興汪坊二圖南界義甯東北界崇陽唐有張十萬團義保境立寨其上名曰槐寮寨古蹟尚存詳古蹟志

鷄籠山　大白義井二圖綿亘數里頂上森石排列按省志載山巔有金鷄隱伏遇夜晦暝其光往來出沒云云

黃袍山　荻田圖俗呼黃茅山幽泉怪石舊傳有仙麗黃袍於此東界崇陽

虛空山　青石圖上有雨壇旱禱多應相傳明萬歷初黃真人修煉於此

七里山　路口圖邑人廖忠斷元羅馬處詳忠義志

尖峯山　義口圖一名文峰山其形如筆

獅形山　義口圖角巒頂有石生成其形如[石卯]

寶蓋山　龍印圖多奇石

船形山　義口圖文峯山下

湯管山　八方圖　平等山　盤石圖

鹿吽山　夾頸圖上有古寺

昭靈山　山陂圖　鴉鵲山　塔嶺圖

離宮

寶巖山　水西張源二圖陡巖如削蜂多釀蜜其間明嘉靖初山頂夜忽有光土人因構祠祀曾庵佛遠近祈禱

雲溪山　上中下三堡綿延十餘里寰宇記云在通城東南山甚峭拔中有清流界道如帶有鍾巖鼓石棋盤寨曾化寺東靈山諸勝蹟

獅形山　里八圖其形如獅

周帽山　張源圖其形如帽

龍頭山　山庄圖　馬鞍山　東港圖

花臺山　白竹圖一名公婆潭林木茂盛內有古廟

坤宮

銀山　一名錫山縣治對案跨觀蓮錫東仙石乾港白沙五圖舊傳山出白金故以銀名之峰巒層疊為通邑八景之一所謂銀山積翠是也下有聖井靈泉旱禱輒應上有寺塔詳祠廟志其山東北一峰舊傳唐羅公遠修煉於此故又名羅公山明季李闖逃竄過山下土人糾義勇擊斃之見廿二史咸豐五年方伯羅羅山擊賊克復縣城駐營其上

九宮山　白沙圖錫山東支一名羅公山

團山　縣東城外東閣圖山臨秀水形勢團結環抱水口山上舊有閣名東山閣詳建置志

信山　信山圖　鳳形山　八廖圖

錦山　縣東十里跨錦山沙坪二圖

翔鳳山　縣東五里西平圖上有寺

黃鶴山　跨西平東港二圖頂列三大峰葛稚川跨鶴憩此見荆楚要覽俗名黃鶴樓石址尚存

清涼山　清涼圖縣治來脈

大金山　石源圖縣治來脈上有避兵古砦

墨家山　界頭圖水入平江

鷄鳴山　易段圖相傳抱樸子煉丹於此

龍形山　寶積圖寶積寺後山勢蜿蜒如龍

龍形山　寶積圖火家灣後

壽隆山　茅田易段二圖縣治來脈上有寺

仰山　茅田圖上有廟

圍山　圍山圖縣南八里其山平地突起咸豐年閒司馬江忠淑舉人何忠駿李元度擊賊駐此

鳳形山　錫東圖咸豐四年明府趙璞山破賊駐營處

兌宮

古龍山　縣治來龍咸豐年閒中丞胡文忠公林翼軍門塔齊布剿賊駐此觀察江忠濟拔貢李元濬殉難處詳兵事

九峰山　縣南城外九峰圖縣治主山山勢蜿蜒上有九峰前有寺九峰暮鼓爲縣治八景之一

尖山　尖山圖縣治來脈秀銳如筆高插雲表峰頂有石鑼石爐南有獅子巖東有搥鼓石虎石船石西有龜石鱉石諸形勝

梧桐山　縣南十五里跨河源石城石坪尖山馬港五圖周亘崔巍樹林深邃相傳鳳棲於此有古寺名棲鳳禪林

龍頭山　尖山龍灣二圖咸豐年閒官軍駐營於此

逢廣山　石坪圖又名南山山下有鍾學士墓

張師山　中段圖西界平江相傳漢張良辟穀隱此

鷄單山　石琪圖西界巴陵山多白石巉巖聳峙

鳳形山　馬港圖山勢綿亘其形如鳳

騎鞍山　靈官圖其形如鞍

獅子山　靈官圖有石如獅頭

華山　十里圖縣治來脈

人形山　靈官圖　萬羅山　靈官圖

嶺

中宮

牛毛嶺　黃源圖俗呼牛軛嶺

五斗嶺　茅坪圖

乾宮

小源嶺　嶺下圖古名小陽嶺

程公嶺　方塅南港二圖巴陵界

濠頭嶺　嶺下圖西北界臨湘

磨石嶺　大揚圖西界巴陵

石家基嶺　南團圖西南界巴陵

坎宮

四腳嶺　河田長沖二圖

和尙嶺　尖黄圖北界臨湘

韓家嶺　韓峰圖　青草嶺　茅田圖

富家嶺　百花圖

艮宫

張大嶺　高石圖　峩嵋嶺　乾港圖

九曲嶺　高灘圖界連崇陽

大岐嶺　上庄桼坪二圖高數十丈

震宫

佛嶺　桃源圖

巽宫

塔嶺　塔嶺圖其形如塔又名果合尖

鷄鳴嶺　上坪圖東界崇陽

苦竹嶺　祝龍圖嶺南山腰石碑二座上有碉卡營房（詳建置）抵義甯州界

南樓嶺　長沖圖嶺南山腰有石亭上有碉卡營房（詳建置）下抵義甯州界

楊源嶺　塔嶺圖　走馬嶺　黄嶺圖

醬坑嶺　祝龍圖嶺南有石亭抵義甯州界

離宫

蕨箕嶺　上堡圖　焦嶺　上堡界頭二圖

坤宫

八公嶺　伯公圖俗呼伯公嶺

燕巖嶺　界頭圖水入平江

伏牛嶺　關聖下堡二圖

元烏嶺　沙堆圖南界平江

三峰嶺　伯公三鳳二圖

燕下嶺　丁仙圖　白沙嶺　界頭圖

季嶺　易段圖

兌宫

九嶺　路通南省平江縣四面皆山高峻難攀明王鼎過此有詩（詳藝文）咸豐年間中丞胡文忠公諱林翼司馬江忠淑駐營其上賊不敢近（詳兵事）中腰嶺南俱設碉卡（詳建置）

伏虎嶺　伏龍圖上有寺

佛嶺　仙人圖下有大佛寺螺河陂

鐵馬嶺　石城圖懸巖有石孔可容數十人
河堡嶺　河源圖
峯
艮宮
琉珠峰　乾港圖俗呼雷州東界崇陽峰高百餘丈可望崇城上有古寺早晚霧濛則雨又有聖井可祈甘澤
震宮
烏碧峯　洞下圖重岡橫列一峰聳峙上有香爐石明處士盧通學仙居此下有桃樹窩廻龍寺白水洞諸勝

兑宮
古崙峰　石棋圖上有泰山三官佛祖三廟西界巴陵
尖
中宮
鷄尾尖　風雨鷹嶪二圖北界平江
乾宮

銘王尖　左港圖即相師中峰上有四面靈官廟廟倒石存面各一井
白羊尖　左港圖
坎宮
獨燭尖　韓峰圖筆竹源頂
大箬姑尖　白雲山頂北界臨湘詳古蹟志
放雷尖　成化圖
小箬姑尖　尖黃圖西北界臨湘
震宮
烏櫟尖　凛田圖　大峰尖　移風圖

老鴉尖　守僊圖東界崇陽
師姑尖　正壠圖斗牛山後
巽宮
梅花尖　義口圖　師姑尖　潤田圖
勝珓尖　安田圖形似勝珓故名
石牛尖　安田圖有石似牛蹲伏
苦竹尖　祝壠圖南界義甯州
仰山尖　蒗荷圖上有古廟遺址

油石尖　祝壠圖南界義甯州

離宮

紅崖尖　界頭圖南界平江

白燭尖　中白圖

坤宮

紅火尖　跨茅田實積河源三圖夜嘗有紅火出沒火出則雨

楊崙尖　仙石茅田二圖縣治來龍

雨壇尖　錫山頂有寺　紅花尖　沙段圖

三角尖　沙段圖三峯聳起雲興可以卜雨

兌宮

黃鵑尖　踏水圖　白雲尖　踏水圖

東山尖　踏水圖　桃花尖　上石坪圖

驅雷尖　靈官圖昔有張法師判雷於此故名

雨壇尖　靈官圖　鴈摩尖　靈官圖

崙

中宮

鶯飛崙　風雨左港二圖

細石崙　狹頸圖　劉公崙　馬耕圖

乾宮

城山崙　北港大揚方段三圖

平頭崙　左港圖　羊石崙　梅林圖

坎宮

馬鬃崙　有二一在長沖圖一在韓峯圖崇陽界

槐花崙　百花圖　大頭崙　長沖圖

艮宮

高石崙　高石圖上有高石相傳吳孝武楊行密到

此每年五月五日士民祠歲豐歉輒驗

真君崙　上庄圖　紅石崙　竹山圖

馬牙崙　有二一在大溪圖一在震宮跳石圖

震宮

長退崙　新陂圖

巽宮

薄刀崙　義口圖形如刀背甚峻明末被流寇李自成挖斷今復長成如故按鷄蓮圖亦有此崙名

石牛崙　山陂圖上有二石牛

大坪嶺　吳與圖南界義甯州
張家嶺　八方圖　石牛嶺　洪石圖
峯尖嶺　大白圖　黃泥嶺　黃嶺圖
離宮
黃獅嶺　里八圖
坤宮
駝皮嶺　錫東茅田二圖
佛　嶺　觀蓮圖離城半里
洪山嶺　寶積圖　斑竹嶺　寶積圖

饅頭嶺　乾港圖縣治來脉
高平嶺　寶積沙墈二圖嶺側有石刻字
洪鶴嶺　乾港圖
大石嶺　茅田圖石可坐數十人
黃獺嶺　沙坪圖　薄刀嶺　觀蓮圖
兑宮
徐公嶺　踏水圖
坳
中宮

白沙坳　青石狻頭二圖
白竹坳　青石青山二圖路通岳州
何蓮坳　左港風雨二圖　花園坳　破石圖
乾宮
相思坳　柘林南鐘二圖
桃樹坳　小背庄前白馬三圖路通臨湘
土坳　土坳圖路通崇陽
石坳　白馬圖路通岳州
相公坳　大陽北港二圖有相公廟

三嶺坳　梅林圖　黃齋坳　左港圖
坎宮
下柴家坳　平山仁義二圖東界崇陽
大坳　韓峯圖北界臨湘東界崇陽
鼓樓坳　百花圖古大路
富家坳　百花圖
艮宮
思義坳　高灘圖北界崇陽有亭
楓坳　高灘圖東界崇陽

壽桃坳　高石圖　石坳　高灘圖

巽宮

小坳　黄龍圖天岳關

大坳　黄龍圖西界平江

坤宮

朱埠坳　雙港圖

兑宮

黄泥坳　黄泥圖　尖山坳　尖山圖

壘土坳　河源圖路通平江

苦竹坳　尖山圖　楊塘坳　踏水圖

石坳　石城圖　郝家坳　靈官圖

佛坳　靈官圖　飛坳　靈官圖

大坪坳　石坪圖

巖

中宮

鷹棠巖　鷹棠圖石溪入雋水

巽宮

滴水巖　義口圖　老虎巖　雞籠山麓

天尊巖　幕阜山半

離宮

黄牯巖　水興圖　穿石巖　峙鍾巖左

鍾巖　中堡圖巖極陡峻晴霽可望洞庭

坤宮

雄獅巖　沙段圖

兑宮

花石巖　石坪圖雋溪上有牝牡二獅石按靈官圖亦有此巖名

老虎巖　尖山圖　狐狸巖　尖山圖

石

中宮

雷打石　青石圖通岳州路舊傳曾爲雷擊裂痕宛然按巽宮龍印圖亦有此石名

雞冠石　黄桂圖鼓鳴山北麓遠望如雞冠狀按離宮亦有此石名

乾宮

鷲頸石　小背圖　大石　北港圖

勝玟石　白馬圖又梅林圖
闗門石　嶺下圖界頭圖亦有此石名
偎人石　左港圖
觀音石　嶺下圖斷峯山側高二丈圍五丈遠望如
觀音狀
艮宮
黃大石　黃大圖石上有仙人趺坐形跡
蝦蟆石　高石圖形似蝦蟆
巽宮

下馬石　義口圖　跌馬石　義口圖七里冲
香爐石　梓木里狹頸圖溪心下窄上寬高丈許頂
平可坐十餘人按坤宮易段圖亦有此石名
仙坐石　青石圖光宮馬洞圖平江界亦有此石名
奶石　汪坊圖大盤山插劍岩下山石皆青獨此
石白下垂如乳有水滴四時不竭
仙棋石　黃龍圖石上棋枰形跡宛然
鏡石　汪坊圖大盤山寺側懸豎田中高丈餘二
面俱光圓似鏡

龍印石　龍印圖周十餘丈下銳上方有龍爪印跡
張果石　鷄籠山西麓田中舊傳仙張人果曾至此
石上有人驢足跡
點頭石　黃龍圖蓮形山側港岸上巨石懸巖其大
如廳敲之有聲推之如點頭然
高石　大源圖埕豬畈巨石磊磊
曬穀石　南興圖頂平可曬穀二石餘
龍石　盤石圖懸巖怪石望之若龍
離宮

鷹石　中堡圖石間有跡其形似鷹
仙牛石　中堡圖石上牛跡宛然
仙人石　龔墩圖石上有仙人足跡
鷄冠石　張源圖狀如鷄冠按中宮黃桂圖亦有此
石名
坤宮
金雞石　銀山下詳古蹟　宋楊狀元有詩詳藝文
鼓石　東嶽圖詳古蹟
尖石　丁仙圖高數丈其形如筆

雷破石　丁仙圖
香爐石　易段圖按巽宮荻田圖亦有此石名
山跐石　錫東圖高丈許數石層累而上
鼓石　東嶽圖楊羅山石形如鼓擊之則鳴
兑宮
螺盃石　鷹棠圖詳古蹟
活石　九嶺圖詳古蹟
洞
中宮

相師洞　風雨圖北界巴陵
乾宮
左港洞　左港圖巴陵界
際山洞　左港圖　石人洞　大陽圖巴陵界
南港洞　南港圖西界巴陵
楊河洞　大陽圖　桂家洞　大陽圖
坎宮
東源洞　東源圖鐵束港水源
艮宮

青草洞　長梅圖　大溪洞　大溪圖
震宮
守仙洞　守仙圖鳥碧峰左有上天梯右有僊人几中有磨鍼石
白水洞　洞下圖林樹葱龍溪聲徹耳往來者多遊覽焉
龍頭洞　金仙圖　黃泥洞　黃泥圖
巽宮
桃源洞　桃源圖　石門洞　義口圖

蕿荷洞　蕿荷圖　仙人洞　祝壠圖甯州界
橋石洞　山陂圖　李塿洞　西油圖
離宮
雲溪洞　即雲溪山上至平江界
台源洞　台源圖　張源洞　張源圖
坤宮
王仙洞　界東嶽丁仙上堡界頭四圖舊傳王子雲遊憩於此
楊師洞　界三鳳易段關聖三圖

泥水洞　界頭圖水入平江
桃源洞　桃源圖
錫山洞　仙石錫東二圖
茅田洞　茅田圖　歐貞洞　茅田圖
兌宮
龍洞　踏水圖　尖山洞　尖山圖
馬洞　馬洞圖　長港洞　伏龍圖
壠
中宮

泉井壠　仰山圖　深田壠　長堤圖
章家壠　樊店圖　青山壠　青山圖
破石壠　破石圖　張家壠　青石圖
乾宮
漂壠　漂壠圖　土坳壠　土坳圖
西壠　北港圖
坎宮
墨窖壠　墨窖東墨二圖
堯家壠　百花圖　神泉壠　鐵坪圖

西坑壠　韓峯圖　長壠　竹山圖
艮宮
大樓壠　高石圖　油壠　油壠圖
堆山壠　堆山圖　範壠　高石圖
白竹壠　乾港圖
震宮
新陂壠　新陂圖　赤竹壠　赤竹圖
離宮
山連壠　山庄圖　山庄壠　山庄圖

坤宮
長沖壠　白沙圖　金家壠　寶積圖
謝家壠　易段圖　魏家壠　寶積圖
兌宮
華山壠　十里圖　大屋壠　石城圖
升穀壠　馬港圖　松木壠　踏水圖
乩仙壠　樂成圖
沖附
中宮

黃筆沖　黃筆圖
牌樓沖　長堤圖元仁宗時吳元四建坊於此
乾宮
草鞋沖　有大小二名庄前山沖二圖
陳家沖　南鏟圖　大泥沖　大陽圖
吳家沖　南圖圖　灌沖　灌沖圖
橫沖　里仁圖　丁沖　方段圖
坎宮
大港沖　尖黃圖水入臨湘

長沖　長沖圖　東源沖　東源圖
艮宮
大焦沖　三頃圖　石沖　高石圖
震宮
桃花沖　桃花圖　石沖　石沖圖
土牆沖　土牆圖　菱沖　黃泥圖即高沖
巽宮
西沖　西油圖　金銀沖　汪坊圖詳古跡志
離宮

龍沖　東港圖
坤宮
棠梓沖　錫東圖　丁家沖　丁仙圖
吳灣沖　易段圖　羊眼沖　信山圖
兌宮
丁沖　八廖圖　高沖　觀蓮圖
鄢家沖　樂成圖　杜家沖　靈官圖
黃鴉沖　踏水圖　高沖　靈官圖
朱家沖　踏水圖　坳頭沖　靈官圖

楊崙沖　逢廣圖
坪附
中宮
茅坪　茅坪圖
乾宮
老鏟坪　里仁源壠二圖路通平江
柳坪　左港圖　桃李坪　大陽圖臨湘界
坎宮
鐵爐坪　鐵坪圖

震宮
茶寮坪　茶坪圖
巽宮
上坪　上坪圖　金家坪　龍印圖
坤宮
沙坪　沙坪圖
畈附
中宮
朱家畈　舊名陳間畈跨鐵東上畈二圖

下畈　長堤圖　葦下畈　葦下圖
麥田畈　麥田圖　馬家畈　馬畈圖
茅坪畈　茅坪圖　柳林畈　柳石圖
乾宮
魯家畈　石馬圖　湯家畈　漂瀧圖
庄前畈　庄前圖　許家畈　里仁圖
左家畈　橋頭圖　花涼畈　梅林圖
劉家畈　南園圖　北港畈　北港白馬二圖
坎宮

庚陂畈　百花塘田平山三圖
來蘇畈　來蘇來祠二圖
水口畈　普安圖　佘家畈　鐵坪圖
白螺畈　普安圖　易家畈　易宮圖
太湖畈　太湖圖　尖山畈　尖黃圖
井欄畈　井欄河田二圖
倉前畈　倉灣圖明北倉置此
艮宮
關田畈　上中下關田三圖

大源畈　大源圖
震宮
沙堆畈　沙堆圖　神仙畈　神仙圖
漂田畈　金傅圖　金仙畈　金仙圖
入叟畈　入叟圖　灣頭畈　灣頭圖
離宮
楊坊畈　油坊圖
坤宮
太坪畈　東西平二圖　錫下畈　錫東圖山二圖

兌宮
港西畈 樂成圖 烏橋畈 樂成圖
中段畈 上石坪圖
段 附
中宮
塔頭段 柳石圖 灣頭段 鷹棠圖
乾宮
方家段 方段圖
坎宮

河田段 河田圖
艮宮
高弓段 小井圖
震宮
五流段 五流圖 八叟墩 八叟圖
金仙段 金仙圖
巽宮
何葛段 崇仙里下圖 趙家段 山陂圖
大白段 大白圖 八方段 八方圖

南興段 南興中興巽興三圖
新安段 八方圖 李家段 崇田圖
離宮
油坊段 油坊圖 曲水段 張源圖
無荒段 無荒圖 水西段 水西圖
坤宮
彭家段 寶積圖 易家段 易段圖
太平段 西平圖 八廖段 八廖圖
沙段 沙段圖

兌宮
通霞段 朱艮里 石壁段 靈官圖
毛家段 石成圖 橋下段 靈官圖
棠家段 靈官圖 施家段 靈官圖
棠 附
坎宮
方仕棠 鐵平圖 青茅棠 倉灣圖
相公棠 百花圖山勢高峻臨河壘石嶙峋
艮宮

嚴家棠　下閘圖崇陽交界大路港岸被水冲坍道
光甲申年知縣蔣啟廷勸監生杜禧明段光祖等
捐修齊整
蚍頭棠　堆山圖　栗鋪棠　高石圖
震宮
魏家棠　移風圖　陳家棠　灣頭圖
廟棠　佘坊圖　邊家棠　南塘圖
雷公棠　正壠圖　向家棠　南庄圖
坤宮

白沙棠　白沙圖　雙港棠　八廖圖
石棠　八廖圖
兌宮
瓦頭棠　石坪圖　魯家棠　長堤圖
石棠　黃泥圖　蒯家棠　長堤圖
水原委
雋水　一名陸水水經注源出豫章之桓山即今所
名幕阜山其水出支山石源山腋亙石嶙峋泉竇
湧出寒氣襲人右涯有古龍王廟西流經王仙洞

下堡段與界頭諸澗水合流北入百丈潭直下會
大坑三鳳嶺諸澗水經潭下源左會元鳥嶺澗水
北過石盤灘壘土橋左會馬港水又北至鷹背巖
左會石溪洞相師山澗水又東歷過水埠左會相
師洞水又東經長堤畈南逢廣山北又東過烏橋
至縣城北拱北橋秀水西來右注之又東名菖蒲
港新安港水南來右注之北過毛公渡又東經石
壁潭閥田北麥田南鐵東港水北來左注之入崇
陽界至嘉魚縣境合嘉魚崇陽蒲圻臨湘巴陵五

縣之水入於江曰陸溪口通城舊稱上雋縣下雋
郡雋州皆緣此水得名也
秀水　雋水支溪源出梧桐山東南經何堡源何堡
橋又東左會尖山澗水右會歐貞洞水又東經硃
砂口右會茅田洞水又東過龍崩埠右會錫山洞
水又東過錫山右會乾港水至縣城南朝宗橋稍
北過東山閣入雋水
馬港　雋水支溪源出張師山東流右會孔家源水
經靈官橋北過龍洞潭又東至踏水橋右會萬壽

橋佛嶺澗水左會松港長港水又東右會萬羅山升穀壠水稍北入於雋

新安港　源出黃龍山東流三十里經曲尺灣北為崇仙港又北經南興段曬穀石右會南樓嶺石陂澗水又北至葛家段左會天門山澗水又北過盧空山株樹潭左會雲溪洞水又北過楊源段新安段左會台源洞水又北經破鍋石鯉港水東來右注之又北經車田段左會山庄源澗水又東北右會跳石澗水又右會雲蓋山佘坊澗水又北過雷

潭大嶂山西沙坪錦山東又西東港太平港西來合流左注之又北至菖蒲港口左入於雋

鯉港　新安支溪源出大盤山北初名梓木港右會上坪圍田水曲向西流右會桃源洞水又西過義口左會櫟田澗水又西過龍印石塘湖市左會嶺荷洞水又西過筶竹嶺左會筶竹嶺仙人洞水北會陽冲澗水又北經鯉港段始名鯉港右會塔嶺澗水又右會五流段山澗水又西經傅姑墩北歷新安段入新安港

東港　新安港支溪源出黃鶴山東流過實善橋馬鞍山西翔鳳山南左與太平港水合流入新安港

太平港　新安港支溪源出饅頭嵛桃源洞東流過桐陂右會伯公嶺澗水經太平橋翔鳳山右會東港經流水段水木沙陂北歷沙坪至丁冲口入新安港

鐵東港　源出箬姑山即龍窖山東源洞西流經麻石堰南過太平市右會和尚嶺澗水又南過來蘇畈名大夫港又東左會長冲澗水又東過廟灣堪

經鳳凰山北會前畈南又東過庚陂左會井棚溪水又東過湖塘北又東左會黃坊源澗水過方士嶺南又南東左會下黃源韓家嶺天井山石溪水經孫家港廟前畈又南過營家埠李公潭黃沙港西來右注之又東過鄭思潭南經鐵東山北麥田畈東右入雋水

黃沙港　鐵東港支溪源出斷峰山楚門界經楠木橋東流左會濠頭嶺澗水南流左會小背源水名北港過北港橋又南經庄前畈南港水西來右注

之又東南過長沙洲觀音堤西三公廟東又會巴陵縣白箬界觀冲石堦圻諸澗水又南經石嶺山北右會鷄尾尖左港水又南東左會石龍源水又東梅港水西來右注之又東過石門山北左會壘窖壠溪水又東左入鐵東港

南港　源出巴陵界南港圖北流合丁冲石人冲桂家洞大源冲及陽河洞諸水經雙港橋由青山南流出栢林圖東入庄前港

北港　源出臨湘界界頭圖經楠木橋東北流至嶺

下圖雙港橋左合斷峰山濠頭嶺小源嶺諸水南至白馬圖過小背圖經北港圖入庄前港

庄前港　上承南北二港下左會庄前圖草鞋冲土坳石馬諸水右會里仁引港圖及三宮橋諸水合流東入黃沙港

左港　源出相師山由青陂經石潭橋合北港入黃沙港

龍蔵港　源出虎巖山由劉家畈魯家灣經三宮橋合左港

梅港　源出茅坪畈白面山東流歷石陂左注黃沙港

沙堆港　源出天井山西流北過龍頭洞又北過金仙墩西流右會守仙洞茅源澗水又西左會白水洞水又西過神仙畈左會黃泥洞菱冲諸小水又北左會雲蓋山澗水又北右會大嶺長冲諸小水又北左會赤竹石冲澗水又北右會大溪嶺四庄排溪水又北十里入崇陽界過黃台橋北又東入通城界右會大源二水北至崇陽境入雋水

長港　源出伏虎嶺文家嶺東流右入馬港

松港　源出黃金嶺夏江源東流合長港左入馬港

高灘港　源自義甯界合崇陽大湖山澗水北過盤山西入通城境高灘圖名高灘港東達龍泉洲復入崇陽界下至吳城鋪左入雋水

長梅港　源出崇陽界三陽尖西流過神株坳北左會瓦渣澗水又北左會首龍山澗水又北達紙棚入崇陽界左會青草洞水至石屋鋪左入雋水

青草洞水　源出大溪嶺北北流經千珍坑十里左

會青草嶺澗水又北右會濫泥冲水左會楊泉坑
水又北逵國卅入崇陽界至梓木港右會長梅港
水入雋

濯港　源出三陽尖東南流右會神株坳澗水又南
過濯港觀又南右會馬牙嶺澗水又南至紙棚入
崇陽界右會大溪嶺蒸頭坪水又南入通城界經
鄢家墩西石坳東又東入崇陽界又南入通城界
與高灘港合流下至吳城舖入雋

泉

分水泉　縣南四十里自黃龍山分流與雋水合

九股泉　縣東三十里

湯泉　雲溪里八圖其熱如湯冬月可浴

樓棠泉　里八圖山頂泉分兩條旱禱輒驗舊傳仙
人建樓於此故名

潭

石壁潭　中宮黃源圖雋河中

老龍潭　坎宮東源圖白雲山頂深杳不測龍常蟄
焉

鄭思潭　坎宮鄭思圖鐵東港中

車蹟潭　坎宮鄭思圖

李公潭　坎宮塘田圖

馬精潭　坎宮鳳凰圖

龍王潭　艮宮小井圖上有石墩寬三丈餘高丈餘
當大源黃台兩港之衝深杳莫測水清可鑑

墮鍋潭　震宮三田新陂兩圖

廟灣潭　震宮新陂圖

廟前潭　震宮車田圖

石皮潭　震宮新陂圖

新安潭　巽宮河市圖

復初潭　巽宮青石圖

龍潭　巽宮桃源圖有上中下三潭清流激湍深
數丈相傳有龍由此起　按通邑有二龍潭其一
在兌宮石坪圖

櫧樹潭　巽宮青石圖詭呼豬婆潭溪水至此瀠洄
瀲灩雅堪遊賞

將軍潭　巽宮青石圖

楓樹潭　巽宮山陂圖

無荒潭　離宮無荒圖

碧龍潭　離宮白竹圖懸巖萬仞陰雨有聲如鍾

雷潭　巽宮油坊圖

七星潭　巽宮張源圖潭有七如北斗七星在蜜巖山麓

石崇潭　坤宮縣城東一里八廖岡雋河中潭源瀫瀫水碧波廻潭上有山突起環抱關鎖為縣治水口道光壬寅年合邑建石塔於上以為文峰今頹

百丈潭　坤宮易段圖據雋河上游懸巖十餘丈水從巖罅飛瀉直下有三潭一在最高一在半壁一在平地迭相吞吐噴玉散珠聲聞遠近源由平江界北行十餘里自潭而下南行三十里至鷹紫巖復北行是為雋河

老龍潭　坤宮寶積圖當雋河中將雨則聲如雷吼上有龍王廟

沙坪潭　坤宮沙坪圖

大石潭　坤宮沙坪圖丁冲口

楊泗潭　坤宮雙港圖與百丈潭近

造下潭　坤宮雙港圖

龍洞潭　兌宮踏水圖相連十餘潭

老師潭　兑宮靈官圖

螺河潭　兌宮仙人圖兩崖夾束有上中下三潭聲聞如雷

龍潭　兌宮上石坪圖水中有石山如旗鼓龜蛇之狀

灘附

石盤灘　坤宮寶積圖雋河上灘中大石屹立上有大孔磊石雜環相傳為龍跡明王鼎過此有詩詳藝文

埠附

營家埠　坎宮塘田圖

過水埠　兌宮中石坪圖

牛車埠　兌宮黃泥圖

陂附

庚陂　坎宮百花圖唐時建下灌百花塘田二圖

車放田三百餘石元季陂圮圳淤明宏治間欽賓吳伯彰有田千餘石承注之田俱爲分業修復故埭捐田復圳寬五尺深五尺明季又復圮淤康熙年間庠生吳恒新等集衆土築樹鑲後漲發漂洗歲苦頻築乾隆十九年侯選州同吳開淇貢生吳芳殺等改立石堰始免屢頹屢築之勞至今利賴

槎陂　盤庚里　陳陂　石橋里

河陂　上太下太里　石洞陂　上太里

闊陂　甫田里　龍陂　崇仙里

黃土陂　修竹里　新庄陂　梓木里

大陂　梓木里　桐樹陂　新安里

篁竹陂　下黃里　青陂　下黃里

馬坑陂　下黃里　楠木陂　上善里

楓子陂　上善里　泥陂　來蘇里

石陂　下太里

官塘　附

東塘　新安里　西塘　來蘇里

南塘　上黃里　北塘　甫田里

堰　附

尹田堰　在坊里　喻家堰　在坊里

赤竹堰　在坊里　泉源堰　在坊里

鄧婆堰　在坊里　塘源堰　盤庚里

楊柳堰　盤庚里　白石堰　盤庚里

雙林堰　石喬里　坪上堰　石橋里

吳家堰　石喬里　龍洞堰　朱良里

石壁堰　上太里　毛家堰　上太里

神壇堰　下太里　黃沙堰　甫田里

雷家堰　太平喬　木塞堰　下太里

石陂堰　崇仙里　長港堰　甫田里

逍遙堰　修竹里　鐵爐堰　修竹里

團山堰　梓木里　雨壇堰　梓木里

竹巖堰　梓木里　龍潭堰　梓木里

牛角堰　新安里　彭家堰　新安里

葉家堰　下黃里　青山堰　上黃里

麻石堰　來蘇里　黃訓堰　下黃里

南港堰　上善里　大湖堰　來蘇里

大陂堰　上太里　五家堰　石喬里
舉腳堰　梓木里　狹頭堰　上善里
石溪堰　甫田里　陳家堰　石喬里
可成堰　崇仙里　東坑堰　里
以上二條均照乾隆年間舊志錄入　按陂堰爲聚水之區所以備蓄洩資灌溉也舊志所載歷年已久自不可沒其餘採訪所及概不輕登非略也恐有不實故甯闕文以待後之補修者

井

泮池井　道光丁亥年改建
文廟鑿泮池掘土三尺許有石板揭視之下有井適在泮池中清可見底衆稱異隨淘浄欄以石稽右與月宮橋相倚教諭張超唐撰有古井歌鐫石廟外詳藝文志

甘泉井　縣治蕭家嵜甘泉坊今名高街嵜　昔蕭姓居此井泉湧出今湮

金家井　縣治南城內清洌不竭冬温夏涼舊志載唐侍郎金興政掘修後按金姓譜係元至正年間金鱗仕通因僑居南門內鑿井而飲井中錫底刊有金鱗字樣

聖井　城南坤宮白河圖銀山下朝紅暮青秋冬不竭旱禱輒應

龍泉井　中宮城北二里仰山圖泉從石隙湧出冬温夏涼井下田畝賴以利濟每歲旱祈禱輒應上有神泉廟古木陰翳

義井　巽宮義井圖唐時有吳逃道七世同居共飲此水朝廷旌表鐫義井二字豎石路旁今存義

泉義井二圖均以此名

龍泉井　坎宮百花圖團山前宮圳下深二丈許冬温夏涼味極甘美

范坪井　艮宮下闊圖

青龍井　艮宮高石圖大樓屋側冬温夏寒可調疫疾大旱能濟

聖水井　兌宮中石坪圖今名泉水塘旱禱輒應

朱家井　兌宮中石坪圖久旱不涸冬温夏涼

石沖井　震宮石坪圖泉清味甘久旱則有霧與其

中夜深視之常如匹練

西井　震宮正龍圖相傳天將雨夜深時有白衣人出現

冷水井　巽宮義口圖泉四出而大

渡附

毛公渡　縣城北五里雋水新安港合流下達省城孔道春夏水漲額從渡夫二名每名給工食銀各壹兩捌錢帶閏銀叁分又修艌渡船銀伍錢共銀肆兩壹錢六分康熙二十三年裁銀貳兩叁錢叁

分內康熙元年奉　文豁免運夫故丁銀三釐玖毫零實徵銀壹兩捌錢貳分陸釐零初毛興吾世領操駕因名毛公渡明時毛氏故絕段賓壯化輪年承操串名段賓化世領當差因歲額工食並渡船大修小艌往往不敷馴致舟朽渡困乾隆十八年典史會稽孟士元設席勸募侯選州同吳開淇監生王五梅吳清李海春廩生杜昌家李元杜宇共捐田一石三斗玖升咸豐八年監生杜淇川捐田二斗詳均田賦給渡夫段啟明杜君英具結領種歎膳秋糧籽粒詳田賦志共額編工食銀壹兩捌錢貳分六釐修艌渡船銀伍錢歲給渡夫具領貯息永作大修小艌料工之用孟君詳奉邑侯梁公永備批照渡夫領狀吳開淇等捐約一併付與渡夫承種如船不依時造艌惰不守船駕渡糜租病涉者嚴追歲領庫銀本息入官委衙造艌於段賓化子孫內另擇勤篤者領種捐田領船駕渡

雋溪渡　縣城北五里上承鯉港下接沙坪左會雋水至毛公渡春夏水漲每歎望洋乾隆初年邑州

同杜世守等倡義捐修渡船并置田畝付渡夫耕種歷年久船漸壞道光年間貢生杜照明附職杜若等捐修如舊

沙坪渡　縣城東北六里地名渴猴飲水上承鯉港下至毛公渡

河下渡　縣城東十六里上承鯉港下至雋溪港會雋水至毛公渡

鐵柬渡　縣西北六里

油榨渡　縣西北八里

雙港渡　縣西北十里鐵東黃沙二水合流春夏水
漲渡夫操篙
水口渡　縣北五里杜孔懷門首下會鐵東港入崇
陽界
石嶺頭渡　縣西北八里崇陽界

通城縣志卷之四

沿革

通城置縣實自宋始由宋上溯之其間或沿或革皆
與崇合未嘗分註也有合載斯有分紀我
國家式廓日增僻壤遐陬咸遵疆畫況通踞崇之上山
會水聚尤爲特開者乎爰爲徵文考獻綜其分合析
而志之俾知所由來焉

虞屬荊州

夏屬荊州艾國麇國之間

商仍屬荊州艾國麇國之間

周屬楚國楚王熊渠封中子紅於今之武昌曰鄂渚
通城屬焉

秦屬南郡

漢高帝六年分南郡置下雋縣武帝時屬長沙

三國時屬吳

晉遣陶延爲伏波將軍征長沙蠻復下雋縣屬長沙
郡元康九年置建昌郡咸康初郡廢仍屬長沙

宋屬巴陵

齊改爲上雋縣隸巴陵郡
梁大同五年於下雋縣置上雋郡
陳改雋州天嘉四年州廢
按唐史高祖武德九年召王珪韋挺於雋州註雋州陳州名
隋開皇九年省入蒲圻尋復置州
唐元宗天寶開置唐年縣屬鄂州憲宗元和開於縣西南銀山北置通城鎮設首領官分轄
五代楊行密改唐年爲宗陽縣

梁改爲臨夏
南唐復爲唐年縣
晉又改爲臨夏
宋太祖開寶八年改爲崇陽縣屬鄂州神宗熙甯五年析崇陽縣二十二里陞通城鎮爲縣甯宗嘉定十五年以武昌縣陞爲泰昌軍領縣七通城屬焉高宗紹興五年復入崇陽十七年仍析爲縣屬武昌軍
元改軍爲路屬武昌路

明屬武昌府
國朝因之以上俱一統志
按通城漢以前地隸長沙晉以後隸巴陵隋以後入蒲圻又沈約宋書沙羡江夏下雋俱吳封周瑜地名則此地曾爲公瑾封邑呂岱亦屯軍爲齊梁時宇文爲患於南郡蕭詧臣周程靈洗全男文季破其軍鎮郢巴武岡三州南北相距斯爲重鎮夫巴陵險據洞庭通城係屯軍要處故俱隸於巴陵自隋以後至今俱隸武昌以水道通地勢順也

通城縣志卷之五

建置 城垣 馬道 衙署 營汛 倉舍 壇祠 堂院 郵鋪 關隘 街市 坊表 臺閣 亭 塔 橋梁 社 石路

重門擊柝以待暴客藩籬之設為特重焉通城舊無城垣前明始建石城
國朝定鼎後屢圮屢修非徒賁捍樂而已將以衛國保民永固金甌也至於官衙為出治之區米倉為正供之所穀倉為備荒之需與夫祠壇以致祭街道以成肆坊表以旌閭類皆王政所關民生所急非司土者所宜有興而無廢者哉

城垣

縣治舊無城東北臨溪西南枕山盜寇可虞明成化二年知縣杜敏於四街築門設警萬歷甲戌知縣甯廷仁繚以土垣癸巳巡撫都御史李請帑建石城知縣趙廷儼承修廣袤五百零五丈計二里八分工費銀七千四百二十五兩址闊一丈二尺頂闊九尺砌石四層腰磚頂石安墻高三尺垛口八百有奇共高一丈七尺五寸四門甃石洞上豎樓三間戊戌冬蛟

邑有城自此始戊申夏霪雨傾圮知縣楊浩修葺崇禎癸未賊張獻忠破縣敵樓毀
國朝順治己丑連雨盡傾知縣盛治毛鍾彥疊修復圮康熙乾隆年間知縣吳國瑞陸昌齡再修又圮查縣城西南北三門均按方向惟東城在東南隅乾隆庚申年移向正東嘉慶己未年紳士葛雄圖等仍改復舊建敵樓西南北三城亦粗為補葺城門僅堪啟閉土垣殘缺可以跋行出入道光辛丑冬崇道糾衆由城缺入士民護知縣李壘出城逆黨大肆刼掠城署公所毀壞殆盡壬寅正月官兵大集其黨始散　制軍裕督兵駐崇臬憲郭駐通安撫以荆州府經歷俞昌烈權縣事時府憲明隨臬憲在通見城垣坍塌首先捐廉百兩勸修有邑增生李佳鵠願獨修東城監生黎瓊道修西城州同職黎政璽修南城武生王家樂修北城以府憲所捐銀改修書院（詳學校志）接任知縣林逢年督修又於四城街市添設馬道柵欄監生傅協中承修城內營房四座城上窩鋪十六間

城門

東曰賓陽門城樓一座
西曰樂成門城樓一座
南曰引薰門城樓一座
北曰拱極門城樓一座
咸豐四年粤匪廖二踞城將城樓垛口營房窩舖盡毀十年知縣傅詩勸修城樓垛口所有窩舖營房尚待修葺

馬道

查舊志載城內東門學前正街一節無馬道自約所

前抵南城下寬七八尺不等出南門街口寬五尺南門歷重義倉迫城隍祠俱無馬道至隆平寺城下五舖寬八尺抵西門西門抵北門至新興街城下無馬道新興街下抵東門俱寬七尺城外東門至南門寬七尺出南門街口狹不能容蓋南門線街一丈二尺折而西至西門抵北門俱寬八尺出北街口寬五尺北門從橋頭歷河岸民塘俱寬四尺沿城至東門俱寬七尺東門外小街寬一丈二尺年月久遠多被居民侵占復因城圮未及清查自壬寅年修城後知縣俞昌烈林逢年飭諭四城內外均空出地八尺以為馬道居民不得侵占永著為例

縣署

明洪武年間知縣馬極建三十餘間有記（詳藝文）成化三年知縣杜敏重修萬歷三年知縣簡廷仁於堂左建戒石亭一座土地祠一間架閣房三間堂右建幕廳一間榜房一間外庫房一間楚南名邑坊一座儀仗庫一間旌善亭一座石庫樓一間十四年知縣劉棟於儀門外建迎賓館三間崇禎年間知縣趙三台

建東西糧房各三間每年里長於內納銀明季兵燹蕩毀過半

國朝順治年間知縣盛治建正堂一間後堂一間敬信堂一間東西吏房各六間東西皂壯房三間儀門三間東西角門各一間頭門三間東馬房一間又於九年建縣衙正廳三間望街樓三間左右書房各三間廚房三間東西馬房二間十三年知縣毛鍾彥因前任以民居為獄室卑濕廹人犯多病創立新房廣其前制後漸傾圮乾隆三年知縣陸昌齡重修正堂及

頭門二間又於儀門内建吏戸禮兵刑工承發七房於頭門内東邊建倉儀門外建獄獄神廟一所獄房下邊班房二間乾隆四十五年知縣張其章修大堂有記詳藝文道光辛丑冬遭祟逆刼毁知縣俞昌烈先後補葺舊建規模詳列於后

頭門外照牆一座今存以下盡毁

頭門一座　門東房二間　門西房一間

儀門一座　儀門外東邊班房四間上下抵倉

儀門外西邊監獄一所房六間　神臺一座

儀門内東上大堂左側土地祠二間兼奉蕭曹二神

儀門内西邊三班廳前後房六間

三班廳前科房前後一十六間監生胡構隆修

科房下班房三間上底科房下底監房

大堂一座　堂東鼓亭一間　聽事房一間　堂西房四間

宅門一座　門内東西門房各三間

二堂一座知縣俞昌烈額題敉慎堂　大廳一間

東西房各一間　二堂東圓門外庫房一間北上廚房五間　又上衙神廟一座　二堂西圓門外花廳一座房三間鍾應春題照秋陰之館知縣蔣澧建

花廳後坐西前後房六間上坐北幕房五間

三堂一座俞昌烈額題復新堂大廳一間　屏後房一間　東西前後房各二間　東邊牆外房八間

四堂一座　大廳一間　堂東西房各二間

咸豐三年土人滋事入城燒燬街市延燬縣署知縣鍾榮光勸捐補修四年三月逆匪廖盡行燬拆尚待建修

縣丞主簿明正統元年欽裁官署無考

典史衙舊依縣堂後圮典史歷僦民房乾隆甲申年知縣明福請帑委典史陳躬圭承修改縣署頭門西舖司所建廳房三間住房三間廚房一間馬房一間頭門一座班房一間攢典房一間道光辛丑冬祟逆毁壞知縣俞昌烈典史王肇璜修葺詳列於后

上重廳房共三間　左邊廚房一間　中重廳堂一間　左右書房各一間　儀門一座　左攢典房一間　衙後空廠抵民房衙左空廠抵監獄監獄後巷

一條寬三尺直出東門正街

咸豐四年三月逆匪廖二踞城盡行燬拆尚待建修

陰陽學　在縣西三十步後改頭門外右側今廢

醫學　在縣東三十步後改頭門外右側今廢

布政分司　在縣南八十步後圮被近處人占墾嗣清出歲收地租銀一兩爲　城隍祠香火之資舊志今仍失業

按察分司　在縣東十步雍正四年知縣李玠改建爲學宮舊志

儒學　另詳學校

營汛

雍正七年始設駐防於通城屬武昌城守營標汛無公所兵僦民房康熙五十年知縣吳國瑞建四城樓房各三間兵得分住後樓毀乾隆九年請帑三百兩建造營署知縣楊洛同教諭楊仁訓導邱良驥邑紳吳開澄等查出縣署後黃華堂側原有營署官基建茅房十三間中爲官署旁爲兵房乾隆二十五六年間霪潦房頹僅存三間二十八年知縣七十留銀三十兩交接任知縣明福興修道光辛丑冬被崇逆毀壞知縣俞昌烈外委魏金富請帑重修詳列於后

頭門一座　二門一座　左右房二間

廳堂一間　堂左房一間　右房一間　後房三間

廚房一間　照牆一座

咸豐三年土匪滋事入城延燬四年逆匪廖二踞城盡行燬拆尚待建修

演武廳　在教軍廠明時建後爲流賊張獻忠殘毀僅存石脚道光甲辰年於教軍廠中砌石三層爲廳基今存廳尚待修

教軍廠　在拱北橋東北半里塔下星華二寺前南至雋河北至演武廳舊石脚後東齊塹舊志

武備源委說附

通邑非嚴疆也唐憲宗元和時於唐年縣西南境銀山之北置通城鎮守以首領文員至宋神宗熙甯五年析崇陽縣之二十二里壓鎮爲縣宋高宗紹興初楊么倡亂勾誘衡寶永郴山猺恣肆虜掠追岳忠武平楊么而山猺殘孽竄伏大山密箐通城地界相連

之龍窨山尤爲窟穴理宗寶慶閒猺種漸蕃遇歉出掠遂設千戸長駐通元降爲百戸至明缺裁
國朝康熙十三年吳三桂踞岳州蒲圻路梗大兵取道通城通境處處安塘時爲樞衝巨鎮己未吳逆平裁撤各塘留有宣守備駐防數年復撤以武昌城守營外委把總帶兵十二名駐防雍正六年臬憲王拏解刁生王某經崇陽境被其黨搶逃復撤把總易以城守營千總駐劄彈壓乾隆二十九年　上憲以通邑通來民馴蒲圻驛站長外委權輕難於鈐束遂調通

城經制千總駐蒲圻調蒲圻外委千總駐通城嗣改爲駐防外委同縣民壯防守城池倉庫禁獄乾隆二十八年冬吏部尚書陳奏准通行城守營兵與捕役同緝盜竊道光壬寅崇逆平後易以把總添設守兵八名其外委一缺改駐崇陽縣洪上共額設民壯十八名每遇霜降祭旗纛演武事工食由縣支發（數詳田賦）

倉舍

廣惠倉

按宋韓琦請留沒入戸絕田不鬻募人耕而收其租以給老幼貧疾謂之廣惠倉後王安石立新法鬻廣惠倉田以爲青苗錢本惟知利國不知利民一廣惠倉也由魏公而置由安石而鬻相去奚啻千萬哉通城廣惠倉九間向在縣署西科房後今廢

社倉

按朱子社倉法制宋乾道年間朱子居福建建甯府崇安縣之開耀鄉時太樸與進士劉如愚勸民發粟減值賑濟里人獲存俄而盜發浦城縣人情大震藏粟亦且竭朱子以書請於知府徐公貸常平倉米六

百石餓民以次受米遂無饑亂歡聲動於旁邑及秋王公淮來代守建甯府適大有年民願以粟償官王公曰歲之豐穰不常其留粟里中而上其簿籍於府倘後艱食可無搬運之勞由是夏借粟於倉冬則加二息計米以償遂立法歲一斂散收息什二卽不欲者勿強歲少饑則弛半息大饑則盡蠲之著爲例又以粟分貯民家於守視出納不便乃捐一年之息爲倉三間以貯之十有四年將原米六百石補還府倉其現管米三千一百石則累年所息也中本府照會

永不收息每石止收耗米三升以此一鄉五十里內雖遇凶年人不缺食朱子又奏請以其法推廣行之天下令隨地擇人隨鄉立約申官遵守實爲久遠之利宋孝宗隆興八年下朱子社倉法於各路以十家爲甲每甲推一人爲甲長五十家推一通曉之人爲社長其逃軍及無行之士與衣食不缺者並不得入甲其應入甲者又問其願與不願願者開具一家大小口若干大口一石小口五斗五歲以下者不與置簿以貸之其以濕惡米粟不照實還倉者有法以治

之此社倉之法通百世而無弊者也然里社不能皆得其人如朱子者以主之又不能皆得其人如劉如愚父子以爲之助則其成此會也蓋亦不易矣

皇上日知薈說曰常平社倉之說均貴乎得人然常平在官社倉在民在官者法立而事權畫一在民者情私而弊竇叢生其理易明也且天下州縣不過千數百而州縣中村社何止數萬求千數百賢能之人猶難而況數萬乎使州縣皆得賢能之員察民之災而先爲申報當民之饑饉而即行賑貸則常平之粟固足備而常平之利亦無窮社倉雖有利亦何必行之哉

上諭宋曾鞏議賑之說曰必也藏富於民藏穀於社使饑荒有濟水旱無虞此又在爲政者平日經畫之得宜耳舊志

社長議 附

雍正年間楊督憲奏准建設社倉本未雨綢繆備荒周急善政也但建議於各州縣選殷實戶舉充社長司其散斂奈謹畏殷實戶百計規避不肯承認牧令始將糶給之戶遷就僉掌此等人民侈約不齊牧令

實心體國子民者少又不遵照原議定限三年更替交盤俾水落石出虧缺易補顧漫不經心姑容不充侈肆社長見穀盈廩庾視同固有歲將社貯託稱已谷罄空加三權息另揑親暱借名放三存七三升作耗七升償息僞簿呈官每歲賺息不貲私幸橫來天財服食宴飲驕奢浪費不十數年開谷耗家索又恐司倉胥役稟報委員盤査每年每石潛給陋規四五分不等分賂胥差鋪口並稟免委盤之需因循十餘載天道報施半累產蕩貲空迄穀本無着狡將故廢

愚民串同胥役誣欠搪銷而社本半歸烏有矣此原議社長必須願充殷戶三年更替流弊也夫以民間義捐備荒之穀竟致大耆社長胥役蠹串乾沒花銷遇荒莫備況致穀虧捏欠差擾無辜愚民澤未沾而害且倍之寘之議社初意大相戾矣惟有變通三年更替成議每歲九月終冊查秋糧五石以上士民無問願充與否稟名書簽寘筒牧令親掣輪掌一年卽掣更替交盤則年清年款谷自無虧善政濟以良法自可久可溥矣或謂籤不願充託故辭卸則嚴諭以身享樂利

皇恩應報任邮族鄰義分應然違者有刑禮律昭垂況止一年暫勞又非久累兒孫倘再怙抗不承卽予枷押勒充亦不任不邺應得之刑也然必實心任事體國子民之良有司始可議行此法否則浮滑官場畏煩偷安縱狗吏役太阿倒持此法不免始循終廢善政仍翻成厲階矣舊志

按通城自順治康熙年間社倉之法尚未廣行至雍正五年惟震宮圖原貯社穀五石雍正十二年奉守[illegible]

憲並知縣孫斯璲暨九宮圖士民共捐社穀三百六十五石七斗八升乾隆二年奏撫憲楊捐穀五石節年出放至乾隆十五年底共收息穀二百七十六石零九升零乾隆十五年申明獎勵等事案內奉巡撫唐綏祖檄飭勸捐社穀據士民捐貯穀七百九十石六斗乾隆十六七八等年共收息穀一百五十七石九斗四升七合九勺二抄五撮零乾隆十八年據士民續捐息穀一十二石三斗八升八合乾隆十九二十兩年出放共收息穀四十四石八斗九升四合五勺乾隆二十一二三等年出放共收息穀二十一石七斗一升二合六勺五抄內除給社長修倉折耗穀三十六石五斗一升三合八勺實八十五石一斗八升八合八勺零以上舊管穀一千七百四十二石九斗一合零新收乾隆二十四五六等年出放除給社長修倉折耗外實收入倉息穀三十五石三斗八升六合一勺乾隆二十七年奉文出放穀一百六十一石應收息穀一十六石一斗開除乾隆二十六年奉文飭較社斛斗升動用息穀六十六石乾隆二十七

年除給社長修倉折耗穀四百八斗三升實計九宮
圖共貯本息社谷一千七百二十三石五斗零七合
四勺九抄五撮五圭一粒四粟一顆六糠分貯各社
倉付九宮圖社長經管舊志
按社倉一條創自朱子乃救荒之善政然社倉在民
情私而弊易生上下稍不得人則徒厲民而荒仍無
以救通邑自雍正迄乾隆年間漸次奉行至咸豐四
年賊匪滋事四鄉賊擾社穀焚搶其出放收息開除
實在各款因案卷被燬無從查核後奉札飭查據承

辦倉書稟稱社穀除焚搶外尚存二百六十石零在
四鄉各圖聲明有案現值兵燹後諸廢待舉似宜民
力稍紓始行建社倉選社長斟酌要規力絕諸弊斯
善政可復焉耳

便民倉

倉以裕國亦以利民相水陸之宜爲規建之制是在
長民者善爲經畫焉通阻山谿之險南北二疆向艱
於搬運明萬歷三十六年邑侯楊公創建於縣北二
十里星橋鋪轉運兩便教諭徐應斗爲之記詳藝文
後罹兵燹僅存牆垣屋基迄
國朝定鼎以來屋基牆垣聽士民居住未及重修舊志

常平倉

漢耿壽昌奏請令邊郡築倉以谷賤時則增價而糴
以利農穀貴時則減價而糶以利民名曰常平倉又
按魏李悝平糴法中饑則發中熟之所斂大饑則發
大熟之所斂而糶之故雖遇饑饉糴不貴而民不散
通城常平倉在縣堂東邊土地祠前磚倉八間列時
和年豐民安物阜八字號至二門內止縣堂西邊磚

倉三間列大有秋三字號其常平倉一十一間共貯
穀九千五百五十二石六斗七升自順治康熙年間
歷奉捐買倉穀額貯四千石春夏減價糶穀收銀秋
冬增價糴穀補倉循行穀貴傷民則減價以平之穀
賤傷農則增價以平之此安民勸農之良法萬世常
平也且屢年糶舊糴新穀無陳腐朽爛之耗市無高
擡時價之弊惜倉穀未豐不能惠徧山陬自雍正三
年起至乾隆十三年底各官捐穀六十九石四斗七
民捐穀三十九石五斗六升雍正四年奉　文領帑

買穀四千石乾隆二年奉　文添買穀一千九百五十九石四斗四升雍正三年起至乾隆二年底常平倉穀共六千零六十八石四斗內除欽奉
恩詔事案內乾隆元年賑給鰥寡孤獨貧民動支倉穀五十石外實存穀六千零一十八石四斗乾隆十四年奉　文飭照雍正年間定額將溢穀二千零一十八石四斗於乾隆十四十六兩年糶價解交藩庫奉批在案又重農積穀等事案內乾隆十七年知縣梁丕甯捐穀五石於乾隆二十四年變價解交藩庫奉批

在案又欽奉
上諭案內乾隆十七年截留漕米易穀二千三百二十六石又貯運局等事案內乾隆二十四年奉　文抑貯採買穀二千四百石以上共穀八千七百二十六石又貯乾隆二十六七兩年餘米易穀八百二十六石六斗七升通共貯穀九千五百五十二石六斗七升俱經實貯在倉並據乾隆二十八年六月內知縣七十調任黃陂縣交盤冊抄出舊志迄咸豐三年土匪入城滋擾倉廒倉穀毀搶無存文卷亦被遺失所有從前額儲倉穀廢興陞舉因時制宜是所望於後之良有司焉

惠政倉今廢

東倉在梓木里塘湖市今廢

重義倉在南門內西偏今廢基存

西倉在來蘇里大湖下販今廢

南倉在上黃里烏橋上今廢

北倉在盤庚里沙堆市今廢

以上六倉均係舊志所載額廢年分失考

縣署大堂下東穀倉八間列時和年豐民安物阜號

頭門內東倉門一座倉神廟一間廟東邊房三間西邊房一間

廟前座南米倉四間列仁義禮智號

座西米倉四間列備皆愛戴號

柵欄一座

柵欄內東米倉五間列國太自民安號

西米倉五間列風調兼雨順號

中甬道上官廳一座

官廳後穀倉四間列光吉呈祥號

又官廳上穀倉二間列丞盈號

二堂前西邊花廳西牆外坐東穀倉四間列元亨利貞號

坐西穀倉八間列乾坎艮震巽離坤兌號

坐北穀倉五間列昇平慶有餘號

以上各倉均以咸豐四年粵逆竄擾與縣署一併焚毀無存尚待補建

壇

社稷壇　縣西北一里許宋元時各爲屋社以勾龍配稷以后稷配明洪武八年詔天下祭不用配壇不用屋知縣馬極用石砌壇東西南北各二丈五尺高三尺四寸增各三級壇下前九丈五尺東西南北各五丈週繚以石牆成化十八年知縣胡浚置祭器萬歷二十五年以建石城侵壇知縣趙廷儀改建於演武亭前後以西城外舊址尚寬改歸原處壇北五丈外明季民李木以銀八兩充公貿壇地長九丈九尺廣五丈五尺立塹護其先墳今石基俱在稱爲北壇道光癸卯年知縣林逢年量

地東西各廣十丈南北各廣十三丈周以石牆高一尺壇用白石高三尺五寸廣五尺深二尺八寸石拜臺並壇外近城窪處不許民人取土致傷壇基每歲春秋仲月上戊日致祭詳禮制

山川壇　縣南半里許東嶽觀後明洪武初知縣馬極建成化十八年知縣胡浚置祭器稱爲南壇道光癸卯年知縣林逢年重建東西各廣五丈五尺南北各長七尺週繚以石牆高一尺壇用白石高三尺五寸廣五尺深二尺八寸石拜臺今圮待修每歲春秋仲月上戊日致祭詳禮制

先農壇　在南城外東嶽觀左雍正年間知縣周珙請帑買觀前地前至𡼏後至溝左至城下路右至觀門建壇道光年間知縣林逢年重建量地東西各廣六丈三尺南北各長六丈五尺週繚以石牆均高一尺壇用白石高三尺五寸廣五尺深二尺八寸石拜臺每歲季春上亥日知縣率僚屬祭先農行耕耤禮詳禮制

雩祭無壇　乾隆七年奉　部文每歲以四月上辛

於先農壇致祭每遇水旱詣壇祈禱

邑厲壇　舊在城北半里許明洪武初知縣馬極建後圮萬歷二十二年知縣趙廷儼議遷於南門外以厲壇宜近北乃止雍正十二年知縣孫斯璐以壇夾民居喧溷不潔卜塔下高爽地議遷未果道光癸卯年始因其地創建壇牆內外純用白石高五尺五寸深六尺廣八尺每歲清明七月望十月朔致祭（詳禮制）

祠

城隍祠　縣城南門內明洪武初奉詔頒爲命討監察司民城隍顯佑伯知縣馬極創建廟宇景泰二年知縣楊慶重修增塑像判門馬市民置鐘鼓成化二十二年典史羅廣塑六曹六案神像萬歷二十二年知縣趙廷儼置儀仗轎傘

國朝康熙三十年知縣白瑄捐建拜殿上架捲蓬三十四年諭住持鄭創臣募修后宮殿乾隆二年知縣陸昌齡典史朱璋諭捐重修儀門戲臺十四年住持丁如冰募石砌東出街道直抵官街口建頭門樓一座二十八年知縣明福典史孟士元勸捐改修道光年間南門市民於戲臺前募修兩亭一座咸豐四年兵燹全毀同治四年邑侯鄭焚會同汛官吳鏞諭邑紳朱德壽何立中劉步陞勸捐督修紳耆何時福杜卜吉劉世盤等監修祀典詳禮制

文昌祠　舊在縣北門外拱北橋東明萬歷二十三年建城以祠基廹城知縣趙廷儼迎入青陽書院祀之

國朝乾隆丁巳年知縣陸昌齡建祠於縣署後左圍牆

外年久漸圮道光丁亥改建

文廟將原基改爲

崇聖宮即於宮左建堂一間祀

文昌先代創祠於前上建正殿一間左右各一間堂下中爲甬道左挨廡壁右繚高牆下重廳爲官僚行禮所大門上鐫以額規模倍舊己亥年紳士雷自昭等勸邑人葛韻亭捐銀一百兩補修並於下重建魁星祠之咸豐四年兵燹十年貢生何立中重修祀典詳禮制

關聖廟　城內舊無專祠祇西城市塑有
聖像又南城外朝宗橋北長廣寺前殿亦有
聖像每逢朔望及春秋暨
聖誕三祭官僚俱於長廣寺內行禮雍正丁未夏秀水
濮發前邑頤顏戊申冬知縣周珙以城外不便寺
且圮捐廉建廟於黃華堂後迎西城
聖像祀之始有專祀乾隆丁卯知縣石爲瑞勸捐於廟
右建
關聖先代祠宇祀

曾祖光昭公
祖裕昌公
父成忠公咸豐五年均加封王爵春秋致祭又創僧房六間千總
李成英葺頭門建神臺乾隆壬申年知縣梁永臨
捐換廟梁甲辰年制軍特臨通捐廉修理委衛守
府職王宏魯監生劉堂萬監修外立大門三座中
豎磚坊鐫以額道光甲辰年重葺咸豐四年兵燬
十年邑侯傅詩勸捐重修正殿一座祀
帝君前重戲臺一座東西房二間後重係佛座舊基改
建後殿一座祀
帝君
三代正房二間廂房二間祀典詳禮制
忠孝祠　舊在學宮東乾隆甲子年改建道光丁亥
重修學宮祠居西齋後祀邑人宋忠臣方璵明孝
子沈艮教諭義士廖忠祠內鐫宋知縣尹仲所製
方璵殉難碑記文詳藝祀典詳禮制
貞節祠　雍正辛亥年知縣周珙請帑修建祀明節
婦陳江氏

國朝貞女皮鳳貞祠舊在書院右道光丁亥年改建
文廟將祠基作學宮另於縣署左數十步外建祠經費
皮陳二姓所出兩重兩房前豎石坊一座咸豐四
年兵燹後二姓粗修尚未復舊祀典詳禮制
昭忠祠　東城內同治二年知縣李致勲諭邑紳龔
登雲吳冠春章纂泗李德明熊作梅等勸捐監修
育嬰堂　東城內知縣林逢年建後改賓興館今廢
惠民藥局　縣正街二十步知縣褚潭建今廢
養濟院　舊在縣城外西北半里明成化二年知縣

杜斂改建隆平寺右正屋三間男女房各三間每名月給米三斗歲終綿花銀三錢後廢 國朝同治二年知縣李致勳汎官吳鏞建北城外房屋三間

郵鋪

總鋪 縣治頭門左今廢基存

白馬鋪 縣北十里

星橋鋪 縣北二十里

進口鋪 縣北三十里

清水鋪 縣北四十里

石屋鋪 縣北五十里

以上各鋪咸豐七年撫憲胡 奏請裁撤以咸豐八年正月爲始

關隘

南樓嶺碉卡 巽宮長冲圖嶺南山腰有石亭抵江西義甯州界距城五十里咸豐十年邑侯傅詩督局紳傅協中樊登雲吳冠春王德鴻王巽唐黎大春劉繡文羅廷杰胡理之黎斗三何立中黃旣明李德明胡述祖杜申錫習永林葛鏡仁熊作梅皮德封朱德壽章兩煕章象四等勸捐創建上有垜口下有卡門營房三間

苦竹嶺碉卡 巽宮祝壠圖嶺南山腰有石碑抵江西義甯州界距城四十五里與南樓碉卡相去十餘里同時創建垜口卡門營房均與南樓嶺仝

九嶺碉卡 兌宮九嶺圖距城二十一里由九嶺二十里抵湖南平江界與南樓苦竹碉卡仝時創建前後碉卡二座上有垜口下有卡門均甃以石

清福碉卡 乾宮大揚圖距城三十五里路通湖南臨湘巴陵

永安碉卡 與清福碉卡相距五里許

天岳關 黃龍圖縣東南六十里平江通城接壤要處咸豐乙卯年建

街市

正街 由南城抵北城舊用亂磚砌甃日久碎陷礫砢難行

國朝康熙五十二年市民劉鳳岑捐銀一千兩易以石

寬五尺兩旁陰溝亦用石砌自南門至北門外抵
拱北橋頭東門由十字街至縣署頭門知縣吳文
琦獎功成善果額并贈以聯又立石碑於高街嵩

十字街　縣署西

西街　縣城西門道光癸卯年居民重修

新興街　舊在縣城西門內黃華堂前今廢

憲街　縣城南門外路通平江昔鄭憲堂居此因名
舊志誤綫今街尙屬鄭基

苦竹街　舊在巽宮祝龍圖苦竹嶺達甯州路今廢

十里市　縣南十里

官塘市　縣東二十里

塘湖市　縣東三十里

麻埠市　縣東南三十里

麥市　縣東南三十里

崇古市　縣西二十里

太平市　縣東五里

沙堆市　縣東北二十五里

新安河市　縣東南二十五里

坊表

萬代宗師坊　知縣臧石立今廢

狀元坊　宋狀元楊起莘後嗣於道光乙巳年重建
墓前

勅賜坊　牌樓冲元太守吳元四立

方伯四面坊　在十字街巡撫李御史錢建東扁方
伯北扁總憲南扁文宗爲布政舒大猷立西扁爲
贈封參政舒孟溢郎中參政舒勝禴立

太史坊　中宫上畈圖吳芳欄立

樂善坊　樂成圖胡湯占立

節鎮坊　知縣臧石爲舒大猷立

楚南名邑坊　知縣趙廷儼立今廢

丹桂坊　舉人姜惟性立今廢

善教坊　縣治譙樓右今廢

善政坊　縣治譙樓左今廢

恩榮坊　義民盧邁頃立

登科坊　舉人陳天佑立

科甲坊　知縣趙廷儼立

策元坊　舉人吳開澄立
亞元坊　舉人許忠清立
育才坊　縣治東今廢
惠民坊　縣治西今廢
攀桂坊　舉人金諒立今廢
擢桂坊　舉人方瑛立
經魁坊　舉人金璽立
開桂坊　舉人華濱立
興賢坊　在西城巷口明旌指揮將軍李壽四

賓賢坊　舉人鄧恭立
麟魁坊　舉人何隆立
續桂坊　舉人胡世舉立
策魁坊　舉人程盛泮立
進士坊　劉仕昌立
進士坊　劉紹元立
繡衣坊　劉仕昌立
澄清坊　今廢
肅政坊　今廢

儒林坊　今廢
昭忠坊　教軍廠同治二年爲殉難立
學道愛人坊　北城外咸豐九年紳民爲邑侯夏錫
麒立
百歲坊　計七座
一縣署頭門右　吳寅工立
一縣署頭門左　吳天佑立
一巽宮潤田圖　汪宗漢立
一離宮里八圖　潘德求妻羅氏同媳何氏立

一縣西門內　劉鳳友妻徐氏立
一乾宮嶺下圖　胡楚英夫婦立
一震宮八叟圖　咸豐二年傅八元立
貞節坊　縣署頭門左皮鳳貞陳江氏二姓予旌立
貞女坊　詳列女志貞女本人名下
節孝坊　詳列女志節孝婦本人名下共二十一座

臺

金沙臺　東墨圖明成化間鄉賓吳伯瑩建祀東嶽
大帝

慶風臺　中宮風雨圖過水埠
石城臺　兌宮石城圖
祭雷臺　兌宮石城圖
仙人臺　巽宮黃龍圖
八仙臺　巽宮大白圖
珍珠臺　坤宮錫東圖錫山洞內
石仙臺　坤宮關聖圖王仙洞舊傳仙人王子雲圍棋於此

閣

東山閣　東城外明嘉靖間知縣徐彝建八方閣於山頂名爲魁星閣後圮道光丁亥年例貢生盧太宇重修咸豐四年兵燹同治五年庠生吳楚標葺修下二重創修上三重
魁星閣　北城外乾隆九年北門士民捐建咸豐四年兵毀同治四年復修
迴瀾閣　南城外咸豐三年兵毀同治二年衆姓重修
帝君閣　乾宮白馬圖拔貢李佳燾建內供文昌帝君關聖帝君神像

亭

泮水亭　在儒學泮池西今廢
愛蓮亭　在縣東今圮
丹桂亭　在縣東今圮
黃鶴亭　在下太里舊傳有仙乘鶴憩此因名

路亭附

中宮

渡頭亭　毛公渡西章伯質建今圮
水閣亭　青山圖黃姓倡修
樊家亭　在樊家店
大路亭　破石圖路通岳州黎國仲捐建
牌樓亭　長堤圖
五斗亭　黎圖村華滚捐建

乾宮

仁義亭　左港圖義立橋下李西作捐修
界頭亭　貢生胡甯兄弟捐建木架

畫涼亭、南園圖今圮
花涼亭　梅林圖黎養純建
五里排亭　石馬圖木架
北港橋亭　石馬圖李元兄弟捐建磚砌
長沙涼亭　引港圖胡姓倡建木架
洪家壠亭　監生李元捐建
坎宮
大坳亭　韓峯圖臨湘崇陽界乾隆元年貢生吳開治兄弟倡建石砌

韓家嶺亭　韓峯圖乾隆間吳開治兄弟倡建
桐樹亭　河田圖四腳嶺吳開治兄弟倡建
艮宮
堆山亭　堆山圖眾姓捐建
青草嶺亭　後坊圖眾姓捐建磚砌
大岐嶺亭　茶坪圖眾姓捐建磚砌
震宮
沙堆亭　木架今圮
灣頭亭　灣頭圖盧姓捐建磚砌

茭沖亭　黃泥圖眾姓捐建磚砌
巽宮
河市亭　河市圖
小坳亭、平江界
石鱉亭　義井圖
苦竹街亭　祝龍圖監生葛桂林建
南樓嶺亭　長沖圖
七里山亭　路口圖
鯉港涼亭　八方圖

苦竹嶺亭　義甯州界
櫱坑嶺亭　義甯州界
離宮
賓善亭　東港圖磚砌
和勝橋亭　和勝圖甎砌
馬鞍山亭　東港圖
黃荆段亭
破石壠亭
坤宮

白沙涼亭　白沙圖聶儒挍捐建石砌
太平橋亭　西坪圖磚砌
壽隆坳亭　乾隆己卯年僧清曉捐建石壘
伯公嶺亭　伯公圖石砌
伏牛嶺亭　大坑圖
三峯嶺亭　三鳳圖楊姓倡修磚砌
文宣橋亭　下堡圖徐學安捐建石砌
黃鸝亭　伯公圖石砌
茅田亭　僧清曉捐建

清涼亭　清涼圖聶姓倡建石砌
兌宮
伯賢亭　樂成圖章伯賢建修
大界亭　平江界胡公祥捐建磚砌
尖山橋亭　尖山圖王姓倡建磚砌
壘土坳亭　洞源圖徐姓倡建甎砌今圮
馬港橋亭　馬港圖
踏水橋亭　踏水圖

塔

教軍廠文峯塔　雋水西南來繞縣東城北行經晏家園上青石橋東與秀水合流爲縣治水口昔有僧滿大於水口星華寺側募建石塔五層高五丈嗣周湘重修市民周以勝造石佛鎮之石塔近北今之教軍廠也建修年月失考雁塔穿雲爲八景之一

銀山文峰塔　山爲縣署學宮面案明成化間建磚塔於上以象天馬貴人實爲縣治文峰後傾乾隆辛巳邑庠胡開欽周可畏盧廷翰李元稟生周德

紘舉人吳開澄州同吳開淇監生黎正煌金逢桂潘有璜胡雲鵬與道士姚海籌等勸捐重修址仍舊易以石中實以土高五丈周三丈頂周一尺四寸年久土浸石圮同治五年邑紳募捐重修（詳義舉）石砌六方周四丈高五丈七尺五寸

水口文峰塔　縣治北城外王家潭上道光辛丑年知縣李蟫集議倡建高七丈五尺七層八方每方六尺四寸咸豐壬子年經武昌清軍府勞光泰崇陽知縣金雲門合卜改建中宮華下圖水口邑紳

王家炳杜彬明劉繡文等監修

橋梁

拱北橋　縣治北門外跨雋水宋咸淳間楊起莘建莘中寶祐四年進士第二是科一甲十人皆賜狀元及第故亦名狀元橋詳人物志　初建石墩九孔上架木板明永樂壬辰圮正統丁巳知縣楊慶修葺正德初暴漲盡頹塔下寺僧真成募化洪彥銀杜萬鳳胡奉吳伯彰陳允彝倡修勸捐五千餘金仍九孔圓拱橋面皆甃以石　國朝乾隆二十八年

舉人吳開澄監生胡運泮胡世賢杜世守黄國安黎元明生員李開洪毛逢明毛洪德章旋凱耆民胡維爵吳芳洛僧圓安加甃石一層護以石欄嘉慶二十三年合邑士民捐葺完固姓名勒碑橋畔

朝宗橋　縣治南門外一名朗橋跨秀水洪武中主簿白翥建後圮萬歷間僧海清募化市人羅南喬石砌三孔　國朝雍正丙午五月暴漲冲去橋岸土深廣丈許知縣李玠諭市人傭工填築乾隆庚辰暴水湧去二墩市民吳天遇吳日昇等募修旋圮嘉慶十二年監生王雄雋等勸捐修理如舊

顧公橋　縣治東門外團山閣下明嘉靖間都御史顧璘建後圮　國朝康熙間貞女皮鳳貞補修復暴漲殘傾二孔監生吳家倡葺又經庠生杜君美倡葺乾隆四十一年皮尚南加葺道光丁亥夏蛟水暴漲片石無存生員皮立之等捐修移置下流同治三年五月水溢復圮監生皮光照章必從勸捐修葺

青石橋　北城外橋有二一在胡家舖上今涸一在

晏家園溪口離城里許達省孔道

松岡橋　東城外橋有二一上在八廖圖下近東関圖明萬歷間王松岡建

星華橋　北城外拱北橋右

下洪橋　南城外觀蓮白沙二圖溪口乾隆二十年

道士姚海籌募建

中宮

石潭橋　石潭圖明隆慶庚午吳石潭石泉黎允椿倡建乾隆丁丑貢生吳讓作等修葺道光丁亥年

水濺領圮庚子年吳振漢吳廓寰吳膺組吳象玉
吳觀雲補修
賽公橋　石潭圖通岳州大路明萬歷間黃贊華建
雍正間裔孫黃旦升等補修
印墩橋　明時建乾隆庚辰監生胡鵬民倬雲李文
漢補修
大佛橋　鷹紫圖路通巴陵李壽南倡修
黃筆橋　黃筆圖明章萬立建裔孫景光重葺
萬興橋　鷹紫圖乾隆時李萬卷等倡修

上西橋　石潭圖通岳州大路乾隆中吳英升建
永鎮橋　長堤圖生員黎明新民戴欽鑑倡建
大堰橋　長堤圖黎明新黎朝壁倡建
大興橋　風雨圖乾隆年間修
永福橋　白米圖南北通衢
陰山橋　仰山圖通岳州大路
賀家橋　梅港圖通岳州大路
樊家橋　樊店圖通岳州大路
大陂橋　甫田圖

謝家橋　柳石圖
梅港橋　梅港圖
章家店橋　馬耕圖
邱家橋　樊店圖
大佛寺前石橋　鷹紫圖
大界下石橋　鷹紫圖
黃沙港石橋　風雨圖
牌樓橋　馬畈圖
馬坑橋　馬坑圖
李婆橋　黃桂圖　以上三橋俱黎宗寶建修

乾宮
兆港橋　白馬圖路通岳州明時建雍正辛亥章伯
賢倡葺乾隆甲申庠生李元母佘氏重葺道光己
酉山水衝塌庚戌年李佳鵠叔姪捐貲重修
繼先橋　柘林圖監生李慄奉同弟東美於道光癸
巳年建以父審端先有此志故名
命屬橋　左港圖乾隆壬午監生胡湯占遵父周新
遺命捐建

南團橋　朱時建乾隆己卯胡仁隆孀妻黎氏雲英
捐葺一名雲英橋
三宮橋　引港圖朱時建乾隆間僧廣千募化補修
灌口橋　北港圖乾隆甲申李元母佘氏建修
李壁橋　北港圖乾隆甲申李佘氏建修
虎炭橋　北港圖乾隆甲申李佘氏建修
莊前橋　引港圖乾隆壬子監生李松颺倡建
漆壽橋　方段圖李佩環室人胡氏建修
上下新橋　南潭圖胡黎氏建修

楠木橋　界頭圖路通岳州朱時孟姓倡建
永安橋　白馬圖胡玉吾公嗣孫建修
楓樹橋　柘林圖監生李傑泰建修
雙港橋　嶺下圖雍正間庠生胡仁捐建
義立橋　左港圖乾隆癸未李酉作倡建
仁從橋　左港圖乾隆癸未李酉作倡建
槎平橋　嶺下圖乾隆年間胡楚英捐建
漆壽橋　南儺圖袁鄧氏建修
南港橋　柘林圖監生李審端建修

畢公橋　庄前圖路通崇陽
清溪橋　方段團山二圖同治三年衆姓建修
濠源橋　嶺下圖胡楚英建
團山橋　團山圖李胡氏建同治三年水圮李傑泰
補修
左家橋　橋樓圖左姓公建
長沙橋　引港圖路通岳州
沈家橋　南團圖
水口橋　左港圖

雙港二橋　大陽圖
逢橋　庄前圖
坎宮
石屋橋　明萬曆間吳效季倡建
萬福橋　仁義圖乾隆二十年州同吳開洪等倡建
張塊橋　豐安圖康熙時胡鳳章君喜吳亦懸建
黃泥橋　鐵坪圖乾隆壬午吳開淇吳梅友捐建
青茅橋　倉灣圖路通岳州監生吳芳樂捐建
楊源橋　楊源圖乾隆二十三年胡春南捐建

西坑橋　韓峯圖監生吳芳芬李海春捐建
成化橋　成化圖明成化間監生胡一亨修
鄒家橋　楊源圖乾隆初僧曉月募修
横沙橋　舍灣圖乾隆甲戌年謝姓倡建
櫟坪橋　長沖圖雍正間黎對升建
石板橋　長沖圖乾隆甲申衆姓建
井欄橋　井欄圖陳昌齡倡建
廟背橋　平山圖乾隆二十五年吳開淇捐建
黄坊橋　鐵坪圖吳芳樹捐建

普安橋　普安圖明寺僧募修
水口舖橋　普安圖乾隆二年貢生吳開治倡建
上井欄橋　楊源圖乾隆癸未鄭壽山胡甫山胡天木倡建
沙口橋　百花圖上通岳州下通崇陽咸豐元年職員吳有文吳貴成耆民吳萬林湯炙六等募修
雙港橋　河田圖道光年間吳信萬吳春林募建戊申年水圮待修
黄源橋　韓峯圖李姓建

羅港橋　下灣橋　花墩橋　田樓橋　以上四橋監生胡一亨建圖分失考
艮宮
毛公渡木橋　下闔圖庠生杜美菴蓋庵兄弟創修後嗣維良遜作承修二百餘年故亦名維遜橋後圮兩岸居人助修
水口舖木橋　下闔圖監生杜孔懷建至今子孫世修
楮樹溪上下三橋　大溪圖王天文建

堆山橋　油墟圖乾隆丙寅吳勝邦等修
大陂橋　下闔圖乾隆己卯吳勝邦等建
鳴宇橋　大源圖明庠生周鳴宇建
大源橋　櫟坪圖乾隆間羅宗璜等倡建
石橋　南塘圖乾隆己卯衆姓倡建
柘橋　下闔圖路達省城
後坊橋　後坊圖明時建
堆山橋　堆山圖明時建
震宮

永安橋　大源圖增生盧旦梓建嘉慶癸酉嗣孫庠
生盛苞貢生盛義補修
靈壽橋　沙堆圖道光庚寅年衆姓建監生吳藻榮
等督修
楓樹橋　移風圖明時衆姓建庠生盧屏南重修
泉灣橋　正新圖盧慎斯古六吉言步雲葺修
天霽橋　南塘圖增生盧大照倡修其孫重葺
萬家橋　桃源圖順治年間金杏池修
楊臘橋　灣頭圖盧逢舟建其孫補修

靈普橋　義口圖康熙時金仲英建修
小井橋　石冲圖吳楚通衢宋玉書建
桃灣橋　移風圖監生吳揚衡修
新麻橋　正新圖監生盧逢舟建
橋頭橋　橋頭圖明時張姓建
杉樹橋　灣頭圖盧卓公修
福德橋　八叟圖鄧純安修
福星橋　楊藪圖衆姓建
白沙橋　平坳圖

巽宮
逍遙橋　竹墈圖明吳逍遙建年久就湮咸豐四年
職員何鍾鳴羅香翰監生葛隆升儒士劉均和葛
殿元重修
平心橋　盧石圖縣東四十里通江右要道乾隆五
十八年王觀朝建修同治五年其孫棐臣仝弟姪
復修三眼高二丈餘
廣濟橋　南樓嶺下長冲圖監生吳左青鄉賓何憲
田等倡修

楓蔭橋　山陂圖葛鳳台葛龍書葛雄蕃葛相漢等
倡建
南虹橋　港下圖咸豐七年衆姓創建
集福橋　竹龍圖劉發唐建修
關山橋　南興圖庠生吳楚標創建
福星橋　鯉港市後咸豐三年建
三賢橋　龍印圖同治四年建
秀姑橋　燕窩圖貞女秀姑建
龍印橋　龍印圖

李星橋　修竹圖

福德橋　路口圖

大陂橋　八方圖

里星橋　塔嶺圖

百祿橋　港下圖

白馬橋　大窩圖

板橋　塔嶺圖

九步橋　山陂圖

離宮

古港橋　油坊圖張淑能建乾隆癸亥後嗣庠生世家等葺修

十善橋　東港圖路通甯州康熙間聶儒拔修

和勝橋　和勝圖路通甯州明時建上有亭

一關橋　中白圖魏翰台丁石平倡建

上龍眼橋　新灣圖明萬歷間吳王二姓建

下龍眼橋　新灣圖

上虹橋　白沙圖康熙間姚繼舜建

擎秀橋　上堡圖康熙間潘升吉建

大坑橋　中堡圖庠生方卽元倡建

三元橋　卽戈家橋吳朝熙等建

萬壽橋　貞女吳丑貞建

水興橋　水興圖衆姓建

軒然橋　吳軒義修

砥柱橋　上堡圖州同職潘樹人募建後圮職員曾敦和兄弟重修

神人橋　上堡圖潘姓募修

東港橋　東港圖

道上橋　中堡圖同治四年創修

坤宮

兼萬橋　乾港圖乾隆年間黎兼萬建

純也橋　乾港圖乾隆年間王純也建

萬家橋　茅田圖萬歷年間何姓公建

三星橋　下堡圖徐文宣建

新橋　下堡圖徐文宣建裔孫禹書重修翰爽補修徐學菴建亭於上

硃沙橋　茅田圖初係拱背後圮改石板

長板橋　寶積圖道光癸卯年修

太平橋　東平圖路通甯州同治四年貢生王茂三
縣丞王德符王錫九補修

三峰橋　三鳳圖楊姓倡建

成港橋　沙段圖胡錦福建

渭水橋　三鳳圖姜周裔建

鄭家橋　白沙圖

神壇橋　西平圖

安樂橋　西平圖

石塘橋　伯公圖

楊泗橋　三鳳圖

三埠橋　沙段圖

蔡和橋　東港圖

十善橋　東港圖

洞仙橋　錫東圖

楓樹橋　錫東圖唐梓冲

石板橋　園山圖

樂善橋　東嶽圖道光己亥年眾姓捐修

張仙橋　關聖圖

新橋　沙段圖明時建

仙境橋　易段圖

登瀛橋　雙港圖百丈潭下初名雙港橋嘉慶道光
年間監生楊壽堂父子三次捐修同治三年傾圮
五年其孫楊桂初等募修石砌拱橋
兗宮

馬港橋　馬港圖古建明徐昊倡修兩岸乾隆初章
伯質仝眾姓倡葺越庚辰暴漲水西決橋洞

招賢橋　一名靈官橋宋景定時黃子賢建乾隆間
楊品乾楊名顯楊子常等倡建

相公橋　踏水圖明嘉靖時創建乾隆戊辰楊名顯
修葺

何堡橋　中段圖明時建道光七年水圯十九年孔
墨林等倡修

壘土橋　九嶺山下明時建道光二十七年改爲木
橋路通平江

聚秀橋　仙人圖橋下有巖石泉滴瀝名滴水巖

三埠橋　靈官沙段二圖路通平江
水井橋　靈官圖明時建楊登幹兄弟補修
三公橋　踏水圖乾隆二十九年陳仁山等修
萬壽橋　踏水圖乾隆丙子年楊名顯建
李壩橋　遙廣圖黎宗寶建修
佛坳橋　中段圖路通平江
過水埠木橋　中石坪圖李時芳修
一渡橋　九嶺圖路通平江
尖山橋　尖山圖明時建

佛紫橋　踏水圖明時建
踏水橋　踏水圖明時建
白福橋　踏水圖明時建
何堡橋　何源圖
烏　橋　樂成圖後改木橋
在
東門在　雍正初監生吳家鵬倡建
續家在　南門外乾隆丙子續良軒等重修
菖蒲港在　東門外嘉慶辛酉年衆姓建

劉公棠在　錫東圖州判黎正煌捐建
八仙臺在　大白圖乾隆年間監生葛行瑶建
傅姑墩在　楊皷八方二圖明時建衆姓補修
左右灘在　巽宮中旺圖庠生吳楚標建
株樹潭在　青石圖葛康侯倡建
五里牌在　錫東圖今湮
龍在　龍灣圖路通平江舊有橋後圮乾隆二
年貢生吳開治捐建
油坊在　油坊八叟二圖明時衆姓建後補修不次

車田在　龍灣車田二圖乾隆庚辰年衆姓倡建
燕窩在　燕窩圖乾隆初生員羅萬河同族建修
沙坪在　沙坪圖新安港明時吳姓建
石陂在　雲溪中堡圖灣裏港康熙年間監生李先
齊捐建
河市在　河市水西二圖路通甯州
萬福在　踏水圖楊名顯倡修
河田在　安田圖葛景朝倡修
印墩在　坎宮鐵坪圖吳姓建

河澄陂在 巽宮大源圖同治五年職員何吉當母
杜氏重修
龍岡陂在 巽宮大源圖同治五年何姓公修
田東在 田東圖
繕溝在 塘湖港下圖
石路
馬鞍山石路 雍正年間聶儒披捐修三百丈後王
有辛等補修
十善橋至太平橋石路 道光年間監生王穀貽修

通城縣志 卷五 建置 五四

南樓嶺坳上石路 吳左青何引標何憲田何謙若
等募修坳下衆姓捐修
七里山至石紫頭石路 庠生鄭連三童生葛道中
募修內何賓林子監生力田修二百丈
龍冲口石路 乾隆初生員習可程捐修
鄧家嶺石路 吳能文修砌二里許
南樓嶺石路 葛遵海捐修里許
苦竹嶺至苦竹街及增市石路 劉無名氏修
南門外至黃泥坳石路 咸豐年間貢生何立中修

九嶺圖九嶺石路 從山麓至頂監生徐岱巖捐修
北城外麻縂畈石路 衛守府黎均涖修
茅坪畈石路 黎姓公修
高冲至鯉港石路 貢生鄭富有職員譚占奇募修
馬鞍山石路
西城外石路
潤田石路 耆老汪三成修
黃龍山大小坳至何段左右灘石路 計十八里許
衆姓募修

通城縣志 卷五 建置 五五

通城縣志卷之六

風俗

古者入國問俗民風之厚薄政治之得失關焉通城近古羅土堅民質崇儒術勤耕耘不事繁縟親上易治歲時伏臘相率為常記曰齊其政不易其俗蓋以高曾矩矱之不容沒也彙而志之可以觀矣

務農力本 湖北省志

通城僻處山多水少民生其間資性厚重甘淡泊務耕織不事服賈故邑雖彈丸而鮮奸悍士氣亦磊落

地雖少水往往蛟龍起陸漂殺人畜又當衢道軍旅往來明末寇亂白骨盈野今幸生聚有年矣俗儉不盡與他邑同 武昌府志

田野小民務農力本五方雜寓家自為俗縣居僻處山多水少民生其間性資重厚甘淡泊尚禮義男務耕鑿女攻織紡少事商賈士勤學問風俗渟美 舊志

立春日迎春東郊辦臺閣演故事遲遲來城觀土牛五色占水旱以句芒神冠占寒燠

元旦男女長幼夙興盛服拜天地祖宗卑少者拜尊長謁時憲年神利方燒香出行攜供具做椒盤意謂之出方親故交賀謂之拜年兒童賽爆竹擊鉦鼓謂之鬧年是日不傾水不灑掃不與錢物不形怒容鄉人聽先鳴鵲占養雞鴨不傾水謂行不遇雨也

上元俗呼元宵是夜街市放花燈舞龍燈士民嬉遊達旦粘詩射謎謂之打香燈門前各烘火一爐四更加薪以火大為吉名曰賽火

二月社日鄉民各祭本境社神祭畢飲饌分胙是日浸早稻謂之社種新塚亦於是日標祭

清明祭墓標紙錢於塚上踏青插柳於門喜晴

五月五日以艾葉菖蒲懸門禳毒氣小兒以雄黃硃沙點額辟邪鬬百草為戲土人制龍舟競渡親故以角黍醃蛋相饋遺盛者金花表禮如正旦

六月六日天貺節農家酒食禳田祭都官蓋土地神也

七月十五日中元節家具粢醴紙錢祭祖寺觀作盂蘭會夜放燄火

八月中秋比戶以月餅菱藕相饋遺月上設餅餌酒

食於露臺賞月望月中五色雲謂之守月華又以月之明暗占來歲上元晴雨

九月九日重陽節飲茱萸酒士大夫攜饌具登高賦詩采菊盈頭以爲樂

十二月二十四日俗謂小年掃屋塵具香燭供迎祖先獻饌侑食以糯米作餅祀竈神

除日貼門神春聯懸五色紙福字夜靜敬宗祖如小年冬至禮撾鼓放爆飲至夜分曰守歲少者揖長者曰辭年門庭插翠柏臘梅[illegible]女備果餚以待元旦飲謂之出行祝聖酒

三春之月迎儺神演戲謂之還香火市中建醮謂之太平醮舊志以上歲時

冠婚禮近從簡便於親迎先一日男家集燕族戚長幼醮子命字加冠服誥誡女家集燕醮女加笄簪服飾誥誡婚無論貧富媒人先傳兩家生命紅帖彼此互請星士裝排八字推算果否利益符合不符則各還生命符則諏吉行聘貧家用銀數錢名曰啟媒至家筵款預寫庚書拜書函銀二三四兩不等或銀花

手鐲以作聘儀次日媒乘馬至女家交受筵款女家回換庚書拜書至男家筵款一宵晨饌辭歸亦有不用庚書憑媒僅饋雞米於女生月內抱養至家爲媳者富家則豬羊啟媒宵款不用聘儀祇用庚書拜書男女互換款歸亦如之遠男女長成男家請媒先向女家求允允則男家諏吉給媒交女家覆鑑吉凶鑑允貧戶女家畫單開梭布釵環並紅線量付衣服長短則子交媒並求男家體量代助筵席衣被奩飾或五六兩至十兩不等名曰過度媒覆男家辦齊衣飾禮銀於親迎旬日前仍具啟儀請媒宵燕晨款乘馬盒貯開具禮單拜書送至女家交收名曰信日富家不用過度餘俱如之女家席款仍用回書交媒旋宅宵燕晨款辭歸女家請偕老嗣蕃族婦爲嫁女開面近居族戚筵請嫁女嫁女服壻家衣飾赴席名曰吃嫁飯親迎前一日仍鞍馬請媒至家鼓樂宵燕媒卒新壻鼓樂詣女家款宴畢保姆掖女幃面盛飾出房壻迎向揖名曰見面保姆掖女同壻拜謁祖先旋拜父母族戚此女家受授之始也第簡奠雁一節耳富

家加贈女衣飾壻冠袍靴帶牀褥帳氊室堂器物咸具名曰嫁奩娶儀嫁儀兩家各耗數十至百餘金不等男女交拜畢保姆掖女登轎男備服贈服挂紅親鎖轎門隨轎鼓樂歸至門復親用鑰開鎖男家選偕老子蕃姆嫗掖女出轎至房合巹男女二人復坐牀起立男出堂揖謝媒鼓樂晡燕宵燕名曰花燭筵翌早女家陪送親屬柬請男家敘倫保姆掖出先謁拜祖先次公姑次伯叔依服制拜訖方謁拜戚媒受拜者咸函銀寘堦棹名曰謝拜拜訖女歸室具諸果餌

饋獻諸族戚名曰餉茶夫傳庚卽納采也定聘卽納徵也媒傳諏日卽請期也信日卽納吉也親迎六禮備其五祇簡問名一儀男往女家親迎也備奠鴈先歸二事較之夫不親迎者遠矣次且拜堂廟見也舉餌饋獻饋贄也雖未遂三月未及三朝較之全不謁祖饋茶者遠矣是通之婚禮蓋猶有古道存焉舊志

生子蓐母惟啖鷄最忌食豬肉謂滯氣血忌食牛肉謂乳子舌謇三日温水沐浴兒身衣褓抱出見祖鷄肉獻奠名曰洗三朝初生子名曰冢嗣貧用樽酒脡肉富用豬羊報知蓐母母家辦腥醴盒報媒人名曰報喜越三五日母家賀喜貧用籠雞藍布米一擡或族戚湊助一擡富饋鷄米褓褡細布並族戚湊助或至十餘擡不等媒貧一擡富二擡迄匝月具酒饌醮祖且諏日具柬會請筵燕名曰謝三朝貧富皆自哺不雇乳媼此俗之近禮者但子一育鄉里羣曉星命書者率編星盤童限誇評富貴取悅索謝名曰送童關誕家貧者酬以升米分銀富者款酒飯酬以四五分至七八分不等甚至收童關可百餘本耗費十餘

兩者此弊俗也週歲盤羅百玩任摸名曰試週富家族鄰競送冠鞋對聯母家製紬緞衣服冠履餅餌一擡或二擡名曰賀週誕家諏日柬請盛饌宴謝舊志

新壻或聘後或娶後初謁岳家名曰過門娶後女回謁父母名曰囘門筵款數日富室製冠袍豬牛馬騾送歸女攜初胎孩甥初謁母家留款月餘富室備騾馬或豬牛餅餌送歸舊志

父母亡無論貧富士庶未殮俱散髮赤足既殮服斬衰麻布無麻布代以白麤棉布外襲以麻草屨扶杖

首頂麻布一條長齊地稻草索紐冠頂綴以棉母存父亡則綴右紐角父存母亡則綴左紐角父母俱亡左右紐角俱無棉蓋取髧彼兩髦之義也婦如夫服但穿白麻鞋頂麻縰不用草冠屨承重孫服亦如之期服孫爲祖服齊衰白麻布爲之首頂長白麻布一條不披麻上加白棉紙冠白布鞋冢孫扶杖曾孫爲曾祖服五月元孫爲高祖服三月俱如之爲胞伯叔父母並胞兄服白棉布衣首頂長白布一條上籠紙冠白布鞋衣不齊衰少殺於祖服也功緦服白布衣

套頂白條布藍布鞋袒免白套服白布纏頭貧戶訃知族戚就於棺殮成服日薄暮族戚備賻儀祭文致奠宰豬席款延僧道誦經繞棺或請禮生行家祭名曰坐夜次早出柩送葬歸安靈座哭奠三日請僧道復土每閱七日請僧道誦經化錢名曰應七至五七三十五日或七七四十九日請僧道誦經做佛事貧家一日兩宵富家三日四宵或五日六宵不等四十九日後名曰滿七除草冠草屨頂麻暑月易以白涼帽冬月易以白暖帽鞋用白布百日周年富家舉奠

貧戶省約三年服闋貧富家修齋祭奠亦如五七儀竣事燒紙主易木主吉服送主入宗祠名曰上堂至於富室父母初喪春秋冬停柩於堂暑月出殯俟涼月紙牌神主開堂設奠名曰開弔或三五日甚或十日訃文先註煩某日預防擁擠簡媟之咎至日鼓樂喧闐請禮生四八六人不等專司唱引贊禮族鄰行一獻儀未拜之先酹以二尺白布加首姻戚行三獻禮酬以白細布三尺俱款以盛饌而散晚用禮生八人行家祭禮間以僧道經懺數日之內或費數百金

否則羣鄙爲不孝飾虛爲盈之子效尤闢靡至有重債鬻產者舊志

按喪禮稱家之有無者又須遵循禮制古稱錢帛助喪曰賻未聞窶戶受賻爲鬻親者喪陰事鼓樂嫌於陽哭服以表哀自服喪巾赴奠禮也乃必喪家備帛布加弔者首名曰散帛是弔者不哀而喪家代爲之表也子食於有喪者之側則未嘗飽蓋體恤人子飦粥之哀不忍恣食也顧反盛陳饌樂飲消茹粱悖禮忘哀賊教傷化莫大焉甚至畏譏勉效破產不顧則

不惟有戾喪稱有無之禮毋亦大傷死者之心乎安得講禮植教之儒起而正之弔奠務遵禮賻酬款不御酒肉一惟精潔譜品侑餐飦粥孝帛務令弔者自備不許喪家散給一惟喪禮是遵庶頹風可漸挽與 舊志

每姓各建宗祠元旦香燭茶酒告祖出天方初二日通族集公祖祠堂香燈贊禮先中龕始祖次左昭祖次右穆祖次昭祧祖次穆祧祖次無後旁親祖先次三殤各入拜畢序尊卑以次遞拜社日前祭新葬先

塚清明前後備香楮豬酒告醮歷代先塚畢祭奠祠堂先靈唱贊奠次如前立秋供靈嘗新諏日具新米飯饌告祖嘗新誕辰暨高曾祖考妣誕辰俱吉服具饌奠祖忌辰素服致齋具獻酒饌醮奠七月中元十一日迎祖獻飯十四十五日晚用楮錢包裹自始祖至內族服親近者敷封遠者一封具饌奠訖焚化名曰化錢又曰化袱除夕香燭酒饌奠祭神祖曰辭年 舊志

款賓舊賓酒醴雞黍外通設土菜二品新賓通設豚肉鮮魚土菜共九品而止裕戶吉酒豚雞鮮魚外市海錯珍饌共九品或十二品惟乾離二宮界毗巴陵平江饌品較儉餘八宮豐儉頗稱適中

執業乾宮大園一園中宮兌宮上半園壤接岳州人稠田貴農則雞鳴呼炊然燈早膳力作直至昏時方息沐飧訖即然炬索綯織屨或葺補器用四時日夕罔有佚晷婦女不施脂粉春務蠶事甚或栽桑購葉養蠶十箔繅繭四五觔不等餘月紡綿自彈自織無有戶外工作游冶者　按縣治西北人稠居咸土著

田貴每畝自二十兩至四五十兩上下東南人戶稍疏田價較輕畝田自十兩至十五兩上下 舊志以上鄉俗

各姓祭祖多於秋冬間行之或五年或十年或二三十年會集族衆按門分派豬羊每至百餘隻旗傘執事鮮妍擁道鑼鼓小樂隨行以多爲貴香案古玩器皿俱備有功名者皆冠帶輿馬族大丁繁者與祭之人動以千數至墓前奏樂行禮蓋取追遠之義且亦以遠近墳墓久恐遺忘故欲使合族通之也祭畢將豬羊均分燕飲仍古致膰燕毛之意云 續志

方音附舊志

聲音五方各異聲異以平上去入之失諧音異以宮商角徵羽之失調是皆不離乎長短高下輕重清濁之間少戾其本元也如四聲之平去五音之宮商高長而濁四聲之上入五音之角下短而清徵羽清以長輕北音宮商多重南音徵羽多輕番語多角舌轉而齒北方上聲呼平京師上聲呌去吳越平聲呼去楚入聲呼平蓋楚川雲粵西主齒火也閩浙粵東脣兼舌音帶徵而清火近水也各省山川之氣致然也

通邑聲高而長不但無土聲音皆北音兼商亚聲兼吳無土音也初官斯土者倘未辨四聲何諧五音何調一遇村民稟白公堂對簿悉介胥役傳語鮮不改易供詞顚錯字句者一易一顛重輕失倫將詞聽氣聽之法相逕庭矣爰增志方音爲長民初蒞者識梗概焉

𨑨扯些寫瀉借爺野夜易

奢賒畲拾舍赦射石遮者

蔗鷓炙隻俱呼章去聲斜邪嗟姐借

跡以上音俱呼沈韵星呼箱醒呼想鯹性呼相

錫呼箱入聲城成筬呼常贏營盈俱呼揚易

揚入聲熒螢俱呼瓤影呼攘暈呼讓歊讓入聲

生呼桑省呼爽聲呼商程呼長赤尺俱呼長入聲

驚呼姜頸憬呼講經鏡呼降輕呼羌磬呼羌去聲

喫吃呼伽入聲晴呼祥請呼搶靑呼鏘羹耕

庚俱呼岡梗哽呼岡上聲蓆呼祥入聲隔呼岡入聲

稜呼郎冷呼朗拏郎入聲錚增爭呼臧掙呼壯

摘呼臧入聲撐瞪俱呼著門呼著去聲擇拆俱著入聲精

睛俱呼將井呼槳正呼章整呼掌擎檠呼俱強

迎呼娘仰娘上聲坑呼康欵呼慷抗呼抗客呼康去聲

桁呼抗彭棚俱呼龐白拍俱龐入聲桄呼光莖

脛俱呼廣晃呼光去聲橫呼王畫呼王入聲零鋌俱呼良領

嶺俱呼兩定呼諒踢慄笛俱呼良入聲兄呼閃平聲

榮呼庸丁頂釘訂餅壁平病名

明上十字俱北音轉商家嘉加枷俱呼噶假呼噶上聲

價嫁駕俱呼噶去聲伯柏俱巴入聲牙芽

衙俱呼滿音阿瓦瘂俱呼滿音阿上聲交茭膠俱呼高

絞（呼稿）敎（呼告）覺角（俱呼閣）頭（呼條）豆（呼掉）額（呼鼇入聲）
勾鉤溝（俱呼驕）狗苟（俱呼繳）夠（呼呌）鄒（呼焦）
走（呼剿）皺奏（俱呼驟）湊（呼俏）搜（呼消）藪叟（俱呼小）
愁（呼樵）瘦（呼笑）謀侔眸牟（俱呼苗）江（呼扛）港
講（俱呼扛上聲）降（呼扛去聲）惡（呼敖入聲）鍥（呼騷入聲）人銀（俱呼凝）
儆（呼慫）年（呼儼平聲）染（呼儼）客（呼晗入聲）子（呼宰）紅（呼逢）朋（呼蓬）
麥（呼麻入聲）掏梼（俱呼老平聲）崩（呼邊）學（呼鶴）水（呼許）松（呼崇）
完（呼丸）日（呼仁入聲）吳（呼孔平聲）黃（呼王）鄧（呼奠）段（呼旂去聲）姦
奸（俱呼干）減簡（俱呼敢）間澗監鑑（俱呼幹）甲

夾（俱呼干入聲）能綸稜（俱呼年）山（呼三）五（呼孔）六（呼留入聲）
八（呼班入聲）插（呼殘入聲）樓（呼聊）摟（呼了）漏（呼廖）顏頑（俱呼諳）
眼（呼諳入聲）鴈（呼岸）晏（呼案）畝押鴨壓（俱呼諳入聲）
盂（呼面）察（呼殘入聲）這（呼箇上聲）那（呼開上聲）醉（呼祭）魏僞（俱呼遇）堯
饒姚（俱呼梟平聲）閑（呼坎平聲）措狹瞎轄（俱呼坎入聲）

通邑風土十詩（附舊志）

風土如通地本饒桃源一境闢雲霄銀峯秀積年年翠雋水瀾廻歲歲潮唐宋人家常見在漢秦里戶未曾凋兵戈罕到仙鄉土那識皇圖換幾朝

二

一水周迴曲繞城六溪口上見江清采封漢季分公瑾地闢殷王自武丁琉柱朝霞會左現相師夜月叉西明山河包就重重揖宜爾居人盡樂生

三

中平四顧總岧嶤分得田廬各自超小港注時流大港短條生處接長條鷺公嶺曲梯爲路鴨背灘灣板作橋出入林塘皆不遠何須他處問漁樵

四

低產高生事事全縱當凶歉亦豐年孳孳笋蕨爭歸搶逾尺瓠瓜不論錢童子每看羞牧犢女人未見偶耕田况勤縑帛兼綿布楚省聲名到處傳

五

地達川湖荊與揚何難分逐利名場財收萬貫隨歸里客不三年即返鄉仕宦任他深進步行藏大抵合懷方習成品格羣知足此俗思來總是良

六

允懷風俗賤矜驕盡覺浮情暗自消有馬常多皆散

步無糧恒不小低腰殺惟客至方提稱裘匪年高不
用貂只是留餘傳世世何愁他日易零彫

七

儉中尤自轉清超鄉市雖分意不遙冬至家家儲炭
米春來戶戶種蔬苗書堂燈火宵連旦工邸鑪錘暮
作朝教得小童皆一志雖當嬉戲亦漁陶

八

尤愛人情禮俗饒親朋相見喜麤招開罇綠酒兼加
醴羃椀清茶併着椒池底有魚歡結網牢中執豕喜

燔骨每隨客量無釀醉未見酲昏暗裏逃

九

更念城居四塞中一番鄭驛漫相通琴堂夜月絃鳴
靜犴獄春風鵲噪空糧餉凶年先截串祠壇樂歲早
酬功清平化理人人快直覺華胥在里東

十

計我居人駐此鄉年深月久亦難詳瓜當發蒂綿綿
引井到分流灩灩長旣沐寬仁安宅里兼承覆育衍
宮牆今從　聖世調絲竹共舉麤言志不忘

通城縣志卷之七

土產

古之盛王不貴異物賤用物誠以珍禽奇獸之可娛不若土物心臧之足尚也通邑無他珍產而山水之資生土田之種植堪供生民日用者正自多多養欲給求是亦造物之無盡藏也爰撮其所有者著於篇

穀類

稻早中晚　菽　蕎　粟　黍　藷　芋　芝麻
大麥　小麥　角豆　綠豆　豌豆　刀豆　蹥子

高粱　包蘆

貨類

棉紗　棉布　葛布　葛麻　苧麻　茶葉　紡綢
花椒　棉花　藍靛　黃蠟　白蠟　蜂蜜　麻油
桐油　竹箄　白炭　火紙　草紙　煤炭　石灰

蔬類

青菜　白菜　芥菜　莧菜　苦菜　油菜　苦蕒
黃瓜　絲瓜　東瓜　西瓜　南瓜　北瓜　瓠子
蕫蒿　蘿蔔　萵苣　芫荽　葍芭　木蕊　石蕊

韭菜 蒔蓮 茭筍 蕨粉 藷粉 葱 蒜 薤
筍 蕨 薑 白芥 馬齒莧 羊牙茭 白花菜
冬莧菜 茄

果類

桃 李 梅 栗 柿 梨 棗 杏 柑 芡實
橙 橘 柚 白果 楊梅 櫻桃 石榴 枇杷
菱角 山栗

藥類

白果 菖蒲 百合 蒼朮 薄荷 紫蘇 芍藥

香附 荆芥 烏藥 當歸 乾葛 牛膝 吳萸
土苓 白朮 木賊 厚樸 蓮米 藕節 側柏
皂角 苦參 梔仁 枳實 萆蔴 香薷 匾豆
花粉 澤蘭 桃仁 靈芝 竹茹 竹瀝 茯苓
寄奴 山楂 白芨 藿香 常山 小茴 獨活
細辛 瞿麥 管仲 黃精 尾蔆 黃蘗 槐角
石乳 南星 半夏 木通 加皮 青皮 陳皮
夜明砂 桑寄生 瓜蔞子 車前子 蒼耳子
五棓子 金銀花 白頭翁 枸杞子 地骨皮

桑白皮 益母草 何首烏 淡竹葉 麥門冬
黃連

木類

桑 柘 松 柏 梓 杉 棚 株
桂 槐 楊 柳 榆 桐 楮 樟
楓 椿 檀 樱 漆 梨 栗 檜
棠 杏 柞 杞 椆 櫟 桃 椒
白楊 黃楊 梧桐

竹類

南竹 荆竹 苦竹 簟竹 斑竹 紫竹 筆竹
篛竹 叢竹 實竹 鳳尾竹

花類

玉簪 鳳仙 芍藥 薔薇 木樨 水仙 蜀葵
梔子 瑞香 蛺蝶 木槿 山茶 海棠 酴醾
芙蓉 紫荆 吉祥 百結 杜鵑 決明 雞冠
石榴 牡丹 臘梅 木筆 臙脂 茶花 蓮花
蘭花 菊花 萱花 繡毬 茉莉 桃花 李花
五月菊 山躑躅 蟠龍松 月月紅 洛陽錦

雁來紅　一丈紅　千葉榴　木芙蓉

草類

鳳尾草　龍膽草　馬鞭草　車前草　狗尾草

夏枯草　白茅草　螢火草　扁竹草　佛指甲

蘭草　青蒿　紅蓼　茭菰　芭蕉

鼠草　鹿葱　菖蒲　穀精　稗草

萱草　小草（根名遠志）　艾　藻　荇　萍　芹

蘩　芝

禽類

鶴　鴈　燕　雉　鷹　鴿　鵠

鷄　鴰　鷗　鸛　鵞　鴨　鸇

瓦雀　畫眉　鴛鴦　喜鵲　竹鷄　練鵲　山鵲

鷓鴣　鵪鶉　布穀　子規　鵓鴿　白鷺　烏鴉

鶺鴒　八哥　啄木　山鶥　鸕鷀　野鵝　天鵞

淘河　惡姑　翡翠　鷂鷹　鴟鴞　青鳩　粟雀

斑鳩　秧鷄　淮鴨　陽雀　黃鶯　白頭翁

獸類

鹿　虎　豹　馬　牛　羊　豬

騾　驢　貓　犬　麞　麂　麋

猴　豺　獺　猩　兔　狐　狸

黃鼠　野豬　毫豬　狗獾　九節狸　白面貓

犴狗

鱗類

鯉　鰱　鯖　鯽　鮎　鱖　鱓

鯮　鱑　鯿　鱔　鰕　鰟　鱤

介類

龜　螺　蚌　鱉　蜆螺　穿山甲

蟲類

蠶　蜂　蛇　蚊　蠅　蚋　蟻

蛙　蟬　蛾　蝶　莎雞　螳螂　水蛭

蜈蚣　蝴蝶　蜻蜓　蚍蜉　蚯蚓　地蠶　蜘蛛

蝙蝠　百節蟲

通城縣志卷之八

田賦 戶口 糧稅 田制 徵解 雜稅 奏稿告示附

丁起三單貢程九式中正畫一之法周官獨詳我
朝酌古定制薄賦輕徭
列聖相承愛民如子二百餘年來戶無力役之征田無加賦之累偶遇水旱偏災議賑議蠲均霑子惠至於鹽引茶牙當稅亦隨時斟酌以期便民生斯世者鑿井耕田忘
帝力於何有豈不懿歟

戶口

元以前無考

明洪武二十年
軍民二千六百九十一戶
男婦一萬七千九百八十口

永樂十年
軍民二千七百二十戶
男婦一萬九千六百四十口

成化十八年
軍民二千六百一戶
男婦三萬九千二百六十口

宏治五年
軍民二千六百三十二戶
男婦四萬二千四百零六口

隆慶六年
人丁一萬二千零二十一丁

萬歷
人丁一萬二千零二十一丁

天啟
人丁一萬二千零二十一丁

崇禎
人丁一萬二千零二十一丁

國朝
順治七年照原額人丁一萬二千零二十一丁之數
每一丁派徵銀一錢五分四釐四毫四忽三微六纖二沙八漠
順治十三年知縣盛治奉文編審新增成丁二千二

百零六丁每丁派徵銀一錢三分三釐八毫四微
一塵三纖三渺新增次丁二千二百七十五丁每
丁派徵銀七分
康熙四十五年五十年新增成丁三名
按康熙元二年間奉　文豁免西山駝夫故夫成
丁八十八名共免丁銀一十三兩五錢八分七釐
五毫七絲一微五塵二纖六渺四漠康熙五十二
年欽奉
恩詔以五十年丁冊定為常額續生人丁永不加賦

以上原額並新增成次丁除豁免故夫丁外實存
一萬六千四百一十四丁共徵丁銀二千三百一
十兩二錢二分六釐二毫三絲八忽二微一塵八
纖一渺
雍正七年巡撫馬因部覆准直隸總督李維鈞卷查
里民毛仲子等呈請丁隨糧派一案將通省丁銀
照糧均攤每秋糧一石帶徵派丁銀一錢三分四
釐四毫三絲八忽三微五塵滅除丁銀六百一十
一兩九錢四分二毫七絲一忽八微五塵二渺五
漠九茫九沙九灰攤入通省丁少州縣外實徵丁
銀一千六百九十八兩二錢八分
自康熙五十年起至乾隆三十六年各居編審新
收抵補開除外所增人丁俱遵
恩詔永不加賦其人丁於乾隆三十七年奉　文停止編
審
乾隆二十八年續修縣志清查丁口
軍民八千四百三十五戶
男婦六萬七千七百八十四丁

道光二十二年崇通安定後編查丁口
軍民一萬八千三百六十一戶
男婦一十一萬九千零六十四丁
咸豐元年
軍民一萬九千九百七十一戶
男婦一十五萬八千九百三十九丁
同治元年
軍民一萬九千四百六十五戶
男婦一十四萬九千三百二十三丁

同治四年
軍民一萬九千五百九十五戶
男婦一十五萬二千九百八十八丁
糧稅舊志
明
洪武二十四年
夏稅小麥一千一百三十一石二斗四升四合二勺徵收本色絲九百六十八斤一十一兩八錢一分織造絹疋解京
秋糧米一萬二千一百六十五石三斗六升四合

七勺地僻山谷水淺灘多舟楫難運奉例每米一石折徵絲布一疋
農桑絲一十七斤八兩二錢七分
永樂十年
夏稅小麥一千一百三十七石零六升二合四勺永樂十一年奉湖字三千零六十九號勘合照依秋粮每石折徵綿布一疋○絲一千斤零九兩九錢六分織造絹疋解京
秋糧米一萬二千四百四十二石零六升三合七勺照舊折徵綿布
農桑絲一十七斤一十二兩五錢九分織造絹疋解京

成化十八年
官寺民田地塘一萬零九百三十一頃三畝一分內田一千五百二十九頃九十九畝三分地三百四十七頃七十畝五分塘五十三頃三十三畝三分以上三項共科
夏稅小麥一千一百四十三石九斗八升一勺絲一千一百九十七斤一兩四錢織絹九百五十七疋有零運送北京內府交納
秋糧米一萬二千一百三十三石一斗一升三合七勺內官寺田地塘共四百九十四頃六十三畝內田三百五十二頃四畝一分地一百四十二頃一十二畝七分○塘四十六畝二分以上三項共科

夏稅小麥一千一百四十三石九斗八升一勺絲二百九十七斤六兩零四分
秋糧米六千三百二十一石三斗一升九合八勺民田地塘共一千四百三十六頃四十畝內田一千一百七十七頃九十五畝二分地二百五頃五十七畝八分塘五十二頃八十七畝一分○以上三項共科
夏稅絲八百九十九斤五兩三錢六分
秋糧米五千八百一十一石七斗九升三合九勺
農桑地六頃九十四畝九分栽桑二萬八千二十七株絲一十八斤五錢五分織絹一十四疋一丈二尺八寸三分運送兩京內府交納

宏治五年
官寺民田地塘一萬九百三十七頃六畝三分 內田一千五百三十三頃一十六畝。地三百五十頃三十七畝。塘五十三頃五十三畝三分。以上三項共科
夏稅小麥一千一百四十三石九斗八升一勺 一絲千二百斤七兩五錢七分織絹九百六十疋一丈一尺三寸六分運送北京內府交納
秋糧米一萬二千一百五十二石五斗零二合五勺 內官寺民田地塘共四百九十四頃六十三畝。內田三百五十二頃四畝一分。地一百四十二頃一十二畝七分。塘四十六畝二分。以上三項共科

夏稅小麥一千一百四十三石九斗八升一勺 內絲二百九十七斤一十二兩四分
秋糧米六千三百二十一石三斗一升九合八勺 內民田塘地共一千四百四十二頃四十三畝三分。田二千一百八十一頃一十一畝九分
。地二百八頃二十四畝三分。塘四十六畝二分。以上三項共科
夏稅小麥一千一百四十三石九斗八升一勺 內絲二百九十七斤一十二兩四分
秋糧米六千三百二十一石三斗一升九合八勺 內民田塘地共一千四百四十二頃四十三畝三分。田一千一百八十二頃一十一畝九分

。地二百八頃二十四畝二分。塘五十三頃七畝一分。以上三項共科
夏稅絲九百二斤一十一兩五錢三分
秋糧米五千八百三十石七斗三升二合七勺
農桑地六頃九十二畝九分 栽桑二萬八千二十七株科絲一十八斤五錢五分織絹一十四疋一丈二尺一寸三分解送南京內府交納
萬曆九年 申詳清丈
秋糧一萬二千一百八十一石三斗四升四合五勺 田塘內派。內二斗以上起科官米二十九石八斗九升一合五勺。內一斗以上起科官米六十一石五斗一勺民米併一斗以下起科官米六千一百五十石九斗五升二合九勺卜年

申詳清丈不分官民一體徵粮編差
夏稅麥米一千一百四十三石九斗八升零一勺 地內派
夏稅絲一千二百四斤七兩二錢三分三釐三毫三絲 田地塘三項派今秋粮內通融分派
農桑絲一十八斤零五錢五分三釐三毫三絲 舊栽桑地派今秋粮內派
田清丈共二千六百五十頃一十七畝一分八釐四毫 內上中田一千八百六頃七十九畝六分四釐五毫。每田一畝科秋粮米四升九合九

勺共科秋粮八千九百六十一石零七升七合三勺科下税絲八百二十二斤一兩四錢七分八釐一毫五絲六忽新加弓箭顏料絹價共今每秋粮一石徵銀七錢一分一釐五絲一忽一微七塵三纖一渺三漠

合中田共徵銀六千三百七十二兩六錢八分一釐六毫三絲四忽四微二塵八纖六渺九漠下田八百四十三頃三十七畝五分三釐九毫○每一畝科秋粮米三升一合二勺共科秋粮米粮千七百九十一石五斗七升二合二勺一抄○科下夏税絲二百五十六斤二兩八錢零四釐四毫○照中田徵銀例

合下田共徵銀三百零五兩五錢七分八釐九絲

九忽八微三塵四纖四渺五漠○塘在內

地清丈共三百一十頃一十四畝八分七釐八毫每地一畝科夏税小麥三升六合八勺八抄四撮八圭八粒一粟○共科夏税小麥一千一百四十三石九斗八升零一勺銀絲秋粮內帶派科夏税絲八十六斤一十二兩零三分三釐壹毫七絲四忽科農桑絲一十八斤零五錢五分三釐三毫三絲○每麥一斗科派徵銀二分八釐四毫共徵麥銀三百二十四兩八錢九分零三毫四絲八忽四微

塘清丈共一百二十九頃八十一畝七分二釐一毫每一畝科秋粮米三升三合一勺共科秋粮米四百二十九石六斗九升四合九勺六抄五撮一圭○科夏税絲三十九斤六兩九錢五分一釐六毫

中下田塘地共三千九十頃一十四畝七分六釐八毫五絲

國朝

順治五年知縣趙齊芳奉例清丈田地塘糧稅俱如前

夏稅本色起運

盛京戶部錢糧

盛京絹九百六十三疋一丈六尺八寸五分每疋正銀七錢貲銀二錢扛銀二錢共銀一千零五十九兩九錢一分七釐八毫三絲三忽二微當官買絲成

造責經手人解司搭解遇累覲年分新加絹價每疋三錢五分該銀三百三十七兩二錢四分六釐五毫七絲七忽五微

康熙二十五年制一條編法彙入秋糧折色內合徵

官解布政司轉解戶部充餉

江南戶部錢糧

江南農桑絹一十四疋一丈二尺捌寸三分每疋正銀五錢五分扛銀一錢五分共銀一十兩零九分九釐四毫五絲○新議京扛每兩五分該銀五錢零四釐九毫七絲解司類附各縣部運南糧官併解

康熙二十五年制一條編法彙入秋糧折色內合徵

官解布政司轉解戶部充餉

撥運本府倉小麥抵米一千零四十三石九斗八升一勺原議每石折銀四錢共該銀四百一十七兩五錢九分二釐四絲解府

康熙二十五年制一條編法彙入秋糧折色內合徵

官解布政司轉解起運戶部充餉

存留本縣倉小麥抵米原編司吏三名各米三石六斗每石折銀三錢五分共銀三兩七錢八分孤老六名每名米三石六斗每石折銀五錢共銀一十兩零八錢除知典司吏孤老外剩銀四兩五錢二分聽遇閏及原議四粮照名數請詳支給

秋糧折色起運

盛京戶部錢糧

京庫米二千三百七十五石二斗九升八合八勺四抄三圭五粒四粟每石折銀二錢五分共該銀五百九十三兩八錢二分四釐七毫一絲八塵八纖五渺每兩原議京扛銀三分滴珠銀一分共該銀二十三兩七錢五分二厘九毫八絲八忽四微三纖五渺解官盤費每兩五厘共該銀三兩零八分七厘九毫解司搭解

康熙二十五年制一條編法彙各項官解布政司轉解户部

秋糧本色起運

兌軍本色正米二千一百八十一石每石耗米四斗共米三千零五十三石四斗另正米一石里納盤脚米二升船脚米三升共米一百零九石零五升

秋糧折色起運

叁陸耗蓆輕賫銀四百三兩四錢八分五釐每兩原議解淮扛銀一分共該銀四兩零三分四厘八毫五絲○附兑粮官解

運糧官軍行月二糧米五百七十九石八斗原議每石折銀四錢共該銀二百三十兩三錢五分二厘

楞木松板銀八兩七錢二分四釐

派剩太倉米三百二十二石六斗每石折銀六錢共該銀一百九十三兩五錢六分每百兩京扛銀一兩二錢共該銀二兩三錢二分二厘七毫二絲原議解官盤費每兩五厘共該銀九錢七分九厘四毫解司搭解

康熙二十五年制一條編法彙入秋糧折色內合徵

官解布政司

江南戶部錢糧

江南倉米本色正米二千零九十六石八斗每石耗米二斗五升共米二千六百二十一石另正米一石里納舡驢脚米一斗五升共該米三百一十四石五斗二升外正米一石本折蘆蓆猫竹圓頭筆銀二分一厘六毫共該銀四十五兩二錢

九分八毫八絲

部解南兊二糧運官盤費銀二十六兩六錢内扣銀一兩六錢解司類給總部部通判餘本縣兊軍官銀五兩南糧官銀二十兩

撥運福府租棵正耗銀一十一兩三錢一分六釐解官盤費每兩五釐共該銀五分六厘五毫八絲解司

康熙二十五年制一條編法彚入秋粮折色内官解

布政司轉解戸部充餉

荆岷二府㕓人口糧米八十三石八斗五升六合每石折銀五錢共該銀四十一兩九錢二分八厘原議解官盤費銀每兩五厘共該銀二錢零九厘

六毫解司

康熙二十五年制一條編法彚入秋糧折色内合徵

官解布政司起運戸部充餉

練兵糧餉米一千九百四十石七斗六升一合九勺每石折銀三錢共該銀五百七十一兩四錢二分八厘五毫七絲原議解官盤費每兩五厘共該銀二兩八錢五分七釐一毫解司

康熙二十五年制一條編法彚入秋糧折色内合徵

官解布政司充餉

本府倉折色米四百五十五石一升六合九勺每石折銀五錢除原議減免外實徵銀一百七兩五錢八厘四毫伍絲○原議代派江夏縣原編楚府將軍祿米三百石每石折銀五錢并本縣祿米一千七百伍十一石三斗三升八勺五抄九撮六圭四粒六粟每石折銀三錢俱改抵平江縣原編大有倉米一千三百五十石七斗九升八合五勺一抄五撮七圭八粒六粟每石折銀五錢共該銀六百七十五兩三錢九分九厘三毫五絲七忽八微九塵三纖貳項解府

康熙二十五年制一條編法彚入秋粮折色内合徵

官解布政司

存留本縣學倉米原編廪生二十名各米一十二石每石折銀六錢共銀一百四十四兩吏一名并香燭米各三石六斗每石折銀三錢五分共銀

二兩五錢二分除教官廪生學吏香燭外剩銀一兩八錢收貯縣庫聽遇閏湊支

起運

盛京禮部錢粮

盛京藥味正價銀四兩八錢一分七釐六毫七絲一忽八微七塵五纖每兩京扛銀四分共該銀一錢九分二厘七毫六忽八微七塵五纖解官盤費銀每兩五厘共該銀二分五厘一毫

康熙二十五年制一條編法彚入秋粮折色内官解

布政司轉解戸部支領

盛京工部錢粮

緞疋正銀九十兩三錢扛銀一十三兩五錢遇閏加正扛銀一十九兩今該每年帶徵七兩六錢每兩京扛銀九厘共該銀九錢三分四厘二毫解官盤費每兩五厘共該銀五錢二分三釐七毫

白硝鹿皮一百七十二張每張價銀四錢京扛銀二錢共銀一百三兩二錢解官盤費每兩五厘共該銀五錢一分六厘如遇折色之年每兩另派京扛銀九厘

狐狸皮正銀四錢九分五釐五毫四絲每錢京扛銀九毫共該銀四厘四毫六絲解官盤費每錢五毫共該銀二厘五毫

翎毛正價銀二兩四錢二分八釐六絲七忽三微

九釐三纖五渺每兩脚價銀九釐共該銀二分一厘八毫五絲二忽六微六纖五渺

解官盤費每兩五厘共該銀一分二厘二毫

弓箭弦條正價銀八十一兩二錢二分四釐京扛銀三兩二錢四分八厘九毫六絲解官盤費每兩五厘共該銀四錢二分二厘四毫

胖襖鞋褲一十九副每副正銀二兩二錢水脚銀三錢共銀二十八兩五錢官解領兵要造解司另給夫馬不必加派扛銀

營膳司料銀二百一十四兩八錢六分三釐每兩京扛銀九厘共該銀一兩五錢三分三厘七毫六絲七忽解官盤費每兩五厘共該銀一兩零八分四厘

康熙二十五年制一條編例均入秋糧折色內合徵

官解布政司轉解戶部給領

盛京戶部光祿寺錢糧

坐派光祿寺甲丁庫供應等銀二百九十兩每兩京扛銀二分該銀五兩八錢解官盤費每兩五厘該銀一兩四錢七分九厘

派剩辰州車餉米八十石六斗每石折銀六錢該銀四十八兩三錢六分奉文改抵辰州府屬黔陽縣坐派光祿寺甲丁庫供應等銀每兩原議京扛銀二分該銀九錢六分七厘二毫原議解官盤費每兩伍厘該銀二錢四分六厘六毫解司

扣解辰州車餉改抵辰州府屬黔陽縣坐派光祿

寺甲丁庫供應等銀一十二兩一分八釐一毫每兩

原議京扛銀二分該銀二錢四分三厘六絲二忽解官盤費銀每兩五厘該銀六分一厘三毫

解布政司交收

康熙二十五年制一條編彙入秋糧內合徵官解布

政司轉解戶部支給

潞府本價銀一十三兩三錢七分五釐

康熙二十五年制一條編彙入秋糧折色內合徵官

解布政司充餉

福府茶價銀一十三兩三錢七分五釐二項解費每兩五厘共該銀一錢三分三厘八毫

綾紗紙價銀一百三十七兩九錢二釐二毫五絲八忽四微（候部文之年方派不必每年帶徵）

康熙二十五年制一條編彙入秋粮折色內合徵官解布政司充餉

江南禮部錢糧

江南藥味銀五錢九分四釐二毫三絲四忽三微七塵五纖（原無扛解）

康熙二十五年制一條編彙入秋粮折色內合徵官解布政司轉解戶部支給

撥運

歷日銀四兩九錢四分九釐一毫四絲（解費二分四厘七毫四絲五忽七微二項內康熙元二年奉文豁免運夫丁銀一分六毫七絲九微五纖四渺四漠五茫實徵銀四兩九錢六分三厘一絲四忽七微九塵四纖五渺五漠七茫）

軍器銀五十五兩一錢五分

科舉銀二十九兩四錢五分（解費銀一錢四分七厘二毫五絲康熙二十三年以前裁半外存銀一十四兩七錢九分五厘六毫二絲五忽內康熙元二年奉文豁免運夫丁銀三分一厘七毫四絲八忽七微六塵四纖九渺六漠六茫五沙實徵銀一十四兩七錢六分六厘八毫七絲六忽二微三塵五纖三漠三茫五沙）

淺船銀三十九兩四錢一分三釐（四項解官盤費每兩五厘該銀六錢四分五厘）

本府惠民局藥味一兩三錢二分解府

康熙二十五年制一條編法彙入秋糧折色內合徵官解布政司支給

起運江南戶部錢糧

江南戶口銀本折正扛共銀二十四兩九錢八分五釐八毫五絲二忽三微二塵（帶閏銀八錢三分二厘八毫六絲一忽二微四塵四纖解官盤費每兩五厘該銀一錢二分四厘九毫解官司搭解）

康熙二十五年制一條編彙入秋糧折色內合徵官解布政司轉解戶部充餉

撥運本府戶口鈔銀三十六兩三分六釐（帶閏銀一兩一厘二毫解府）

康熙二十五年制一條編彙入秋糧內合徵官解布政司充餉

起運江南兵部錢糧

江濟水夫口一百四十二名（每名銀四兩零九分五厘共銀五百八十一兩四錢九分每百兩京扛銀九錢該銀五兩一錢三分三厘四毫一絲解司附部運南糧官）

併解

康熙二十五年制一條編彙入秋粮合徵解司轉解

戸部支給

撥運

港口驛馬五匹每匹銀三十兩帶閏銀五錢共銀一百五十二兩五錢

山陂驛馬六匹每匹銀三十兩帶閏銀五錢共銀一百八十三兩俱解給

扣解辰州軍餉江南户口鈔連帶閏共銀四十九

兩七錢二分二釐敍浦縣白硝麂皮銀一十二兩七錢五分九釐九毫又新改抵沅陵縣額派猫竹銀五兩五錢以上各項解官盤費每兩五釐該銀三錢三分九釐九毫解布政司吏收

康熙二十五年制一條編彙入秋糧折色内合徵官解布政司充餉

軍門民練兵一名銀七兩二錢帶閏銀一錢二分

民練兵三名每名七兩二錢帶閏銀一錢二分共銀二十一兩九錢六分解給

康熙二十伍年制一條編彙入秋糧折色内合徵解

司支給

本府粮廳二名刑廳一名共銀二十一兩九錢六分徵銀解給本縣民壯内筭

楚府審理柴薪四名每名銀一十二兩共銀四十八兩帶閏銀一兩六錢

民校三名每名銀一十二兩共銀三十六兩無閏武陑通城宣化三壬各一兩

康熙二十五年制一條編彙入秋糧折色内合徵官解布政司充餉

布政司門子八名每名銀七兩二錢帶閏銀一錢二分共銀五十八兩五錢六分左右堂各四名

正副理問經歴門子各一名每名銀七兩二錢帶閏銀一錢二分共銀二十一兩九錢六分

派辰州軍餉民壯銀今抵黔陽縣額派布政司穫夫銀二兩四錢康熙二十三年以前裁銀一兩二錢存銀一兩二錢内康熙元二年奉文豁免運夫丁銀二厘五毫七絲四忽四徵六塵三纖三渺六漠八茫實徵銀一兩一錢九分七厘四毫二絲五忽五徵三塵六纖六渺三漠二茫

按察司皂隸七名每名銀七兩二錢帶閏銀一錢二分共銀五

十一兩二錢四分正堂二名屯鹽道五名

屯鹽道快手一名銀七兩二錢帶閏銀一錢二分

本府刑廳柴薪二名每名銀一十二兩共銀二十四兩帶閏銀八錢

馬夫三十名每名四兩共銀一百二十兩無閏

刑廳經歷知事各十名

門子一十五名銀一百一兩四錢帶閏銀一兩六錢九分共銀一百零三兩九分內府堂四名清軍管糧捕盜理刑四廳各二名每名俱七兩二錢帶閏銀一錢二分

經歷知事照磨各一名每名銀三兩閏銀八分三釐三毫

抽夫快手三名銀一十九兩二錢帶閏銀三錢一分共銀一十九兩五錢二分

糧廳一名銀七兩二錢閏銀一錢二分

經歷照磨各一名每名銀六兩閏銀一錢

捕盜廳槳船水夫二名每名銀七兩二錢帶閏銀一錢二分共銀一十四兩六錢四分

廣積倉斗級銀一十二兩

文廟門子一名銀六錢帶閏銀一錢

三江口守備廩糧銀七兩七錢四分帶閏銀二錢五分八厘

夏口驛支應銀一百一十五兩

石頭口驛支應銀一百兩二項無閏

編協各巡司弓兵徭編九名每名銀六兩帶閏銀一錢

承充九名每名銀一兩八分帶閏銀一分八厘

通共銀六十四兩七錢八分二釐石頭口徭編五名承充六名楚門界徭編四名承充一名羊樓巡司承充二名上十六項康熙二十五年制一條編彙入秋粮折色內合徵官解布政司支給

聖裔孔端植子孫秋粮舊例總立孔承派戶号編朱艮里十甲八十一石三斗正額之外免例止辦納京編秋不加丁粮不加耗及水腳樣米票錢雜泛差徭概行優免道光二十年植二十世孫生員孔傳杰孔傳淤等呈請鮑憲諭令將優免舊例刊石於縣署頭門外後毀於兵現據貢生孔繼香職員孔繼禮等稟請照舊刊立

糧稅 續志

按通城原無上稅田明以前田塘地畝不清有田少

粮多者有有田無糧者明萬歷九年清丈分通田爲二則承注源水泉水塘水者爲中則承注天水者爲下則里分十甲買賣只許本里本甲推除不許詭寄隱漏粮地均平官民並利後以兵興軍需煩重推派徵比追呼爲厲

國朝順治七年知縣盛治粗爲釐正康熙四十三年知縣辛禹昆再請清丈按畝派秋積弊一清云

一田畝

中則田一千八百六頃七十六畝六分四釐五毫每

畝科秋肆升九合五勺九抄六撮五圭

下則田八百四十三頃三十七畝五分三釐九毫每畝科秋三升三合一勺

塘一百二十九頃八十一畝七分二釐一毫（科如下則）

雍正七年開墾陞科田四十畝八分一釐（科如下則）

夏稅麥地三百一十頃一十四畝八分七釐八毫每畝科麥三升六合八勺八抄四撮八圭八粒一粟

楚藩田地二十二頃五十三畝九分每畝科銀八分二釐三毫三絲

以上共額三千一百一十三頃八畝四分九釐三毫

應科中則田秋八千九百六十一石七升七合三勺三抄五撮

應科下則田秋二千九百九十一石五斗柒升二合二勺一抄

應科下則塘秋四百二十九石六斗九升四合九勺六抄五撮一圭

應科雍正七年開墾陞科秋一石三斗五升八合一

抄

以上共科秋一萬二千一百八十三石六斗九升五合三勺一抄一撮一圭

應科麥地麥稅一千一百四十三石九斗八升一勺

一派餉

每秋一石應徵田塘銀四錢一分八釐零二絲七忽七微三塵八纖七渺一漠四茫一沙七灰九漂七錙三銖

應徵明萬歷年外加九釐地畝銀三錢一分零五毫

二絲五忽七微九塵三纖七渺
應徵班匠各折銀四釐八毫三絲六忽零五塵四纖
二渺八漠
應徵麂皮京扛銀玖釐四毫三絲三忽六塵四纖六
渺九漠一茫
應徵隨漕銀五分六釐八毫六絲一微五塵零八漠
八茫
應徵騾腳銀二分五釐八毫一絲七忽六微九塵四
漠

應徵驛站江濟銀一錢一分五釐六毫八絲三忽四
微七塵九纖九渺七漠三茫
應徵存留銀九分零九毫八絲八忽九微七塵八纖
二渺零一茫三沙零三漂九錙零八漠五燼
應徵祭祀關帝銀二釐九毫三絲四忽二微四塵五
纖二渺
雍正七年奉文將丁銀均攤派加入秋糧之內
應徵丁銀一錢三分四釐四毫三絲八忽三微五塵
四纖五渺五漠八沙八灰二漂八錙

以上十項共徵銀一兩一錢六分九釐五毫四絲
五忽五微四塵九纖四渺三漠八茫三沙六灰六
漂四錙三銖八漠五燼
應共徵銀一萬四千二百四十九兩三錢八分二釐
七毫內除
聖裔孔承派秋二十一石四斗七升五合四勺五抄一撮
一圭優免丁不當差銀二兩八錢八分七釐一毫
實共徵銀一萬四千二百四十六兩四錢九分五釐
六毫

每麥一石併加丁銀應徵銀三錢二分六毫七絲二
忽六微八塵六纖六渺二漠
共應徵銀三百六十六兩八錢七分四釐內除
聖裔孔承派戶麥九斗六升一合一勺優免丁不當差銀
二分八釐二毫
實共徵麥銀三百六十六兩八錢四分五釐八毫
楚藩田地乃前明故藩之產後更名爲籽粒錢粮徵
銀不徵米原額二十一頃八十一畝九分徵銀一百
三十九兩四錢加增九釐餉銀一十九兩六錢四分

六釐一毫

又租田七十二畝科銀五兩二錢一分三釐五毫二絲

雍正七年丁隨糧派每兩攤銀一錢二分九釐八毫共銀二十一兩二錢九分六釐二毫

以上共徵銀一百八十五兩五錢五分五釐六毫二絲

額徵秋麥籽粒共徵銀一萬四千七百九十八兩八錢九分七釐二毫

一漕米

每秋一石徵漕米一斗七升九合零二抄九撮五圭七粒八粟額共徵漕糧本色正米二千一百八十一石

照正米一石加耗米四斗共徵耗米八百七十二石四斗

康熙十一年奉文照正米一石徵贈貼米二斗共贈貼米四百三十六石二斗

雍正七年奉文開墾陞科漕正米二斗四升一合八勺三抄五撮一圭二粒四粟

又陞科徵漕耗四米九升六合七勺三撮零五粒

陞科徵贈貼漕二米四升八合三勺六抄七撮零二粒五粟

以上漕粮正四二耗並贈貼陞科共米三千四百八十九石九斗八升六合九勺三抄六撮一圭九粒九粟

每秋一石徵南米二斗一升五合一勺四抄六撮一圭四粒九粟

額共徵南糧本色正米二千零九十六石八斗

照正米一石加耗米二斗五升共耗米五百二十四石二斗

雍正七年奉文開墾陞科南糧米二斗九升零六勺二抄三撮五圭三粟

以上共南漕正耗並陞科共米二千六百二十一石二斗九升零六勺二抄三撮五圭三粟

總共應徵漕南二米六千一百一十一石二斗七升七合五勺五抄九撮九圭二粒七粟

又每正米一石徵耗米一斗應徵漕耗米三百四十八石九斗九升八合六勺九抄應徵南耗米二百六十二石一斗二升九合六勺內除

聖裔孔承泒戸原額有正無耗米一石零七升七合二勺五抄九撮七圭二粟本縣墊解合款

實共徵米六千七百二十一石三斗二升八合一勺

一解支條餉原係分解各處康熙二十五年制一條編彙齊官解布政司分支分解

額徵各款正銀一萬四千七百九十八兩八錢九分零七毫每兩隨徵耗銀一錢一分計徵耗銀一千六

百二十七兩八錢七分七釐九毫合共銀一萬六千四百二十六兩七錢六分八釐七毫統徵分解內

解司地丁正銀一萬一千二百四十一兩六錢三分四釐

解司驛站正銀一千四百零九兩二錢九分六釐

解司存留銀數二百零八兩七錢散數開列於左

各部寺解費銀一十一兩三錢八分七釐

科舉並解費銀一十四兩七錢五分

撫部院皂隸工食銀九十六兩

祭版復半銀一錢九分一釐

會試舉人長夫銀八兩

謄錄書手銀一兩九錢九分六釐

時憲書銀四兩九錢六分三釐

祿夫銀一兩一錢九分七釐

奉裁民壯銀一十二兩

奉裁民壯燈夫銀二十三兩九錢四分九釐

攤減俸銀二十四兩二錢九分

歲貢花紅銀五兩九錢八分七釐

鄉飲酒禮銀三兩九錢九分

以上共銀二百零八兩七錢解司存留分發

解司耗羨銀一千五百一十七兩零八分肆釐九毫

解道隨漕淺船正銀六百九十二兩七錢五分四釐買蘆蓆銀四兩七錢三分三釐實解銀六百八十八兩零一分一釐又解耗銀七十六兩二錢零三釐

解道驛腳正銀三百一十四兩五錢二分又解耗銀三十四兩五錢九分七釐二毫

在縣坐支銀九百三十二兩零五分一釐散數開列

於後

道庫廳役食銀一兩零九分八釐

糧捕府門子工食銀一十二兩

本府經廳門皂工食銀三十兩此項解府轉發

桃林司弓兵銀一十二兩七錢四分九釐

石頭司弓兵銀一十八兩五錢四分四釐

縣俸銀二十兩零四錢七分八釐

儒學俸銀三十一兩五錢二分加品銀不在坐支項下

儒學齋夫銀三十六兩

儒學門斗工食銀一十四兩四錢

廩膳銀六十一兩三錢三分三釐三毫通邑額設廩生二十名康熙二十三年定廩粮銀四十八兩膳夫銀十三兩三錢三分三釐三毫於縣庫給領乾隆元年特恩每歲坐抵正銀三兩零六分五釐外止補完耗銀前任知縣陸昌齡周祖壽楊洛石維瑞梁永宵七十明福捐俸代輸耗銀後任不准坐抵以錢折銀漸至短扣每領銀之期廩生與庫吏相譁至嘉慶丙子年始定章程擬定庫紋庫色至今永照舊章

典史俸銀三十一兩五錢二分

捕皂工食銀二十四兩

捕門子工食銀六兩

捕馬夫工食銀六兩

縣門子工食銀十二兩

仵作工食銀一十八兩

庫子工食銀二十四兩

倉斗級工食銀二十四兩

禁卒工食銀四十八兩

轎夫工食銀四十二兩

六鋪兵工食銀八十八兩六錢五分三釐咸豐七年

奉文裁減以八年正月初一日爲始酌留四成銀

三十五兩四錢六分一釐二毫給差役遞文飯食

餘銀解司

毛公渡工食銀一兩八錢三分

額內孤貧工食銀一十二兩六錢

三班工食銀二百三十四兩

關帝廟三祭銀三十五兩七錢四分六釐

文廟二祭銀四十兩

崇聖祠二祭銀七兩

名宦鄉賢祠二祭銀七兩

山川壇二祭銀十兩
社稷壇二祭銀十兩
邑厲壇三祭銀一十一兩
邑厲壇米折銀一兩二錢二分
文廟香燭銀一兩零五分
以上共銀九百三十三兩七錢四分一釐三毫以上在本縣坐支分發與額總不敷銀一兩六錢
總共解支正耗銀一萬六千四百二十六兩七錢六
分八釐七毫向與額徵不敷銀六分四厘四毫

在縣墊發銀一百一十四兩九錢八分一釐九毫散
數開列於左
儒學加品俸銀四十八兩四錢八分
常雩祭銀四兩三錢
先農壇祭銀四兩三錢
文昌祠二祭銀二十三兩八錢三分零六毫
額內孤貧口糧銀三兩三錢零三毫
額外孤貧口糧銀一十六兩一錢二分八釐
倉庫招對讀銀四兩

民壯加增器械銀九兩
各役補荒工食銀一兩二錢六分九釐
民壯補荒工食銀二錢零七釐
祭祀補荒銀一錢六分七釐
以上銀兩每年先由本縣墊發俟
奏銷後赴司請領還款
一解運糧米
額征漕南正四二耗共米六千七百二十二石四斗
零四合八勺內應解漕米三千四百八十九石九斗

八升六合九勺應解南米二千六百二十一石二斗
九升零二勺
額徵加漕耗米三百四十八石九斗九升八合六勺
九抄內除給旗截米一百五十二石六斗八升七合
二勺九抄尚餘剩耗米一百九十六石三斗一升一
合四勺
額徵加南耗米二百六十二石一斗二升九合六勺
內除自縣倉挑米至毛公渡每石腳夫米三升五合
該米九十四石四斗九升七合五勺又運解剩省二

倉每石給狼散折耗三升又交倉鼠耗米三升該米
一百五十七石二斗七升七合共支用米二百五十
一石七斗七升四合五勺尚餘剩耗米一十石三斗
五升四合五勺
二共餘剩耗米二百零六石六斗六升五合九勺內
應劃除例需解運鼠耗狼散腳夫米一十八石一斗
一升零七勺實餘剩耗米一百八十八石五斗五升
五合二勺一併申解
三共應解米六千二百九十九石八斗三升二合七

勺
有閏之年分解武昌省倉米二千二百三十石
原額南糧二千六百二十一石二斗九升六合又漕
南二共餘剩耗米二百六石六斗六升五合九勺內
應劃除例需解運鼠耗狼散腳夫米一十八石一斗
一升七合實米二千八百九石八斗四升五合八勺
又除奉文派解荊倉米五百七十九石八斗四升五
合八勺實應解交武昌省倉米二千二百三十石
分解荊州倉米四千零六十九石八斗三升二合七

勺
原額漕糧正四二耗米三千四百八十九石九斗八
升六合九勺此米應解交衛帮糧船解運通州因通城溪水淺涸難符冬兌冬開之限興國州武昌縣地屬下游奉文抵兌興國州南米一千零五石六斗五
升一合五勺四抄兩州縣照數抵兌通城縣漕米上帮又於原額南糧
內派解荊米五百七十九石八斗三升二合七勺
無閏之年分解荊米四千五百一十九石八斗三升
二合七勺分解省米一千七百八十石
一水腳

每正米一石徵水腳銀一錢五分額共徵水腳銀九
百一十六兩六錢九分一釐六毫內除
聖裔孔承派戶米不完水腳銀一兩六錢二分五釐八毫
係本縣墊用實徵水腳銀九百一十五兩零六分五
釐八毫
開用各款
解荊米每石船腳銀一錢二分三釐
解省米每石船腳銀一錢
有閏之年

剝米船脚共銀五百兩零五錢八分九釐四毫
背夫銀八兩二錢八分三釐九毫
馳脚銀八十三兩八錢三分八釐五毫
修倉銀三十二兩五錢五分八釐六毫
鋪墊銀二十兩三錢四分九釐一毫
省米船脚銀一百七十八兩
修倉銀十四兩二錢四分
舖墊銀八兩九錢
上河腳價銀十七兩八錢

漕糧節省銀二百三十二兩三錢二分
共用銀一千一百五十八兩三錢七分五釐九毫
不論有閏無閏之年
解解價銀一兩九錢八分
解漕憲養廉並通判盤船共銀三十六兩六錢四分
五釐
解漕運百總養廉銀二兩
解糧憲管南經承用費銀一十三兩九錢六分
解輕賫銀三兩二錢

解截貼銀一百四十九兩四錢八分七釐
解車腳銀二十三兩九錢五分二釐
解蘆蓆銀一兩八錢五分
解桶袋鎖鑰銀一兩六錢
解道派丁房工食銀三兩四錢九分
解道管南經承工食銀六兩九錢八分
給縣管漕經承飯食銀六兩九錢八分
給縣管漕經承用費銀六兩九錢八分
解糧捕府管漕經承工食銀六兩九錢八分

解漕項扒夫斗級工食銀三十兩零六錢
解松板銀九兩
解道管南經承紙筆飯食銀十兩零四錢八分四釐
解府管南經承銀五兩二錢四分
解糧捕府管事經承銀五兩二錢四分
解南項斗級工食銀二兩四錢
給縣管南經承飯食銀五兩二錢四分
給縣管南經承用費銀五兩二錢四分
共用銀三百三十九兩五錢二分八釐

計有閏之年共用銀一千四百九十六兩八錢五分
七釐四毫除徵水腳外不敷銀五百八十兩零一錢
六分五釐八毫
計無閏之年共用銀一千四百九十七兩九錢零三
釐九毫除徵水腳外不敷銀五百八十一兩二錢一
分二釐三毫其不敷銀每年赴道請領
有閏之年請領漕糧不敷水腳銀三百一十三兩六
錢一分
無閏之年請領漕糧不敷水腳銀三百一十四兩六

錢四分
每年不論有無閏月請領南漕不敷水腳銀二百六
十六兩五錢五分九釐有閏不敷數銀三釐一毫無閏不敷數銀一分三釐三毫
荊州郝關稅銀向係本縣捐解無處歸款
同治五年奉　文
文昌特祭銀一十一兩九錢一分五釐

雜稅附

鹽課

鹽在夏前爲貢物春秋時管仲相齊煮海市以富國
漢武帝立牢盆牢榷法此後遂爲軍國重貨洎及唐
宋商人入粟餉邊朝廷酬以鹽引俾貿贏樂趨迨元
世祖官煮海運州縣計每口歲食鹽八觔八錢算該
州縣戶若干口食鹽若干值責牧令市糴輸鈔名曰
戶口鈔時窶民市食少牧令苦之旋召商輸課領引
買鹽名曰內商行商轉向內商販運各州縣鎮集名

曰外商自與民交易買食而向來戶口額鈔官仍徵
之是一口而重輸鹽值也明洪武初踵行之戶口鈔
半解南京充兵餉半存留本州縣備公支後外商不
願與內商交易鹽壅課絀民苦淡食更制內商曰引
商自買自運通城額食淮南鹽統以巡鹽御史典以
鹽運使司淮南分淮安通州泰州三監監各設運判
分司監又分二十餘場場各置鹽課大使督竈丁煮
鹽雨水後起十月住煎並徵收場地課項暨巡緝梟
販等務引商先輸課餉於運司領引自赴各場竈照

引購鹽船運由鹽河經泰州過壩揚州過閘過關俱
加盤驗至儀徵批驗所鹽院率批驗大使親臨掣摯
其法定引鹽每綱百觔預立一柱懸杆杆兩端一空
盤一石砠砠亦重百觔每船抽掣數十綑每綑實盤
內歉砠稱之視杆低昂按鹽昂觔數照夾帶私鹽律
科罪鹽入官驗鹽恰歉砠杆平方批准貯國鹽堆牆
內於牆外解綑裝入小包每小包併包索九觔十兩
連引催船裝運行鹽口岸湖北例泊漢口鎮到日繳
西兩匣總商驗實引鹽相符鈞給總商正副圖記同

引撥湖北驛鹽道貯庫發給稽運水程令分賣各州
縣小販小販運至銷鹽州縣報撥引商圖記水程小
票州縣貯庫奏期申繳鹽道鹽道同商引水程截角
籅貯申繳鹽院道城原額銷鹽三千五百六十八引
後忽增一千二百八十二引今額銷鹽四千八百五
十引每引計鹽四十八包共額銷鹽二十三萬二千
八百包舊志

按通城溪沙水淺船難逆達縣北三十里崇陽所屬
之洪鎮埠沙坪桂口三處水稍深通商販自漢鎮運
鹽至陸溪口換小船僅能抵三處地方通地鹽皆於
此處步挑來城每包另增腳價鄉民避貴趨賤多自
赴沙坪等處販買故崇邑之引額常有餘通邑之引
額常不足後經酌量崇通兩縣通融分繳水程利便
官引稍稍暢銷矣

茶稅

每引額征茶稅銀五兩零按宋真宗初崇陽未析通
城時張詠令民拔茶植桑歷元至明而邑獲免榷茶
之累明季通城東鄉毗連崇界田少山多居民仍植

國朝康熙四年通山縣茶戶因擘引射入通城初猶僅
輸引稅一兩後遞增引五道輸茶課銀五兩

茶採售

牙稅

通城溪河水淺不通舟楫四界皆崇山峻嶺步販亦
鮮各項商賈無牙行惟穀石糶糴不便有碾米糶出
賣者設糧倉行一座每年納稅銀四錢五分
當稅每典納稅銀五兩今無
新添豬行稅銀四錢五分

寶武局錢成本息錢一千三百四十六串此項于前林憲鍾憲任內提撥以濟軍需

民壯

葯鉛

戰船

以上三項各成本息銀四百兩均於前林憲鍾憲任內提撥以濟軍需

前明徵解原委附

按錢糧有徵有解明洪武間制每縣分里每里編甲十每甲僉糧多過幹者一人充里長解運京編京糧其法如甲年一甲里長解京編則六甲里長解京粮次年輪二甲解京編七甲解京糧挨次輪解十年一週其實五年一週四年一歇名曰排年所謂硬撞法也其初洪武都金陵條編糧舟順流直達且兌足竣事上令戶部帶領里長引見面詢官吏有無刁難需索並周咨地方利病奏對詳明者畧授令佐幕職及冠帶榮身有差起押收納及沿途查趲畏里長陳告無敢需索絲毫時稱有利無害迨永樂遷都北京停止里長引見會通河未浚京糧改為遞運法各里長領運至江南淮安倉交江南衛軍轉運徐州倉徐州衛軍轉運山東臨清倉山東衛軍遞運通州倉其法頗便至正統年間更為長運法里長止運至會城水次令湖廣各衛軍於水次受粮直運京師糧戶補給行月口糧及過江諸需銀米較之運淮尤為近便相沿日久弊竇循生旗丁衛卒胥役層層刁勒里長多

至傾家覆產此解粮之苦也京編多由陸路觧送至京絹緞綾紗分納戶部藥味歷日分納禮部角皮翎毛弓箭襖褲分納工部甲丁庫供應分納光祿寺外又押解沅州軍餉協濟港口山陂驛站處處措索排年里長不但分馳無停抑且剝膚刮髓此則輪解京編之苦也間遇軍興如明嘉靖時剿倭解馬萬歷時九釐加餉解遼正德萬崇間江西瑪瑙華林大幽山等處土賊生發料民協防罔非里長供僱馬驚物損傭逃里長賠補無力者累及同甲族姓舉族逃亡不

可枚數如上司及委員巡歷盤查經臨等事一切頓宿供應亦由里長承辦里長轉委值月甲首甲首者每甲編爲十戸每戸派定秋糧八石一斗三升亦十年一進如第一戸值二月二戸值三月輪至十戸值十一月而止當值之月住城聽差一遇公事值月先行借辦事畢算費若干分派十戸花名照秋糧分償十二月正月無人當值則里長寓城承辦一應公事分派亦如之里長雖四年幸歇其實不能瓦歇田地爲禍咸思賤賣以圖脫累逃亡詭匿百弊叢與此前明大略原委也

國朝康熙初年御史吳應龍奏易軟擡法改里長條編爲官徵解

聖祖仁皇帝准諭直省試行果否便民而各省州縣牧令俱樂硬擡以軟擡不便而止至康熙十八年蘇松布政司慕公天顔力請督撫試行軟擡法行之一年吳民歡呼稱便蘇撫據題奉

准各省通行康熙二十四年慕公來撫湖北甫下車即試行題請便民

准著爲令將明制碎納各項繁則統歸合等稱收官徵官解由本省布政司轉解户部暨各寺部經費俱向戸庫關領名曰一條編法楚民如解倒懸頌聲雷動

世宗憲皇帝准山西巡撫諾公岷條議復將節餽各項陋規悉行革除斂愈薄而民愈蕃矣

奏稿告示 附

乾隆年間湖廣總督部堂題奉徵收糧米永禁折色

戸部奏稿

爲遵

旨速議具奏事雲南司案呈軍機處交出湖廣總督畢等奏稱湖北南漕二米一係兌交旗船轉運通倉一係解交荊州各營供支兵食向來俱將上游之江陵公安石首監利松滋荊門沔陽天門潛江等九州縣解通漕米與下游之蘄州蘄水廣濟興國黃岡羅田武昌等七州縣解荊南米互相抵兌各就附近水次解交歷久遵行實爲妥便惟查崇陽通城二縣均在省城上游距省六七百里不等其漕米並未一律抵兌前於乾隆四十六年前任撫臣鄭大進等以該縣溪

河水淺挽運維艱奏明改徵折色嗣於四十八年復
經前督臣舒常等又以該縣僻處山鄉不通商賈糴
米易銀辦理掣肘奏明照舊徵收本色并聲明是溪
水方盛之時解省候兌等因伏思民間收割最早亦
在六七月間即責令上緊徵輸已屆水涸之時勢難
趕於水盛之時運省且上游各州縣漕米既已概與
下游各州縣南米互相抵兌則崇陽通城二縣之米
似可倣照畫一辦理查崇陽通城二縣每年共額徵
漕米五千九百八十四石零下游各屬解荊南米內

羅田一縣僅止數百石毋庸撥抵其蘄州蘄水廣濟
興國黃岡武昌等六州縣均自一二千及三千數百
石不等應請即以本年為始將崇陽通城二縣應解
漕米未改解荊州抵補南米將蘄州蘄水廣濟興國
黃岡武昌等六州縣應解南米俱以下游水次就近
兌交旗船以抵漕額所有崇陽通城二縣起運漕米
水腳銀兩即可節省照例報解充公其解荊南米腳
費即在蘄州等六州縣原解荊州水腳銀內撥給至
漕糧給旗截貼及南糧耗米修艌等費俱照從前漕

南抵兌舊例辦理除將撥抵米石及節省水腳各細
數另行造冊送部查核外所有酌請南漕二米抵兌
緣由恭摺具
奏乾隆五十四年八月十四日奉
硃批該部速議具奏欽此欽遵於本月十六日交出到
部臣等伏查湖北省崇陽通城二縣應徵漕米前於
乾隆四十六年經前任撫臣鄭大進等以該縣溪河
水淺挽運維艱
奏准改徵折色旋於四十八年復經前任督臣舒常等

以該縣僻處山鄉不通商賈糴米易銀辦理掣肘奏
明照舊徵收本色并聲明於水盛之時解省候兌等
因各在案今據該督等奏稱湖北崇陽通城二縣應
徵漕米民間收割最早亦在六七月間即責令上緊
徵輸已屬水涸之時斷難趕於水盛之前運省且上
游各州縣漕米既已概與下游各州縣南米各相抵
兌則崇陽通城二縣之米似可倣照畫一辦理該自
本年為始將崇陽通城應解漕米五千九百八十四
石零改解荊州抵補南米將下游之蘄州蘄水廣濟

興國黃岡武昌等六州縣應解南米俱於就近水次兌交旗船以抵漕額至起運漕糧應給旂丁截貼及南糧耗米修倉等費俱照從前漕南抵兌舊例辦理等語查各州縣漕糧運赴水次如果有挽運維艱之處原應酌量情形隨時籌辦俾漕糧得以及早兌交以免遲滯今湖北省崇陽通城二縣應運漕糧旣據該督等查明俱屬溪河淺灘挽運不易民間收割最早亦在六七月間卽責令上緊徵輸已居水涸勢難趕於水盛之時運省奉請倣照從前抵兌之案卽將

該二縣漕糧撥作荊州南米以下游之蘄州等州縣解荊南米就近兌交旂船以抵崇陽通城二縣應運漕額似此一轉移間旣可免挽運之勞而丁船受兌開行亦不至稽遲守候洵於運務較爲便捷應如該督等所奏卽於本年爲始准其抵兌所有該二縣起運漕糧節省水脚銀兩應令該督等報解充公其解荊南米應需脚費亦卽在於蘄州等六州縣原解荊州水脚銀兩內動支至起運漕糧應給旂丁截貼及南糧耗米修倉等費應令該督等遵照從前漕南抵兌章程辦理仍將應給運費以及充公等項銀兩詳細查明造冊報部查核并於本年
奏銷內註明抵兌各數以憑稽核恭候
命下之日臣部行文該督撫等欽遵辦理爲此謹
奏乾隆五十四年八月十九日具奏本月二十一日奉
旨依議欽此

咸豐七年湖北廵撫胡林翼酌減徵漕折色删除陋規奏摺

奏爲痛除漕務中飽之弊裕餉便民酌定章程辦有成效恭摺奏祈
聖鑒事竊臣於上年十月十四日將湖北漕務積弊已久亟應革除冗費酌改漕章程以紓民力而裕國賦具摺密陳奉

硃批所奏實屬剴切汝能不顧情面袪百年之積弊甚爲可嘉俟辦有端倪再行具奏欽此嗣於十二月初六日復將減漕大槪情形附片密陳奉
硃批知道了欽此跪讀之下仰見
皇上除弊惠民之至意欣暢莫名竊查湖北省有漕州縣

凡三十有三額徵北漕正耗米十六萬三千石有奇
南漕正耗米十三萬八千石有奇百餘年來弊病叢
積其原由於冗費太多日益增長其流遂至浮收難
禁習爲固然於是小民之脂膏盡中飽於官吏浮收
不足捏災杜緩私徵掩徵諸弊繼起加以奸胥猾役
朋比爲奸包戶刁民把持耗蠹各州縣以相沿日久
惟事因循各道州又畏難苟安轉相掩護遂至閭閻
以輸納爲苦賦稅以延抗成風一旦欲廓清掃除實
有積重難返之勢然臣竊愚楚北頻年兵燹民氣凋

殘若吏任其抗弊不加整頓必成上下交困之形用
是夙夜圖維反覆熟計不得不於甚難措手之中力
求釐剔之法因與藩司馬臬司羅署糧道張署武昌
府知府嚴漢陽府知府如悉心籌議並委署糧道署
武昌府漢陽府分歷有漕各府州縣向來徵收漕南
細數及出入實帳查核開呈盡刪冗費以清其源明
定折價以清其流取中飽之資歸之上下通飭州縣
咸使遵行刊刻示諭宣布民間使家喻戶曉庶幾去
其太甚權其可行節民財以養元氣復正額而益公

儲似於國帑民生尙有所裨謹將現擬章程爲我
皇上縷晰臚陳之
一漕糧宜定價改折也查湖北有漕州縣額徵漕南
米數多者二萬餘石少者千餘石數百石向來漕南
合徵分解本色折色參錯兼收其徵本色也每石或
加五六斗七八斗或至加倍最多有加至三石餘者
斗級倉夫多方播弄或多取樣米或淋尖踢斛或拋
散濶潰百弊叢生備極詭詐其收折色也因民間錢
多銀少向俱收錢每石折錢或六七千或八九千最

多竟有折錢二十餘千者此外又有由單串票號錢
差費等項名目或數百文或千餘文不等需索多端
雖經各任撫臣嚴行申禁終無以破其伎倆臣查咸
豐二年因漕船停運部文令變價解部每石折銀一
兩三錢今徵故本色既積弊甚深又值停運之時與
其令州縣照舊徵收再行變價於民無益獎實更多
不若一律改折色較易查察惟治襲多年已成積重
之勢各州縣情形亦今昔不同必欲復一正一耗之
用絲毫不能多取則州縣之廉謹者必至誤公其不

背者又將藉口苦累另設取巧之法殊非經久之道因飭署糧道等親歷各州縣查明歷屆徵收實數傳集紳耆令其公議核減旋據各紳耆稟呈核減數目前來臣復細加體查核其向日浮收之數及地方之肥瘠產米之多寡米價錢價之低昂高下以明定折價之等所議之數適中者准之爲數尚少者減數亦從而少如江夏縣向收米石折錢八千至十三千文今減爲六串五百文武昌縣向收每石折錢五千四百文今減爲四千四百文咸甯縣向收每石折錢七

千六百文嘉魚縣向收每石折錢十五千文今皆減爲五千五百文蒲圻縣向收每石折錢五千八百六十文今減爲五千文崇陽縣向收每石折錢六千文通城縣向收每石折錢六千文今皆減爲四千文興國州向收每石折錢六千四百文今減爲四千一百文大冶縣向收每石折錢十四千文今減爲五千文通山縣向收每石折錢五千文今減爲四串八百文漢黃等府縣向收若干今減爲若干其水脚耗米一併在內所有由單串票樣米差費等類概行革除嚴

飭州縣遵照改定錢數徵收不准於此外多收分文並曉諭花戶將改定章程於各鄉勒石以期共見共聞垂之久遠永杜書役朦混愚弄之弊至此次減定之數除遵例價報解外仍留有餘爲他年解運地步而南糧亦備折放餘銀以資緩急悉令隨同正款報解存庫

一北漕解數酌定節省兌費宜暫提充餉也查州縣徵收北漕向係兌交幫丁運京近年停止運兌所收北漕應遵照部定一兩三錢之數解交糧道庫報撥

計共應解正耗銀二十一萬四千二百餘兩又查州縣交兌北漕各幫丁因例欵不敷向有津貼名爲兌費多寡不等現値暫停河運此欵若概行刪除將來復行兌運幫丁無此津貼不敷轉運若至其時再議增加民情恐形扞格是以此欵未便刪除亦未可仍供州縣中飽應暫行提充軍餉飭各州縣隨同正耗等銀批解道庫共計提銀六萬八千餘兩

一南糧折解折放餘銀宜節省歸公也查州縣徵收南糧解供旗綠各營兵米旂營向解荆州府倉轉放

綠營則經解本營因旗營兵米有本色有折色故各州縣本折兼解而荆倉於收本色者索格外雜費其解折色者又每石折至二兩二三錢二兩六七錢之多綠營運解亦多煩費此皆州縣藉口浮收之一端今既删除浮費改定折價則旗營綠營均應盡支折色自毋庸由荆倉轉放亦未宜令州縣經解各營致滋需索應解歸道庫由糧道具報娰撫委員咨解荆州將軍衙門支放綠營卽由各營赴道具領旗營定例二百六十日支本色一百日支折色每石折銀七

錢現因旗營積欠未清生計艱窘於二百六十日本色改爲折色者於例價七錢外每石酌二錢合銀九錢一百日折色仍折銀七錢綠營仍照定例折銀七錢又旗綠各營兵米因災緩缺額不敷者向由藩庫籌款撥補近年藩庫款項支絀不能不就款籌備因飭各州縣於南糧折價每石以年約支絀滿各營兵米銀一十二萬餘兩除支發外尚餘銀八九萬兩備爲藩庫撥補不敷之用

一漕南水脚宜節省歸公也查漕南水脚向係支發修倉補墊駁背水陸脚價及各漕書飯食之用多由州縣開銷今改徵折色除漕書飯食之外概從節省所有漕南水脚俱隨同正耗解歸道庫報撥計可節省銀四萬餘兩又道庫額徵隨漕淺船軍三安家帮津等款現漕船停運毋庸盡數支銷計可節存銀十二萬兩暫濟糧台兵餉

一州縣冗費宜全行裁革也州縣徵收漕南冗費甚多自糧道以至丞倅尹尉等官俱有漕規大或千數百兩少亦百數十兩司道府廳各書吏均有房費年

規等項名目或數百兩或數十兩州縣書差亦需辛工飯食紙張等項州縣浮收之羨大半耗於此中而藉口賠累其浮收益不可限制衙蠹包戶遂得因而乘之以肆其把持挾制之奸今嚴禁浮收必先盡除冗費所有向來糧道及各道府丞尹尉司道府上下衙門一切陋規雜費概裁革盡淨不留分毫計合荆倉綠營各浮費共删除銀約二十餘萬兩嚴行禁止與受同科各州縣除批解正耗水脚等款之外不准妄費一文則折價雖痛加删減尚可稍有餘足敷辦

公之用不致藉口賠累列開貪黷之門斷不准其如從前之十倍百倍漫無底止臣酌定章程後復委廉明之知府丞倅各員分往嚴查密訪如有不新遵章仍前浮勒者卽當隨時嚴參以肅漕規

一紓民力以利徵收復全額而裕漕賦也近年楚北疊遭寇盜其被擾地方旣久未開徵其未擾之區亦因收數太重民力艱難觀望遲延不能按年徵解計三四年中徵解漕額不及十之三四今大加刪減民閒所省甚多輸將甚易又各州縣因征收不能踴躍

規避奏銷處分遂至捏災枉緩今征收旣易又核實徵緩之數州縣無從捏冒亦不能以瘡痍未復爲詞掩其催科之不力所有各州縣漕南現飭遵照新章一律全完毋許稍有帶欠以充軍餉如將來軍務完竣而運河猶未修復各幫船隻俱遭毀壞一時亦難修造擬卽遵照部定每石折銀一兩三錢解部若北倉隨用漕米卽由臣將此項折銀兩照數採買米石委員雇備民船交江蘇上海海運局並歸海運京亦斷不至貽誤

以上各條計民間減省錢一百四十餘萬千爲

國帑實籌銀四十二萬餘兩又節省提存銀三十一萬餘兩臣自七年三月與司道首府等共與此議六月中始行查辦至九月下旬乃酌定章程通飭各屬遵行竊以爲利

國利民窮變通久之道或當如此倘能十年不變百姓既足庫藏可充上下均有裨益現在各屬俱已奉行民情極爲歡悅完納俱形踴躍漕糧除緩徵外均已全完南糧向須延至一二年始能徵完今已完九分

爲數十年來所未有惟奸胥猾狡包戶刁生不利此舉者或潛生謗議或造作謠言現亦尚能斂跡如敢有抗違阻撓情事臣自當執法繩之務期積弊永除不敢因仍舊習拘泥成規有負我

皇上愛民裕賦之志意所有臣痛除漕務中飽積弊酌定章程辦有成效緣由理合專摺具

奏伏乞

皇上聖鑒施行謹

奏

咸豐七年十月武昌府知府嚴示爲酌減徵漕章程删除浮費以甦民困事案奉撫憲札飭湖北漕務積弊民苦浮勒官無經制其取於民者厚其交於公者微類皆中飽於丁船雜費及上下衙門一切陋規現值停運之時奉部文折價充餉急應清釐積弊取中飽之資以分益上下於　國計民生均有禆益惟各州縣情形不同其如何分别删減定立章程應由道府大員親詣督查以杜州縣官吏隱匿趨避而收實效飭委本攝理

府親詣所屬各州縣體察情形核其徵收兌運實費遵照部案折價充餉其浮勒積弊太甚之州縣酌定删減並將節省兌運之費提解充餉裁汰浮費實屬有益於民有益於　帑務須認真督查因地制宜妥協議擬定限九月以前通稟酌辦勿稍狥延等因奉此當經轉行遵照將徵收兌運漕糧一切費用實帳開呈去後兹據通城縣稟呈徵收漕南米石用帳前來本攝理府逐一查閱復明察暗訪該縣徵收漕南二米向係統徵分解約本色七五折色二五收本色者每石加五六七八合不等收折色者每石折錢四千五六百文至五千五六百文不等本折俱另計耗米又隨徵水脚每石收銀一錢五分六釐四毫折錢一百六十至二百八十文不等每石收解費錢百文本色正耗水脚解費等項彙算合計每石錢四千八百九十文積弊相沿已久深爲閭閻之害殊堪痛恨又查該縣北漕向與下游水次州縣抵兌分解荆省二倉有道府廳房差費銀及解荆南米費等銀六百六十

二兩三錢七分錢肆千三百三十串五百文又有道府漕規銀二百一十九兩六錢種種陋規實屬浮費當頻年兵燹之餘瘡痍未復元氣當培本攝理府軫念民艱力圖拯救急應痛裁浮勒酌減定價官吏之費用既省則黔黎之困苦立甦現經本攝府隨同撫憲將通城縣應徵漕南米石按照舊章每石核減錢八百九十文比較向來折價實減去錢一千六百文定以足錢四千文一律折收耗米水脚券票等項一併在四千文之内不准多索民間一文漕南米以

銀一兩三錢折解南糧米石以銀一兩五錢折解又每石隨解水脚銀一錢五分俱用庫平庫色漕糧價銀批解糧庫兌收南糧價銀聽候撥解再提解運費庫平銀八百兩解府轉送糧臺暫充軍餉餘銀留作縣中製備徵冊流水券票紙劄書役飯食等項津貼辦公之用俱在定價四千文之內所有院司道府廳衙門一切陋規浮費全數刪除開單飭知至該縣一切費用自行實力删減自此次定章之後官吏丁役如敢格外多索一經訪聞或被告發丁胥立拏杖斃

官則專案嚴參懲辦除詳明　院憲一面札飭通城縣遵照開徵外合行臚列删除浮費剴切示諭爲此示仰通城縣紳衿士庶人等知悉爾等須知

撫憲及本攝理府體恤民艱痛裁浮勒酌減定價之苦衷既照舊章每石減去錢八百九十文比較向來折價實減去錢一千六百文定以足錢四千文一律折收耗米水脚券票一併在內此外不准多索民間分文爾紳民亟應激發天良踴躍輸將務應完本年漕南米石趕緊遵照此次定章年内掃數全完該紳民等如果不知自愛有意抗違定章照例治罪決不寬貸切切特示

計開刪除通城縣陋規單

一除荊州府糧科二總八旗五案及扒夫斗級兌米用費錢一千六百五十串零

一除道憲南糧科水陸程單規錢六十串文

一除省米船夫水脚銀一百九十八兩八錢零

一除免繳舊斛錢三串文

一除糧道派丁房銀三兩四錢九分

一除年終道府憲房科各項雜款銀二百四十五兩

一除漕糧房來人抽豐飯食錢五串文

一除三府差來縣抽豐錢五串六百文

一除縣河祭江神福船夫批差賞犒錢二十九串四百文

一除樣米口袋挑夫錢五串六百文

一除道府憲小三行費錢六串四百文

一除府刑房抽豐錢六串五百文

一除糧憲南糧科水程單規費銀六十兩折錢一百

二十串文
一除縣河發米上船脚錢一百八十串文
一除郝關稅銀一兩七錢五分
一除荊州帮忙斗級來縣抽豐飯食錢九千六百文
一除府憲斗級銀三十兩六錢
一除請斛道府憲房科各項開銷銀一百三十四兩五分
一除道憲差催樣米錢六串文
一除道憲房科脚耗冊費錢二十四串文
一除荊省二米各廟香燈錢一十串文

一除挑斛回縣脚錢一串六百文
一除年終司府經承來縣夫價賞隨約錢一十串文
一除三府差來縣夫價錢二串文
一除武昌府糧科及斗級各項兑米用費錢五百四
十串零
一除荊米船夫水脚錢一千六百四十五串文
一除解斛價銀四兩
一除道房完單費銀四兩
一除道平傾工火耗及零費銀三十五兩二錢五分

一除申請製斛價銀一兩九錢八分
一除府憲斗級來縣抽豐錢五串六百文
一除倉口冊費錢一串六百文
一除解樣米桶袋銀一兩六錢
一除解本色蘆蓆銀一兩八錢五分
一除府斗級來縣夫價錢二串文
一除倉口冊差來縣會印錢一串六百文
以上道府廳房差費及解荊南米費用共銀六百
六十二兩三錢七分錢四千三百三十串五百文

全數裁汰
一除糧道漕規銀六十兩門包一十二兩隨銀一兩
二錢外費八兩八錢
一除本府漕規銀一百二十兩門包二十四兩隨銀
二兩四錢
一縣支經書斗級紙張飯食及同城文武衙門各項
共錢四百二十二串三百四十文自行實力刪減
漕務新章奉　上憲諭令於城鄉各處刊立石碑
並須簡明告示照式刊刻計碑二十道碑文附錄

於左
武昌府正堂嚴　奉
撫部院胡示減定折漕章程通城縣向徵漕南每石折收錢五串五六百文至六串文不等外收水脚解費約四百文一石今減定每石漕南折收足錢四串文斗升合勺照此一律計算耗米水脚券票等費一併在内此外不准多取紳民一文違則從重治罪
咸豐七年十月　　日刊

咸豐七年奉
撫部院胡
奏請改漕折價新章每石折徵足錢四串文斗升合勺一律計算耗米水脚劵票等費一併在四串文之内此外不准多取一文先年舊章正米九斗零九合一勺加耗米九升零九勺共徵一石邑侯夏印錫麒減定新章徵正不徵耗除耗實正米一石折徵足錢四串文斗升合勺照此一律計算
計開
額徵漕糧正米三千四百八十九石九斗八升六合九勺
耗米三百四十八石九斗九升八合七勺
南糧正米二千六百二十一石二斗九升零二勺
耗米二百六十二石一斗二升九合
一三解漕糧正米庫平足銀四千五百三十六兩九錢八分三釐
一三解漕糧耗米庫平足銀四百五十三兩六錢九分八釐
一五解南糧正米庫平足銀三千九百三十一兩九

錢三分五釐
一五解南糧耗米庫平足銀三百九十三兩一錢九分四釐
一五解漕南水脚庫平足銀九百一十六兩六錢九分二釐
勻解運費暫充軍需庫平足銀八百兩
總共解銀一萬一千三十二兩五錢二釐俱係統徵分解

書院學塘附舊志

學塘三畝四分計種五斗一升在城內新興街口學後其塘荒蕪乾隆十年教諭詳奉

府批將塘照舊存留

書院學田附舊志

按學之有田亦養賢之一助也獨通爲缺典萬歷三十六年知縣楊浩捐俸銀六十兩置買舒合周舒典田二頃計種一十三石八斗歲出租穀一百一十五石四斗給付學宮以爲通士補助恐歲久弊生以致

湮沒教諭徐應斗訓導郭繼先并收給定法勒註成冊有記有跋以識不朽秋糧歲輸至康熙四十三年清丈知縣辛禹昆同井欄等圖學田詳免科稅輸糧

計開學田佃夫各名

麥田圖佃夫

舒松章種學田一石八斗五升田十二坵塘一口完租穀銀一兩四錢二分

舒拔生種學田二石五斗完租穀銀一兩八錢八分

黎帝遜種學田三斗三升七合完租穀銀二錢八分八釐

黎廷旭種學田一石零五升完租穀銀七錢七分

舒衣錦種學田二斗九升完租穀銀二錢二分

舒友彩種學田一石九斗五升完租穀銀一兩四錢

舒宜彩種學田八斗五升完租穀銀六錢四分

黎騰海種學田九斗五升完租穀銀七錢八分

舒亘玉種學田一石一斗完租穀銀八錢八分

黎仲伯管守學塘一股完租銀六分

以上共學田一十石八斗七升七合完租穀銀八

兩三錢九分八釐

縣冊報麥田圖學田四十七畝計種七石零五升今將佃戶各種學田合算又多三石八斗二升七合以原志所買一十三石八斗計則又缺少二石九斗二升三合此中欺隱詭漏惟在當事者洞察釐定焉

國朝新增學田圖分佃夫各名

井欄圖佃戶陳道祥陳官上種學田三石完租穀銀一兩八錢

來蘇圖佃戶黎帝聘種學田五斗二升五合完租穀

銀穀四錢
風雨圖佃戶李禹山種學田三斗四升五合完租穀
銀一錢二分
東港圖佃戶吳定安種學田五斗五升五合完租穀
銀五錢
以上四圖共學田四石四斗二升五合共完租穀
銀二兩八錢二分
照例該收租穀四十四石二斗五升新舊學田共一
十一石四斗七升五合共租穀銀一十一兩二錢一

分八釐賑給貧生學田欺隱弊重現奉
督學院批仰通城縣逐細踏勘丈量清楚有無欺隱
確核詳報
右皆康熙丙子年以前鄉斗十餘石不等祇可糶銀
一兩時佃戶照值折銀後穀價逐年增長儒學生徒
議照時值增輸租銀佃戶無可飾辨遂將原田欺隱
追儒學履勘詭指淤洲荒塍抵數朦混所以輕租至
今追乾隆二十三年逼庠赴控　學憲毛批飭縣查
奈前任怠於履丈遂至案壓數載佃戶樂得獘混乾

隆二十九年六月內蒙撫憲王學憲朱會檄清查學
田幸邑侯明厲精匪懈遵奉　上檄即於十一月初
農隙壤乾時自備供給輕騎減從傳同紳士遴帶弓
手禮房冊房吊集儒學掌存康熙甲申年清丈學田
印冊喚集各圖保正甲長牌頭嚴諭確指核對原冊
田名四至弓口稅畝躬親逐坵履丈原冊相符然後
過坵核量侵晨赴田昏歸辦案如此者閱八晝日不
憚勞煩刁佃始不敢欺隱指換各將原田和盤清出
核之原冊罔不符合事竣又周諮通邑佃租豐歲畝

田鄉斗穀一石五斗折官斗一石二斗倘遭蟲旱臨
田逐勘按照偏災分數如受災一分減穀一斗五分
減半之類又以學田屬官五分偏災例不官勘分減
遂酌為衷豐補歉之籌每斗減八定額中稅畝租歲
訂官斗穀一石二斗減為九斗六升下稅畝租官斗
八斗減為六斗四升更按秋收時值石穀糶銀五錢
定額折租議申　上憲從此上以裨學校下不厲佃
民則明侯實心辦公之永澤也
計開麥田圖清丈坵名稅畝實在學田中稅七十

四畝
佃戸舒友彩承佃學田共中税一十三畝歲納租穀
一十二石四斗八升折銀六兩二錢四分
桑樹坵六分二釐　沙坵五分九釐
四方坵七分五釐　瓦子坵七分六釐
長坵四分　菜根坵三分二釐
菜根坵二分五釐　栗樹坵一畝二分二釐
菜根坵二分五釐　菜根坵六釐
松樹坵二畝　壠坵四分

公公坵三畝四分九釐　斧頭坵一畝三分二釐
脊上坵五分七釐
佃戸舒五儀彩共佃學田六畝四分內租六石一斗四
升四合折銀三兩零七分二釐
瘦坵一畝零八釐　戴家坵二分二釐
長坵二分五釐　過水坵六分五釐
蔦坵四畝二分
佃戸舒大觀共佃學田中税一畝九分內租一石八
斗二升四合折銀九錢壹分二釐

瓦子坵六分　學堂坵一畝
學塘坵三分
佃戸舒光輝共佃學田七畝七分內租七石三斗九
升二合折銀三兩六錢九分六釐
松樹坵五畝　沙坵一畝一分六釐
沙墩坵一畝一分四釐　畈屋四分
佃戸舒永隆共佃學田四畝五分內租四石三斗二
升折銀二兩一錢六分
戴家坵一分　團坵一畝零二分

戴家坵四分　戴家坵五分四釐
戴家坵一分　戴家坵三分四釐
灣坵二畝
佃戸舒廷玉舒若彩共佃學田七畝內租六石七斗
二升折銀三兩三錢六分
塘上坵一分六釐　餉堂坵四分
學水坵四分　下灣坵二分五釐
團坵二分二釐　上灣坵一分五釐
二合坵四分　山下坵二分

脊上坵五分　大沙坵二畝五分
下學坵八分　上學田坵六分二釐
四方坵四分
佃戶衙耀彩共佃學田一十畝內租九石六斗折銀
四兩八錢
牛車坵四分　長坵四分
上牛車坵三分　戴家坵二分
楓樹坵二畝九分　茱坵八分
長坵四分　長坵四分

長坵三分　四方坵一畝三分四釐
沙坵一畝四分　沙窯坵三分
小沙坵一分六釐　港邊坵七分
佃戶衙五倫共佃學田六畝內租五石七斗六升折
銀二兩八錢八釐
易家坵五畝三分　牌樓坵七分
佃戶黎繼周佃學田五畝租四石八斗折銀二兩四
錢　一家坵五畝
佃戶黎鼎言共佃學田七畝五分內租七石二斗折

銀三兩六錢
學田坵二畝六分　學田坵四分
學田坵二分四釐　學田坵四分
學田坵二分　學田坵二分
學田坵三分　沙洲坵一分五釐
學田坵一畝　學田坵一畝五分
學田坵三分　沙洲團坵五釐
沙洲方坵六釐　沙邊坵一分
佃戶黎順見佃學田一畝租九斗六升折銀四錢八

分
細田塘一畝
佃戶黎勝南共佃學田二畝五分內租二石四斗折
銀一兩二錢
團坵二分　小坵五釐
小坵五釐　勘上坵一分
長坵一分　山下坵六釐
小坵二釐　灣坵三分
二合坵一分　長坵五釐

灣坵四分　尖坵六釐
小長坵四釐　山上坵五分
荒坵六釐　馬王坵九釐
尖坵八釐　二合坵一分
二合坵一分　二合坵四釐
佃戸黎遠臣共佃學田一畝五分內租一石四斗四
升折銀七錢二分
尖坵六分　自學坵九分
井欄圖支明共實在學田中稅二十畝租一十九石

二斗折銀九兩六錢
佃戸陳忠傳共佃學田一畝四分內租一石三斗四
升四合折銀六錢七分二釐
蓮花灣上坵二分三釐　蓮花灣六分八釐
蓮花灣下坵七分五釐
佃戸陳四水共佃學田八分內租七斗六升八合折
銀三錢八分四釐
蓮花塘一分二釐　蓮花灣六分八釐
佃戸陳道理佃學田一畝七分內租一石六斗三升

二合折銀八錢一分六釐
長坵一畝一分　小坵六分
佃戸陳近南佃學田一畝租九斗六升折銀四錢五
分六釐
長坵一畝
佃戸陳道泮佃學田一畝九分租一石八斗二升四
合折銀九錢一分二釐
張家冲一畝九分
佃戸陳世望共佃學田三畝三分內租三石一斗六

升八合折銀一兩五錢八分四釐
馬牙壠三畝一分　小塘坵二分
佃戸陳玉南共佃學田四畝二分內租四石零三升
二合折銀二兩零一分六釐
門首塘二畝三分　長坡口七分
散公坵一畝二分
佃戸陳洪元共佃學田一畝八分內租一石七斗二
升八合折銀八錢六分四釐
土地塝八分　圳下坵一畝

佃戶陳爲虎共佃學田二畝內租一石九斗二升折
銀九錢六分
黃泥坵四分　長坵一畝
路邊坵三釐　塘下長坵五分七釐
佃戶陳道祥佃學田一畝九分租一石八斗二升四
合折銀九錢一分二釐
張扇壠一畝九分
來蘇圖丈明實在學田中稅三畝五分叫名學田坵
佃戶黎帶增全佃租三石三斗六升折銀一兩六

錢八分
風雨圖丈明實在學田下稅二畝三分租一石四斗
七升二合折銀一兩三分六釐
佃戶李禹山全佃內學堂洲一畝七分灣坵六分
東港圖丈明實在學田下稅三畝七分
佃戶吳習圭全佃內租二石三斗六升八合折銀
一兩一錢八分四釐
左包公冲二畝五分　右包公冲一畝二分
乾隆二十九年舊志

膏火田附
計置買暨價典田六十四石七斗八升五合秋一十
九石四斗三升五合五勺收入在坊里六甲作人造
士戶完納每年應收租稞六百六十四石有奇詳學校
又茅田圖田山上至楊臺尖騎龍分水下至何姓田
左至何姓山右至黎姓山計出種三石秋九斗收入
在坊里六甲興賢戶完納每年應收租稞二十七石
山地樹木茶竹俱全莊屋三座詳學校
賓興田附

計前後置買暨價典田共種二十石零二斗秋六石
一斗二升八合二勺收入在坊里六甲賓興局戶完
納每年應收租稞二百零二石詳學校
又崇陽縣白馬畈莊田計種一十八石應完正米一
石五斗六升五合正銀三兩七錢零一釐在崇陽縣
夏古里四甲王寶林戶完納每年應收租稞一百八
十五石七斗一升其餉米二項向有成規每年完錢
一十七串五百文莊屋一座暨田坐落土名賓興首
士繪圖存照詳學校又詳義舉

城隍祠田附

國朝順治八年住持鄒益生等置買上太里錫東圖民吳冲陽土名張家壠田種三石又徐窩園房屋基地一所正屋三間續創横屋左右共十間雍正十二年住持熊泉若彭德三車守演置買東門外坤宮東閣圖王仲廷田種八斗土名白家壠朱姓門首上田二坵秋照冊收入梓木里三甲完納乾隆元年住持彭德三車守演置買錫東圖吳虞書逸士奇南等土名箭樓紫茅山一嶂上至黎姓土塹下至買主田右至

吳姓賣主地左至買主田乾隆八年修竹里生員胡朝清等將價買巽宮梓木里塘湖圖田塘計種一石六斗七升坐落土名生雞窩塘一口塘下田種一斗五升大小三坵又碗田一斗大小二坵共田内自創瓦屋正五間林家紫田一斗大小二坵車天灣田一斗二升大小四坵林家田一斗計二坵沙坵田種四斗大小三坵又林家田種三斗大小五坵藍田大一坵種一斗棉花田大一坵種一斗又車天門首沙坵大田二坵種二斗以上共計種一石六斗七升併創屋基址在内另水塘一口共秋四斗五升二合五勺四抄捐入城隍祠至乾隆二十七年均平道士丁如氷收入梓木里三甲城隍祠道戸完納舊志

黃華堂田附

南城外錫東圖萬家嶺土名黃華堂田種三石又西城内　武聖廟後田塘計種七斗五升又北城外仁義圖鄭城嶺田種三石二斗以上共田種六石九斗五升秋一石六斗七升二合九勺又麥秋四升一合八勺收入上太里五甲黃華堂戸完納

毛公渡田附

下淵圖蕭婁壠東邊季花坵田一坵今分爲四坵種一斗二升五合火爐坵種一斗二升五合塝下長坵種二斗五升塝上長坵種一斗五升毛家墳坪圖墳東邊一連四坵共種二斗張姑塘東邊塝上三斗坵種三斗牛角圳西邊塝上石欄坵一連二坵共種二斗五升又杜洪川捐十長畈火爐坵種一斗挨塝溝坵種一斗共田一十六坵共種一石六斗載秋二斗六升一合三勺麥秋三升籽粒三錢零九釐

通城縣志卷之九

學校上 文廟 祭品 祭器 禮節 樂譜 優免附 學宮 學額 書籍

古者家有塾黨有庠術有序國有學學校之設所以育人才維風化也記曰凡始立學者必釋奠於先聖先師故文廟首重焉次則學宮書院考棚義學皆國家課士選士之區也謹誌之俾知人才風化固有所由興云

崇聖祠一座正殿一間祀

至聖先代左一間右一間祀學宮土地雍正四年知縣李玠建乾隆甲子年合邑紳民捐修道光丁亥年移建大成殿後道光壬寅年監生傅協中補修格門

文廟 名宦鄉賢附

大成殿明洪武年間知縣馬極建嘉靖元年訓導馮介石修

聖座造

聖龕一座萬歷二十年參政趙欽湯捐五十餘金檄縣教諭黃鶴鳴更制知縣岑學曾完修舊有

聖像萬歷二十五年兵巡馮應京改像立

主崇禎七年雷擊殿東柱知縣趙三台換修明季兵亂灰燼無存

國朝順治十三年知縣毛鍾彥重建康熙癸巳年知縣吳國瑞諭生員吳亮士等倡修雍正丙午年知縣李玠諭紳士吳開治等倡捐改建於拔癸分司舊基乾隆庚戌年監生胡世賢重修道光丁亥年邑侯章朝偉教諭張起唐勸邑紳移建規制較備其經理首事及捐貲姓氏鐫碑

文昌宮右壁

大成殿一座上覆重檐

殿前月台一座

東西兩廡各一間

大成門一座左一間祀名宦右一間祀鄉賢

大成門外左右廳各一間

金聲門一座 玉振門一座

仰高門一座 快覩門一座

內泮池一口橋一座中有古井 教諭張起唐有記詳藝文志

宰牲亭一所
櫺星門一座上鐫石魁星二座
櫺星門外石柵欄一框
道冠古今石牌坊一座
德配天地石牌坊一座
外泮池一口紅牆包
屏牆一座
道光庚子年敎諭張鴻翹訓導黃博前捐貲補修廟
內石路道光壬寅年監生傅協中補修櫺星門門片

門內立石柱六根上覆以瓦後因風雨傾圮咸豐壬
子年知縣林之華仝邑紳勸捐補修甲寅年復遭兵
燹燒燬無存己未年知縣傅詩仝邑紳勸捐重修廟
宇復設牌位
孔子封號歷代遞有增故
國朝順治二年定爲
大成至聖文宣先師孔子　順治十四年仍改稱
至聖先師孔子　康熙二十二年頒
御書萬世師表匾額　雍正元年封

孔子以上五代爲王改
啟聖祠爲
崇聖祠　三年頒
御書生民未有匾額　四年
諭直省內外
先師誕日齋戒致祭諱
孔子名加阝爲邱　乾隆元年頒
御書與天地參匾額　五年定樂用六佾設樂舞生四十名
免縣府試　嘉慶四年頒

御書聖集大成匾額　道光三年頒
御書聖協時中匾額　咸豐　年頒
御書德齊幬載匾額　同治二年頒
御書聖神天縱匾額
每歲春秋於二月八月上丁日舉祀致齋二日不理
刑名每月朔望縣官率寮屬諸生晨參
文廟　祀位
崇聖祠正祀
肇聖王木金父公

裕聖王祈父公
詒聖王防叔公
昌聖王伯夏公
啟聖王叔梁公

東配

先賢孔氏孟皮 國朝咸豐七年配饗
先賢顏氏 名無繇唐開元二十七年從祀明嘉靖九年配饗
先賢孔氏 名鯉宋咸淳三年從祀明嘉靖九年配饗

西配

先賢曾氏 名晳唐開元二十七年從祀明嘉靖九年配饗
先賢孟孫氏 名激明嘉靖九年配饗

東廡

先儒周氏 名輔成年無考明萬曆二十三年從祀
先儒程氏 名珦宋景德三年生元祐五年卒年八十五明嘉靖九年從祀
先儒蔡氏 名元定宋紹興五年生慶元四年卒年六十四明嘉靖九年從祀

西廡

先儒張氏 名迪年無考國朝雍正二年從祀
先儒朱氏 名松宋紹聖四年生紹興十三年卒年四十七明嘉靖九年從祀

以上先賢先儒位明嘉靖時稱先賢某氏先儒某氏國朝因之 以上俱同治二年頒行新章

大成殿正祀

至聖先師孔子

東配

復聖顏子 漢永平十五年祀七十二弟子顏子位第一魏晉祀孔子均以顏子配唐貞觀二十年以孔子爲先聖顏子配饗
述聖子思子 宋大觀二年從祀端平三年升列哲位咸淳三年配饗

西配

宗聖曾子 唐開元八年從祀宋咸淳三年配饗
亞聖孟子 宋元豐七年配饗

以上配位宋以前皆稱封爵元至順元年贈顏子兗國復聖公曾子郕國宗聖公子思子沂國述聖公孟子鄒國亞聖公明嘉靖九年改定今稱國朝因之

東哲

先賢閔子 唐開元八年從祀
先賢冉子 唐開元八年從祀

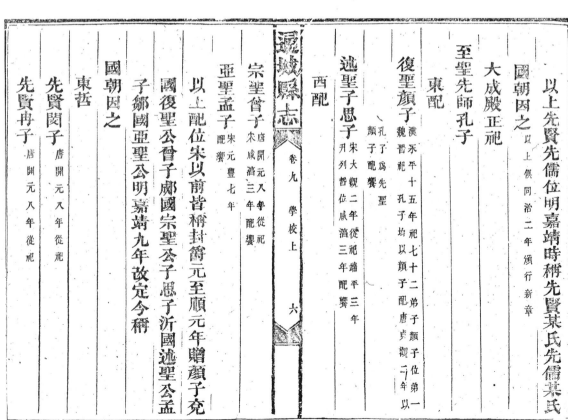

先賢端木子唐開元八年從祀

先賢仲子唐開元八年從祀

先賢卜子唐貞觀二十一年以經師從祀唐開元八年以十哲從祀

先賢有子唐開元八年從祀國朝乾隆三年升列哲位

西哲

先賢冉子唐開元八年從祀

先賢宰子唐開元八年從祀

先賢冉子唐開元八年從祀

先賢言子唐開元八年從祀

先賢顓孫子唐開元八年從祀宋咸淳三年升列哲位

先賢朱子宋建炎四年生慶元六年卒年七十一淳祐元年從祀國朝康熙五十一年升列哲位

以上各哲宋以前皆稱封爵明嘉靖九年改稱先賢某子

國朝因之有子朱子升列哲位從一例

東廡先賢

先賢公孫僑左傳魯襄公八年始見昭公八年卒國朝咸豐七年從祀

先賢林放唐開元二十七年從祀明嘉靖九年改祀於鄉國朝雍正二年復祀

先賢原憲唐開元二十七年從祀

先賢南宮适唐開元二十七年從祀

先賢商瞿唐開元二十七年從祀

先賢漆雕開唐開元二十七年從祀

先賢司馬耕唐開元二十七年從祀

先賢梁鱣唐開元二十七年從祀

先賢冉孺唐開元二十七年從祀

先賢伯虔唐開元二十七年從祀

先賢冉季唐開元二十七年從祀

先賢漆雕徒父唐開元二十七年從祀

先賢漆雕哆唐開元二十七年從祀

先賢公西赤唐開元二十七年從祀

先賢任不齊唐開元二十七年從祀

先賢公良孺唐開元二十七年從祀

先賢公肩定唐開元二十七年從祀

先賢鄡單唐開元二十七年從祀

先賢罕父黑唐開元二十七年從祀

先賢榮旂唐開元二十七年從祀

先賢左人郢　唐開元二十七年從祀

先賢鄭國　唐開元二十七年從祀

先賢廉潔　唐開元二十七年從祀

先賢叔仲會　唐開元二十七年從祀

先賢公西輿如　唐開元二十七年從祀

先賢邽巽　唐開元二十七年從祀

先賢陳亢　唐開元二十七年從祀

先賢琴張　唐開元二十七年從祀

先賢步叔乘　唐開元二十七年從祀

先賢秦非　唐開元二十七年從祀

先賢顏噲　唐開元二十七年從祀

先賢顏何　唐開元二十七年從祀明嘉靖九年罷　國朝雍正二年復祀

先賢縣亶　國朝雍正二年從祀

先賢牧皮　國朝雍正二年從祀

先賢樂正克　國朝雍正二年從祀

先賢萬章　國朝雍正二年從祀

先賢周敦頤　宋天禧元年生熙甯六年卒年五十七淳祐元年從祀

先賢程顥　宋明道元年生元豐八年卒年五十四淳祐元年從祀

先賢邵雍　宋大中祥符四年生熙甯十年卒年六十七咸淳三年從祀

西廡先賢

先賢蘧瑗　左傳魯襄公十四年始見卒年無考史記定公十四年孔子猶主伯玉家其卒後於公孫僑蓋三十餘年唐開元二十七年從祀明嘉靖九年改祀於鄉　國朝雍正二年復祀

先賢澹臺滅明　唐開元二十七年從祀

先賢宓不齊　唐開元二十七年從祀

先賢公冶長　唐開元二十七年從祀

先賢公晳哀　唐開元二十七年從祀

先賢高柴　唐開元二十七年從祀

先賢樊須　唐開元二十七年從祀

先賢商澤　唐開元二十七年從祀

先賢巫馬施　唐開元二十七年從祀

先賢顏辛　唐開元二十七年從祀

先賢曹卹　唐開元二十七年從祀

先賢公孫龍　唐開元二十七年從祀

先賢秦商　唐開元二十七年從祀

先賢顏高　唐開元二十七年從祀

先賢壤駟赤 唐開元二十七年從祀

先賢石作蜀 唐開元二十七年從祀

先賢公夏首 唐開元二十七年從祀

先賢后處 唐開元二十七年從祀

先賢奚容蒧 唐開元二十七年從祀

先賢顏祖 唐開元二十七年從祀

先賢句井疆 唐開元二十七年從祀

先賢秦祖 唐開元二十七年從祀

先賢縣成 唐開元二十七年從祀

先賢公祖句茲 唐開元二十七年從祀

先賢燕伋 唐開元二十七年從祀

先賢樂欬 唐開元二十七年從祀

先賢狄黑 唐開元二十七年從祀

先賢孔忠 唐開元二十七年從祀

先賢公西蒧 唐開元二十七年從祀

先賢顏之僕 唐開元二十七年從祀

先賢顏之常 唐開元二十七年從祀

先賢申棖 唐開元二十七年從祀

先賢左邱明 唐貞觀二十一年以經師從祀

先賢秦冉 唐開元二十七年從祀明嘉靖九年罷 國朝雍正二年復祀

先賢公明儀 國朝咸豐三年從祀

先賢公都子 國朝雍正二年從祀

先賢公孫丑 國朝雍正二年從祀

先賢張載 宋天禧四年生熙甯十年卒年五十八淳祐元年從祀

先賢程頤 宋明道二年生大觀元年卒年七十五淳祐元年從祀

以上各先賢宋以前從祀者皆稱封爵明嘉靖九年改稱先賢某子周張程邵五子嘉靖時稱先儒崇禎十五年改稱先賢某子位在七十子之下漢唐諸儒之上

國朝俱稱先賢不稱子

東廡先儒

先儒公羊高 子夏弟子唐貞觀二十一年從祀

先儒伏勝 秦博士唐貞觀二十一年從祀

先儒毛亨 年無考受詩於荀卿以授毛萇按史記楚考烈王二十五年荀卿廢居蘭陵距漢興三十二年太平御覽引毛詩正義云荀卿授漢人魯國毛亨則是秦漢間人 國朝同治二年從祀

先儒孔安國漢武帝時爲博士侍中唐貞觀二十一年從祀

先儒后蒼漢宣帝時爲博士明嘉靖九年從祀

先儒鄭康成漢永建二年生建安五年卒年七十四唐貞觀二十一年從祀明嘉靖九年改祀於鄉國朝雍正二年復祀

先儒范甯晉咸康五年生隆安五年卒年六十三唐貞觀二十一年從祀明嘉靖九年改祀於鄉國朝雍正二年復祀

先儒陸贄唐天寶十三年生永貞元年卒年五十二國朝道光六年從祀

先儒范仲淹宋端拱二年生皇祐四年卒年六十四國朝康熙五十四年從祀

先儒歐陽修宋景德四年生熙甯五年卒年六十六明嘉靖九年從祀

先儒司馬光宋天禧三年生元祐元年卒年六十八咸淳三年從祀

先儒謝良佐宋元豐八年進士生卒年無考與楊時同稱程門先生國朝道光二十九年從祀

先儒羅從彥宋熙甯五年生紹興五年卒年六十四明萬歷四十二年從祀

先儒李綱宋元豐六年生紹興十年卒年五十八國朝咸豐元年從祀

先儒張栻宋紹興三年生淳熙七年卒年四十八景定二年從祀

先儒陸九淵宋紹興九年生紹熙三年卒年五十四明嘉靖九年從祀

先儒陳淳宋紹興二十三年生嘉定十年卒年六十五國朝雍正二年從祀

先儒真德秀宋淳熙五年生端平二年卒年五十八明正統二年從祀

先儒何基宋淳熙十五年生咸淳四年卒年八十二國朝雍正二年從祀

先儒文天祥宋端平三年五月二日生元至元十九年卒年四十七國朝道光二十三年從祀

先儒趙復生卒年無考以宋端平二年至北庭當列元儒之首

先儒金履祥宋紹定五年生元大德七年卒年七十二國朝雍正二年從祀

先儒陳澔宋景定二年生元至正元年卒年八十一國朝雍正二年從祀

先儒方孝孺元至正十七年生明建文四年卒年四十六國朝同治二年從祀

先儒薛瑄明洪武二十二年生天順八年卒年七十六隆慶五年從祀

先儒胡居仁明宣德九年生成化二十年卒年五十一萬歷十二年從祀

先儒羅欽順明成化元年生嘉靖二十六年卒年八十三國朝雍正二年從祀

先儒呂柟明成化十五年生嘉靖二十一年卒年六十四國朝同治二年從祀

先儒劉宗周明萬歷六年生國朝順治二年卒年六十八道光二年從祀

先儒孫奇逢明萬歷十二年生國朝康熙十四年卒年九十二道光八年從祀

先儒陸隴其明崇禎三年生國朝康熙三十一年卒年六十三雍正二年從祀

西廡先儒

先儒穀梁赤子夏弟子唐貞觀二十一年從祀

先儒高堂生秦末漢初人唐貞觀二十一年從祀

先儒董仲舒漢武帝初年對策爲江都相元至順元年從祀

先儒毛萇漢河間獻王博士當武帝時唐貞觀二十一年從祀

先儒杜子春漢永平初年年九十唐貞觀二十一年從祀

先儒諸葛亮漢光和四年生建興十二年卒年五十四國朝雍正二年從祀

先儒王通陳至德二年生隋義寧二年卒年三十五一作開皇二年生明嘉靖九年從祀

先儒韓愈唐大歷三年生長慶三年卒年五十七宋元豐七年從祀

先儒胡瑗宋淳化四年生嘉祐四年卒年六十七明嘉靖九年從祀

先儒韓琦宋大中祥符元年生熙甯八年卒年六十八國朝咸豐二年從祀

先儒楊時宋皇祐五年生紹興五年卒年八十三明宏治八年從祀

先儒尹焞宋熙甯四年生紹興十二年卒年七十二國朝雍正二年從祀

先儒胡安國宋熙甯七年生紹興八年卒年六十五明正統二年從祀

先儒李侗宋元祐八年生隆興元年卒年七十一明萬歷四十二年從祀

先儒呂祖謙宋紹興七年生淳熙八年卒年四十五景定二年從祀

先儒黃榦宋紹興二十二年生嘉定十四年卒年七十國朝雍正二年從祀

先儒蔡沈宋乾道三年生紹定三年卒年六十四明正統二年從祀

先儒魏了翁宋淳熙五年生嘉熙元年卒年六十國朝雍正二年從祀

先儒王柏宋慶元三年生咸淳十年卒年七十八國朝雍正二年從祀

先儒陸秀夫宋端平三年十月八日生祥興二年即元至元十六年卒年四十四國朝咸豐九年從祀

先儒許衡宋嘉定二年生元至元十八年卒年七十三皇慶二年從祀

先儒吳澄宋淳祐九年生元元統元年卒年八十五明正統八年從祀嘉靖九年罷國朝乾隆二年復祀

先儒許謙元至元七年生後至元三年卒年六十八國朝雍正二年從祀

先儒曹端明洪武九年生宣德九年卒年五十九國朝咸豐九年從祀

先儒陳獻章明宣德三年生宏治十三年卒年七十三萬歷十二年從祀

先儒蔡清明景泰四年生正德三年卒年五十六國朝雍正二年從祀

先儒王守仁明成化八年生嘉靖七年卒年五十七萬歷十二年從祀

先儒呂坤明嘉靖十五年生萬歷四十六年卒年八十三國朝道光六年從祀

先儒黃道周明萬歷十三年生國朝順治三年卒年六十二道光五年從祀

先儒湯斌明天啟七年生國朝康熙二十六年卒年六十一道光二年從祀

以上各先儒明嘉靖以前從祀者皆稱封爵嘉靖九年改稱先儒某子

國朝稱先儒不稱子

按舊志從祀有中黨公伯寮荀況戴聖劉向賈逵馬融何休王肅王弼杜預於前明嘉靖年間罷祀

國朝因之

名宦祠祀

孔端植宋 馬極明 褚潭明

以上各事實均詳職秩志

鄉賢祠祀

楊起莘宋 廖忠唐 胡文忠明

以上各事實均詳人物志

祭品

崇聖祠

帛一白色 白磁爵三 羊一 豕一

鉶一 簠簋各二 籩豆各八 酒罇一

東西配

帛一白色 銅爵三 豕首一 簠簋各一

籩豆各四 豕肉一

東西廡

帛一白色 銅爵三 簠簋各一 籩豆各四

豕肉一

至聖正殿

帛一白色 白磁爵三 牛一 羊一

豕一 登一太羹 鉶二和羹 簠二黍稷

簋二稻粱 籩十白餅墨餅鉶鹽藁魚鹿脯棗栗榛菱芡

豆十脾肵豚胉鹿醢兎醢魚醢醓醢韭菁芹筍 酒罇一

東西配

帛一白色 白磁爵三 羊一 豕一

鉶一 簠二 簋二 籩八

豆八 酒罇一

東西哲

帛一白色 白磁爵各一 豕一 鉶各一

簠各一 簋各一 籩各四 豆各四

豕首一

東西廡

帛一白色 銅爵各一 豕三 簠簋各四

籩豆各四

名宦鄉賢二祠同時分祭儀同兩廡

以上各品各器均照湖北省志錄入

獻司

正獻官一員 分獻官二員 禮生七十九人 通贊二人 引贊二人 拂拭六人 陳設十四人 監宰二人 瘞毛血七人 奉帛九人 執爵九人 盥三人

司尊三人　祝一人　香燭六人　庫一人　廚一人

附陳設圖

先師位

帛　爵　太羹

爵　和羹　　爵　和羹

糗　榛　鹽　黍　　稷　韭　菁　脾

餅　菱　藁　稻　　粱　醓　醢　胉

芡　棗　　芹　筍

脯　栗　　醢　醢

羊　牛　豕

置帛置爵案

小燭　小燭　小燭　小燭

燭　香　燭

讀祝案

祭器

白磁爵十六件　銅爵一百一十件

木登十件　木鉶四十件

木簠四十件　木簋四十件

竹籩五十件　木豆五十件

磁酒罇一十件

樂器

編鐘二十件　編磬二十件

琴二張　瑟二張

簫四件　篴四件

排簫四件　笙四件

塤四件　篪四件

應鼓　搏拊鼓

柷一　敔一

木笏四件　羽籥

麾旛　旌節旛

以上各器原奉

部頒式置造歷年久遠殘缺不全道光壬寅年監生

傅協中補修完備後經兵燹蕩無一存謹遵原式開

載以待補置

祭文附

崇聖祠祝文　維

王奕葉鍾祥光開聖緒盛德之後積久彌昌凡聲教所

覃敷率循源而溯本宜肅明禋之典用伸守土之忱

茲居仲春秋聿修祀事

配以

先賢顏氏

先賢曾氏
先賢孔氏
先賢孟氏
尚饗
先師殿
時維
年仲春秋月祭日丁某
承祀官某
分獻官某　致祭於

至聖先師孔子神位前曰惟
先師德隆千聖道冠百王揭日月以常行自生民所未
有屬文教昌明之會正禮容樂節之時辟雍鐘鼓咸
恪薦於馨香泮水膠庠益致嚴於籩豆茲當仲春秋祗
率彝章肅展微忱聿昭祀典
配以
復聖顏子
宗聖曾子
述聖子思子

亞聖孟子
尚饗
名宦祠祝文
維　神文武憲邦公忠體國當
皇朝之肇造心膂攸同值
列聖之丕承股肱作輔明良合德奮庸而庶績咸熙中外宣
猷敷澤而兆民永賴洵屬廟廊之碩望久享俎豆以
明禋考績紀勳理宜崇報陳牲奠幣用薦馨香
尚饗

鄉賢祠祝文
維　神立心純篤矢志堅貞敦善行而不怠盛德可
風合鄉里以稱賢芳型足式永屬銀山之望咸推雋
水之光誌美揚庥崇報昭垂乎令典陳牲奠幣馨香
祗薦於歲時
尚饗
禮節
凡祭期前二日齋戒前一日申刻行宰牲禮承祭官
穿補服率衆官至

文廟告宰親書花押行一跪三叩首禮興詣司宰之神位
前立三上香省牲視宰宰人割牲瘞毛血揖禮畢次
日五鼓時候行啟　聖禮畢承祭官穿朝服率衆官
齊集　大成門外俟殿內擂鼓三百六十以警衆通唱
闔廟肅靜行春秋祀禮凡在執事者各執其事承祭官
就位陪祭官就位承祭官詣盥洗所盥洗盥畢就承
祭位伐鼓三通擊編鐘三十六聲擊玉磬三十六聲
啟饌闢戶迎神舉迎神樂樂奏昭平之章承祭官行
上香禮詣

先師位前跪三上香俯伏興隨詣　四配位前行上香禮
同時分獻官各行上香禮亦同均復位行三跪九叩
首禮興行初獻禮舉初獻樂樂奏宣平之章承祭官
詣
先師位前跪獻帛爵太牢俯伏興隨詣　四配位前行初
獻禮禮同同時分獻官亦行初獻禮畢詣讀祝位承
祭官至殿中拜位立司祝生進至祝案前行一跪三
叩首禮興承祭官跪分獻官跪俯伏司祝生跪讀祝
文讀畢司祝生興捧祝至

先師位前安帛匣內退承祭官興分獻官興承祭官復位
行一跪三叩首禮興行亞獻禮舉亞獻樂樂奏秩平
之章承祭官詣
先師位前跪獻帛爵少牢俯伏興隨詣　四配位前行亞
獻禮禮同同時分獻官亦行亞獻禮復位行一跪三
叩首禮興行終獻禮舉終獻樂樂奏敘平之章承祭
官詣
先師位前跪獻帛爵剛鬣饌箸羹飯俯伏興隨詣　四配
位前行終獻禮禮同同時分獻官亦行終獻禮復位

行一跪三叩首禮興行飲福受胙禮承祭官詣福胙
位跪飲福酒受神胙三叩首興復位行三跪九叩首
禮興徹饌舉徹饌樂樂奏懿平之章徹畢送神舉送
神樂樂奏德平之章司祝捧祝司帛捧帛恭詣燎所
焚帛文望燎所揖闔戶禮畢

欽定樂譜

春夾鐘清商立宮　倍應鐘清變宮主調

迎神昭平

簫譜　塤篪排簫同

大清變宮尺 哉清商凡 孔清角六 子清變徵五 先清變宮尺 覺清羽上
先清變徵五 知清角六 與清商凡 天清角六 地清羽上 參清變徵五
萬清變宮尺 世清羽上 之清變徵五 師清變徵五 祥清變徵五 徵清羽上
麟清商凡 紱清角六 韻清商凡 答清羽上 金清變宮尺 絲清羽上
日清商凡 月清羽六 旣清變宮尺 揭清變徵五 乾清商凡 坤清角六
清清商凡 夷清變宮凡

初獻宣平

予清變徵尺 懷清商凡 明清角六 德清變徵五 玉清羽上 振清商凡
金清變宮尺 聲清羽上 生清角六 民清羽凡 未清羽上 有清變徵五

展清商凡 也清角六 大清變徵五 成清角六 俎清變徵五 豆清羽上
千清變宮尺 古清變徵五 春清角六 秋清角六 上清變徵五 丁清角六
清清變宮尺 酒清羽上 旣清商尺 載清變宮尺 其清商凡 香清角六
始清商凡 升清變宮尺

亞獻秩平

式清變宮尺 禮清商凡 莫清角六 愆清變徵五 升清羽上 堂清變徵五
再清商凡 獻清變宮尺 響清羽上 協清變徵五 鼗清商凡 鏞清角六
誠清變徵五 孚清羽上 罍清變徵五 甗清變宮尺 肅清變徵五 肅清變徵五
雝清角六 雝清角六 譽清羽上 髦清變宮尺 斯清羽上 彥清變宮尺

禮清羽上 陶清變徵五 樂清商凡 淑清角六 相清變徵五 觀清角六
而清商凡 善清變宮尺

終獻敘平

自清變宮尺 古清商凡 在清變徵五 昔清角六 先清羽上 民清變徵五
有清商凡 作清角六 皮清變徵五 弁清羽上 祭清商凡 菜清變宮尺
於清羽上 論清變徵五 思清角六 樂清商凡 惟清變徵五 天清羽上
牖清變宮尺 民清變徵五 惟清商凡 聖清羽上 時清商凡 若清角六
彝清變徵五 倫清變徵五 攸清羽上 敘清變宮尺 至清羽上 今清變徵五
木清商凡 鐸清變宮尺

徹饌懿平

先清變宮尺 師清商凡 有清角六 言清變徵五 祭清變宮尺 則清羽上
受清變宮尺 福清變徵五 四清商凡 海清變宮尺 黌清變徵五 宮清羽上
疇清商凡 敢清角六 不清商凡 肅清變宮尺 禮清變徵五 成清羽上
告清變宮尺 徹清變徵五 毋清商凡 疏清角六 毋清商凡 瀆清變宮尺
樂清變徵五 所清羽上 自清商凡 生清變宮尺 中清變徵五 原清角六
有清商凡 菽清變徵五

送神德平

鳧清角六 繹清徵乙 峩清羽上 峩清變宮尺 洙清商凡 泗清角六

洋清乙徵　洋清上羽　景清凡商　行宮清尺變　行宮清尺變　止清凡商
流清乙徵　澤清上羽　無宮清尺變　疆清上羽　聿宮清尺變　昭清凡商
祀清乙徵　事清六角　祀清六角　事清凡商　孔清乙徵　明清上羽
化清六角　我宮清尺變　烝清六角　民清凡商　育清乙徵　我清上羽
膠清乙徵　庠清六角

箎譜　笙同

大清上角　哉清乙徵　孔清凡羽　子宮清六變　先清上角　覺清乙商
先宮清六變　知清凡羽　與清工徵　天清凡羽　地清乙商　參宮清六變
萬清上角　世清乙商　之宮清六變　師宮清六變　祥宮清六變　徵清乙商
麟清工徵　紱清凡羽　韻清工徵　答清乙商　金清上角　絲清乙商
日清工徵　月清凡羽　既清凡羽　揭宮清六變　乾清工徵　坤清凡羽
清清工徵　夷清上角
予清止角　懷清工徵　明清凡羽　德宮清六變　玉清乙商　振清工徵
金清上角　聲清乙商　生清凡羽　民清工徵　未清乙商　有宮清六變
展清工徵　也清凡羽　大宮清六變　成清凡羽　俎宮清六變　豆清乙商
千清上角　古宮清六變　春清凡羽　秋清凡羽　上宮清六變　丁清凡羽
清清上角　酒清乙商　既清工徵　載清上角　其清工徵　香清凡羽
始清工徵　升清上角

式清上角　禮清工徵　莫清凡羽　愆宮清六變　升清乙商　堂宮清六變
再清工徵　獻清上角　響清乙商　協宮清六變　鼗清工徵　鏞清凡羽
誠清凡羽　孚清工徵　罍宮清六變　甗清上角　肅宮清六變　肅宮清六變
雝清凡羽　雝清凡羽　譽清工徵　髦清上角　斯清乙商　彥清上角
禮清乙商　陶宮清六變　樂清工徵　淑清凡羽　相宮清六變　觀清凡羽
而清工徵　善清上角
自清上角　古清工徵　在宮清六變　昔清凡羽　先清乙商　民宮清六變
有清工徵　作清凡羽　皮宮清六變　弁清乙商　祭清工徵　菜清上角
於清乙商　論宮清六變　思清凡羽　樂清工徵　惟宮清六變　天清乙商
牖清上角　民宮清六變　惟清工徵　聖清乙商　時清工徵　若清凡羽
彝宮清六變　倫宮清六變　攸清乙商　敘清上角　至清乙商　今宮清六變
木清工徵　鐸清上角
先清上角　師清工徵　有清凡羽　言宮清六變　祭清上角　則清乙商
受清上角　福宮清六變　四清工徵　海清上角　黌宮清六變　宮清乙商
疇清工徵　敢清凡羽　不清工徵　肅清上角　禮宮清六變　成清乙商
告清上角　徹宮清六變　毋清工徵　疏清上角　毋清工徵　瀆清上角
樂宮清六變　所清乙商　自清工徵　生清上角　中宮清六變　原清凡羽
有清工徵　救清上角

鳧（清角 上）繹（清徵 工）峩（清羽 凡）峩（清變宮 六）洙（清商 乙）泗（清角 上）
洋（清羽 凡）洋（清商 乙）景（清商 乙）行（清變宮 六）行（清變宮 六）止（清商 乙）
流（清徵 工）澤（清羽 凡）無（清變宮 六）疆（清羽 凡）聿（清變宮 六）昭（清商 乙）
祀（清徵 工）事（清角 上）祀（清角 上）事（清商 乙）孔（清徵 工）明（清羽 凡）
化（清角 上）我（清變宮 六）烝（清角 上）民（清商 乙）育（清徵 工）我（清羽 凡）
膠（清徵 工）庠（清角 上）

按儀禮釋奠諸志祠廟壇壝之類亦或錄之而學校不及考止曰儒學社學而已而所謂
文廟釋奠不多槪見非缺也王通曰夫子之道不啻天地

父母故學之釋奠亦得與郊禮禘享並儀
國家聖賢之教詩書之澤涵濡浸浹於斯世斯民之深皆崇儒重道之功也然究其儀物觀其制度莫不有意存焉其日以丁取文明之盛也其時用仲以四時之正也雲山之象奇偶之數寓於樽罍籩豆之器以吾道與天地陰陽為一體也奠帛而後獻爵先誠而後物也再獻而後施爵先尊而後卑也奠爵所以致其厚故合樂以與舞羞萊所以致其潔故與樂而不樂酒以元所以致其虔脩以帛所以尚其質夫子之道猶元氣然周流兩間小成大成所以答其賜者固宜其備也謹詳紀於學校之首而不列於祠廟壇壝之中誠以釋奠固學校之事也主政令教治者體
國家所以隆儒重道之意儀物制度不徒視為虛文焉可也

聖裔優免舊例附

一
聖裔孔端植子孫寄籍通城者向有承派戶秋糧二十一石四斗七升五合四勺五抄一撮一圭麥糧九斗

六升一合一勺秋不加丁糧不加耗水脚票錢樣米俱照舊例優免

一孔氏子孫分居各鄉者於本圖外另立時中圖另編
聖裔門牌公舉族正戶主房長稽查族眾毋得充當保甲凡兵丁差役夫工及堤坊舖役一切雜泒差徭槩行優免

乾隆二十三年五月二十八日奉
襲封衍聖公府劄選孔衍倡孔興珣孔毓圭孔衍端等

奉祀彙冊咨
部給照樂以衣頂送學遵行

學宫

考明崇禎年舊志儒學離縣治東三十步明倫堂三間進德齋五間修業齋五間號房東西各三間中有臥碑一座號樓二十間學舍三間廣居堂三間敬一亭一座禮門三間知縣馬樞建有記詳藝文乾隆年間志載明季學署廢墜無存儒官僦居民舍乾隆九年知縣楊浩教諭楊仁訓導邱艮驥集紳士吳開澄毛文經葛行棻吳家鵬盧廷翰章忠玉等倡捐建學署二座改修明倫堂一座學署前建頭門一座東西

繞以土垣規制畧備乾隆二十八年教諭張士樞訓導繆奎督捐重修道光丁亥年教諭張起唐勸邑紳民改建

文廟將學宫移附

文廟左道光壬寅年知縣林逢年教諭陳曉陵訓導張承麻勸捐補修學宫一律重新制如左

頭門外宫牆一座

頭門一座由甬道入道光壬寅年監生傅協中補修

文明重地石碑坊一座

櫺門一座周圍磚牆抵書院
明倫堂一座上鐫大學　聖經二百五字
堂後分東西兩齋中爲尊經閣
東齋廳一間
廳左房二間　廳右房一間
廂房二間　廚房二間
中門一座　進德齋三間
典籍所二間　柵欄門一座
西齋廳一間（道光癸卯年訓導沈田玉置有格門額曰粗安室）

廳右房二間　廳左房一間
廂房二間　廳後廚房二間
中門一座
修業齋三間（道光癸卯年訓導沈玉田修）
文案所三間　柵欄門一座
後有空廠外包磚牆
咸豐甲寅年後疊遭兵燹所有學宮房屋片瓦無存
俟後補修可也

學額
生員之名自唐有之唐制上縣四十人中縣三十五人下縣二十五人宋無定額至崇甯間令照見籍三分汰一元因之有廩膳學田明循宋制定額府學四十名州學三十名縣學二十名俱曰學生今曰廩生資給廩餼宣德三年府州縣學生照額倍加曰增生事故缺補亦如學生法正統十二年定以三年歲科兩試每試府學錄取二十名州縣大者曰大學十五名次爲中學十二名又次爲小學八名俱曰附生其

廩生增生事故缺額就於附生內歲科考列一等者補廩缺二等補增缺通邑向列小學額僅八名
國朝順治年間知縣毛鍾彥詳歷中學額進十二名其撥入府學者不限以數
歲貢生二年一名以廩生補廩先後挨次考補
廩膳生員二十名以歲科考列一等者挨次充補一等補竣則以列二等之增廣生員超補其補以新舊相間由增附補者爲新廩由丁憂事故候復者爲舊廩考列一二三等俱以名次爲序廩膳銀兩（詳田賦志）

歲科二試取進文生各十二名俱充附學生員歲試
取進武生十二名
咸豐十年闔邑捐輸銀一萬三百六十九兩以一萬
兩准廣永遠文武學額各一名餘歸續案併計辦理
同治三年闔邑紳民續捐銀一萬六千四兩八錢以
銀一萬兩准廣永遠文武學額各一名以銀六千兩
准廣一次文武學額各三名自同治四年歲試爲始
分次取進
咸豐八年副榜李生芬李蟠根世職黎占彪增生方

輯五貢生周棨廩生胡大集生員王家曦鄭秀羣徐
思九監生續自申職員王德鴻等以本邑歷年辦團
各紳民共計捐輸錢一十四萬一千五百四十串三
百文縷稟 各大憲請廣文武學額同治三年奉
准以制錢二千文作銀一兩共計銀七萬七百七十
兩一錢加廣永遠文武學額各七名以同治四年歲
試爲始
共計捐輸加廣文武學額各二名捐資團練加廣文
武學額各七名併原額應取進文武學各二十一名

書籍

原奉 部頒發因年久霉爛居多道光癸卯年監生
傳協中補如前數
聖諭廣訓十本
御製訓飭士子文一部
御製樂善堂一部
欽定周易折中二部
欽定書經傳說一部
欽定詩經傳說二部

欽定春秋傳說二部
欽定三禮義疏三部
欽定四書文一部
康熙字典一部
四書匯參一部
爾雅註疏一部
國語一部
國策一部
綱鑑一部

史記一部
明史一部
朱子全書一部
許氏說文一部
性理義疏一部
大清通禮一部
學政全書一部
欽定工程則例一部
吏部則例一部

吏部處分則例一部
欽定嚴禁鴉片煙條例一部
宋名臣言行錄一部
五子近思錄一部
楚詞義疏一部
文選一部
子史精華一部
莊子南華經一部
以上各書咸豐四年兵燹損燬[illegible]

通城縣志卷之十

學校下 書院 膏火 賓興 考棚 義學

書院

按湖北省志宋淳熙五年崇通分縣厥後元豐進士鄒餘字損道江西宜黃人知通城縣興學校創講堂曰資深堂疑即通城書院所由始迨考明代縣志此堂不載知其傾圮久矣（有黃山谷資深堂記詳藝文）舊志載明嘉靖十六年巡撫顧璘臨縣見學左空虛乃建書院橫列號房周圍土牆前後複道明季兵燹復圮

國朝乾隆九年邑紳民議建始有書院五十六年廪生胡開欽布政經歷吳家柜監生黎鴻吳芳徽生員程昌元等勸捐重修較前寬廣奉總督部堂賜額青陽書院道光十四年署縣事饒拱辰復倡捐補葺撰碑為記（詳藝文）二十一年冬鄰邑滋事毀壞一空次年平定後武昌府知府明善以捐修城費餘銀一百兩交紳士郭亦棠雷自昭等重修亦棠等隨同舊管書院首士程光鼎杜若等清出節年餘貲並府憲所捐重修補葺規模較前加密前抵東門城基後抵學署園

基左抵城内馬道右抵學署左
後正廳一間　東西正房各二間
堂前雨亭一座知縣饒拱辰修　雨亭東西廂房各二間
中正廳一間　東西正房各二間
前正廳一間　東西正房各二間
廳前甬道石鋪　東西廂房三間
大門一座
照牆一座知縣饒拱辰建
咸豐甲寅年兵燹無存俟後重建

舊志所載學塘學田俱詳田賦

書院膏火

通邑書院肇宋元豐間向無膏火明萬歷時知縣楊浩捐俸置田爲養士助僅供掌院束修關聘等事

國朝咸豐十年邑侯傅雅三以粤逆漸平鄉自團練有志肇興經邑紳李生芬周芬樊登雲胡大集黎煌李方準方輯五王貽我鄭秀羣徐思九續自申暘白唐吳自桐羅達川葛可懷等呈請爲公懇示諭勸捐膏火以宏樂育事竊鼓振西京棫樸宏作人之化鐸宣東魯杏壇衍聖道之傳漢室嗣興臨雍拜老唐皇御宇廣學崇文宰相必用讀書人宋帝曾敦學校

先師定以共弁拜元君雅尚儒修鼎定前明獨崇莊士乾乘我

后特重文人三百年雅化覃敷泮水煥鸞旂之色六七作

聖君繼起雍宮振鼉鼓之聲東序西庠迄今未艾家絃戶誦亘古維新通邑秀擁銀山楊狀元曾膺鼎甲源開雋水舒布政聿著官聲方益菴任藩尚書劉士昌榮膺監察先代固多名士

聖朝亦有偉人邇來寇盜鴟張詩書漸廢干戈蜂起禮樂難興雖尅日鳩工

文廟已增巍煥奈頻年兵燹書院尚屬坵墟士既潦倒風塵人莫光爭日月幸逢

仁憲風清百里澤沛萬家文教振興幾欲花探杏苑士林感激咸思名護紗籠爰集紳耆懇求示諭或田捐數畝或帛致千緡遴派正紳不致經風霜而或蝕詳申

各憲旋看借吏策以揚芬爲此縷呈賞准示諭勸捐

膏火以宏樂育曷勝欣忭謹稟奉批通邑書院久經
廢弛本縣蒞任來歷稽古志代有名人撫今思昔未
嘗不眘眘也惟烽火連年軍書旁午不克計及於此
爲恨該貢生等稟請勸捐以資膏火實於文教人材
大有裨益培植地方莫先於此莫善於此卽准一體
示勸以宏樂育想同志之士無不曉然於大義而樂
成之其應如何定程舉辦之處仍候捐有成數一併
議章稟候核辦可也咸豐十一年復稟爲遵諭勸捐
樂輸膏火懇申善後事竊學校與井田表裏人材與

世運始終通邑月映雋溪恒鍾俊偉雲穿雁塔代產
英奇柰先年粤寇鴟張書院已成灰燼邇日楚邦
狼息士林咸切薪傳諭賜琴堂恩符海潤穭捐花戸
喜溢山陬雖兵燹連年難輸億萬而簿書紀數且過
五千已收者置產堪稽未收者按名待給旣維艱於
肇造宜永保乎將來但非
憲德栽培難垂久遠由是公呈邀請懇賜申詳謹稟
奉批准卽申詳又批從來賢哲篤生視
國家之氣化英才蔚起關學校之栽培該邑下雋故墟

上游重鎮壤接洞庭彭蠡譚形勝者何止雁塔虹橋
學有術序黨庠述遺規者髣髴鵞湖鹿洞所以文章
禮樂偕雋水而流芳理學名臣并銀山而聳峙也慨
自粤氛逼境邑蹔爲墟一區射圃書林空悲蔓草數
畝官田學稅槪屬虛花本縣甫及下車卽爲留意無
如頻年心血半銷磨於修壘培垣三載精神盡貫注
於捐糈練勇事以紛而力難兼顧心以瘁而願有徒
殷職忝一官慚滋多士今據該生等呈請申詳情殷
造士意切興賢羣醜奔羊練可停而費宜從汰多材

附鞶經在手而膏必待焚請將殷戸捐金存作士林
廩餼錢計五千緡貲無煩於再措田可數十頃利自
賴以環生俾司會司書權算者取懷而予斯授餐授
館講藝者履蹻而來從此士氣聿新玉札丹砂皆藥
籠中物行見儒風日上瓊芝仙卉盡藜閣中人諸君
子其勉力以圖本署縣將拭目以俟其錢經捐輸局
紳傅協中樊登雲何立中吳元春王德鴻章象四熊
作梅等勸捐總計五千二百六十三串當收錢一千
六百六十串付邑紳王貽我鄭秀羣徐思九方輯五

續自申等置田陸續又收錢一千七百七十九串二百五十六文又收錢二百五十四串六百一十文付王賠我等置田其未收之項經原任傅雅三接任各縣主移交諭局紳催收在案計已收錢三千六百九十三串八百六十六文除接年開銷外共置買登續典田六十四石七斗八升五合（詳田賦）每年秋收時按穀價納錢於完米餉開銷外作每月生童膏火爰將原委稟葺入志用昭傳公培植斯文至意

同治五年邑侯鄭慕韓以徐文壽元孫本向施雲峰庵田屋山場連年搆訟斷令改撥膏火諭徐訓朝等因伊祖本向於康熙年間將田地山場施入雲峰庵內歷年既久屢涉訟端經去歲當堂查閱前後案情稟公酌斷乃甫經訊結又復多方牽涉纏訟不休細察其情緣雲峰庵原何黃姓施山何姓修建廟宇及徐姓續施田地入庵該庵公事遂由黃徐三姓經理雖云各管各姓施業而政出多門往往勢不相下即該庵中住持僧人承批佃戶亦莫知所適從入者主之出者奴之此招僧逐僧承佃退佃之所由屢屢結

訟也查該寺向來住持不過二三人一二人其供奉各神及各僧食用之費黃姓施業所入租稞已為綽綽有餘何必更施多田以供無益之用且逸居飽食易啟驕淫該寺僧之每多不守清規未必不由於此本修善果適結孽緣奚取焉惟念徐姓施田既由該姓祖公捐出未便更令其子孫收回致沒前人之善查本邑書院歷年捐籌膏火多有不敷擬將此項施產改行捐入膏火局中以助本邑興修文教培植士風之用且令編入志書以昭永久較之豢僧佞佛其功德不更大其流傳不更遠乎現據徐訓朝等恪遵訓飭踴躍樂從是誠能深明大義而善繼善述者矣因不徒永絕訟端已也仰禮房會同膏火局首事人等即日前往該處邀集徐姓族衆查明田地若干房屋若干山場樹木若干租稞若干每歲應納糧餉若干詳細開立付約送署鈐印交該局首事收存具稟立案並知會縣志局編修入志以垂不朽至李元旦元蔭佃種該庵山地迄今三十餘年所有壓佃錢文歷有增益或係會同山主因公增加或係該寺僧人

私自收取年遠無稽均着寬免深究仰膏火局首事另招妥佃承頂耕種壓佃之錢卽照現據李元旦所稱五十五串五百文爲准日後永不許少有增加俟承頂新佃有人壓佃錢文如數撥交清楚卽行勒令李元旦等退佃毋得再任糾纏致干責究取具各結完案所有呈堂各字據一併塗銷附卷此諭隨經監生徐讓朝定發典吏泮采民人德保爽梧慶芳作成連五萬興寶樹清蓮連升可大先春書五家成監生桂初職員丙中見龍等立約付膏火局紳經管另批收租以濟膏火詳田賦彙纂入志用昭鄭公加惠斯文德政

賓興

賓興之設由來尙矣士子秋桂春槐得以觀光上國莫不於茲是賴通邑向無賓興道光年間邑侯林澤夫諭邑紳勸各殷戶捐田若干此賓興所由昉也旋經首事售出積錢付各典及殷戶生息每逢大比隨息多寡按人數分派咸豐四年粵匪竄通均以兵燹爲辭因而資本存焉者寡耆經首事催收買田小補計種一十八石有奇邑侯傅雅三另派首事輪管越同治元年重新整頓更立承管首事又邑侯文少叔因案罰錢百餘串撥入賓興於乙丑冬更置田二石餘前後共計田種二十石零二斗詳田賦四年臘月添監收首事四人各領總簿一本定期於十二月十八日公仝清算登簿妥議善後規條各於簿首註明庶不致日久弊生爰志之以垂不朽云

又在坊里監生王寶林遺命將崇陽白馬畈莊田屋捐作合邑賓興同治三年其子孫克承先志呈契付公稟縣立案詳議舉計種一十八石永遠捐作賓興詳田賦

考棚

遍邑向無考棚每逢縣試童生自備棹椅搬入縣署人咸苦之道光二十一年邑紳議於北城外水口建修文峯石塔知縣李壘諭職員黎少樸黎古瀛等率該族領修考棚議未果行二十三年知縣林逢年訓導沈田玉因勸捐義學催建考棚黎姓遂於是年興工次年告竣咸豐年間兵燹罄毀同治三年知縣袁秉亮暨接任鄭棻教諭鍾壽明訓導盧殿才督同捐輸局紳樊登雲吳元春熊作梅章象四胥火局紳王

貽我鄭秀峯方輯五續自申徐恩九領修掄才堂一重黎姓紳士斗三大春占魁錫圭定成庚望比玉得之自得耀彩襲祥雄左方穀步陞等仝該族捐修東西兩文場及雲路龍門圍牆等處

計開

雲路門一座　龍門一座

龍門東西房各一間　東西文場各一座

掄才堂一間　堂東西房各二間

挨堂東西兩廊　堂後空基尙待補修

周圍牆高一丈四尺

義學

通邑向無義學道光癸卯年知縣林逢年倡議勸捐經費於甲辰年設立義學六所城內一所四鄉五所每學文童以三十名爲率塾師取經明行端者充之按季給俸俾貧家子弟得附學肄業甫週旋輟同治二年署縣事李致勳捐廉於城內倡設一年旋以艱去旋寢

通城縣志卷十一

禮制 賀儀 祀典 上任 救護 鄉飲 迎春 射圃附

舊志僅載風俗歲時從俗也禮制爲敷化成俗之本
後世簿書縣劇課最維專雖良有司亦限於鞭長莫
及蓋惟正之條弗啻月吉之謹焉朝祭飲射等禮歲
或舉行徒爲具文民無以節其性情而雍和之盛日
以遠所望才優秩宗共秉修明之式毋令逝不古處
徒貽喬野之羞將見俗易風移蒸蒸焉日上豈不懿歟

賀儀

龍亭原供在隆平寺每逢
聖誕知縣率僚屬具朝服先一日習儀迎亭幄儀仗於
萬壽宮至日黎明行賀禮後一日送
鸞凡正旦冬至禮如之

附儀仗

龍亭 龍幄 香亭 扇 椅 盥各一 戟氅 戈氅
班劍 儀刀 梧仗 立爪 卧爪 骨朶 方戟
蹬仗 斧 節 旗各二 鉦一 鼓二十 天丁六十有一 冠帶
袍並如其數今半備

萬壽宮 通邑舊未建立每逢
朝賀大典知縣羣僚齊集隆平寺
萬歲牌位前拜賀乾隆二十六年
孝懿皇太后七旬萬壽紳士吳開澄黎正輝葛行璀吳開淇
胡臨周文璋吳清習可程李元吳家仁吳芳緞盧世
津李正侃黃國安杜克明耆民胡維廷等捐募銀六
百兩請於知縣七十恭建
萬壽宮正殿一座中朝堂前丹墀左右朝房繚以高墉朝
門三中昂左右俯中門內戲臺一所歷久風雨侵蝕

道光丁亥歲邑紳雷自昭等以
文廟居中學宮居右中爲間隔不便將
萬壽宮基改作
文廟以
文廟基改爲
萬壽宮殿宇丹墀朝房戲臺如舊制道光辛丑冬祟逆踞
通梁棟門牖被毀癸卯年知縣林逢年集議重建增
生李佳鵠領修基移前與
文廟並制仍舊其退出之基卽今考棚地咸豐年間粵

匪踞通至毀待修

祀典

文廟 詳學校上

附錄 明嘉靖中孔端植十三世孫生員孔宏養等具呈中詳院司道府准選舉家堂禮儀嫻習者代襲祠生奉祀春秋二祭胙送孔氏祠庭須給後裔

國朝因之

文昌祠 朔望知縣率寮僚往參焉

國朝咸豐七年升入中祀 頒行樂章祝文樂用六佾

歲漆二月初三特祭 禮節畧同文廟

樂章

迎神丕平

秉氣兮靈纏翊文運兮赫中天蜺旌兮戾止雕俎兮告虔迓 神庥兮于萬斯年

初獻俶平

神之來兮籩簠式陳神之格兮几筵式親極昭彰兮靈旣致蠲潔兮明禋升香兮伊始君歆兮佑我人民

亞獻煥平

再酌兮瑶觴燦爛兮庭燎之光申虔禱兮 神座儼陟降兮 帝旁棻醴潔兮齋遬將綏景運兮靈長

終獻煜平

禮成三獻兮樂奏三終覃敷元化兮緊神功馨香達兮肸蠁通歆明德兮昭祭寅衷

徹饌懿平

備物兮維時告徹兮終禮儀神悅懌兮鑒在茲垂鴻佑兮綦治重熙

送神蔚平首章

雲駢駕兮風旂招 神之歸兮天路遙瞻翠葆兮企丹霄願迴靈眷兮福我

望燎蔚平次章

烟熅降兮元氣和 神光燭兮梓橦之柯化成耆定兮櫜弓戢戈文治光兮受福則那

升入中祀告祭文

維

神教嚴彰癉敷經天緯地之文典重掄揚顯福國佑民

之化俎豆聿隆於往昔聲靈並著於寰區爰命秩宗
特崇祀享維
神天資孝友灝氣仁慈統四德而稱元贊三才而立極
闡化啟天人之奧正教宏開黜邪昭日月之輝文人
蔚起溯尊崇之告備禮以明虔維
神聖之垂庥道皆同揆敬稽茂典載陟明禋彰文治於
重光肅馨香於中祀諏日奏六成之樂聲協鏘鸞調
風陳萬舞之儀誠通肸蠁潔苾芬而式薦申嚮往以
維虔於戲功蕩蕩乎無名聲教久浮於六幕神洋洋

其如在馨香用報以千秋敬舉止儀尚祈 昭格
尚饗

升入中祀後殿告祭文

惟
神教諭式穀垂抑邪扶正之規禮重升馨著崇德報功
之典載稽譜牒祇肅苾芬惟
文昌帝君學裕本源道參位育洵馨香之至治久極尊
崇申報享之隆文宜昭誠敬聿升中祀式舉上儀於
戲德迪前光十七世仁恩普洽慶餘積善億萬年文
運長新敬布明禋尚祈 昭鑒 尚饗

春秋二祭祝文

惟
神道闡苞符性敦孝友並行並育德侔天地以同流乃
聖乃神教炳日星而大顯仰鑒觀之有赫示明德之
惟馨茲當仲春秋用昭時享惟祈
歆格克鑒精虔

正殿二月初三告祭祝文

惟
神功參橐籥撰合乾坤溯誕降之靈辰三台紀瑞度中

和之令節九宇承暉若日月之有光明闡大義於孝
友如天地無不覆載感郅治於馨香爰舉上儀敬陳
芳薦精禋罔斁
神鑒式臨

後殿二月初三告祭祝文

惟
文昌帝君道備中和神超亭毒臬貽謀而允紹欽毓聖
之有基雲漢昭回際嶽降崧生之會馨香感格與水

源本本之思式肇明禋用光彝典尚祈
神鑒享此清芬
關聖廟　朔望知縣率僚往參焉咸豐三年升入中祀
須行樂章用六佾春秋二祭並特祭俱同五年
三代均
封王爵
正殿春秋二祭祝文
致祭於
勅封忠義神武靈佑仁勇威顯關聖大帝之神位前曰惟

帝浩氣沖霄丹心貫日扶正統而彰信義威震九州完
大節以篤忠貞名高三國神明如在徧廟祀於寰區
靈應丕昭薦馨香於歷代屢徵異蹟顯佑羣生恭值
嘉辰遵行祀典筵陳籩豆几奠牲醪　尚饗
後殿祝文
惟
王世澤覃庥令儀裕後靈鍾河嶽篤生神武之英誠溯
淵源宜切尊崇之報班爵超躬桓而上升香肅俎豆
之陳茲當仲春秋爰修祀事尚祈　昭鑒式此苾芬

尚饗
正殿五月十三特祭祝文
惟
帝純心取義亮節成仁允文允武乃聖乃神功高當世
德被生民兩儀正氣歷代明禋英靈丕著封號聿新
敬修祀典顯佑千春　尚饗
後殿五月十三特祭祝文
惟
王迪德承家累仁昌後崧生嶽降識毓聖之有基木本

水源宜推恩之及遠封爵特超於五等馨香永薦於
千秋際仲夏之屆時命禮官而將事惟祈　昭格鑒
此精虔　尚饗
社稷壇祀一縣社稷之神春秋上戊日出主於壇祭之
祭品
酒三爵　帛一篚　和羹三鉶　黍稷二簠　稻粱二簋　棗
栗　鹽　魚四籩　韭　菁　醢　鹿醢四豆　羊一俎
豕一俎
稷如其數禮生減廟之半

按社稷立神牌二以木爲之書
縣社之神
縣稷之神硃漆青字高二尺二寸廣四寸五分厚九分座高四寸五分廣八寸五分厚四寸五分並北向每歲春秋祭祭畢藏其主於神庫
風雲雷雨壇祀風雲雷雨及本縣山川之神本縣城隍之神春秋繼社稷壇出主於壇祭之祭品禮生俱如
社稷壇禮
按山川立壇宋元惟都郡有之明洪武元年詔天

下郡縣祀境內山川明年詔以風雲雷雨爲一壇春秋以驚蟄雷收時致祭六年以風雲雷雨山川合爲一壇八年又合城隍祭之由南門入詣神位
三書
境內山川之神
風雲雷雨之神
本縣城隍之神其制與
社稷壇同每歲春秋致祭祭畢藏其主於神庫
城隍祠　朔望縣官羣僚往參焉

先農壇　每年三月上亥日致祭行耕耤禮先期致齋二日知縣省牲屆期知縣率僚屬辰刻齊集俱穿朝服詣
先農壇官廳稍坐禮生請知縣及僚屬至壇前（通贊）主祭官就位陪祭官就位盥洗畢行上香禮詣神位前跪三上香興復位行三跪九叩首禮（通贊）行初獻禮（禮生）請主祭官詣
先農神位前跪初獻帛獻爵少牢（通贊）讀祝文衆官皆跪俯伏讀祝畢興復位（通贊）跪三叩首興行亞獻禮

（引贊）請主祭官詣神位前跪亞獻帛獻爵剛鬣興復位（通贊）跪三叩首興行終獻禮（引贊）請主祭官詣神位前跪終獻帛獻爵饌箸羮飯興復位（通贊）跪三叩首興行飲福受胙禮（引贊）請主祭官詣神位前跪飲福酒受神胙三叩首興復位（通贊）行三跪九叩首禮徹饌送神望燎所焚帛文揖禮畢（禮生）請官僚至耕耤所更蟒袍行耕耤禮耆老進耒耜鞭主祭官扶犁行九推禮推犁須著土其耕路約長以六丈爲率寬以三尺爲率徑直往來不得周圍旋繞歌耶歌三十

禾詞耆老在前引導率僚隨知縣播種畢然後農人終畝即稟終畝事畢備設香案引贊請主祭官率僚屬望

闕謝

恩行三跪九叩首禮禮畢禮生請知縣陞坐官廳賞賜老農執事人等畢各官回署

祭品

酒三爵　帛黑色一篚　黍稷二簠　稻粱二簋　和羹一鉶

棗　栗　藁魚四籩　韭菹　菁菹　鹽　醓　醢

鹿脯四豆　羊一　豕一

禮生如祀社稷數

按先農神牌高二尺四寸廣六寸座高五寸廣九寸五分紅牌金字每年春三月致祭一次其祭品每歲均以耤田租穀易銀支辦不敷銀両州縣先行墊備祭畢赴庫請領還項耤田歲租詳田賦

厲壇　歲祀三舉三月清明七月望十月朔先一日啟

城隍之神出主於壇榜無祀鬼神祭之

祭品

酒三爵　果四籩　蔬四豆　羊二俎　豕二俎　羹十一盂

飯十一盂

觀邑厲之祭而知

聖王之於民生有養濟之院死有祠祀之壇何哀敬之周至如此也昔子貢觀蜡不樂夫子告以一張一弛文武之道乃曲儒多慢忽視之曷亦取其制享之文而思之乎

名宦祠　另詳學校

鄉賢祠　另詳學校

忠孝祠　每歲春秋仲月上丁日官僚詣祠行禮致祭剛鬣一祝文一祭品與名宦鄉賢同

貞節祠　每歲春秋仲月上丁日禮儀如忠孝祠

上任

縣官先一日致齋於城隍廟祭城隍畢詣縣治具公服祭儀門畢拜印行謝

恩禮畢行參見禮畢乃鈐各公文乃會僚屬乃饗官屬父老

救護

日食縣官率僚屬具朝服行香命僧道置壇於階東行救護禮

月食禮如救日惟官具常服不以朝服並日尊也

鄉飲

每歲府州縣於正月十五日十月初一日於明倫堂行禮以正印官爲主位東南以致仕官員爲大賓位西北擇年高有德之人或三人或一二人爲僎賓僎賓即耆賓也位東北以次長爲介賓位西南以賓之次者爲三賓位於賓主介僎之後以學官爲司正以老成生員贊禮前一日陳設坐次司正率執事習禮居日黎明宰牲具饌主人率僚屬司正先至遣人速客客至出迎於庠門外三讓三揖升堂拜訖就位司正至堂中北面立賓主皆立皆揖執事者酌酒於觶俟禮生高舉朗誦曰恭惟

朝廷率由舊章敦崇禮教舉行鄉飲非爲飲食凡我長幼各相勸勉爲臣盡忠爲子盡孝長幼有序兄友弟恭內睦宗親外和鄉里無或廢墜以忝所生讀畢禮生呼曰鄉賓就位鄉耆賓亦就位正印官就位司正

以下皆就位又曰主賓皆坐執事者舉律令案於堂中禮生報曰賓主皆拱立禮生呼曰講讀律令又一禮生詣案面北而讀曰鄉飲坐敘以年高有德者居於上年高誠篤者次之以次序齒而列其有曾違條犯法之人不許干與良善之席主者若不分別致使貴賤混淆或經察知或坐中發覺主者罪以違制奸頑不由其主紊亂正席至家移出化外讀畢復位執事舉饌案至客前主人獻賓饌賓酬主人亦如之獻介僎介酬主人亦如之訖鼓樂各鄉賓鄉耆賓俊秀子弟朝上揖樂止歌鹿鳴飲酒供湯鼓樂俊秀子弟朝上揖樂止歌皇皇者華飲酒供湯鼓樂俊秀子弟朝上揖樂止歌南有嘉魚飲畢徹饌鼓樂禮生報禮賓主兩拜訖又報鄉賓鄉僎與學官拜訖又報賓僎與縣尉拜訖送賓出庠門二揖而退賓僎[illegible]禮生

明倫堂鄉飲坐次圖 附

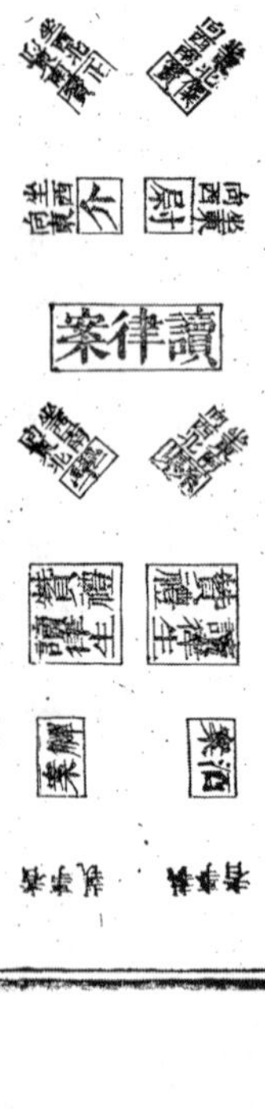

迎春

立春先一日縣官具朝服帥僚屬迎於東郊至日行鞭春禮兼引春觴散給春鞭春花於雁戶以祈年

射圃

舊設於明倫堂之右有觀德亭春秋二仲官帥諸生行習今久廢

通城縣志卷十二

職秩

知縣　教諭　訓導　縣丞　主簿　營守　典史　善政附　廼寓附

自郡縣分而職官之聲施爛焉職官者善政所從出也董以司牧聯以師儒轄以營守而丞簿尉吏各以其職佐之撫綏百里分績效功顧不重歟謹按其先後次序而備載之其於慈惠明允賢勞獨著者則詳紀其事蹟以為有位者勸

按宋以前通城為鎮地隸於崇神宗熙甯五年陞鎮為縣設知縣一縣丞一教諭一訓導二主簿一典史一明正統年間裁縣丞主簿嘉靖年間裁訓導一員

國朝雍正七年添設營守一員

唐

知縣　崇通合

溫遷約　字從禮僖宗六年黃巢踞荊南攻陷鄂州公糾義旅由長沙來往犄輸賊不敢犯邑賴以全僖宗嘉之命尹崇凡十有三載功德及民最久歷官檢校司空鄂州制置使兼知鄂州

楊文檢　保大五年蒞任

鄭迪　榮陽人蒞任年分舊志失考

宋

張詠 字復之鄄城人宋太平興國五年進士以大理評事出令玆土性剛方撫良祛奸訓民以義構北峯亭歲勸農耕相白泉水爲堰障上流而東之鑿破岡山爲渠引水灌田十五里民德之邑產茶詠至曰茶利厚官將榷之使拔茶種桑後果榷茶崇通得免嘗詰里人負菜歸對曰購於市詠曰汝居田里不耕而食何惰也笞遣之嘗一吏自庫中出視其鬢有錢詰之乃庫中錢也命杖之吏不受杖曰一錢何足道汝能杖我不能斬我詠援筆判云一日一錢千日千錢繩鋸木斷水滴石穿自杖劍斬之申臺府自劾境內肅然遷著作郎工部尚書諡忠定宋史云詠少任性不拘小節雖貧賤客遊未嘗下人畫像自贊曰乖則違俗匡則絶物乖匡之號聊以表德所至以政績聞祀名宦

歐陽瞻 咸平三年進士楚紀云瞻監典國酒稅徙治崇陽崇有巨豪王明李通訟產折以一言兩造心服明與通無怨言歐陽修云瞻嚴明方質尤以廉潔自持自爲布衣非其義不輒受人之遺少所與親舊或貴盛終身不造其門其蒞官臨事長於折斷祀名宦

段少連 字希逸開封人以秘書郎蒞任玆邑性敏才決不爲權貴所屈崇治自乖匡後其政績惟少連繼之後權杭州觀察通判召爲殿中侍御史宋史少連美姿表倜儻有識度侃侃正色過事慨言郭后之諫引議慷慨遺風餘烈天下仰之祀名宦

以上三令皆未分縣以前宋史所稱循吏也雖宰崇陽通民均所蒞治故登之自熙甯五年以後遂分崇陽通城爲兩縣

鄒餘 字損道江西宜黃人元豐進士爲通城令興學校創講堂顏曰資深黃山谷記之詳藝文志累官侍御史

吳履中 進士江西臨川人以上二員俱延致名士興學育才據江西志補登

尹仲 據方瓊殉難記補登

孔端植 字子固至聖四十八世孫衍聖公孔昂之第四孫端友端操之嫡弟也原籍曲阜寄籍浙江江山縣宋高宗紹興八年任此廉平愛民民亦愛之卒於任遂家焉祀名宦祠尋奉敕孔氏流寓他郡者胥予優免秋不加丁粮不加耗以示寵異詳田賦志明洪武初植七世孫孔克亮三任縣令以廉介聞奉旨加增優免詳學校志嘉靖中植十三世孫生員孔宏養等具呈申詳布政司杜僉憲馮詔縣清查譜系無差給帖優免國朝因之

元 改縣爲尹

張從道 安陸州進士據湖廣志補登蒞任年分舊志失考

監侯札木花 至元五年蒞任

衛艮弼 大德五年蒞任

郝英 大德七年蒞任

韓玉 大德八年蒞任

李傑 大德十年蒞任

王德成 勤勸農桑蒞任年分舊志失考

明 仍改尹爲縣

馬極　汞陽人蒞任年分舊志失考公勤廉介披荆棘剙縣治堂舍攘除羣宄撫綏遺黎逾年田野闢户口增境內大治建文廟殿廡明倫堂社稷山川壇橋梁關渡郵舍分司倉廩廒田正戶均徭節費四民樂業治縣四年績書上考協兵擒逆董工給餉論功陞寧國府倅

高世昌　洪武二十三年蒞任設倉備荒平心率物卓有異績一統志稱爲武昌第一名宦祀邑名宦祠有碑記詳藝文志

曹元昇　永樂九年蒞任廉明公正遇事剛果修舉廢墜邑治改觀節愛作興人才樂育科目之盛自此始

楊慶　字佑之四川長壽縣舉人宣德六年蒞任重建義倉勸民輸穀備荒草萊開闢盜賊潛蹤立社學士多譽髦修拱北橋民無病涉九載奏績耆民左鼎新等保留任前後二十三年

萬鍾　天順七年蒞任重修縣堂愛民如子久道化成

杜敏　字志聰北直隸霸州貢士蒞任年分舊志失考廉潔律己明斷服人因縣無城垣於四街築門設譙重修縣台民爲子來學校壇壝橋梁道路煥然更新建便民倉于六溪口委譏疑獄雪葉文政人命之誣政善民安至今思慕

喻俊　成化十四年蒞任

杜暹　成化中蒞任廉勤自勵未久致仕

胡俊　成化十七年蒞任修置儒學及各壇祭器

王恭　成化十八年蒞任

褚潭　浙江天台縣進士蒞任年分舊志失考正大存心是非不爽賢成者咸心服區處稅贖各項買穀一萬二百餘石備賑整治邑署修輯邑志編五經之序廣激勵之條蒞通七年致仕歸祀名宦

陳佩　宏治十六年蒞任

閻祿　正德初年蒞任

余雲龍　正德九年蒞任

李蘭　正德十二年蒞任

衛準　嘉靖二年蒞任威行

莫璘　嘉靖九年蒞任平易柔嘉奸民媒蘖回籍

何其賢　字江雲四川瀘州舉人蒞任年分舊志失考操履純潔任事勤謹節省里甲隆禮師儒遷改儒學門闢邑稱吉

李貢　嘉靖十四年蒞任慈祥愛民愷惻作士邑之貧生後進多賴曲成

殷學達　嘉靖十七年蒞任

林渙　字梅臯福建莆田縣舉人蒞任年分舊志失考博學能文狷介自守造就多士以剛直忤時左遷臨清州判

侯相　字白竹廣西臨桂縣舉人蒞任年分舊志失考廉敏有爲簿書悃愊嚴以斷奸勤於課士考滿爲積逋所羈竟自歸田

羅鵬　嘉靖二十八年蒞任

徐鼐　嘉靖三十一年蒞任嚴毅有為建圌山石閘陞南京工部主事

夏汝礪　字維金號碧泉廣西融縣舉人蒞任年分舊志失考寬嚴得體才識兼優省刑均賦加意學校士子悅服甫二年調繁改福建南安縣邑人立去思碑豎儀門

傅以智　嘉靖三十八年蒞任愷悌和易士民相安陞成都府判

宋節　嘉靖四十三年蒞任

張縫　江蘇高郵州舉人嘉靖年間以武府通判署縣事節用愛民興廢舉墜

陳希歐　舉人隆慶二年蒞任政尙平易事惟簡捷尋謫陜西苑馬寺圉官

楊汝桂　舉人隆慶五年蒞任

簡廷仁　字高匡廣西馬平舉人萬歷二年蒞任嚴氣正性絶不依阿邑有盜極力捕緝境內安堵

臧石　字載璞山東濟甯州選貢一介不苟政尙簡易慈惠明允丈田履畝飯糗自隨勸事下鄉隸卒不用諭民種蕎麥樹糟桑養山羊興利至今任七載陞陜西涇州知州去時行李蕭然惟敝匣藏故衣數件士民擁道泣送數十里今猶思慕擬請祀名宦祠

產科　貢士萬歷十一年蒞任

鍾銳　浙江錢塘舉人任武昌府同知萬歷十二年署縣事明達中有靜鎮之風

劉棟　貢士萬歷十三年蒞任嚴以馭下工於催科陞王府審理

周之德　貢士萬歷十五年蒞任

趙鳳朝　號麓泉雲南太和縣舉人恬淡愷惻待士民如家人事不深求尤輕刑贖歲荒發廩無留雖取怒於上不計也逾年告疾南旋貧然清白之守士民相率脫靴懸譙樓以志不忘

張士可　字義菴四川瀘州舉人萬歷十七年以本府同知署縣事寬嚴並用吏畏民懷舒大猷有惠政記詳藝文

岑學會　貢士萬歷十八年蒞任

趙廷儀　號霍岡山西岳陽縣恩貢蒞任年分舊志失考敏決通變調停新徵舊逋民咸樂輸約束狐鼠鄉村安堵奉檄建修石城錢糧夫役無擾於民宵旰勤勞邑賴保障

吳諗　貢士萬歷二十六年蒞任學精邃詩溫雅綽有長者風陞審理

嚴寅　貢士萬歷二十九年蒞任性資渾厚操守清潔未兩載陞審理

梁雲鵬　貢士萬歷三十二年蒞任性尙和平政務恬靜以物議調赴京

楊浩　號西濂四川內江選貢萬歷三十四年蒞任關心民瘼募葺城垣續修邑志捐剏便民倉於星橋鋪又通邑舊有走馬遞報富民有馬者當差公出示禁革以里長輪派民累以蘇時稱善政

王雍然　四川儀隴縣貢士萬歷三十八年蒞任

侯之屏　北直安州貢士萬歷四十一年蒞任

賈復澮　江蘇蕭縣貢士萬歷四十五年蒞任

沈道全　浙江慈谿縣舉人萬歷四十七年蒞任

朱宗讓　字修之安徽蕪湖人戊午鄉試經魁崇禎元年蒞任閭閻安靜案牘澄清同寅協恭士林優造擢北直南城兵馬司至今思慕著有華袞德馨集

戴明聖　字芳葵廣西灌陽人戊午鄉試經元崇禎二年蒞任精敏圖治溫易近人擢南京東城兵

馬司

趙三台　字泰六四川城都貢元崇禎六年蒞任宅心慈祥遇事明決狐鼠屏跡士民安堵崇禎七年雷擊大成殿東井柱捐廉換修九年重修縣志有恩稚軒聯云涉世牛生渾若夢居官三載始知非

周昌會　浙江鄞縣舉人崇禎十年蒞任

陳夢說　福建閩縣舉人崇禎十二年蒞任

國朝、

牛氾　舉人順治二年蒞任

吳之泰　本縣貢士順治三年春署任、

汪一位　順治三年秋署任時獄闖二賊破縣民亡徧野白骨如山捐俸收瘞敎軍厰名萬人堤

趙齊芳　山西曲沃進士順治四年蒞任時奇荒斗米銀六錢頭牛谷一石捐俸賑恤

盛治　字霖襄江南江都縣進士順治六年蒞任時城署被獻闖二賊盡毀到任三月葺城垣敵樓次年營堂署商廳招民入市建壓壬辰歲荒蟲虎相繼為災捐貲賑穰息心折獄時稱明允又修學宮河渡均平市價定法催徵革除吏弊收糧則遵道岸收銀則遵司碼種種善政不一而足

毛鍾彥　江蘇長洲縣舉人順治十三年蒞任修建文廟城垣創造監獄通城本小學額取八名詳改中學題准增四名士林至今感頌

巢逵翔　陝西西安府舉人順治十六年蒞任

章元際　字景源安徽涇縣拔貢康熙元年蒞任時民困糧逋上委武通判駐縣監徵嚴拏趲比歲又荒歉公請發穀救飢不允邑民鼓噪激成毀獄變命大案乙巳劉公撫楚委武通判象升來通清理題豁民始安業

邱象升　浙江山陰人康熙初通判武昌通民積逋聚衆升奉委署通單騎來諭開誠布公衆感悔輸納恐後又革除南糧陋規督理捕務搜剔奸宄吏民畏服據省志補登

張起　順天大興縣吏員康熙五年蒞任

于成龍　康熙九年以黃州同知署縣事革五城河市七里山舊增烟民舖戶丁銀八十餘兩泐碑

丁克揚　浙江蕭山進士康熙十年蒞任慈恕寬和催科不尙箠楚重修縣志有序頭門外至今稱頌

陳秉政　奉天遼陽人正紅旗筆帖式康熙十三年蒞任時吳逆叛踞岳州官道梗塞元戎屯通進剿軍需供應驛騷繁急民匱糧逋政調劑徵辦殊為勞勩陞河南鄭州知州

范煒　浙江鄞縣進士康熙二十年蒞任

張聖與　奉天旗人康熙二十四年蒞任陞安徽亳州知州

吳貫　浙江進士康熙二十九年蒞任廉明子愛折獄平允興學造士催科不擾以卓異陞戶部主事

白琯　字北海奉天鐵嶺人廕生康熙三十三年蒞任寬猛並濟革除歲科童生冒籍積弊士民沾佩又捐修城隍祠宇施隆平寺香火田以卓異陞黃州同知

徐　舊志失名康熙三十七年以武昌通判署縣事

辛禹昆 字祇傳，直隸新安進士，康熙四十二年蒞任，平恕爲治，催科不擾，訟無稽滯，士民愛戴。邑向有積蠹飛詭田糧，假名逃絕，無徵累民賠納。昆將合邑地方立九宮大圖，又於大圖內分立小圖，詳請清丈，以蘇民困。備前事清厘，旋陞吏部主

趙昌祚 康熙四十三年由蒲圻縣調署。

賈元方 山西太原舉人，康熙四十四年蒞任，拘謹寬和，以降調去。

余其煌 康熙四十五年以武昌通判署縣事。邑有強盜楊顯子強劫長港劉周文，報捕處死四賊，梟斃四賊，士民稱快。

孫克明 陝西鎮番進士，康熙四十六年蒞任，剛介明決，愛民育士，惜不永年，卒於任。

吳國瑞 順天通州籍，奉天旗人監生，康熙四十八年蒞任，廉介夙勵，重修文廟，捐建城樓，置劉家嶺義塚，由徵收錢漕毫無浮剋，約束胥役無敢苛索，聽訟明允，奸猾民懷，通邑克闢錮俗，整頓嚴厲，卒於任。

王鎬 康熙四十九年冬以黄州府岐亭同知攝縣事，廉介明敏。

吳文琦 奉天正白旗監生，康熙五十一年蒞任。

趙雯 直隸北鄉縣舉人，雍正元年蒞任，以拘謹改教。

景嵩 山西安邑縣進士，雍正二年由大冶縣調署，精明廉幹，折獄如神。

李玠 山東諸城縣進士，雍正二年冬蒞任，改建學宮，政尚火烈，以虧空節穀去。

常上 山西聞喜縣舉人，雍正五年蒞任，明幹嚴厲，聽斷平允，調黄陂。

周琪 字南榮，四川涪州舉人，雍正六年蒞任，徵收錢漕毫無浮勒，建米倉於縣署頭門內，民稱

利便。又建育嬰堂，三聞折獄，敏決嚴除積弊。調江陵，以堤決改任。子煌，官禮部尚書，謚文恭；孫與咨，兵部尚書；興嶧，浙江蕭山知縣，廷授武昌府知府，陞貴州貴西兵備道。

吳象寬 山東進士，雍正十年由咸甯縣調署，和平明介。

孫斯遜 山東即墨舉人，雍正十一年蒞任，剛介謹嚴，宵小斂跡，以疾去。

陸昌齡 江蘇華亭監生，雍正十三年蒞任，以兩廣總督郝幕友保舉，先任廣東開建縣，丁艱起復，選授通城，廉幹敏練，才學兼優，徵收爲遵定制，詞訟不任幕友，預示投牒，自註明離城里數于原告拘約內，硃限示日以審，日剖五六案，俱允。朔望焚香告天云：錯誤怨天恕我，倘故出入或有心穿民，天必降罰。聽斷不執己見，或審曲詘摯，允必虛衷研究改正之。捐廉三百餘兩，補葺城垣祠宇，建設義學，嚴剔積弊。在任三年，頹風丕變，訟減十之八九，但胥

性梗介，不爲時所諧，被誣暧昧，華提赴審時，合邑旗紳祖道，寃聲震地，邑生員吳開盛民夏自求等十五人以德政難忘，臚列循跡，懇題達以慰人望，制憲固山額駙班公爲之昭雪，始得歸里，爲國朝第一名宦。

郭彥博 浙江鄞縣舉人，乾隆四年蒞任，守潔行端，優於學問，捐俸課士，因材樂育，改教職去。

周祖壽 奉天正紅旗進士，乾隆六年蒞任，嚴懲敝役，調監利。

楊洛 山東諸城縣廩生，乾隆七年蒞任，公恕廉潔，徵收無浮，絕苞苴，拒請託，關防幕友丁役尤爲僅見，在任三年，調繁黄陂。

石維瑞 四川渠縣舉人，乾隆十一年蒞任，重厚寬和，樂育人材，後改教職。

陳遵禮 以武昌府經歷署縣事，年分舊志失考。

梁永㦻 原籍平谷縣奉天旗人監生乾隆十三年蒞任力懲鬬搶橫民畏縮嚴究衆蠹賊民遠避桑通兩邑感戴至今又嚴禁盜伐合邑樹蓄蔚茂文武考試內外棚廠捐俸備蓆搭蓋永免五門烟民派累市民勒碑頌之調繁孝感

楊永道 乾隆十八年以漢陽縣丞代理政尙優容

徐浤 乾隆十九年以漢陽縣丞代理廉明

七十 滿州旗籍丁卯舉人乾隆二十四年蒞任性廉介學淵博絕苞苴拒請託審理詞訟得情者十之八九尤加意造士捐廉獎勵逐卷批示不厭煩勞又勸建文峯石塔並捐催巡六軍流人犯責令衙役管束永免烟民輸守獘累市民勒碑以誌在任四年調繁黃陂

明

福 滿洲旗籍官生由筆帖式授寶鷄縣乾隆二十八年改任領帑建典史衙署嚴懲竊賊鬬搶錮俗精辨假印清查學田俱無敢欺隱又捐俸建倉祀廟修輯邑志後繇事去

李文雅 直隸易州人丙戌進士乾隆三十二年蒞任學優養邃勤於政事不事催科專務德化詞訟減少監獄一空民以父母稱之頌萬家生佛匾額等因公去任四鄉扛米負錢衆曰送我清官爲日食用哭聲載道呈保留詞三千餘紙代篆官據情申詳得復官調四川萬縣

賈九韶 山西太平監生乾隆三十六年蒞任

曾洪範 福建莆田舉人乾隆三十八年蒞任

劉世煜 字曉山陝西三原舉人乾隆四十二年蒞任勤考課工書法善治政案無留牘

呂日永 字春堂山西汾西舉人乾隆四十五年署任善折獄

方焯 安徽桐城監生乾隆四十六年以通判署縣事

劉無息 河南鞏縣舉人乾隆四十七年蒞任

鄭師 直隸豐潤縣舉人乾隆四十八年蒞任以事改調制軍特同本府史臨縣查勘委史攝篆一月合邑奉長生牌位

王沛膏 陝西舉人乾隆五十年以同知署縣事

張其章 河南鞏縣舉人乾隆五十年蒞任治事嚴明決獄平允學問淵深培植士子於盜賊究匪尤極力懲治合邑畏服調東山

張綋緒 字晴皋山西興縣進士乾隆五十二年蒞任學優才裕志潔行芳嚴懲盜風造就士子與前任張公後先媲美

張曾敕 安徽桐城進士乾隆五十四年署任

郝權 直隸宣化舉人乾隆五十四年蒞任

楊開鏡 字朗岩江蘇陽湖監生乾隆六十年署任

金銓 字品三順天通州舉人乾隆六十年蒞任

何衣錦 廣東番禺舉人嘉慶六年署任

翟中倫 直隸柏鄉舉人嘉慶七年署任持身嚴正不阿

張維翰 字南屏雲南江川舉人嘉慶八年蒞任秉性溫和理事勤謹兩三月間獘政漸除尋改調

陶治 浙江會稽監生嘉慶十年冬以按察司知事署縣事

王信芳 江西東鄉縣舉人嘉慶十三年署任

淡景符 四川廣安州舉人嘉慶十三年蒞任卒於署

陳善 湖南善化舉人嘉慶十七年署任整頓風除弊政終日端坐大堂悉心剖斷胥吏不敢欺並有時移坐堂下任衆觀聽斷稍未當再爲詳審必使折服人心獄無枉縱歡聲滿縣有聯云飲酒都嫌茇烹茶最愛陳至今傳頌

余飛南 四川綿州舉人嘉慶十八年蒞任性情溫厚諄諄以孝友爲訓甫周年以大計去父子三人爲蠹吏所陷相繼卒於楚省

王有壬 字蘭沚浙江海甯州舉人嘉慶十九年以兵馬司指揮署縣事折獄明斷課士精勤

蔣澐 字秋舫浙江平湖舉人嘉慶二十一年蒞任性情渾厚學問淵深觀風月課捐廉重賞在任八年始終一致文風因以漸振有懷古示勉留別諸詩詳藝文

袁方杜 山東曹縣舉人嘉慶二十四年署任勤於政治邑常有輕生案撰黃蘖文勸民作育人才兼工書法

通城縣志　卷十二　職秩　十四

王世筌 字書農山東濟甯州進士道光三年署任嚴峻執法豪匪斂跡吏胥畏之蒞任五月政簡刑清

蔣啟廷 字琴山廣西全州進士道光三年蒞任性耿介甫到任即製牌上鐫民間告訐詞訟至懲官長分明若有授財枉斷神明立殛吾身親送至城隍祠曉諭縣民在任五年破除情面屏絕苞苴摘奸發伏聽斷平允士民以廉惠勤明頌之

楊始升 山西猗氏縣舉人道光七年署任

章朝偉 字蓮峯安徽銅陵舉人道光七年蒞任政尙安靜心極慈祥以病乞休

饒拱辰 字惕甫江西新城進士道光十三年署任廉勤明決才學兼優力除毒溺輕生獘俗有藉命訛詐者盡法懲治詞訟差票嚴立限期破除情面杜絕苞苴聽斷毫無枉屈暇則下鄉宣講　聖諭每月會課捐廉獎賞又書院崩坍捐廉倡修有記詳藝文興利除害善政難以悉數白叟黃童無不感頌後補巴東士民涕泣不忍捨附道祖餞贈甘棠遺愛匾并攀轅詩詳藝文尊調咸甯天門等縣接陞武昌府同知署德安府

王德輿 字夢蓮江蘇上元舉人道光十四年署任補保康調蘄水漢陽

范興榮 號向村貴州普安廳舉人道光十五年蒞任精明廉幹十六年調黃岡江夏尋陞武昌府同知

鹿啟烈 安徽阜陽舉人道光十六年署任守潔行端決獄平允

許虎拜 號小山河南靈寶進士道光十七年蒞任以艱去

通城縣志　卷十二　職秩　十五

翁吉士 號惠農福建侯官舉人道光十九年署任優於學問課士精勤聽斷無枉未及一年陞補鄖西

王天錫 浙江紹興舉人道光十九年蒞任性溫和以艱去

鮑光壽 號依雲浙江餘杭舉人道光二十年署任勤明能幹折獄平允補應城縣調江夏江陵

李壘 號簡齋山東濟甯進士道光二十一年蒞任性情渾厚學問淵深甫一年崇逆滋事壘聞信即傳集紳民設法防堵親自周巡苦於城卑兵少方三日崇逆突至幾自盡士民搶護由岳州紆道告變以失守論戍谷邑憐之劇金饋送

俞昌烈 順天宛平監生荆州府經歷道光二十二年二月隨臬憲郭府憲明來通安撫卽署縣事領帑修整衙署等署石首調補黃梅

林逢年　號澤夫福建侯官進士道光二十二年蒞任

胡　楷　候補通判道光二十三年代理

舒　綸　字霞帆漢軍廂黄旗舉人德安府同知道光二十四年攝縣事

蔡學清　號穆如福建福清縣舉人道光二十四年署任殷勤課試作育人材

張錫田　號惠疇廣東靈山縣拔貢道光二十五年蒞任

祝　祐　號子固河南固始縣進士道光二十九年代理縣事

林之華　字棣園福建羅源縣舉人道光三十年署任

舒　文　號質夫滿州正紅旗翰林院侍講改補知縣道光三十年蒞任

岳屏環　號紫藩直隸靜海縣舉人通山知縣咸豐元年調署

林之華　咸豐元年再署

鍾榮光　號靄泉江西長甯進士同知銜咸豐三年署任

熊　繡　號青齋黄梅舉人咸豐四年以本邑教諭代理縣事

文　桂　滿州正藍旗舉人咸豐四年十月署任

諸　鑣　字蘭皋浙江錢塘監生咸豐四年十二月署任

熊　繡　咸豐五年復代理誠謹端愨節儉慈仁十月賊匪陷城殉節詳兵事

萬景賢　字雲臺河南羅山監生咸豐五年十二月署任

王國楨　順天大興監生咸豐六年二月署任

沈田玉　字藍生安陸舉人咸豐六年冬以本邑訓導代理縣事

夏錫麒　號雲舫浙江錢塘進士咸豐七年署任有學道愛人坊詳建置

薛文光　字照南號鹿洞貴州貴筑廕生員外郎銜咸豐八年署任

傅　詩　號雅三陝西山陽舉人咸豐九年署任興起書院膏火詳學校

鄭　焱　號慕韓河南羅山縣進士咸豐十一年署任

文宗歐　號少叔廣西灌陽縣進士同治元年署任

李致勳　字毓夫江蘇武進縣監生同治元年署任詳請廣成文武永遠學額詳學校

袁秉亮　字柳溪江蘇武進舉人同治三年蒞任

鄭　焱　同治三年復署

上官振勳　字輔臣河南光山縣監生濟寧府銜同治六年七月代理縣事

盧　烜　字桂生[illegible]人同知銜同治六年十[illegible]月署任

教諭

宋 舊志祇載一員餘無考

李亮采 江西建昌縣人以鄉餘吳履中聘主講力學以待舉修己以致人士樂從之

元 舊志祇載一員餘無考

蘇克讓

明

朱隆 永樂中蒞任博學洽聞誨人不倦

邱谷 宣德元年蒞任

丁錡 舉人宣德中蒞任端方勤敏陞學錄

戴謙 四川銅梁人正統中蒞任節行獨標教學訓暇受業何隆金璽並登魁選

羅甯 成化七年蒞任

濮智 舉人成化中蒞任學問該博教誨不倦聘典文衡士林瞻仰

徐友 成化十九年蒞任持己有方誨人不倦

周綱 宏治四年蒞任啟迪多方模範可法

黃錡 正德九年蒞任

劉啟 正德十二年蒞任有詩才

敖四 嘉靖三年蒞任

何遵武 號午睿廣東東莞舉人嘉靖八年蒞任禮樂飭躬寬和敷教詩賦古作尤其所長陞四川灌縣知縣

張堯臣 選貢嘉靖十五年蒞任陞江西教授

周大才 字北岡四川宜賓貢士嘉靖二十三年蒞任儀表渾樸襟懷豁達勤於課士舒大猷胡澤皆其作養子壻並登科甲

王鐖 舉人嘉靖二十七年蒞任重厚簡默義利分明課士精嚴品題悉當陞知縣

黃謙之 嘉靖三十二年蒞任

周之岐 舉人嘉靖三十五年蒞任

胡良蕃 嘉靖四十一年蒞任

劉則唐 字源沙江西盧陵舉人嘉靖四十三年蒞任性情溫雅學問該博日與生徒辨難不厭文

行卓冠陞廣濟知縣

朱恩 嘉靖四十五年蒞任

董士良 隆慶五年蒞任

曾士宏 字宓野四川瀘州舉人萬歷七年蒞任純謹自持禮讓訓士應聘南都取士多魁春榜陞河南淅川縣知縣

戴時濟 萬歷中蒞任

辛維賢 字景晉竹山拔貢蒞任年分舊志失考本禮義以持身飭章程以課士接下奉上絕無阿狥陞陝西興安府教授

尹尙張 萬歷十五年蒞任

黃鶴鳴 舉人萬歷十六年蒞任

樂繼同 江西新建舉人蒞任年分舊志失考學淹經史藝擅詞林勤訓迪嚴考課後陞知縣

鄭宗相 選拔萬歷二十六年蒞任

李華 萬歷三十年蒞任

羅道範 萬歷三十三年蒞任陞江蘇鎮江府教授

徐應斗 號文垣宜城舉人萬歷三十六年蒞任

康君邦 湖南衡山貢士蒞任年分舊志失考後陞廣東惠州府通判

梁斗輝 廣東舉人天啟七年蒞任陞安徽太平府同知

萬國甯 湖南武陵縣貢士崇禎三年蒞任陞永州府教授

彭益泰 歸州人崇禎八年蒞任

國朝

王士葵 崇陽人順治八年蒞任

別仲茂 康熙庚午經魁蒞任年分舊志失考修學宮嚴考課最勤記述復樂咏吟士林咸仰慕焉

夏熙臣 孝感縣人蒞任年分舊志失考

陳代舉 康熙三十二年蒞任

熊峰 漢陽縣人蒞任年分舊志失考

楊珍 沔陽州人康熙五十年蒞任

王仁沭 黃岡縣拔貢康熙五十三年蒞任

艾必遇 沔陽州拔貢康熙五十五年蒞任

龔正邦 漢陽人康熙五十七年蒞任

謝允恭 安陸天門拔貢雍正六年蒞任

楊仁 號具四枝江貢士乾隆八年蒞任講經校藝不間寒暑勤建學署書院改修明倫堂

張士樞 孝感副榜乾隆十九年蒞任工詩善書誘明倫堂圮督捐重修陞宜昌府教授

劉克寬 乾隆三十一年以紫陽教諭調署

孟以琦 石首恩貢乾隆三十一年蒞任

邱源 宜城拔貢乾隆三十五年蒞任

陶大昕 字有來廣濟舉人乾隆四十一年署教諭兼訓導事

涂如耀 乾隆四十二年二月以崇陽訓導委署教諭兼訓導事

屈待舉 漢川副榜乾隆四十二年三月蒞任以養歸

黃廷 鍾祥副榜乾隆五十二年蒞任品端學博士林重之

張立誠 天門舉人乾隆五十四年署任旋補麻城教諭

彭魏瀛 黃陂拔貢乾隆五十五年蒞任

余立志 保康恩貢乾隆五十九年蒞任嘉慶元年卒於官葬所詳塋墓志

程鵬 應城廩貢嘉慶元年署任

陳良珏 字西玉號藏山乙酉蘄州拔貢己酉舉人嘉慶二年署任學問淵博啟迪精勤

郭士舉 黃陂舉人嘉慶九年署任學問邃博品評悉當

周　琴　天門拔貢嘉慶十年蒞任卒於官葬所詳、塋墓志

梁錫冠　麻城廩貢嘉慶十八年署任

鄭鶴超　江陵　恩貢嘉慶十八年十月蒞任

朱映選　房縣廩貢道光元年蒞任以大計去

何作芝　漢川歲貢道光四年署任

張起唐　字胖颿黄安拔貢道光五年蒞任學優養邃品正行端善詩賦工書法著作甚富撰有泮池古井賦詳藝文

石步瀛　號小湖黄梅廩貢道光九年正月署教諭兼訓導事後選監利訓導

周超猷　字芸劬黄陂舉人道光九年蒞任以艱去

王步堦　孝感廩貢道光十五年署任旋選均州訓導

曾學達　字小山漢陽優貢道光十五年署任

劉許華　黄梅副榜道光十五年蒞任性情豁達學問淵深

王朝幹　字荔生漢陽廩貢道光十六年署任後選京山訓導

張錦芝　麻城舉人道光十九年署任性情恬靜舉止端方

陳曉陵　字小杜蘄州舉人道光二十年署任見聞廣博後選天門教諭

吳光珩　字璐佩黄梅舉人道光二十一年代理後選東湖教諭

張鴻翹　號漢槎沔陽州廩貢道光二十一年蒞任尋監江漢書院

陳曉陵　道光二十二年再署

夏懋修　號慎亭黄安附貢道光二十五年二月署任

張舒萼　號竹樓安陸縣由副榜選授長蘆鹽運司經歷改教諭道光二十五年九月蒞任兼監江漢書院卓異陞知縣分發陝西署臨潼縣

熊　繡　號青齋黄梅舉人漢陽教諭咸豐二年蒞任

張玉衡　號鑒堂雲夢舉人咸豐八年蒞任

鍾壽朋　號菊潭荆門直隸州廩貢同治二年蒞任

訓導

宋元　無考

明

劉　昭　永樂中蒞任學問該博立教有方陞國子監監丞

三　俊　正統中蒞任

黄　裳　成化二年蒞任

彭　懋　成化七年蒞任

朱　崧　成化七年蒞任

楊一貞　正德九年蒞任

馮　介　河南息縣貢士正德十五年蒞任重義無向芳型足式捐俸修文廟臺座造神龕士林傳頌

尹有容　嘉靖三年蒞任

劉宏 號義齋江西安福貢士嘉靖四年蒞任容儀古樸學問淵深以實學註上考陞山東兖州府教授

楊廷芳 號月窗四川西充貢士嘉靖十八年蒞任悃愊無華忠誠有量訓諸生務存篤實後陞西宜縣教諭

楊治 嘉靖二十三蒞任陞教諭

張振纓 嘉靖二十七年蒞任陞教諭

王廷秀 嘉靖二十九年蒞任秉性温和持躬嚴謹

朱世英 嘉靖三十一年蒞任

朱從 嘉靖三十四年蒞任

仲遷 嘉靖三十六年蒞任

譙恕 嘉靖四十一年蒞任

柯宗翰 嘉靖四十二年蒞任

龔渭 隆慶中蒞任

潘江 萬歷元年蒞任

張美 萬歷二年蒞任學博品高士林瞻仰

朱廷柯 萬歷三年蒞任

陳奇策 舉人萬歷五年蒞任

陳天則 貢士萬歷七年蒞任

周效良 舉人萬歷九年蒞任陞知縣

陳鳴鳳 萬歷十年蒞任

王儒 萬歷十年秋蒞任

韓希愈 萬歷十一年蒞任

楊孝 號蓮宇四川開縣貢士蒞任年分舊志失考正直律己和易與人考課無分寒暑品題不爽鑒衡

蘇以治 萬歷十七年蒞任

鍾朝佐 萬歷十八年蒞任

王符 萬歷十九年蒞任

侯寄 號重吾宜城貢士萬歷二十年蒞任氣度温雅品行端方却餽而濟貧士捐俸以修文廟重道隆儒高風足式

楊尚義 萬歷二十二年蒞任

王夢龍 萬歷二十六年蒞任陞湖南通道縣教諭

賀應袞 萬歷二十八年蒞任陞通山教諭

陳宗顏 黃岡人萬歷三十年蒞任秉心敦厚植節孤高闡明書旨確有卓識陞宜城教諭

郭繼先 字承所四川隆昌人萬歷三十一年蒞任

彭良相 號贊宇湖南慈利人萬歷三十七年蒞任

劉定國 號清源潛江歲貢天啟七年蒞任性負骨鯁學懋淵渟歷任五載以子貴受封解組去邑

人士泐去思碑

向好樂 浙江人崇禎二年蒞任

何遇高 雲南人崇禎七年蒞任

王業新 雲南人崇禎十一年蒞任

朱化熙 遼東人崇禎十五年蒞任

國朝

李之洵 潛江人順治四年蒞任

楊開泰 沔陽人順治六年蒞任

東夏 字儒瞻沔陽歲貢順治八年蒞任品望端凝學問淵博嚴制行而取與不苟勤督課而艮

楷均培

何師旦 順治十八年蒞任

袁士英 襄陽人康熙八年蒞任

潘浤 江陵人康熙九年蒞任

吳中賢 康熙三十二年蒞任

馬應門 公安人康熙四十年蒞任

李名芳 江陵人康熙五十六年蒞任

葛如洪 監利人雍正元年蒞任長厚樂育

鄖艮驥 字渭牧黃岡優貢雍正八年蒞任品優學富造就人才士林欽服

李時英 字菁州號質齋黃州府學貢士乾隆十年蒞任

周式南 江陵人乾隆十二年蒞任

繆奎 號景垣漢陽人乾隆二十年蒞任樂育工詩明倫堂圮督捐重修

黃璜 乾隆三十一年以通山教諭調署

王化樞 鍾祥人雍正乙卯年拔貢乾隆辛酉順天舉人乾隆三十一年蒞任自製聯云俸薄儉斯足官閒心自恬遷雲南鹽課大使

柳友梓 均州歲貢乾隆四十二年蒞任

郭有才 黃陂舉人乾隆四十四年署任旋補荊門州學正

張耀南 竹山歲貢乾隆四十五年蒞任

王槐年 麻城歲貢乾隆五十三年蒞任嘉慶三年告休

匡毓元 字雲渓隨州歲貢嘉慶四年蒞任

蕭之栴 字孟珍京山舉人嘉慶八年蒞任

唐光典 應城廪貢嘉慶十年署任

劉道一 竹山歲貢嘉慶十年蒞任以大計去

黃成渠 江陵舉人嘉慶十七年署任學問淵深理法精密士林欽服

林英 東湖歲貢嘉慶十七年蒞任到任一月以年老乞歸顔其堂曰吾斯未信

劉大義 字陸城宜都歲貢嘉慶十八年蒞任沈静有餘儉樸可式

陸登瀛 字仲洲沔陽優貢道光七年署任學問品行俱臻純粹後中癸卯鄉榜候補內閣中書

張　謙字又渠京山舉人道光八年蒞任勤於考課精於制藝著有文稿行世

陳玉麒號杏村黄安廩貢道光十年署任在任中鄉榜連捷進士補安徽桐陵縣知縣

馬學珍字荆山遠安歲貢道光十三年蒞任

黄傳前字如山江陵廩貢道光二十年署任工書法

張承庥字竹生黄安廩貢道光二十一年代理選德安府訓導

沈田玉字藍生安陸縣舉人道光二十一年蒞任後陞福建武平縣知縣

畢東之號潤生蘄水附貢咸豐十年署任

盧殿才號兼三應城歲貢州同知銜咸豐十一年蒞任

縣丞明正統年裁

宋元無考

明

李　遲宣德中蒞任

主簿明正統元年裁

唐

柳舊志失名代德間蕭戎交趾民窮國蹙採礦支給公管理銀山礦務廉正自持後銀山洞陷公與舍人三役夫百俱被壓瘞

宋

東元嘉蒞任年分舊志失考多才能執理法毀淫祠正風俗善政一新稱名主簿

王　洪蒞任年分舊志失考

元

李　芳大德九年蒞任

明

白　翁洪武初蒞任襄贊馬邑侯開創縣治公署完美與有力焉

防守武營

元明無此職

國朝

王 舊志失考
李世傒 雍正二年蒞任
萬名魁 蒞任年分舊志失考
李成英 興國州行伍蒞任年分舊志失考
胡榮 黄岡人行伍蒞任年分舊志失考
魏正國 江夏人行伍陞九谿營都司蒞任年分舊志失考
陳明 江夏人蒞任年分舊志失考
吳觀瀾 江西南昌府甯州武舉乾隆二十年蒞任後調清圻
張本良 乾隆二十九年由蒲圻調任通城

周詰 應城人行伍蒞任年分舊志失考
池光德 安陸縣人蒞任年分失考
王永年 江夏人行伍蒞任年分失考
李貴 蒞任年分失考
黃開甲 漢陽縣人蒞任年分失考補修汎署
方大雄 江夏人蒞任年分失考
謝亦武 江夏人行伍道光十九年蒞任
陳金榜 江夏人行伍道光二十二年蒞任
魏金富 江夏人行伍道光二十二年蒞任

萬青選 鄖陽縣人行伍道光二十三年蒞任奉准添戰兵二名守兵五名共舊管守兵二十名
夏開國 江夏人行伍道光二十六年蒞任咸豐三年殉難
胡肇元 字履成本縣恩騎尉均標子咸豐三年署任擊賊陣亡詳兵事志
許紹棠 江夏人行伍咸豐三年蒞任四年九月初四日賊勢猖獗帶領汎兵練勇進剿陣亡
黎立祖 本縣軍功咸豐四年署任剿賊陣亡詳兵事志
吳士元 字元齋江夏人行伍咸豐六年蒞任旋調江夏把總陞蒲圻千總
周得名 江夏人行伍崇陽外委咸豐十年調署
王長清 字一亭江夏人把總咸豐十年調任
蔣得元 字捷三江夏人行伍崇陽洪上外委咸豐十一年署任

王長清 咸豐十一年復署
吳鏞 字伯皋江夏人行伍同治元年蒞任
王長清 同治四年復署
吳鏞 同治四年復任

典史

宋無考

元

張思祖　大德六年蒞任

李寅　大德九年蒞任

李元亨　蒞任年分舊志失考

史彼行　蒞任年分舊志失考

明

胡仲　成化二年蒞任

李恭　成化十年蒞任補修明倫堂

羅廣　成化二十一年蒞任勤勵明敏平糴備賑無擾無私襄建義倉社倉城隍祠又捐俸修學宮建學署

李溥　正德九年蒞任

余正　正德十二年蒞任

林醬　嘉靖二年蒞任

范滋　嘉靖二十年蒞任

童顒　嘉靖二十一年蒞任

陳相　嘉靖二十二年蒞任

張鶴　嘉靖二十三年蒞任

鄒天有　嘉靖四十五年蒞任

徐三賜　嘉靖四十六年蒞任

何頤　隆慶二年蒞任

趙江山　隆慶三年蒞任

劉珩　隆慶五年蒞任

陳萬策　萬歷二年蒞任

莊自嚴　萬歷九年蒞任

馬彬　萬歷十三年蒞任

陳尚志　萬歷十六年蒞任

徐廷榦　直隸舍州人萬歷十九年蒞任

鄒慕舜　萬歷二十二年蒞任

胡侯文　吏目　萬歷二十五年蒞任謹恪供職勤敏幹事陞

王宜中　萬歷二十九年蒞任被論去

趙國　萬歷三十一年蒞任

李華　萬歷三十三年蒞任禁奸戢暴才堪供職負氣矜能事多忤上

楊九成　萬歷三十六年蒞任

褚從望　崇禎元年蒞任

于守仁 崇禎三年蒞任

陸一瓚 崇禎六年蒞任

翁　輝 崇禎七年蒞任

陳一治 崇禎十年蒞任

朱顯忠 崇禎十二年蒞任

國朝

曾曰鳳 安徽青陽人順治二年蒞任

劉曰芳 直隸人順治四年蒞任

曹萬里 順治八年蒞任

馬振德 江蘇通州人順治九年蒞任

邢　珍 康熙五年蒞任

沈得朝 康熙十年蒞任

孫振麟 康熙十六年蒞任

杭應祥 康熙二十年蒞任

祝長齡 浙江錢塘人康熙二十五年蒞任

楊　楨 浙江會稽人康熙四十四年蒞任

朱　璋 浙江上虞人雍正元年蒞任

裘日昇 浙江慈谿人雍正十年蒞任

孟士元 順天大興人乾隆十三年蒞任

陳躬圭 江西臨川監生乾隆二十九年蒞任本年傾帑並捐俸建修典史衙署又買吳陳二姓地改縣署頭門西舖司所於頭門東并勸潘秘書等捐基湊建衙署房廳咸備自是始免租賃民房隔監窵遠之虞因道光二十一年崇逆滋事衙署被毀案卷不全無從查補

楊天符 廣東大埔縣監生乾隆四十六年蒞任

鍾　純 廣東長樂縣監生乾隆五十八年署任

張　麟 順天宛平人祖籍浙江餘姚縣由內閣議敘乾隆五十八年蒞任卒於官葬所詳塋墓志

楊德海 江蘇江甯縣人吏員嘉慶十六年蒞任

徐理豫 江蘇贛榆縣監生嘉慶二十五年蒞任緝盜有方遇事能斷佐尉中之僅見者合邑送蒞甄休風匾

方　晉 江蘇江甯縣監生道光四年蒞任

鄧鳳鳴 字岐山江西新城縣監生道光五年蒞任

[illegible]復安 河南固始縣監生道光十七年署任

劉紹先 江蘇武進縣監生道光二十一年蒞任

單名揚 浙江蕭山縣監生道光二十一年署任

王肇璜 浙江人監生道光二十二年以縣丞代理典史事

史秉麟 號玉書甘肅狄道州人吏員軍功道光二十

王挺元 廣東順德縣監生道光二十七年署任

羅鴻昌　字少堂江西南昌監生道光二十八年護任

馮志仁　山西代州監生咸豐二年署任

胡繼祖　安徽涇縣監生咸豐七年署任

劉垂芳　號袖村江西南豐監生咸豐十年署任

何楙熙　號德卿安徽桐城監生咸豐十年署任

周文徽　字麗甫河南商城監生同治元年署任

吳元熙　號熒堂浙江會稽監生同治二年護任

彭兆鼇　字子秉湖南善化監生同治二年護任

丁觀光　號雲颿浙江紹興人同治四年護任

以上各員凡在乾隆以前者悉照舊志錄載其依次續入者尤必博稽輿論據實彙登不敢妄加毀譽致同謗史其自咸豐以來類多有善可紀見聞雖確概不敢登懼鄰於諛也沒世之稱是所待於後之補修者

善政附

自古有治人而後有治法有治法尤賴有治人四境之生養安全胥維繫於司牧是不可無斟酌盡善之要規也達觀往古僑稱惠人要須仁人豈非善政之有以及民哉上因所利而利民莫之爲而爲美意良法藹然俱在考治者可以興矣

申詳清丈舊志

則壤定賦先王畫一之規萬世不容或易自世代遞更經界漸紊民之田地塘畝率多不清甚至有斗田斗糧者有有田無糧者逋欠豈盡編氓咎哉無糧者轉相賠倒糧多者莫措輸將耳從前有司莫能盡剔其弊萬歷九年知縣臧石申請　兩院題准清丈分通城田爲二則承注源水泉水塘水者爲中則承注天水者爲下則由是畎畦稅則毫不混淆錢糧樂輸罔不踴躍

國朝康熙十二三年吳三桂叛據岳州距通城僅百六十里湖南驛道梗塞取徑通城大將軍統領偏裨屯營進剿地爲極衝其時軍需繁重未及清查奸猾冊

書任意飛寄或將自己重稅田秋換愚民輕稅地麥追呼之厲日積月深致民間有田畝一石秋糧亦一石者有司按冊比徵不堪箠楚往往挈家遠逃逃絕無徵遂攤派里甲花戶波累親族賠納其時田地求人受管嘗差卽以糧折價無庸買賣尚不肯受至康熙四十三年士民控懇知縣辛禹昆詳准清丈丈田清糧丈地清麥上不缺額下不加稅而逃絕無徵之害永除矣乃甫經丈地辛公陞吏部文選司丈地清麥之案遂寢由是田糧既清而死亡之里書原換在

己之麥其子孫無地供麥稅亦均逃徙遠匿此麥無徵卽於本里甲秋糧內攤派賠補至今仍不能無弊云

附辛公清丈田塘地畝法以備考

按照縣治東西南北編列乾坎艮震巽離坤兌中九宮大圖各舉端方一人爲大圖長於每大圖之內照鄉村段畈各舉明幹一人爲小圖長各分管小圖界限清楚每小圖立書手二人算手二人丈手一人坵正一人坵副一人先令小圖長逐壢戶查取田地土名報冊次立撥田戶長逐加搜尋如有欺隱不報者治之以法報冊彙齊方飭大小圖長坵正坵副書手算手人役一同按冊踏田丈量承泉源塘堰水蔭注者爲中田承天水者爲下田書手草冊繪成田形登記中下則號坵正以次立定中長廣濶地位坵副對面立牌丈手執六尺爲一步之弓對坵正坵副所立之地位量去幾拾幾弓不滿一弓者卽以一尺爲一分假如四尺丈手則呼四分以報之書手算畫田圖登記中長若干

步數一濶二闊各若干步數其法如田一坵或三四坵合丈亦有山壠小田十數坵合丈者除田塍不量外用截盈補虛之法俱先量其田中長步數爲實次以一闊二闊之數合用二歸算法折之得若干數爲法以乘中長之實數若干爲主以四歸算之又以六歸算之其數積成田畝凡中田一畝則用四升八合六勺五抄之法以乘一畝之實科派秋糧如係下田一畝則用三升三合一勺之法以乘一畝之實科派秋糧鄉俗之買賣立契以石

斗升合勺爲田數者凡呼一斗五升卽丈田一畝之數也

丈塘則又不用丈田之法總以算書四句云圓周自乘十二約徑自乘來七五乘徑週折半乘爲的週徑相乘四一淋其法假如圍丈一百步則以一百步爲法爲實兩相乘之乃自乘自也然後用十二大歸除算定其數亦用四歸六歸各算一遍以積塘畝若干數俱照下則田例三升三合一勺之數定派秋糧徑自乘者只丈塘中一徑若干步數

亦用自乘自法以定數然後以七五爲法乘之方用四六歸法以積畝徑週折半乘爲的者丈塘中徑若干步數周圍若干步數各用二歸以折之然後兩相乘數方用四六歸以積塘畝週徑相乘者丈塘周圍步數中徑步數兩相乘算然後用四歸一遍卽用此數以四六歸積塘畝

丈田塘積畝定用四歸一遍六歸一遍算手人役苦於煩勞另有飛歸捷法以一遍代四六歸之二遍也以一萬二千三百四十五步六分七釐八毫九絲爲法曰一百二十五爲期二十四上一翻飛見一加三隔位四九十六逢須進四七十二上有三歸四十八來歸二度四上一去五下位除八見二加六隔位八一百二十五爲期本位去一加五下位則除去二四十四上一去五八來八退一十還二歸二度一百二十五爲期積得五千一百四十四畝零三分二釐八毫五絲五忽

還原用留法曰五留一二七留一六八八退二還一十八留一九退還一二退八還一除二進四下五除一八除三進七二除四進九陸除四進九陸退四還一除一進二四退六

還一五留一二仍還原數

丈田冊式業主某名土名某坵𡎺東西南北四至某人業界承某水蔭注中則下則俱列冊上格其下格橫開中長若干步數一濶若干步數二濶若干步數折得若干步數乘得若干步數積得若干步數派得若干秋糧彙成格冊喚各小圖長人役齊集公堂掣籤各喚圖分再丈對冊明白邑宰不時單騎減從適野指田抽丈按冊對同清楚以杜欺隱方行科泒糧稅造具清冊一套賫府一套賫

司一套存縣庫仍照一十五里一百五十甲歸戶落甲追徵錢糧不用大小圖分編次由是有田則有糧而逃絕無徵追攤賠墊累官屬民之苦楚自此除矣

丈量之法六尺爲一步今以木爲弓代之便於丈手輕快凡步外零尺每一尺以一分呼之每横一步直二百四十步爲一畝横一丈是二步直六十丈亦爲一畝若丈路三百六十步爲一里

徵解利民 補

按前明洪武年間地糧徵解制每縣分里每里編甲十每甲僉糧多通幹者一人充里長州縣牧令祗司徵比其法各部院寺司道府廳驛協俸工等項紛繁名曰條編民上納時照官每戶逐條分晰銀數印給由單另等稱輸鄉等兩銀僅可完正銀四五錢內外爲繁等兌折也逮拆封平頭羨餘俱官逸收正銀並解費印交里長塡批領解其解法如甲年一甲里長解京編則六甲里長解糧乙年輪二甲解條編則該七甲解糧挨次輪解條銀十年一週其實合論甫五年一週四年一歇名曰排年此前明制徵解錢糧硬擡法也其初明洪武都金陵條編糧舟順流直達且兌足竣事上令戶部帶領里長引見面諭預事官吏有無刁難需索並周咨地方利病奏對詳明者量其才授以令佐實任及冠帶空銜榮身甚有陞至御史尚書者起押收納及沿途查驗官吏莫畏里長之奏發無敢需索絲毫者所以里長輪解京編京糧有利無累迨夫永樂遷都北京停止里長引見元開會通河尚未浚復京糧立遞運法江南衛軍從淮安倉受

兌趲閘渉黄河交貯徐州倉徐州衛軍轉運臨清倉山東衛軍遞運通州倉其初則里長自本籍運至淮安倉迨會通河浚復後至正統年間更長運法里長糧運會城水次令湖廣各衛車就次受糧直運京師糧戶補給行月口糧及過江諸需銀米雖較運淮稍稱近便奈官不經手其所丁衛卒司糧道廳胥役層層刁蹬勒索里長細民不得不覆產敷剝此解糧之苦也京編多由陸路解送至京絹緞綾紗分納戶部藥味歷日分納禮部硝皮翎毛弓箭襖褲分納工部

甲丁庫供應分納光祿寺外又抑解沅州軍餉協濟港口山陂驛站處處指免措批橫索不貲排年里長不但數人分馳不停且不得不傾家填慾此輪解京編之害也甚至遇有軍興如明嘉靖時剿倭解馬至萬歷時九釐加餉解遼且正德萬崇間江西瑪瑙華林大幽山等土賊震動料民協兵防堵罔非里長供應倘或馬斃物損傭逃一惟里長問賠問補無力者累及同甲族姓舉族逃亡不可枚數他如上司及委員巡歷盤查經臨等事一切頓宿供應官不過問俱

責里長承辦里長委之值月甲首所謂甲首者每甲編爲十戶每户限定秋糧八石一斗三升便於均派罔備也所以十年大造迄今猶曰均平者職是故也一戶值二月二戶值三月三戶值四月輪至十戶值十一月而止當值之月咸駐縣城聽差一遇公事值月先行借辦事畢算費若干分派十戶花名照秋糧分償十二月正月無人當值則里長寓縣城前一應公費分派亦如之俗語云家有百畝田子孫不離縣門前此里長四年幸歇而又不能長歇者也由是田地爲禍即如萬歷年間人稠土貴時上則腴田一斗值價不上四兩反賤於無稅荒山則徵解硬擡之爲殃可知矣我

朝定鼎初循明制但順治時刃刃殘餘瘡痍初起加之康熙十八年以前李來亨吳三桂後先叛踞楚境西山馱夫岳州防衛派至石糧三兩其時穀二十石上下祇可易銀壹兩又土浮於人田瘠半蕪約計畝田帶荒僅可收稻一石石谷僅可易銀五分即自食其力耕農供官尙爾莫敷嗷嗷數口不得不播遷死徙

矣考之康熙初年有江南御史吳應龍者奏易軟擡法革里長一條編立官徵官解制我

聖祖仁皇帝准

諭直省試行果否便民無如各省州縣牧令俱樂硬擡民解便已滕覆民不稱便而止康熙十八年己未歲陝西慕公諱天顏任蘇松藩憲力請督撫試行軟擡法甫行一年吳民歡呼稱便蘇撫遂題准永著遵行部覆議各省通遵各省大吏渾不試行但狥州縣自便滕詳猶以時地異宜江南民便本省民不稱便之說

同上題覆辛康熙二十四年乙丑歲慕公陞湖北巡
撫下車即試行題請便民部核覆准永著爲令遂撮
筭另等碎納各項饟則統歸合等稱收官徵官解本
省布政司司解戶部各寺部經項俱向戶庫關領名
曰一條鞭法遂於丙寅年派部丁卯年定制楚民如
解倒懸頌聲雷動然九一火耗之外猶歲有四節餽
規自四錢減至二錢之派徵其時民甫覩硬擡奇苦
亦不知此私派之爲累也逮軟擡行久民歌樂利生
齒日繁人浮於土馴至穀貴銀賤溯較硬擡時歛愈

薄矣我
世宗憲皇帝允山西巡撫諾公諱岷條議通行什一火耗
提解充公照要中簡缺分給各官養廉將節餽各項
陋規悉行革除至今民愈蕃田愈肥穀愈貴畝田約
可收穀五石石穀可易銀四五錢不等而賦又愈薄
不過三斗之穀礱米易銀遂可糧條通敷則較三代
什一之征尤爲輕便此皆我
朝立法之善享樂利者所當永世不忘者也
惠民不費舊志

舊時通民止知春耕不知秋種牆桑之利且懵然止
知養鵝鴨雞豬牛馬不知養羊萬歷九年知縣臧石
因淸丈徧歷鄉村見不種蕎麥不樹桑不養羊者隨
出示諭曰爾通民不鋤者不種不喂者不養何癡蠢
若是因而民漸種蕎麥樹牆桑養山羊樂利無休我
朝乾隆間允尹公會一條奏勸民樹畜材木前宰梁公
與史孟君嚴懲偷伐通民遂爭相圍塹栽蓄材變之
資不可勝用云
革富民馬舊志

舊走遞馬疋報富民有馬者應付每遇上司差承及
本縣差遣該長馬者給工食銀一兩二錢票一箇送
某富民折錢糧出長馬應付該中馬者給工食銀六
錢票一箇送某富民折錢糧出中馬應付該短馬者
給工食銀三錢票一箇送某富民折錢糧出短馬應
付然雖銀於庫內給馬自富民出差可相當但有馬
有夫之富民尚不見損而衣食略豐有夫無馬之富
民僉報實受其害至萬歷三十七年知縣楊浩出示
禁革不用富民走遞着令一十五里當年里長每里

報馬頭一名每里發庫腳馬銀一十二兩買疋馬一疋副馬一疋設一管馬皂隸置一長中短馬格簿十五里列十五格分別之或長或中或短一里撥一疋如輪轉焉殷實者悉享其利卽粗給者亦不茹其苦矣

均平糧差舊志

前明制通城縣一十五里每里十甲萬歷九年知縣臧石奉文清丈丈得通縣秋糧一萬二千一百八十一石三斗四升四合五勺均分一十五里每里八百

一十三石一里十甲每甲八十一石三斗十年一收解條銀之差十年一收解南漕之差但明季知縣推收未嚴泒糧里書任意收除奸棍富豪瞰臨當差先一二年分賄同里書推半存半詭入當過差徭甲內立戶甚有全戶隱匿當過糧差仍立本甲以致有一甲不滿四五十石者甚有不滿二三十石者又有多至一百餘石者往往粮少甲分詞告消乏之計圖卸差下甲下甲又告不係該年不服承管沿習成風流弊無底止我

朝順治七年知縣盛治察知此弊遂出示均平先着總徵里書清造花名糧冊一十五本交衙查勘查出某里少糧若干不合縣總某甲少糧若干不合甲總無如法立弊生里書隨立詭名湊足額數知縣盛治洞若觀火又出示清審丁糧着老人原差喚集通縣士民每日清審一里逐名對質勺合不敢隱匿糧得濟矣既清之後從公均平裒多益寡將次年應當差里甲之多糧撥補次年該當差糧少之里甲其已當過差之里甲糧多者則撥入三四年後輪差糧少之里

甲粮既得平民鮮重累且又額定粮數卽有買賣只許本甲收除不許過甲游移允矣畫一之規久遠之利也

剔收除弊舊志

前明制五年一大造稅契糧許過里三年一小造止許過甲有等奸民臨差假立契劵作絕賣作承糧巧將一二錢之稅銀以免當年之重費致當事者稽查不密里書借端舞弊此有除而彼無收隱漏病國彼有收而此無除重派瘠民

國朝知縣盛治灼知此弊凡有買賣斷不許擅過里甲止令於賣主項下除糧立戶其十年正辦買主按年計算驗糧承當前差仍屬賣主如是則買賣承糧不能借隙隱漏重派無復生端從前莫破之奸竇自除矣

國民並利舊志

通邑秋糧一萬二千一百八十二石三斗四升四合五勺麥糧一千一百四十三石九斗八升零一勺此額志不容缺也無如民間買賣地畝立契者田地本

少架多秋麥以賣之有本戶秋麥賣盡而田地尚存數十畝不承稅課者又有愚懦立契賣田地者止寫載秋麥在冊字樣聽買主向里書過割往往秋麥本應多除而反拋卸少推者致愚懦田地賣盡而秋麥尚存石斗在本戶者又有此里甲秋麥已開除彼里甲秋麥無新收者日積月累連年告訟詰查究牘詭漏飛洒錮弊莫察遂致秋糧缺額總二十七石二斗七升麥糧缺額總三十六石八斗二升每一里各補缺總秋一石八斗一升八合各補缺總麥二石四斗五升五合歷任知縣因循未敢攤派私徵以其弊由里書欺隱詭沒每年押令各里書完納補總錢糧里書作奸每年派糧餉冊將補總秋麥錢糧於合縣各花戶糧餉派徵毫釐絲忽之內灑派消納厲民實甚於乾隆二十二三年間知縣梁永甯奉例禁革里書設立冊房一十五名責成各管一里推收過割秋麥派徵糧餉稿冊每年秋成各花戶面向冊書查對本年有無除收該完條銀丁麥隨漕驢脚南漕正耗米等項抄載一單照數自納量給冊書紙筆之費以完

補總之銀如冊書藉端勒索許其告究倘官吏互同隱詐聽其鳴公訐究而飛洒詭漏之弊可以杜絕又令買田地者必執印契邀同賣主向冊書推收過割無印契不與推收則拋卸之端可免蓋自康熙四十三年清丈田畝均派秋糧迄今派無徵補缺總因循錮弊不能明察特用此補苴罅漏之小術以滌草百里生命之寄於今

國朝任賢布治之恩殊未妥協深有望於申詳清丈之良有司也

定法催徵舊志

通城舟楫不通銀難措辦向來户長每甲或五名或八名至十名管催衆户每月三比完不如數明天啟四年知縣朱宗讓因戶長名數雖多無統難追出示錢點粮多者總攝催徵名曰甲總以表式細戶一月兩比以十人共肩之責任統歸之一人其純良戶長每隨甲總應比刁頑者與原差均得偷閒漁利錢糧亦仍掩欠夫甲總之立原以慮積逋而期輸納但勢若難行意則甚美而法或未盡宜也

國朝知縣盛治詳鑒此弊每甲秋糧八十一石三斗不用老人開報將存衙糧簿親點糧多者十名爲戶長每戶長管催秋八石一斗立爲每月一限每限足一兩者免入應比不足者添差拿所欠納戶二月初開徵歉月則停直待穀登時方行開限士民咸服糧餉樂輸

除革陋規舊志

前明萬歷四十五年戶書續林小甲周自勉以舊例獻諛本縣遂設立陋規每里櫃書頭承管各票取供堂二兩馬頭承管取印烙二兩里長解粮小船裝至陸溪鎮口交上大船取打掃官房大小茶飯及長夫斛面種種名色剝取小民習久成例後令以爲固然

國朝知縣盛治庚寅年到任吏書仍進此規授筆叱曰供堂何解斛面等項何因左右不敢應即出示槪行禁革收粮則照部頒撞斛較正升斗平盪量收不許淋尖踢斛收銀則照司頒法碼較正釐戥納戶同櫃頭面彈投匣挂鏁一面於儀門敢有重收者許受害小民鳴鑼喊究革弊變民當代樂只

通城買賣田地其秋麥聽賣主向里書派徵冊內更名完納至推收過割里甲更戶紅冊必待十年編審發冊推收每值壬造癸解十年均平之時每甲報立均平戶長領發印冊清查推收造具一舊存一開除一新收一實徵名爲四柱格冊一套存縣一套送府一套解布政司向來均平解冊每石秋糧派費銀三分戶長交冊之日將費銀一同完繳違則嚴追乾隆六年邑侯周祖壽詳允禁革均平解冊費銀三百六十四兩四錢七分零三毫三絲五忽勒碑頭門外屏

牆壁下承行禁除陋規

人丁隨糧舊志

通邑丁銀自順治十三年知縣盛治照人丁編審派徵丁銀不問有無田粮鰥寡孤獨並入丁冊追徵有人無田者則丁多有田人少者則丁少至富戶田有數百石僅當一二丁貧民田無合勺者一家六七丁男十五歲上丁五十歲除丁老死少亡不等有一人而承四五丁者每年追徵丁銀貧民苦慘無告迨康熙五十年知縣吳國瑞編審丁冊點名盡屬疲癃貧

夭而衣冠子弟不與焉大爲矜恤發盤費銀八十兩論里民毛仲子方繩夏章貞祥等上控　督憲額批准丁隨糧定天下皆然通城一邑何獨受累仰湖北布政司查報值吳國瑞卒於官接任知縣吳文錡狥邑糧多丁少之監衿集衆不依懸案未結至雍正七年允直隸總督李公諱維鈞丁隨糧攤之議通行直省奉撫憲馬　飭查通省丁銀概行攤派秋粮之內每秋糧一石派丁銀一錢三分四釐四毫三絲八忽三微五塵追徵便民通城不惟人丁苦銀派入秋粮內完納且將原額丁銀減除六百一十一兩九錢四分零三毫均出攤入各府州縣秋糧之內其爲恩濟窮黎豈淺鮮哉

革除鋪戶丁銀舊志

順治七年知縣盛治新加縣城五門煙民併七里山河市各鋪戶丁銀八十餘兩照丁追徵存留不解於康熙九年黃州府清軍廳于成龍署通城縣事各煙民鋪戶告審此項丁銀有徵無解革除不許再徵立碑頭門外東角牆承行禁止

建倉貯糧舊志

通自便民倉廢每年秋成徵收糧米票差關提崇陽縣船夫還結收米運解省城鐵牛廠糧倉值年甲催人等較定斗升船夫執盪花戶送米至毛公渡量兌上船先於船夫來縣出結之日托歇家央各里甲催原差人等說定情米若干方出連環保甲入官至此糧米完足之日原差總催歇家甲催人等各照原議分米肥已其斗升俱較自甲催官不得而察究焉鄙夫解米開兌府倉飾揚腐拆無可推諉知縣照給追

賠船夫變產不敷有錮禁縣獄三年者有追比情急自盡者雍正八年知縣周琪蒞月鞫弊議詳建倉貯粮於儀門外東偏拆開垣牆並按察分司堂空基建立廒倉九間上齊儀門立有公座正廳每日知縣親臨糧倉查驗一次中開倉門巷道直出頭門內橫開公門內丁驗米灰印衙役監守點進其巷道東西倉門則用斗級四名量米進倉花戶執盪縣內親丁一人執籌一人發小票糧房書辦在巷道西科房登流水票簿收小票換發大票執照至每年關提船夫泊

船毛公渡官銀一分催夫一名自糧倉運米一石送至毛公渡上船則糧米之出納權自官操奸民不得侵蝕也惟糧發大票一紙取花戶米一升耳但斗級舞弊廣用破穿故令米漏每日掃十石餘厲民肥己是在爲民父母者嚴察而究處焉

額除耗米　續志

通城田無上稅其分爲中下二則以定其賦實自前明清丈始

國朝康熙五十年後奉

旨永不加賦雍正七年丁隨糧轉乾隆四十七年並編審停蔫嘉惠羣黎千古未有特事體無常積久弊生咸豐七年邑侯夏錫麒蒞任審知通城土薄人浮民之所苦莫如催科適

大憲加綏郡縣釐剔積弊侯因得申明其由奉接新章每完米壹石折錢肆串統耗米水腳票錢在內民無不樂其便侯更爲之標識糧夯於正米折價內再扣除耗米錢叁伯陸拾肆文永定爲章其米照收只玖斗零玖合壹勺實收錢叁串陸伯叁拾陸文斗升

合勺准此一律扣算惠徧於上利及於民其受賜靡既矣

流寓附

漢

張良　隱相師山修煉

馬援　征蠻兵屯下雋洪上等處路經通城

吳太史慈　拒劉磐駐營幕阜山

呂岱　嘗屯兵於雋陽見一統志

晉

葛洪　隱幕阜山

唐

呂純陽　訪葛洪遺蹤至通有詩詳藝文

宋

李綱　徽宗時被譏左遷江西制置司經通邑查崇陽縣頭寺碑文載由通城至此

岳飛　征楊么過通邑憩崇仙里崇慶寺

黃山谷　寓通城鎮著有資深堂記卽今書院地記詳藝文

元

程文海　大德八年以江南北道肅政廉訪使經通邑著有社稷壇記詳藝文

明

吳琛　成化間巡撫都御史臨縣嚴訪釐革奸獘題准建設便民倉於陸溪口有詩詳藝文

秦夔　成化間武昌知府臨縣清理邑事修建學宮明倫堂廣居堂觀德亭學舍泮池士民懷服

薛綱　成化間提學副使臨縣校士命修兩廊查復社學

沈鍾　提學副使臨縣校士

顧璘　巡撫都御史嘉靖間臨縣稽查邑政威惠並行命建青陽書院於學宮左又於東門外築高堤建石橋擒土豪一人置之法士民至今稱頌

王瑜　督糧參議嘉靖間臨縣清覈收支安靜無擾

周在　分巡僉事嘉靖間臨縣清獄除兇良善安堵

馬鳴鸞　分守參政萬歷十七年臨縣賑飢

趙欽湯　分守參政萬歷二十年臨縣復陸溪口倉捐贖鍰修理文廟

黎淳　狀元湖南華容縣人訪友至通

國朝

陳　名失考分守武昌道康熙三十三年臨縣查勘

何騰蛟　湖北巡撫由通入江西

佟　名失考湖北巡撫南征歷通邑

艾　名失考將軍南征歷通邑

章培基　武昌知府康熙六十年臨縣查勘

姜順龍　分守武漢黃德道乾隆十五年臨縣查勘

張天彝　武昌知府乾隆十六年臨縣查勘

張開東　欽賜兩嶽遊人周流至通

錫占　武昌知府乾隆二十八年臨縣查勘

特成額　兩湖制軍乾隆四十八年臨縣安撫捐廉修理武廟詳建置

史　名失考武昌知府同制軍特臨縣安撫攝縣事一月詳職秩

黎覺　翰林訪族至通

裕泰　兩湖制軍道光二十二年因崇案臨通安撫

郭飛熊　臬憲道光二十一年同制軍裕臨通安撫

明善　武昌知府道光二十一年同制軍裕臨通

雙福　軍門道光二十一年同制軍裕臨通

周祖衔　翰林同知銜咸豐元年臨通查撫

耿文錦　協鎮咸豐二年來通防堵

石清吉　探花官侍衛咸豐二年同耿至通防堵

勞光泰　武昌府同知咸豐元年臨通查撫

江忠源　湖北按察使司咸豐三年臨縣安撫

胡林翼　按察使司咸豐四年剿賊經通陞任湖北廵撫詳兵事

塔齊布　提督咸豐四年剿賊至通詳兵事

羅澤南　布政使銜咸豐五年剿賊經通紀律森嚴居民安堵詳兵事

曾國華　同知銜咸豐六年剿賊經通

王珍　候補道咸豐六年剿賊經通紀律森嚴秋毫無犯詳兵事

張運蘭　同知銜同王珍經通後任福建按察使司詳兵事

成大吉　提督同治四年帶兵經通

通城縣志卷十三

選舉上

進士 舉人 貢士 武科 保薦 恩賜 封贈 例封 蔭襲 例職

古者隆薦辟以取士德行用考選舉以興厥後制科甄別遞有變更士之由鄉里升者皆各獻其能以備

用我

國朝作人雅化徧及寰區通邑一隅而巍科高第代有其人至於封蔭武秩皆以次編輯接踵而興者尤期後

先輝映焉

進士

唐

金興政 梓木里人科分失考詳仕宦

金同慶 興政子第十一名進士科分失考詳仕宦

宋

方瓊 字益菴梓木里人哲宗辛未科有傳詳忠義志

孔玲 字明老端植次子高宗紹興初進士科分失考詳仕宦

孔璐 字德老端植四子高宗紹興中進士科分失考詳仕宦

孔文樸 字伯厚朱良里人孔拱子端植曾孫理宗寶祐元年癸丑科授修職郎復州玉沙主簿終奉議郎知潭州湘潭尉見闕里志

楊起莘 理宗寶祐丙辰科第二名是科考官奏賀得人一甲十名皆賜狀元及第有傳詳人物

元

鍾演 至正間進士科分失考

金福一 科分失考詳仕宦

明

劉仕昌 字時亨梓木里人永樂甲辰科詳仕宦

劉紹元 修竹里人成化丁丑科詳仕宦

國朝

曹覺 康熙乙丑科

吳冀泰 字北野在坊里人道光壬辰科詳仕宦

副進士

明

吳應鵬 字圖南在坊里人萬歷丙辰己未兩科會副

舉人

唐 名孝廉

金興政 科分失考見進士表

金同慶 科分失考見進士表

宋

方瓊哲宗丁卯科見進士表
孔玲科分失考見進士表
孔瑢科分失考見進士表
孔文樸科分失考見進士表
楊起莘科分失考見進士表

元

鍾演科分失考見進士表
金福一科分失考見進士表元季兵亂志燬以前科甲無可詳考

明

黃漆貴盤庚里人洪武丁卯科
汪茂寶梓木里人洪武庚午科
田子昌盤庚里人永樂乙酉科
魏有義修竹里人永樂乙酉科
傅源縣城內人永樂乙酉科
徐志義崇仙里人永樂乙酉科
劉試才修竹里人永樂甲午科
金必勝梓木里人永樂甲午科
黃用文盤庚里人永樂甲午科

姜惟性縣城內人永樂丁酉科
金諒梓木里人永樂庚子科
劉仕昌梓木里人永樂庚子科見進士表
舒化安修竹里人永樂庚子科
劉哲縣城內人永樂癸卯科
洪伯良甫田里人永樂癸卯科
方瑛修竹里人方瓊十一世孫正統戊午科
鄧恭崇仙里人正統戊午科
何隆縣城內人景泰丙子科詳文苑

金璽梓木里人天順己卯科
劉紹元修竹里人天順壬午科見進士表
李茂縣城內人宏治丁酉科
陳天佑朱良里人貢士陳珪子宏治壬子科
吳景寅字時正在坊里人正德庚午科
謝梓來蘇里人正德癸酉科
舒大猷字錫崖甫田里人嘉靖丙午科
熊世英字玉山上太里人貴州畢節衛籍由軍生中貴州嘉靖丙午科
胡澤字汝蘇甫田里人嘉靖己酉科

張寶 字近泉來蘇里人嘉靖己酉科
續寀 字惟和梓木里人萬曆甲午科
吳應鵬 字圖南在坊里人萬曆庚子科
以上均詳仕宦志
國朝
張賓 字鴻來康熙丙午科揀選知縣
曹覺 康熙辛酉科見進士表
胡師周 康熙庚午科
華濱 字南澗石喬里人康熙壬午科詳仕宦

胡世舉 字天齊上善里人康熙乙酉科
吳開澄 字峸峙在坊里人乾隆辛酉科詳文苑
程盛泮 字潤芹縣城北門人由拔貢中乾隆丁卯科詳文苑
許忠清 字冠楚上善里人乾隆己卯科亞元揀選知縣詳文苑
李琦林 字南珍上善里人由拔貢中乾隆戊子科詳仕宦
杜禮明 字曲臺甫田里人乾隆甲午科詳仕宦
吳芳集 字賡理在坊里人乾隆癸卯科揀選知縣
胡鵬盛 字萬翥下黄里人乾隆癸卯科詳仕宦文苑忠義志
吳粤省 字亦魯下太里人乾隆戊申科詳仕宦

吳保泰 字際來在坊里人乾隆己酉科詳仕宦文苑
胡允恭 字紹璉上善里人嘉慶戊午科
李宗淞 字勝鵬監生給文子增生宗漣兄辛安里人嘉慶庚申科揀選知縣
杜亨德 字列三甫田里人嘉慶甲子科見恩賜翰林表詳文苑
胡觀岱 字泰逢上太里人嘉慶丁卯科詳仕宦文苑
吳壽平 號格齋在坊里人由拔貢中嘉慶戊辰科詳文苑
吳輔泰 號左卿在坊里人嘉慶庚午科
盧敏政 號樹人盤根里人嘉慶己卯科經魁揀選知縣詳文苑
吳冀泰 號竹屏在坊里人道光戊子科見進士表詳仕宦文苑

郭亦棠 號珊屏縣城東門人道光辛卯科戊戌揀選知縣詳仕宦
吳蘭 號玉屏在坊里人同治壬戌科補行辛酉科

副榜

宋元無考

明

吳有才 號君卿在坊里人崇禎壬午科詳文苑　餘無考

國朝

吳有才 復中康熙庚子科

舒　蟠 號酉山甫田里人康熙丁卯科詳仕宦

李生芬 字必從朱良里人咸豐戊午科補行乙卯科候選教諭

李蟠根 字春華平安里人咸豐戊午科補行乙卯科候選教諭

貢士

宋

方　暄 字融日方瓊子梓本里人徽宗時選貢

方景嶢 字端五方瓊孫高宗時歲貢　餘無考

元無考

明

洪武

孔克亮 字明夫端植七世孫朱良里人選貢詳仕宦

胡文達 下黃里人詳仕宦

方添常 修竹里人方瓊九世孫詳仕宦

謝賢三 甫田里人就職訓導

永樂

湯　贇 上黃里人

萬德彰 石喬里人

陳良貴 下黃里人詳仕宦

黃獻遜 盤庚里人

胡仕進 盤庚里人詳仕宦

彭俊道 盤庚里人詳仕宦

魯廷茂 信義里人
朱思忠 甫田里人
聶必達 上太里人
洪思敬 石喬里人
程文貴 上黄里人
鄭必勝 辛安里人
徐芳傑 朱艮里人選貢詳仕宦
張文達 盤庚里人
艾文顯 辛安里人

周必文 甫田里人
胡友海 修竹里人
熊德俊 來蘇里人
謝貴 字伯通來蘇里人
盧文彬 盤庚里人詳仕宦
金志挺 舉人金諒子梓木里人恩賜知縣
謝伯希 來蘇里人

宣德

陳必高 朱艮里人
辛侍昭 梓木里人
郭文質 石喬里人詳仕宦
鄧志艮 上善里人詳仕宦
胡鼎上 字宗器上太人里詳仕宦

正統

余志名 甫田里人詳仕宦
王崇 修竹里人詳仕宦
楊懋 上善里人詳仕宦
范純 縣城內人詳仕宦

鍾秀 甫田里人詳仕宦
舒煥 甫田里人詳宦仕
謝道 字仲玉來蘇里人
盧萬鳳

景泰

陳遜 崇仙里人
劉玉珪 字廷器進士仕昌孫選貢
羅文 辛安里人詳仕宦
吳宣 修竹里人詳仕宦

侯信 辛安里人

汪勝 梓木里人詳仕宦

羅政 修竹里人

胡海 下黃里人詳仕宦

陳珪 朱良里人

天順

張愷 梓木里人詳仕宦

胡政 修竹里人

劉試恕 梓木里人詳仕宦

周砥 石喬里人選貢詳仕宦

伍英 崇仙里人

成化

吳進 上太里人

張昶 字淑明下太里人詳仕宦

魏政 上太里人詳仕宦

何陽 縣治人詳仕宦

蕭定 上黃里人詳仕宦

羅嵩 辛安里人詳仕宦

陳律 上黃里人詳仕宦

謝儒 來蘇里人

胡璽 盤庚里人

吳景昂 字時榮上太里人

宏治

胡榮 字尚仁修竹里人鄉賢文忠子詳仕宦

楊銓 上善里人

劉玉瑝 字廷善選貢進士仕昌孫詳仕宦

吳濬 上太里人詳仕宦

劉孟儒 選貢字宗道選貢劉玉珪子詳仕宦

吳景明 在坊里人選貢舉人景寅兄詳仕宦

正德

徐守誠 字則形上黃里人選貢詳仕宦

何信 字希誠在坊里人詳仕宦

盧仲秩 字竹窗盤庚里人選貢詳仕宦

王松岡 字尚賓辛安里人詳仕宦

李時秀 字春芳辛安里人

程顯 下太里人詳仕宦

吳尚經 號石溪在坊里人選貢詳仕宦
艾鼇 字煌熙辛安里人選貢詳仕宦
謝伋 字道傳來蘇里人
嘉靖
蕭樾 詳仕宦
謝大德 字燮山來蘇里人
胡守紀 甫田里人
彭儁南 朱良里人詳仕宦
胡時盛 辛安里人詳仕宦

何寅 在坊里人詳仕宦
李介 來蘇里人詳仕宦
吳廉 字少溪在坊里人詳仕宦
洪漑 石喬里人詳仕宦
羅仲亢 辛安里人詳仕宦
謝仁 來蘇里人詳仕宦
何宏 在坊里人詳仕宦
吳立 字石岩上太里人詳仕宦
謝允昇 字槃山來蘇里人

李邦直 詳仕宦
甘棠 石喬里人詳仕宦
謝孟方 字大皋來蘇里人
吳聯芳 字世榮崇仙里人
胡安 修竹里人
黃天貴 下太里人詳仕宦
張侚 字忠遠下太里人張昶曾孫南京國子監肄業
楊潛 字時見上善里人詳仕宦
王興舉 字倘賓甫田里人詳仕宦

鄒潔 字汝備梓木里人詳仕宦
劉卿 字一相選貢孟儒孫詳仕宦
徐克諧 字子訓辛安里人詳仕宦
熊嘉兆 字汝極
吳尚恭 字鐵山在坊里人詳仕宦
劉孟垣 字汝白進士仕昌曾孫詳仕宦
胡萬倫 字世明上黃里人詳仕宦
盧大勃 號龍潭盤庚里人選貢
盧亮 號洞泉盤庚里人

謝應文 字思吾來蘇里人
魏良相 字汝弼上太里人詳仕宦
桂林萃 號石溪上善里人選貢詳仕宦
盧大解 字龍堤盤庚里人

隆慶

盧徵 字近堤盤庚里人
盧立 字可權盤庚里人選貢詳仕宦
佘善 號見川盤庚里人選貢詳仕宦
彭德莊 朱良里人詳仕宦

胡渲 字汝化詳仕宦
周祜 字民望石喬里人詳文苑
孔希劍 字士通朱良里人

萬歷

舒大治 字子道布政大猷弟　恩貢詳懿行
何謨 字成功詳仕宦
宋廷佐 號良輔石喬里人
孔宏憲 字以恭甫田里人選貢端植十三世孫詳仕宦
徐克尹 號湘南上黃里人選貢詳仕宦

宋明道 字養葵石喬里人詳仕宦
劉性有 字近本貢生劉鄉子詳仕宦
孔聞馨 字恆升朱良里人
王天鑑 號次崖修竹里人詳仕宦
盧棠 號園峯盤庚里人選貢
鄭謙 字郢沖梓木里人詳仕宦
續道統 梓木里人
劉性篤 號巨川劉鄉子詳仕宦
胡楚完 修竹里人詳仕宦

劉格禹 號善吾梓木里人詳仕宦
杜仲熙 字汝舜甫田里人選貢詳仕宦
劉道岸 梓木里人劉鄉子
劉對所 梓木里人
盧維垣 字翰宇盤庚里人詳仕宦
盧宗頤 字繼川選貢仲秩曾孫詳仕宦
盧維紀 字與褱盤庚里人詳仕宦
胡盛則 字亞石舉人胡澤孫詳仕宦
王楚玉 梓木里人

盧維祺 字贊明盤庚里人詳仕宦

王養俊 梓木里人

吳文懿 字德完下太里人選貢詳仕宦

天啟

盧維德 字尊明盤庚里人

廖爲珍 字賓明上太里人詳仕宦

湯之孫 字繼武上太里人

段在郁 字監二在坊里人

劉汝燦 字復宇朱良里人

盧錦心 字闇生盤庚里人選貢詳仕宦

鄭一龍 字雲從辛安里人詳仕宦

吳廷輔 字近台在坊里人選貢詳仕宦文苑

余士皐 字九華盤庚里人

吳之麟 字文明縣南城人恩貢詳仕宦

崇禎

周應鍾 字鳴岐石喬里人貢士周祜子詳文苑

楊大頌 朱良里人

熊一魁 字鳴楚上太里人詳仕宦

胡試可 字敢吾朱良里人詳仕宦

楊大顒 字觀我大頌弟詳仕宦

劉一英 字憲思石喬里人詳仕宦

湯大類 字無方朱良里人

周書 字別南石喬里人詳仕宦

楊大頤 字古所朱良里人詳仕宦

雷燦陽 號少峯選貢詳仕宦

吳繼祺 字德明下黃里人選貢詳仕宦

盧敦 號少堤盤庚里人選貢

劉性文 梓木里人詳仕宦

胡順珠 下太里人詳仕宦

徐士旦 字明珍甫田里人詳仕宦

徐士昌 字明玠士旦弟詳仕宦

孔聞學 字登瀛宏憲子

徐士昇 字明璐士旦兄

盧國薦 字天選盤庚里人詳仕宦

徐士庠 字遜庠甫田里人詳仕宦

國朝

順治元年甲申
吳之泰 字調玉詳仕宦
胡奇玠 字五玉來蘇里人詳仕宦
周必新 字孩嬉石喬里人選貢詳懿行
吳鼎鍾 字轂洛應鵬五子功貢詳仕宦
姜仁楚 字濟明南城外人 恩貢詳仕宦
黎正經 字南屏甫田里人 恩貢詳仕宦
葛世眾 字北辰崇仙里人詳仕宦
吳鼎彝 字石淙應鵬次子詳懿行

吳鼎呂 字轂泗應鵬六子詳仕宦
胡奇珩 字六玉來蘇里人奇玠弟
吳之章 字瑞文在坊里人
胡順我 字長卿守紀曾孫詳仕宦
王世錫 字登泰梓木里人詳仕宦
劉開誠 梓木里人詳仕宦
徐一聯 字伯祥甫田里人選貢詳仕宦
鄭國柱 字太寶梓木里人詳仕宦
吳有才 字君卿在坊里人詳文苑

鄭國棟 字隆吉選貢梓木里人詳仕宦
朱萬年 字朝垣甫田里人詳仕宦
康熙元年壬寅
吳國泰 字熙甯下太里人
劉欽煥 字則巍梓木里人詳仕宦
何聖思 崇仙里人乙卯歲貢
周之茂 字賜伯石喬里人選貢
舒宏才 字遠功甫田里人丁卯歲貢
胡進範 號洪菴順我次子甲子歲貢

毛一苣 字五彩上善里人乙亥歲貢詳仕宦
譚文炳 字夔章南城人丙戌歲貢
鄭士悰 辛安里人詳仕宦
葛行達 字求忠崇仙里人詳仕宦
胡振江 字錦湄順我孫癸酉選貢詳仕宦
程艮才 字秀一南城人
盧會道 號軼山盤庚里人選貢詳仕宦
鄭士傑
劉之紓 訓導

魯應才詳仕宦
劉永誠梓木里人詳仕宦
楊鼎鉉
張灝睿
張叔廷
蕭廷相
袁應臺
劉之楨
雍正元年癸卯

葛文祐字思煌崇仙里人
胡開芳字春山下黃里人甲辰歲貢詳仕宦
黎必朔字賡颺來蘇里人乙巳 恩貢候選教諭
吳開治字尙辰在坊里人丁未歲貢候選訓導
鄭可陞字天階辛安里人詳仕宦
孔尙先字士麟在坊里人詳仕宦
程盛泮字潤芹己酉選貢朝考第二授教諭職後登鄉榜詳文苑
李必昌字再文下太里人詳仕宦
乾隆元年丙辰

葛行豐字逢年崇仙里人
黎由高字鵬翥正經元孫辛酉選貢詳仕宦
丁立宏字浩然辛安里人
譚思迪字吉士下太里人戊辰歲貢
胡世鵬字大展來蘇里人庚午歲貢詳仕宦
杜世睦字和鄰甫田里人庚午 恩貢候選直隸州州判
葛行珩字敢言崇仙里人
譚宣諶字孟爲下太里人壬申歲貢
鄧國幹字楨仲甫田里人癸酉選貢

盧世鳳字岐陽盤庚里人乙亥歲貢詳仕宦
胡世紀字燕友來蘇里人丁丑歲貢
葛忠洮字繼序崇仙里人 恩貢
吳光序字湯以上善里人
胡梴虞字長年振江子己卯歲貢
胡永維字愈誦來蘇里人庚辰 恩貢詳仕宦
吳讓作字學彭上善里人詳仕宦
吳芳燦字文炳鼎彝曾孫癸未歲貢候選訓導
孔興元字士昌盤庚里人乙酉歲貢詳仕宦

李珩林字南珍乙酉選貢後登戊子科鄉榜詳仕宦
杜昌家字紹庭甫田里人己丑歲貢
徐文光甫田里人庚寅歲貢
趙對景辛卯恩貢詳仕宦
吳芳纓字銀蓉在坊里人壬辰歲貢候選訓導
周可立字卓萬石喬里人壬辰歲貢
魏銘新字殷傳朱艮里人癸巳歲貢
洪兆瑞字廷書石喬里人甲午歲貢
鄧匯字遲南甫田里人丁酉歲貢

李自元字文階上善里人
習可寶字萬咸己亥歲貢
吳芳欄林表庚子恩貢候選直隸州州判見恩賜翰
吳芳植字梧喬在坊里人詳文苑
孔興兆字宦南盤庚里人辛丑歲貢詳仕宦
吳芳藻字鳳棲在坊里人癸卯歲貢
張世表字輝裘下太里人乙巳歲貢
雷啟霖字雨峯甫田里人乙巳歲貢
胡順灯字熙載盤庚里人丁未歲貢詳仕宦

謝開泮字芹源上太里人戊申歲貢
吳家暄字亭午下太里人庚戌恩貢
雷敬春原名鸞春字英宇甫田里人辛亥歲貢候選訓導詳文苑
胡贊德字覲我來蘇里人癸丑歲貢
杜鐸字旭元舉人禮明兄乙卯歲貢候選訓導

嘉慶元年丙辰

胡金德字玉堂來蘇里人丙辰歲貢
胡崇煥字爍藜來蘇里人丁巳恩貢
吳遵濟字舟楫盤庚里人丁巳歲貢

胡順炡字春陽來蘇里人辛酉恩貢
章聯誥字觀海下黄里人辛酉歲貢候選訓導
譚以冠字弁南下太里人壬戌歲貢
吳粵賡字卷阿下太里人乙丑歲貢候選訓導
李棠字陝封上善里人丙寅歲貢
吳文光字荊瑜芳欄次子丙寅歲貢詳仕宦人物
熊學鴻字晃虞上太里人戊辰歲貢
孔毓槐字廷瑞盤庚里人己巳歲貢
程昌基字敦之舉人盛泮子辛未歲貢詳仕宦

盧　郜　字敦復盤庚里人壬申歲貢

李佳熹　字仰荀棠子癸酉選貢候選教諭詳義舉

盧先琨　字煥楚盤庚里人甲戌歲貢詳仕宦

孔興家　字雁齊甫田里人丙子歲貢

盧盛峩　字豔陵盤庚里人戊寅　恩貢候選州判

李　樾　字翹華上善里人戊寅歲貢候選州判

鄭克談　字景僑辛安里人己卯歲貢

周　江　字鼎三石喬里人庚辰　恩貢詳人物

道光元年辛巳

黎　懷　字循廊甫田里人辛巳　恩貢

吳嚴泰　字而軒在坊里人癸未歲貢

黎景珠　字曲九稟貢致輝孫上太里人詳仕宦文苑

劉興瀚　字谷川上太里人甲申歲貢

黎炳東　號熈亭上太里人貢生黎荷孫乙酉選貢候選教諭

鄭永年　字貫三辛安里人候選訓導

雷自昭　字小明號春子己丑歲貢候選訓導

鄭正午　字應元辛安里人庚寅歲貢

李佳烺　字暉吉樾子壬辰歲貢

李文莊　字端吾朱良里人甲午　恩貢候選州判

周　蓮　字觀两石喬里人丙申歲貢詳人物

杜　灼　字弁楚甫田里人丙申歲貢

金月桂　字潤秋梓木里人丁酉選貢

杜光海　字放川旭元子戊戌歲貢詳文苑

杜敦詩　字慶暉甫田里人見　恩賜舉人表

吳必恩　字道衷上太里人庚子歲貢候選訓導

易光琨　字寶揚上善里人甲辰　恩貢

王權向　字古屏修竹里人乙巳歲貢

胡洛盛　字次伊上太里人丙午歲貢

王家炳　字朗如朝章子在坊里人戊申歲貢候選訓導

鄧際濟　字春帆甫田里人己酉選貢候選教諭

胡匯盛　字翕川洛盛兄庚戌　恩貢

咸豐元年辛亥

杜朗明　字玉山甫田里人辛亥歲貢候選訓導

李景龍　字秉乾上善里人壬子　恩貢候選直隸州州判

何文田　字皖秋崇仙里人戊午歲貢候選訓導

章作霖　字汝丹朱良里人歲貢

胡理之 字訓可上善里人 恩貢

杜彬明 字景康甫田里人貢士世陛曾孫丁巳歲貢

王家義 字錫朋在坊里人 恩貢候選州判

杜朝錫 字文治甫田里人舉人禮明孫己未歲貢候選訓導

周　芬 字篘山石喬里人庚申 恩貢詳仕宦

胡大集 字光祖上太里人舉人觀佑孫辛酉選貢朝考二等三名復取八旗教習京官

同治元年壬戌

吳伯高 字達廷下黄里人壬戌 恩貢候選州判

王耆貴 字廓疆修竹里人壬戌歲貢

吳瑞麟 號玉卿下太里人貢士芳綬元孫副舉章泰孫壬戌郡貢候選訓導

黎光樸 字爻吉甫田里人

杜　芬 字維鈞甫田里人貢士世陛元孫乙丑 恩貢

葛修琅 字錫純崇仙里人貢生對揚子丙寅歲貢

黎照青 上太里人丁卯歲貢

吳德清 字両一盤庚里人道光辛丑歲貢 補遺

例貢 廩增附

明

張德仁 下太里人詳仕宦

陳　泰 平安里人

田　約 盤庚里人詳仕宦

程　鑑 下太里人 以上正統年間

黄　鏞 盤庚里人

張　常 上黄里人

吳　勗 附下黄里人詳仕宦 以上天順年間

舒　勳 附大猷子詳仕宦

萬景金 附石喬里人考授知縣

周應鎬 附石喬里人考授知縣

國朝

吳應聘 廩在坊里人

金　澹 附梓木里人

黎宗甲 附甫田里人候選縣丞

吳悅新 附在坊里人候選縣丞詳義舉

吳芳樑 附在坊里人

鄧文粹 附甫田里人
吳開治 廩在坊里人候選訓導
胡宗旦 附來蘇里人
胡 甯 附下黄里人
胡敦仁 附下太里人
吳光序 廩上善里人
黎政輝 廩華章孫上太里人
李 元 增上善里人
李 奎 增上善里人

通城縣志 卷十三 選舉上 三十

李 樸 增上善里人
黎大勲 附甫田里人
黎興燾 附甫田里人
胡 霽 附下黄里人
葛忠聊 附祟仙里人
葛 勃 附祟仙里人
盧先渤 附盤庚里人
吳粤晥 廩在坊里人肄業成均選用訓導
吳粤晉 附在坊里人

吳文廉 廩芳劉三子詳仕宦
吳粤瞬 附在坊里人
吳粤相 附在坊里人
黎 荷 附上太里人
吳暉泰 廩在坊里人詳仕宦
吳爻泰 廩在坊里人分發試用訓導
吳迪泰 附在坊里人
杜 李 附甫田里人
王朝班 附甫田里人

通城縣志 卷十三 選舉上 三一

胡恕治 廩下黄里人
王朝章 附在坊里人
黎金道 附甫田里人
傅宗炳 附分發試用訓導詳仕宦
黎大春 廩分發試用訓導詳仕宦
王古先 增在坊里人
杜煦明 增甫田里人
胡洪鼎 廩上太里人
李承煥 附朱良里人

黃澠佑 優附在坊里人詳文苑

周　照 附石喬里人

鄧亦林 增甫田里人

胡衡聰 廩上善里人

傅上珍 附下太里人

胡克莊 附下黃里人

黎錫圭 附甫田里人

黎雄左 附甫田里人

丁　芳 附石喬里人

孔繼香 廩朱良里人候選訓導

陳應麟 廩北城人

黎炳元 廩甫田里人

李愼修 廩朱良里人

桂逢秋 廩上善里人

張拱極 附上善里人

葛對揚 增崇仙里人

武科

明以前無考

國朝

孫　賢 字希聖康熙己酉科

解斯和 字二致康熙壬子科解元

唐時模 字憲子康熙壬子科

張祚昌 康熙甲子科

樊滄元 字琴堂乾隆庚寅科

孔傳煥 字亶封乾隆甲寅科亞元

傅正榜 嘉慶辛酉科亞元

皮自理 字燮臣道光壬辰科候選千總

羅登魁 字文軒道光甲午科詳忠義

保薦

明

楊志忠 通書史有才能洪武中薦授漢中府經歷有奇蹟當路推重詳仕宦

胡文忠 才幹踈朗品格魁梧洪武中薦授四川南川縣典史勤明廉介邑人立祠祀之詳仕宦

盧宗灝 萬歷時由增廣生薦授宗人府經歷詳仕宦

桂大政 崇禎初由附生薦授河南大康知縣俗以妻妾質錢生子免息政痛革之詳仕宦

國朝

葛世衆 國初廵撫何騰蛟入江西世謁見用為鄉導薦授江西永新知縣歷河南汝州知州詳仕宦

胡景福 國初南征道由通城撫憲佟將軍艾用為鄉導有功薦授縣丞贈賢勞堪嘉額

杜迪德 邑令辛禹昆為報太學職授州同擢任屢以才品兼優薦舉部文銓選

杜偶德 原名伊字相衡貢生照明朗月祖品行端方邑令梁丞衛保薦咨部以州同用

李景湖 庠生以軍功保舉同知詳忠義

陳時芳 以軍功保舉花翎都司謀勇巴圖魯

胡春位 以軍功保舉花翎都司

劉煥彩 以軍功保舉花翎遊擊

王炳 以軍功保舉花翎副將

黎立祖 以軍功委署本縣汛把總詳仕宦忠義志

李勝才 以軍功保舉花翎守備委署千總詳仕宦

吳復勝 以軍功保舉把總詳仕宦

吳光華 以軍功保舉花翎遊擊

陳時東 以軍功保舉守備加都司銜

楊懋海 以軍功保舉藍翎把總

李兆喜 以軍功保舉花翎守備

易祥義 以軍功保舉千總加守備銜

胡大光 以軍功保舉千總

陳逢春 以軍功保舉藍翎把總

鄒雲龍 以軍功保舉遊擊

王壽祺 以軍功保舉千總加守備銜

桂寶元 以軍功保舉五品 賞戴藍翎

杜勝彪 以軍功保舉外委 賞戴藍翎

鄭作志 以軍功保舉藍翎把總

李義興 以軍功保舉藍翎把總

劉玉龍 以軍功保舉把總

程正洪 以軍功保舉都司

黎金元 以軍功保舉藍翎守備

樊新發　以軍功保舉藍翎守備

黎星階　以軍功保舉藍翎從九

黎高陞　以軍功保舉頂翎把總

傅德明　以軍功保舉藍翎千總

陳得勝　以軍功保舉外委　賞戴藍翎

戴中馥　文庠以軍功保舉訓導

恩賜

翰林

國朝

吳芳欄　字準翹在坊里人嘉慶己未科

杜亨德　字列三盤庚里人嘉慶戊辰科詳文苑

楊騰苞　字純泰朱艮里人嘉慶戊辰科

胡珠　字玉彩嘉慶辛未科

黎由樞　字斗嶽道光乙未科

胡先佑　字復穰來蘇里人

程光鼎　字定開上七里人咸豐壬子科

舉人

國朝

吳芳欄　嘉慶戊午科見　恩賜翰林表

楊騰苞　嘉慶甲子科見　恩賜翰林表

胡珠　嘉慶庚午科見　恩賜翰林表

黎由樞　道光甲午科見　恩賜翰林表

胡先佑　道光己亥科見　恩賜翰林表

吳文光　道光癸卯科詳宦蹟

劉與渭 號立人上善里人道光甲申科　賜副榜旋賜舉人

程光鼎 咸豐辛亥科見　恩賜翰林表

杜敦詩 字慶騨甫田里人咸豐戊午科

黎品特 咸豐戊午科

副榜

國朝

葛忠郭 字相唐崇仙里人嘉慶甲子科詳文苑

黎由樞 道光己酉科見　恩賜翰林表

胡先佑 道光戊午科見　恩賜翰林表

杜梁棟 字向榮甫田里人道光己亥科

杜光海 字放川甫田里人道光己亥科詳文苑

程光鼎 道光庚子科見　恩賜翰林表

劉與渭 道光甲辰科見　恩賜舉人表

鄭芳九 字淇川辛安里人道光己酉科　恩賜泮遊三次初二次以患疾未覆見遺好學不倦廉潔端方後受知於提學江年近老矣

黎品特 道光己酉科見　恩賜舉人表

吳章泰 字闇然下太里人咸豐辛亥　恩科詳懿行人瑞

杜逢源 字介魯光海子咸豐戊午科

吳興泰 字欽明下太里人咸豐戊午科

吳後棠 字芾垂在坊里人咸豐己未科

何俊明 字用章崇仙里人同治壬戌　恩科補行辛酉科

封贈

宋失考

元

吳元四 字昌祚庠生仁宗時解糧至京嘗愈后病贈知府職建坊詳建置

明

吳德新 文忠子洪武中承解北絹引見奏對稱旨贈冠帶儒士

吳伯彰 以四子立官河南衛輝府訓導六子廉官南京揚州府泰州學正贈迪功郎妻劉氏贈孺人

盧英可 以孫文彬任廣東鹽運使封文林郎晉封正中大夫

盧朝凱 以子文彬任廣東鹽運使誥封正中大夫

吳景春 以子尙經官雲南騰衝衛經歷贈迪功郎妻陳氏贈孺人

吳伯珊 以長子景明官河南開封府陳州學正次子景寅官南京徐州豐縣教諭贈迪功郎妻楊氏舒氏贈孺人

鄧碧海 以子志艮官武城中衛經歷贈徵仕郎妻姜氏贈孺人

吳興 以子尙恭官四川順慶府鄰水縣知縣贈文林郎妻胡氏王氏贈孺人

盧魁堂 以孫仲秩任忠州州判貤封文林郎

鄧志艮 官廣東四會縣知縣贈文林郎妻程氏袁氏贈孺人

劉原達 以子仕昌官監察御史贈文林郎妻鄭氏贈孺人

劉仕昌 官陝西道監察御史贈文林郎妻王氏贈孺人

盧萬頃 以子仲秩任州判贈徵仕郎

吳尙賁 以子廷輔官南京鎮江府儒學教授贈文林郎妻柴氏贈孺人

吳廷論 以子應鵬官浙江道監察御史贈文林郎妻陳氏楊氏贈孺人

舒孟溢 以孫大猷官浙江布政使司右布政贈中憲大夫妻陳氏贈恭人

舒勝禴 以子大猷官南京戶部廣東司郎中贈奉政大夫陞浙江布政使司右布政贈中憲大夫妻吳氏王氏贈宜人晉贈恭人

盧大解 以子敦任教諭贈修職郎

鄭惟爵 以子守梅官南京安慶衛經歷贈徵仕郎妻戴氏李氏贈孺人

盧大軒 以子立任大司馬誥封榮祿大夫

鄭守梅 官南京安慶衛經歷贈徵仕郎妻毛氏閔氏贈孺人

盧雍 以子宗顥任宗人府經歷宗頤任訓導封承德郎

盧宗亮 以子維垣任隨州學正封修職郎

盧宗謨 以子維祺任湖南常德府教授贈文林郎

盧維紀 以子錦心任廣東道誥封中憲大夫

盧宗澤 以孫錦心任廣東道貤封中憲大夫

國朝

鄭紆武 以子可壁官荆門州訓導贈修職郎妻羅氏黃氏贈孺人

黎肖溪以子正經官茶陵州訓導 贈修職佐郎妻洪氏 贈孺人

黎元苞以子由高官穀城縣教諭 贈修職郎妻習氏 贈孺人

趙瑞鳳以子對景官鄖陽府竹山縣教諭 贈修職郎妻李氏 贈孺人

盧徑重以子曾道任孝感縣教諭 贈修職郎

盧維瀉以子景心任潛江縣教諭 贈修職郎

盧論重以子世鳳任興山縣訓導 贈修職郎

趙對景官鄖陽府竹山縣教諭 敕封修職郎妻程氏 封孺人

孔衍祚以子與元官石首縣訓導 贈修職佐郎妻鄧氏 贈孺人

孔與元官石首縣訓導 敕封修職佐郎妻徐氏鄧氏 封孺人

胡梴虞以子順紅官棗陽縣訓導 贈修職佐郎妻熊氏 贈孺人

杜逵德以孫禮明官岳陽縣知縣 貤贈文林郎妻胡氏 貤贈孺人

杜昌宏以子禮明官岳陽縣知縣 敕贈文林郎妻周氏 敕贈孺人

吳芳樹官雲南鹽課提舉司 敕封奉直大夫妻盧氏楊氏 封孺人

吳克雄以子讓作官安陸府訓導 贈修職佐郎妻戴氏 贈孺人

胡鵬盛官宜昌府歸州學正 敕封文林郎 晉贈武德騎尉妻左氏 贈宜人

吳芳欄以子文廉官應城縣訓導 贈修職佐郎妻王氏 贈孺人

吳文廉官應城縣訓導 敕封修職佐郎妻鄧氏李氏 封孺人

胡周顯以子觀谷官興山縣教諭 贈修職郎妻潘氏 贈孺人

吳粵甫以姪冀泰官安徽潛山縣知縣 貤贈文林郎妻鄧氏 貤贈孺人

吳粵用以子冀泰官安徽潛山縣知縣 贈文林郎妻何氏 贈孺人

吳冀泰官安徽潛山縣知縣 敕封文林郎妻胡氏 敕封孺人

吳芳植以姪文光官京山縣訓導 貤贈修職佐郎妻杜氏 貤贈孺人

吳文郁以子保泰官鄖西縣教諭 贈修職郎妻胡氏 贈孺人

吳芳橡以子粵省官房縣教諭 贈修職郎妻楊氏 贈孺人

黎求道以子景珠官鄖西縣訓導 贈修職佐郎妻吳氏鮑氏 貤贈孺人

胡義周以弟義贊 貤贈武德騎尉妻張氏 貤贈宜人

胡義贊以子均標 贈武德騎尉妻李氏 贈宜人

胡均模以弟均標 貤贈武德騎尉妻黎氏 貤贈宜人

胡均標 敕封武德騎尉妻李氏 敕封宜人

羅慶齋以子登魁官宜昌鎮千總 贈武畧騎尉妻鄭氏 贈安人

羅登瀛以弟登魁官宜昌鎮千總 貤贈武畧騎尉妻徐氏 貤贈安人

郭士潔以子亦棠官蘄州訓導 贈修職佐郎妻徐氏 贈孺人

李生麟以子道清任撫標左營把總 贈武信騎尉妻許氏 贈孺人

例封

國朝

皮國相　以子大受州同職　贈儒林郎妻盧氏贈安人

吳開澄　舉人以孫粵瞬授職布政司理問加二級　贈奉直大夫妻胡氏贈宜人

吳芳藻　貢士以子粵瞬授職布政司理問加二級　贈奉直大夫妻徐氏贈宜人

吳粵瞬　授職布政司理問加二級　贈奉直大夫妻胡氏贈宜人

盧從由　監生以孫進思授職布政司理問　贈儒林郎妻柳氏贈安人

盧先瀚　監生以子進思授職布政司理問　贈儒林郎妻吳氏贈安人

黎明柳　字惠元以孫政璧授職布政司理問加四級　贈朝議大夫妻周氏贈恭人

黎與杰　以子政璧授職布政司理問加四級　贈朝議大夫妻吳氏贈恭人

黎政璧　授職布政司理問加四級　贈朝議大夫妻盧氏贈恭人

鄧人表　以孫俊授職布政司理問加二級　贈奉直大夫妻李氏雷氏贈宜人

鄧文粹　以子俊授職布政司理問加二級　贈奉直大夫妻章氏贈宜人

習詩　以子章瑚職從九　贈登仕佐郎妻李氏贈孺人

胡懋盛　以孫均縉衛守備加一級　贈宣武都尉妻黎氏贈恭人

胡珊治　以子均縉衛守備加一級　贈宣武都尉妻吳氏贈恭人又以弟義贊　貤贈武德騎尉妻吳氏　貤贈宜人

黎與僖　以子政璽職州同加二級　贈奉直大夫妻程氏贈宜人

黎政璽　字少樸職州同加二級　封奉直大夫妻吳氏封宜人

李佳琦　以子景湖授職同知　封奉政大夫妻許氏封宜人

李佳璋　以姪景湖授職同知　貤封奉政大夫妻傅氏貤封宜人

吳久大　以子以臨職從九　封登仕佐郎妻王氏封孺人

習傳　以子章壽職從九　贈登仕佐郎妻鄭氏贈孺人

潘傳鍈　以子樹本職從九　贈登仕佐郎妻胡氏贈孺人

方聘庸　以子連陞職從九　贈登仕佐郎妻劉氏贈孺人

傅千九　以孫開泰職衛千總銜　貤封武畧騎尉妻羅氏李氏贈安人

傅廷舉　以子開泰職衛千總銜　贈武畧騎尉妻李氏贈安人

葛鳳翔　以孫方鎮職縣丞　貤封修職郎妻洪氏封孺人

葛至昌　監生以子方鎮職縣丞　貤封修職郎妻李氏封孺人

葛貴昌　庠生以子銓職通判　貤封承德郎妻潘氏封安人

葛方太　附生以子文選職縣丞　貤封修職郎妻劉氏封孺人

葛鵬珠　以子册臣職從九　贈登仕佐郎妻程氏贈孺人

傅開泰　授職衛千總　贈武畧騎尉妻梁氏贈安人

蔭襲

宋

吳六二 以祖彪從岳飛征楊么封甯蠻將軍承襲千長

吳陸六 六二弟承襲千長

吳小八 陸六子承襲千長

元

吳萬九 小八子襲百長

吳文忠 萬九子襲百長

明

失考

國朝

胡義贊 舉人鵬處子督標右營雲騎尉候補守備詳仕宦

胡均標 義贊子督標中營雲騎尉詳仕宦

胡肇元 均標子督標中營恩騎尉詳仕宦

羅廷杰 字水臣登魁子武昌城守營雲騎尉候補守備同治四年委辦木邑團練

黎占彪 立祖子武昌城守營雲騎尉候補守備同治二年委管帶斧頭河炮船

杜中錫 字祜軒杜若子武昌城守營雲騎尉候補守備同治四年委辦木邑團練集有賢親録

李祥鈞 景湖子雲騎尉

吳必昌 以臨子撫標中營雲騎尉詳仕宦

吳繼昌 以臨次子接襲雲騎尉

吳大壽 必昌子承襲雲騎尉

李弼臣 字輔臣集賢子撫標左營雲騎尉候補守備

羅繼緒 登吉子世襲雲騎尉

例職

援例文職

明以前無考

國朝

吳悅新　字豈常由附貢捐授教諭後改縣丞

吳家鵬　字待聘由附監考授縣丞

李生泰　字魯瞻祖承漕運勤勞三十載户部紀功七次授八品運職

樊登雲　附生咸豐六年以軍功保舉捐授訓導

鄧俊　附生捐授布政司理問

傅宗鑑　字晴峯附生捐授縣丞

吳春芳　附生捐授從九

葛方鎮　附生六品軍功捐授江西試用縣丞詳義舉

邱元　附生捐授巡檢

援例武職

王龍　庠生捐授衛守府

趙廷拔　庠生捐授衛守府

黎步齊　庠生捐授衛守府

黎均菘　庠生捐授衛守府

黎占魁　庠生捐授衛守府

黎渭濱　庠生捐授分府

黎蓋蓮　庠生捐授衛守府

黎同裕　庠生加捐分府

樊明亮　庠生加捐衛守府

傅夢賢　庠生加捐衛守府

李占元　庠生捐授衛守府

通城縣志卷十四

選舉下 仕宦

仕宦 文秩

唐

金興政 進士任御史官至侍郎世代失考

金同慶 興政子進士官郡守世代失考

宋

方迪 仁宗時官至相位原籍江西後遷通城義井

方琳 方迪子仁宗景祐時官戶部尚書

方瓊 進士方琳子元符時官兵部尚書祀忠孝祠詳忠義

孔玲 進士紹興時知江西茶馬官復知武昌府興國州事

孔瑢 進士紹興時任武昌府興國州知州

孔文樸 進士孔拱子端植曾孫寶祐時任復州玉沙主簿旋任潭州湘潭尉詳宦蹟

楊起莘 狀元寶祐年間官九江府祀鄉賢祠

何施發 任山東東昌府通判

何自康 任江西隆興教諭

何元一 任福建福州府同知

元

鍾演 至正年間官翰林學士

何文十 任黃州府教諭

黎萬一 任吏部主事

李安三 至元間任徽州刺史

金福一 官翰林學士

元季兵亂志燬以前仕宦多未詳考

明

汪茂實 舉人任江蘇吳江縣教諭歷四川按察司僉事戶部陝西司員外郎

孔克堯 貢士歷任江南安徽旌德江西鉛山陝西咸甯等縣知縣詳宦蹟

楊志忠 任漢中府經歷詳宦蹟

胡文忠 任四川南川縣典史祀鄉賢祠

胡文達 貢士任馬平縣知縣歷四川威州甯州州同

方添常 貢士任浙江慶元縣知縣歷貴州鎮甯州州同

張德仁 任江西鉛山縣知縣

劉仕昌 進士授陝西道任監察御史歷浙江按察使副使詳宦蹟時御賜清朝鳴鳳額

田子昌 舉人任交趾清化州知州

魏有義 舉人任交趾知縣

李至綱 任浙江溫州府知府

黄添貴　舉人任安徽休甯縣訓導
傅源　舉人任交趾知縣
徐志義　舉人任安徽鳳陽縣縣丞
李大度　任蒲江縣知縣
金必勝　舉人任靖江王府經歷
黄用文　舉人任廣東吏目
姜惟性　舉人任廣東韶州府訓導
金諒　舉人任福建布政司理問後陞廵按
舒化安　舉人任南京龍虎衛經歷

劉哲　舉人任四川順慶府訓導
洪伯良　舉人任雲南麗江軍民府通判
陳良貴　貢士任嘉定州同
胡仕進　貢士任陝西襄城縣主簿
彭俊道　貢士任廣東萬甯縣知縣
徐芳傑　選貢任濮陽府教授
盧文彬　貢士任雲南臨安府經歷擢陝西西安同知
方瑛　舉人任直隷萬全都司斷事
鄧恭　舉人任山東平陰縣知縣

郭文質　貢士任浙江山陰縣訓導
鄧志良　貢士任廣東四會縣知縣陞四川重慶府通判
胡鼎上　貢士任江西廬陵縣縣丞
李本堯　在京肄業取進國學生員任當陽教諭
余志名　貢士任江西永甯縣訓導陞知州
王崇　貢士任江西南城縣知縣
楊懋　貢士歷任四川奉節廣東新會知縣
范純　貢士任廣西宣化縣知縣
鍾秀　貢士任廣東按察司檢校

舒煥　貢士任四川大竹縣知縣
田約　例貢任山東館陶縣縣丞
張原達　吏員任直隷三河縣縣丞陞江西永甯縣知縣
何隆　舉人任四川新津縣訓導陞長壽縣教諭
羅文　貢士任河南開封府經歷
吳宣　貢士任福建建甯縣主簿
汪勝　貢士任河南巢縣主簿
胡海　貢士任河南洧川縣主簿
劉試懋　監生任江西寧州主簿

金璽　舉人任河南甯陵縣知縣

張愷　貢士任泥溪長官司吏目

劉試恕　貢士任福建福州府通判

周砥　選貢任山西平陽府通判

晏勗　附貢任四川大足縣縣丞

劉紹元　進士任紹興府無爲州知州詳宦蹟

李茂　舉人任河南光州訓導

張昶　貢士任嘉魚縣教諭

劉玉珪　選貢任江西湖口縣訓導

魏政　貢士任河南洧川縣訓導轉任福建漳州學正陞江西彭澤縣知縣

何陽　貢士任江西彭澤訓導

蕭定　貢士任廣東瓊山縣縣丞

羅嵩　貢士任廣西北流縣知縣

陳律　貢士任雲南右衛知縣

陳天佑　舉人任河南襄城縣訓導

胡榮　貢士任直隸睢甯縣訓導

劉玉瑝　貢士玉珪弟任江西湖口縣訓導

吳澮　貢士任雲南斷事

劉孟儒　選貢任河南遂平縣縣丞

吳景明　選貢任河南陳州學正

何南岡　任本省武昌府經歷

張本儒　累官南京廬州府通判

吳景寅　舉人任直隸豐縣知縣

謝梓　舉人任廣東陵水縣知縣

徐守誠　選貢任四川彭水知縣

何信　貢士任廣東電白縣訓導

盧仲秩　選貢任四川忠州州判詳宦蹟

王松岡　廩貢任河南彰德府教授

程顯　貢士任廣東縣丞

吳尚經　選貢任雲南騰衝衛經歷詳宦蹟

戈鼇　選貢任江西上猶縣訓導陞四川重慶府教授

胡文輝　沔陽倉大使

舒大猷　舉人由江西安仁縣教諭陞四川江油縣知縣陞眉州知州轉南京户部浙江司員外郎本部廣東司郎中西川龍安府知府調廣東韶州府知府陞廣東分廵海南道兼提學兵備副使浙江右參政兼僉事分淮陽海防兵部河道浙江按察司按察使浙江布政司右布政使詳宦蹟

熊世英　舉人任河南扶溝縣教諭陞山東知縣
胡澤　舉人任河南直隸霍山縣教諭詳宦蹟
蕭楙　貢士任江西上高縣訓導
彭儁南　貢士任漢陽縣教諭
胡時盛　貢士任浙江浦江縣知縣
何寅　貢士任雲南通海縣知縣
李介　貢士任四川資陽縣教諭
吳廉　貢士任江西瑞州府上高縣教諭轉南京泰州學正
洪溉　貢士任北直永平府通判調浙江溫州府通判

羅仲允　貢士任陝西漢中府通判轉陞漢中府知府
謝仁　貢士任四川大足縣知縣
何宏　貢士任北直永清縣知縣
吳立　貢士任河南衛輝府訓導
李邦直　貢士任廣西太平府推官
黎一浩　字玉所任浙江溫州府知府
甘棠　貢士任四川順慶府訓導
黃天貴　貢士任四川重慶府推官
楊濬　貢士任陝西華州州判

黎一暘　任浙江嘉興縣知縣
王興舉　貢士任彰德府訓導
鄒潔　貢士任仁和縣主簿
劉卿　貢士任廣西思明州吏目
徐克諧　貢士任江西新淦縣縣丞陞福建建平縣知縣
吳尚恭　貢士任四川鄰水縣知縣
劉孟垣　貢士任四川酆都縣知縣調廣安知州陞澗府紀善
胡萬倫　貢士任四川溫江縣主簿
魏良相　貢士任浙江浦江縣主簿

桂林華　選貢任河南河內縣教諭
舒勳　歲貢任光祿寺署丞
鄭守桂　任遼東屯蓋衛經歷陞山西澤州州判轉遼州同知
鄭守梅　任南京安慶衛經歷
盧立　選貢任南京衛國府主簿欽命入蕃備貢陞行人司馬
余善　選貢任南京無錫縣縣丞陞榮陽府審理
胡渻　貢士任荊門州訓導陞廣東從化縣教諭
彭德莊　貢士任福建建安府教授
周尚易　任北京都史

魏良 由吏員任四川經歷
續棨 舉人任安鄉縣教諭陞河南孟縣知縣詳宦蹟
吳應鵬 舉人任浙江溫州府司理陞監察御史詳宦蹟
何謨 貢士任浙江蘭谿縣縣丞陞貴州宣慰司經歷
孔宏憲 選貢任黃岡訓導轉南京鳳陽府五河縣教諭陞浙江寧波府教授
徐克尹 選貢任江西湖口縣訓導陞星子縣教諭遷廣西太平府教授
宋明道 貢士任江西鄱陽縣訓導
劉性有 貢士任四川蓬州州判陞上海縣知縣
王天鑑 貢士任江西奉新縣訓導陞廣東順德長楊知縣

鄭謙 貢士任湖南益陽縣教諭陞廣西岑溪縣知縣
劉性篤 貢士任浙江金華縣訓導陞湖南新甯縣教諭
胡楚完 貢士任廣西大平府訓導
劉格禹 貢士任浙江瑞安縣訓導陞河南閿鄉縣教諭
杜仲熙 選貢任廬城縣教諭
盧維垣 貢士任隨州學正
盧宗頤 貢士任蘄水縣訓導
盧維紀 貢士任湖南常德府訓導陞隨州學正
胡順則 貢士任貴州印江縣知縣

盧維禎 貢士任湖南善化縣教諭歷陞荊門州學正常德府教授
吳文懿 選貢任黃陂縣訓導陞湖南辰州府教授轉陞四川永甯縣知縣
盧宗灝 任宗人府經歷
鄭一元 任陝西涼州衛經歷
廖爲珍 貢生任桂東縣訓導
劉汝燦 貢生任黃州府訓導復任祁陽縣教諭
盧錦心 選貢任江西新淦縣縣丞陞知縣調沅江知縣薦茂州知州擢雲南臨法道詳宦蹟
鄭一龍 貢士任上津縣訓導卽今鄖西
吳廷輔 選貢任南京鎮江府教授以才良署丹徒勾容令篆

吳之麟 恩貢任浙江嘉興縣縣丞陞直隸大名知縣兼署魏縣東明縣事
孔希銓 任江西金谿縣典史護理知縣事
孔希琅 任江西宣城縣縣丞調江西鉛山縣縣丞
熊一魁 貢士任山東館陶縣訓導
胡試可 貢士任上津縣訓導卽今鄖西
楊大顯 貢士任益陽縣訓導陞平江縣教諭
劉一英 貢士任四川順慶府通判陞雲南鄧州知州
周書 貢士任浙江青田縣訓導
黎應節 任順天府密雲縣知縣

楊大頤 貢士任平江縣教諭陞黃州府教授
雷燦陽 選貢由主簿陞河南延津縣知縣
黎應筌 任河南潤府安東衛
吳繼祺 選貢任四川温江知縣
盧敦 選貢任平江縣訓導陞四川安縣教諭
劉性文 貢士任湖廣溆浦縣訓導陞知縣
胡順珠 貢士任湖廣瀘溪縣訓導
徐士旦 貢士任岳州府府教授陞江南歙縣知縣
徐士昌 貢士任華容縣訓導

盧國薦 貢士任福建建陽縣縣丞
徐士庠 貢士任清江縣訓導
桂大政 任河南大康縣知縣詳宦蹟
何澄 任江西南昌府經歷

國朝

胡奇玠 貢士任岳州府安鄉教諭兼署澧州學正
葛世棨 任江西永新知縣陞河南汝州知州詳宦蹟
吳之泰 貢士權署本縣事八月
吳鼎鍾 貢士奉人應鵰子任辰州府理苗同知陞廣西督糧道

姜仁楚 恩貢任湖南茶陵州訓導
黎正經 恩貢任茶陵州訓導轉陞醴陵縣教諭衛州府教授遷河間府靜海縣知縣
吳鼎呂 貢士應鵰子任湖南長沙縣訓導
胡順我 貢士任茶陵州訓導
葛行遠 貢士任四川成都府華陽縣知縣
王世暢 貢士任江南太倉州知州
劉開誠 貢士任襄陽縣教諭
徐一爀 選貢任江南永甯衛教諭
朱萬年 貢士任岳州府訓導

華濱 舉人任公安縣教諭
舒燔 副榜任竹山縣教諭
鄭國柱 貢士任岳州府訓導陞四川重慶府同知
劉致煥 貢士任湖南嘉禾縣訓導
鄭國棟 選貢任隨州訓導
胡振江 選貢任保康縣教諭署縣事三月
毛一苞 貢士任房縣知縣
鄭士悰 貢士任竹山縣訓導
盧會道 選貢任孝感縣教諭

曾應才 貢士任光化縣教諭
吳芳樹 貢士任雲南鹽課提舉司提舉
劉永誠 貢士任江西豐城縣訓導
胡開芳 貢士任均州訓導
鄭可陞 貢士任荆門州訓導
孔尙先 貢士任潛江縣訓導
李必昌 貢士任黃安縣訓導
黎由高 選貢任穀城縣教諭
胡世鵬 貢士任光化縣訓導

杜世榮 輔芳子任吏部文選司分校
盧世鳳 貢士任興山縣訓導
黎政煌 由縣丞任甘肅靜寧州分州後任涇州分州
黎應選 任直隸靑縣典史
黎一位 任浙江布政庫副使
李珩林 舉人大挑一等分發陜西護理陜西漢中府留壩同知歷署直隸商州富平等縣實授甘泉縣知縣
胡永維 恩貢任當陽縣教諭
吳讓作 貢士任安陸府訓導

孔興元 貢士任石首縣訓導
孔興超 貢士任隨州訓導兼署學正
杜禮明 舉人歷任山西岳陽汾西太平雲南呈貢等縣知縣詳宦蹟
趙對景 恩貢任竹山縣教諭
孔興珪 由監生奉山東衍聖公咨補洙泗書院學錄
陳登象 任順天府照磨歷福建邵武府經歷署莆田縣知縣
胡鵬盛 舉人任歸州學正
吳學省 舉人歷任沔陽州房縣教諭
胡順灯 貢士任棗陽縣訓導

吳文光 貢士任京山縣訓導
程昌基 貢士任鄖縣訓導
吳保泰 舉人揀選知縣改就教職任鄖西縣教諭
盧先琨 貢士任安陸府訓導
黎景珠 貢士署黃安縣訓導實授鄖西縣訓導兼理竹山縣教諭
吳文廉 廪貢任應城縣訓導
吳學自 縣丞歷署貴州黎平府古州照磨永從縣典史施秉縣縣丞代辦長寨同知借補施秉縣典史詳宦蹟
胡觀岱 舉人任興山縣教諭

李光裕　監生試用江南南河州吏目

杜旭明　任山東曲阜縣東阿屯屯官

吳暉泰　廩貢歷署漢陽遠安訓導鍾祥蘄水潛江教諭鄖陽府教授

吳冀泰　進士即用知縣分發安徽歷署繁昌歙縣實授潛山縣知縣詳宦蹟

郭亦棠　舉人大挑二等借補蘄州訓導保舉知縣詳宦蹟

傅宗炳　附貢署黃安縣訓導

黎大春　廩貢署黃陂縣教諭

吳　證　吏職署江西贛州府照磨

周　芬　恩貢署蘄州訓導州人士爲之傳

仕宦　武秩

宋

周萬泗　禦寇有功封平遠將軍

元

黎福一　成宗時任荆州指揮

李壽四　至正年間任指揮

何誠齋　任武昌府守備

明

黎應麟　任守備

何如彪　洪武時由福建固安鎮左郎叠陞兵部監紀

杜日炳　任湖北撫標中軍守備

杜元卿　任湖廣督標左營中軍守備

杜元龍　任武昌城守營參將

何宗職　任岳州把總

杜學矩　由庠生任雲南永甯府守備才堪禦侮上憲嘉之

桂添華　任松江府守備詳宦蹟

李興唐　崇禎時任山東登萊二府守備

李文松　官職失考

李之珥 官職失考

吳應龍 任遊擊

國朝

李鳴玉 順治元年以軍功授把總制軍蔡贈靖猷盐壯額

孫珂 順治五年任湖南道標中軍守備

何康吾 順治初任把總陞本省守備

葛三豹 康熙十二年任本省督標塘務守備後征洞庭水賊陞授昭武將軍

何文陞 嘉慶間以軍功授四川夔州府守備

李道清 嘉慶間任本省撫標右營把總

杜泰清 武生道光二十二年制軍裕以軍功保舉千總

胡義贇 雲騎尉嘉慶二十五年署督標右營守備

羅登魁 武舉任宜昌鎮營千總賞戴藍翎制軍裕委署本營中軍守備

胡均標 雲騎尉任鄖陽鎮左營九道汛千總調武昌城守營棗陽汛千總

胡肇元 均標子恩騎尉署武昌城守營通城汛把總詳忠義

黎立祖 以軍功署通城汛把總詳忠義

吳必昌 以臨子雲騎尉署羅田縣僧塔寺汛千總詳忠義

李勝才 由軍功委署浙江台州左營守備留浙補用都司

吳復勝 以軍功授湖南九谿營新司城把總

通城縣志卷十五

人物上 鄉賢 忠義 孝友 懿行 文苑 宦蹟 才猷 儒隱 義夫

從來忠臣孝子大節凛凛者尚矣次則才猷卓越學問淵深與夫義高行潔者皆足以維持世教振起後賢通邑銀山毓秀雋水鍾靈代生磊落瑰奇之士裒葺之以著於編俾後之覽者流連感慨景仰不置云

鄉賢

楊起莘 詳文苑

廖忠 詳忠義

胡文忠 詳宦蹟

忠義

唐

廖忠 下太里茹萊壠人唐僖宗乾符四年黄巢劇黨踞寨崇境仁義里山大肆殺掠忠偕弟恕糾義捍禦晝夜奮戰賊斷其首猶躍馬七里始仆後人因名其地曰七里山走馬嶺收葬平江大歇場立有墓碑守臣以狀聞贈虎威將軍崇陽列祀鄉賢别立廟於本居茹萊壠及崇陽朱紫橋側與弟

怨並祀

廖 怨 忠弟因兄爲賊所䘵憤激血戰從者奮勇爭先殺賊殆盡有司錄功上聞授官剿賊累勳封端國公卒葬崇陽文昌閣下同兄廟祀

宋

方 瓊 梓木里人才兼文武哲宗丁卯舉人辛未進士元符己卯登仕累官兵部尚書宣和辛丑丁艱歸乙巳金人入寇起復戡亂授鎮夷將軍勠力防禦丙午金兵偪泊識甸提師勤王殉國難勅櫬歸葬（詳塋墓）高宗建炎二年詔建忠廟於鷄鳴嶺下立碑春秋祀之邑侯尹仲有記（詳藝文）康熙四十四年邑侯辛禹昆以方瓊竭忠盡節詳請重修廟祀雍正三年詔立後裔祀生一名世主其祭邑侯周珙詳准以方文臣子楚正與祭忠廟後方彥奇子耀宗承襲又崇祀忠孝祠（詳建置）

徐 福 宣和間仕於朝因童蔡用事致休奇金人偪汴同邑人兵部尚書方瓊集鄉勇赴義殉節長子元以骸歸葬寶積寺後龍形後李綱上言靖康之禍有仗義死節者請加贈卹以福聞奉勅追封賚御香金字牌匾

明

桂大芳 上善里人曾祖贊籍江夏大芳勇藝絕倫幼隨父歸祖籍有心計富甲通邑好施與天啓辛酉崇禎戊辰奇荒芳計口授糧全活甚眾邑侯沈道登朱宗讓皆額獎天啓癸亥崇禎癸酉代邑害户輸逋銀二千餘兩崇禎癸未八月十五日叛賊張獻忠將入蜀分道過通恣殺掠芳憤激練鄉勇堅寨丁出其不意要截楚門界殺傷無算賊憤甚芳知必再至先寘婦幼別所賊果因集圍其室芳率武勇升屋用勁弩環射賊眾三千折半賊益兵大至芳見勢莫能支挺鐵耙禦以子弟家丁開門衝殺偕子鍾秀死於賊

國朝

胡鵬盛 舉人揀選知縣大挑二等補歸州學正嘉慶三年八月初五教匪陷歸州不屈死州人士爲立節義高風匾 勅封忠節文林郎入祀本省昭

忠祠子孫廕雲騎尉

以下咸豐年間防堵殉節已　准封蔭故登之

羅登魁　武舉道光十七年撫憲周撥入本標左營二十年撫憲伍制軍裕按補宜昌鎮營千總是年奉委出師有功奏　旨賞戴藍翎二十三年制軍裕委署本營中軍守備二十五年請給　勅命二軸　誥封父母　貤封兄嫂二十七年致仕咸豐四年粵匪據通同知銜江忠淑委辦團防五年賊復竄通督勇開仗三月十四日力戰陣亡爵閣督

部堂官請　准議䘏雲騎尉襲次完時給予恩騎尉世襲罔替並給塟祭銀兩崇祀昭忠祠

李景湖　邑庠生上善里人咸豐甲寅籌辦本縣團防乙卯投胡撫憲營管帶兵勇歸書云除却從軍別無生路除却陣亡別無死法尋克復蒲圻武昌撫憲以剿賊有功保　奏知縣加同知銜丙辰春統帶仁義恭武諸營由蘄州進剿皖界力戰陣亡奏　准追贈知府銜世襲雲騎尉崇祀昭忠祠

胡肇元　下黃里人舉人鵬盛曾孫襲恩騎尉督標中營候補千總咸豐三年奉委署本縣把總五年三月賊匪竄通在西城外力戰陣亡崇祀昭忠祠

黎立祖　南田里人咸豐四年賊據通城清軍府江進剿身為先導屢獲勝仗旋以軍功委署本縣汛把總五年同李景湖投胡撫憲營管帶南勇衝鋒殺賊於金口地方力戰陣亡奏　准封蔭崇祀昭忠祠

胡在位　下黃里人咸豐三年由南省入撫憲胡營以軍功保舉花翎都司八年九月帶勇進剿於安

徽三义河力戰陣亡從祀昭忠祠

羅登吉　辛安里人咸豐六年投撫憲胡營以軍功保舉把總七年隨營剿賊於黃州府張家塝力戰陣亡奏　准廕贈入祀昭忠祠

吳以臨　在坊里從九職咸豐四年隨清軍府江營督辦團防五月帶勇剿賊於崇梓沖力戰陣亡奏　准封蔭入祀昭忠祠

李集賢　下太里從九職咸豐五年同羅登魁等辦團防堵三月粵匪竄通督勇陣亡奏　准封蔭入

祀昭忠祠

葛貴昌　崇仙里武生咸豐三年土匪滋事協同官軍防堵被擒不屈并其長子生員葛方太同日遇害奉　旨加贈外委銜從優給卹銀百兩其子亦給銀百兩入祀昭忠祠

杜　若　甫田里優附生議敘六品銜疊辦團防湖南撫憲吳給義重桑梓額撫憲龔給勤勞懋著額並賜緞銀咸豐五年督防被逼殞命奉　旨封贈入祀昭忠祠予孫蔭雲騎尉

吳必昌　在坊里人以父以臨襲撫標左營雲騎尉候補守備同治三年任羅田僧塔寺汎千總賊至帶傷出陣力戰被擒駡賊不休至剝皮刻骨以死邑人不忍私立廟祀之崇祀昭忠祠

孝友

明

沈良教　縣城東門人有孝行按院給順慕終身額年踰六旬孝惟一致有出告反面之忱執冬温夏清之禮崇祀忠孝祠

吳述道　唐時人七世同爨人丁數百紳士濟濟誓不分居恐傷同爨之雅門前有一井供汲不竭有司申奏勑賜義井牌坊碑鐫義井二字今存

潘可儒　字席珍辛安里廩生割股療母

舒大治　字子道大猷弟恩貢貧性純雅文望素著孝友稱於鄉里七舉未第輿論惜之

李興唐　字百谷朱良里人崇禎間任山東登萊守備致仕割股療親邑侯贈孝行終身額

國朝

吳顯銜　字峙南佩士仲子孝友真諒資敏嗜學能詩甫弱冠補弟子員內行修潔寡慾淡營父母存日備極孝養沒廬墓盡禮居繼母蕭氏喪如其生母年三十妻盧氏故終身不娶邑人高其誼舉報

優奬

黃璽又　梓木里人割股療父

盧世用　字嵩南庠生盤庚里人割股療母

葛文禮　字鈘照崇仙里人割股療母

吳旦升　下黃里人割股療父邑侯吳文琦給孝行足式額

李春濆　下黃里人割股療父邑侯給孝行可嘉額

黃翊聖　下太里人割股療父

吳芳珪　字斯文吳與圖人割股療父

張宗鋒　字玉振油坊圖人割股療父

李尊慈　字再來離宮中堡圖人割股療父

按割股療親久經例禁以上祇仍舊志紀載

郭奇珀　坤宮西坪圖增生兄弟三人次奇玉監生三奇綸庠生俱嫡出父庠生維坤母傅氏繼李三娶庶母李氏性嚴酷珀偕弟朝夕侍奉入則環膝出則隨與而李猶多拂意每於問安視膳時故事摧辱家道中落珀等事之維謹終身罔懈

杜亨德　甫田里舉人父早故事母以孝所嗜必多方購不以貧阻飲食寢興必以身親母歿痛哭幾絕粒米不入口者數日居喪禁葷酒三年姊氏強以雞豚勸泣曰除是母能再嘗亦嘗卒年九十一歲

葛殿登　崇仙里人父早故事母以孝聞母壽百有三歲敬事勿衰學師張玉衡贈孝必得壽額詳請旌表現年九十三歲

羅敬一　辛安里人母程氏有瘋疾無人敢近敬百計調養每延接親朋先備酒脯奉母然後出款客三十餘年行之弗渝

懿行

明

吳應鴻　萬歷間庠生善體父意友于兄弟輕財分潤至性天成

李邦直　歲貢嘉靖間任推官端方正直眞誠自矢繩人一以理法踰年歸田杜門習靜屢薦賓筵賢稱鄉里

劉　卿　歲貢嘉靖間任恩明州吏目忘情勢利訓子嚴明

何　謨　歲貢萬歷間官縣丞經歷浩然勇退明經訓子

徐克尹　歲貢萬歷間掌教湖口星子等縣遷太平府教授黜浮華明義利所至士風丕振居家課讀外無餘事

徐士旦　歲貢崇禎間掌教岳州府旋陞江南歙縣知縣未釋褐時繩趨尺步卓有儒行

國朝

程儒憲　舉人盛泮文悃愊愉謹不琢不雕事親能孝友于兄弟子孫多貴顯

吳鼎彝　歲貢宅心忠厚博學能詩

周必新　拔貢秉性純謹才學並茂

李藻鑑　上善里人性質樸博涉書史忠厚待人言笑不苟時有善士之稱

周　蓮　歲貢品行端正學問深醕

吳章泰　恩舉人培植世德曲體親心友愛昆弟和睦鄉鄰苦志課讀年九十餘猶手不釋卷

胡迅鸞　乾宮左港圖武庠入泮後決志讀書集有

左溪詩稿居平好善兼以善勸人子四三列膠庠居喪有血性錄

文苑

宋

楊起莘 登理宗寶祐四年丙辰科文天祥榜第二名是科考官王應麟奏賀得人一甲十名皆賜狀元及第（宋録載莘貫鄂州通城通志作起莘莘字之訛）

按宋通分縣在北宋神宗熙甯五年距寶祐四年計一百八十五年又莘世居通城西門外烏橋畈官終九江倅歸葬城内隆平寺前城隍殿後 國朝雍正十二年邑侯孫斯璲奉 旨清

塚勒碑撰有告文（詳藝文） 崇祀鄉賢祠是莘固專隸通崇舊志載莘名誤矣今縣署頭門外石鼓獅子皆其所居遺蹟

孔 拱 字執謙孔琢子端植三世孫少孤好學習經讀史著有錫山草堂集五卷村居雜興三卷（詳闕里志）

明

何 隆 經魁掌教新津長壽致仕歸田吟詠自適宏治初修輯縣志

周應鍾 歲貢篤學博文著有蛩吟詩集

桂庭莘 拔貢以父贅江夏因隸江夏籍任河南河内縣教諭工吟咏著有程子易義皇極註解

舒大猷 舉人著有海平紀略歷任拙錄諸儒粹義策學及清心亭（稿萬）歷戊戌纂輯縣志

周 書 歲貢（由庠）豪邁學問淹通長於詩賦著有六一軒集

周 祜 歲貢精易工詩古道照人

吳應鵬 舉人懷書十上兩中會副善辭賦字畫有

補朱易義永嘉方伯周應期張應麟爲之序門下生舉人周宗璧何逢年授梓明季版燬又著有劍吼集燕臺稿

吳廷輔 拔貢性穎異過目成誦七歲能文年十二冠童子軍十五考授選貢朝考一等文詞詩賦斂捷淋漓掌教鎮江名宿無不欽服

國朝

吳有才 歲貢兩中副榜凡子史百家及野史雜編無不淹貫著作甚多

吳開澄　舉人五策進　呈聰穎嗜學諸子百家無
不涉獵梓有水利策嫁春吟乾隆甲申編輯縣志
家素封遇事肯爲尤精堪輿

黎正經　恩貢著有閒中草詩集舉業金丹

程盛泮　舉人掌教青陽書院著有二程文集註好
善近偽世設錄漁溪試路二草蘭室管見及教童
四字佳言等書卜居銀山石塢漁溪友人吳峩峙
題程子塢三字

孔尚先　歲貢學有根柢制藝倜儻不羣家多藏稿

許忠清　亞元學問淵深爲文高古有名家風著有
學庸攢解

胡鵬盛　舉人學問深純天姿穎異集有周易春秋
禮記約訓

黎由高　拔貢才通學博著有易經後天歸圖四卷
採入四庫全書暨湖北省志

杜亨德　舉人　賜翰林院編修家苦寒終日以讀
書爲事雖饔飧不給弗計也爲文高古奧衍年七
十六登鄉榜集有春秋左傳易經註說

葛忠郭　恩副貢爲文幽奥著古不隨時好崇陽通
山義甯人士負笈接踵集有桂嵛別稿四書摘要

吳粤省　舉人性癖古籍耄而好學積書數千卷著
有質疵小草蠡解文訣

吳保泰　舉人性渾厚學問深邃掌教青陽書院集
有學庸銘義四書銘義周易觀光易經解春秋經
義聯珠玩齋詩文稿

胡觀岱　舉人心性純篤絕無蹊蹺掌教興山巴東
歸州士習文風翕然丕變提學丑給額嘉獎初館
江西新昌門下士登賢書捷春榜入詞垣者甚多
集有裕後山房文稿

吳壽平　由拔貢中式幼穎異工書法五歲能詩七
歲能文讀書數行俱下九歲應試以神童稱著有
耕雲書屋詩話澂大堂文集

雷敬春　歲貢集有攄英文集

黎景珠　歲貢性穎達博學能文掌教黃安縣令李
莘田聘閱試卷延作西賓集有三字錦爾雅春秋
周易撮要

周江　恩貢集有子史精華類編賦爾雅音註

杜光海　副舉人器度端雅學問純粹隨叔禮明掌敎山西岳陽縣開運書院家居授徒造就多人集有時文及左傳妥本

易光琨　恩貢集有玉農詩草

郭亦棠　舉人性磊落文思敏捷任蘄州訓導卒於任州人士作百韻詩誄之道光癸卯輯修縣志未梓

金月桂　拔貢工詩賦能文章著作甚多

聶森坤　宮踏水圖廩庠學問淹通文思浩瀚其平居課藝及應試文稿散傳後學莫不沾溉

熊握元　坤宮寶積圖庠生號鴈坪性明通善詩文集有木樨居士文稿太史張芾爲之序

吳嗣泰　號崧麓廩庠品端學粹爾雅溫文集有學庸講義經解辨異博通便覽撮要及八銘堂選本疏解詳妙從遊者多被陶成

黃純佑　優附貢品行端方集有禹貢本義存省吟日用淺語

官蹟

宋

孔文樸　進士寶祐間歷任玉沙主簿知潭州湘潭尉清介有古廉吏風

明

胡文忠　修竹里人才幹疏朗品格魁梧洪武間以人才薦授四川南川縣典史卓有政蹟勤明廉介邑人立祠祀之入鄉賢祠

楊志忠　下太里人洪武中以人材薦授漢中府經歷有奇績當路推重

孔克亮　選貢洪武初宰鉛山旌德陝西咸甯三縣以廉介聞致仕歸田無多僕從陪車惟圖書數卷而已

劉仕昌　進士永樂間官御史有直聲彈劾糾察上觸忌諱下斥權奸時號朝陽鳴鳳建繡衣坊

方瑛　舉人景泰間累功任都督時羣蠻猖獗十越州被圍己一載城中糧盡掘草根煮弩革以食御史黃鎬置疏竹筒中募土人乞援於朝命保定

伯梁璀與都督方瑛會同湖廣總督侯璡率師進
討璀瑛至璡檄諸將剿之破八十餘寨平越圍解
復與方瑛等破三百餘寨明年春蠻衆縛酋首以
降

劉紹元　進士成化間知無爲州有善政士民尸祝

吳尚經　拔貢正德間任雲南騰衝衛經歷建有生
祠

盧仲秩　拔貢正德間宰酆都大足有善政涪州進
士夏邦謨有花封春意序

胡澤　舉人嘉靖間掌教霍山奇偉慷慨正直剛
方推實學以垂訓捐廉俸以易書及門悉稱譽髦
取士如李岷山諸公皆督撫卿佐之器入瀛州府
名宦祠

吳廉　歲貢嘉靖間掌教上高泰州博學簡易士
林崇仰

謝仁　歲貢宰大足縣渾厚質樸卓有循聲

楊潛　歲貢嘉靖間任華州州判佐政有聲

王興舉　歲貢嘉靖間掌教彰德府光明磊落爲士

林翹楚

舒大猷　舉人嘉靖間累官至布政越三朝歷十一
任兩京部院省直撫按薦舉四十二次奉旨陞正
三品食從二品俸二次欽賞銀幣七次事蹟詳平
海紀畧歷任拙錄其餘著作尚多（詳文苑）猷負景
星慶雲之標光風霽月之度學術步朱程勛業追
韓范爲鄉賢中第一名流

胡涫　歲貢精易能詩隆慶間掌教荆門從化古
樸誠慤多士宗仰

吳應鵬　舉人萬歷間授浙江温州府司理甫涖任
郡困海氛隨詳平海十事督院羅汝元戎政尚書
陸完學嘉採優奬郡商苦鹽稅鵬詳鹽法十約鹽
院祝徽允爲奬賚但恃才性傲遇事敢言值海寇
劉香老跳踉甯台突入温州鵬握海防券向都戎
韋古生畫計借海瑞孫別駕海宴戮力斬馘郡邑
賴安督院司道以平海首功表入適武弁副戎袁
大甯嫉功不己出乘鵬出巡潛率磐石黃華等衛
官役糈郡月糧乏賞鼓譟守府牟士龍力阻不可

鹽臺張任學臨郡牟歷數鵬功十餘件鹽臺以爲
沽直遂偕府倅陳揚美黃金鼎及兵憲杜喬林連
名劾參鵬即挂冠歸田杜門吟咏督子弟完賦讀
書餘無他囑等同年姪楊嗣昌授天下節鉞剿李
張逆賊起應鵬出答曰知足不辱吾老不能用力
辭登湖北省人物志著作詳文苑
舒　勲　大猷子生員授光祿署丞質直好義矩矱
先民
盧　敦　歲貢萬歷間掌教湖南平江四川安縣恬

淡寡營謹慤有守
續　宋　舉人萬歷間掌教安鄉振興文運復宰盃
縣卓有政蹟邑人爲建生祠　按宋茂年擢秀未
艾歸林布衣疏食猶存太古之風枕石漱流綽有
幽人之致有司敬重鄉里儀型
吳繼祺　選貢宰四川溫江縣品學兼優循聲丕著
孔宏憲　選貢萬歷間掌教貢岡陞甯波府教授才
學優博楷模士林
盧錦心　選貢天啟時任江西新淦縣縣丞尋陞沅

江知縣又陞茂州知州擢雲南鹽法道有德政歌
桂添華　庠生有膂力善騎射萬歷初麻陽縣鴨河
苗叛從征五載以捦馘首功授武職累官南京松
江府守備
桂大政　庠生崇禎初任河南太康知縣俗以妻妾
質錢生子免息政痛革之
國朝
葛世衆　歲貢順治間授江西永新知縣陞河南汝
州知州州志載政治清廉民歌慈母順治八年巡

撫何騰蛟贈淩明揚休額
杜禮明　舉人乾隆間宰山西汾西太平岳陽等縣
分校棘闈所取得人岳陽爲山西小邑科甲寥寥
禮命姪光海掌教書院加意培植科甲漸蕃居官
慈惠明允有杜母之稱丁艱起復選雲南呈貢知
縣以病乞休行李蕭然自題其真爲一拂居士主
教本邑青陽書院
吳學自　例貢乾隆間署施秉縣丞代理長寨同知
承辦賑務不染一指臺灣告警委送官軍三千至

粵西緬甸貢使往返護送妥協　王師進剿苗匪
施邑夫馬不敷知縣惶惴欲自盡自奪其刀挺身
代辦毫無遲誤歲荒懇發廩濟民全活無數爲黔
省著名吏

吳文光　歲貢乾隆間任京山訓導勤於課士邑水
災協縣尹領帑發賑撰賑策五條災民安輯

吳文廉　廪貢任應城訓導本府周稱爲年富學優
持躬維勤上憲疊保列爲勤職三遇　覃恩兩膺
封典

吳鑾泰　進士道光時宰安徽繁昌欽縣潛山等縣
居官廉明平允邑民額贈民之父母傀遺青白二
萊其時有吳清廉之稱

才猷

明

羅仲亢　歲貢任漢中府通判見利不苟遇事有能
陞漢中府

何　洪　歲貢宰丞甯縣氣度端雅才識敏達

劉孟垣　歲貢由知縣陞刑府紀善有才能致仕後
官師敬信語具舒方伯誌銘

胡萬倫　歲貢任温江縣主簿佐政有聲上游多器
重之

國朝

李珩林　舉人宰甘泉署直隸商州暨漢中府留垻
同知才具謹飭政績多端

儒隱

宋

孔　拱　隱居錫山草堂坡著作詳文苑

明

何　端　字邦正資性穎達讀書諳大義磊落不羈棘隱南塘怡情詩酒年八十二而卒

胡正清　字端本上善里人家貧嗜學言動不苟爲塾師取俸易書史凡天文地理之類悉加涉獵工於詩賦無塵俗態

黎子英　乾宮圖人博覽書籍不樂仕進自搆梅樓號曰梅樓居士爲當時宦達所器重翰林學士方童承爲之傳

國朝

何昨非　字在中性好靜隱居黃龍山著有黃龍歌

義夫

明

沈才全　東城人按院任考語撫姪輩如己子待鄉里若家人鰥居四十年清白自矢年踰七旬手不釋卷舊志

國朝

黎勛朝　字石梅恂謹篤實不任浮華家頗饒早年失配誓不再娶鰥居數十年毫無瑕玷里人稱之

方箴四　辛安里人業儒渾厚質樸言動不苟青春

失配鰥居終老人無間言卒年七十三歲

何風吉　崇仙里人業儒居心忠厚年二十妻故誓不再娶人無間言

李錫元　兌宮九嶺圖人性沈篤嗜學青年失偶誓不再娶潔清自守卒年六十四歲

通城縣志卷十六

人物下 義舉 農員 人瑞 塾長 耆壽 鄉飲賓

義舉

明

胡文諒 下黃里人　盧欽堂 盤庚里人

李原 下太里人　羅敬宗 辛安里人

正統壬戌年各輸穀一千石備賑給冠帶

盧萬頃 盤庚里人　盧萬紀 盤庚里人

胡琥 下太里人　葛雲景 崇仙里人

李實 下太里人　黎必安 下黃里人

杜必廣 甫田里人　李瓚 上黃里人

孔希聖 朱艮里人　劉試昇 梓木里人

成化丁亥年各輸穀五百石備賑給冠帶

杜瓚 必廣子　程景 上太里人

張義 梓木里人　汪溢 梓木里人

成化甲辰年各輸穀二百五十石備賑給冠帶

杜隆 甫田里人　羅瀛 修竹里人

黎玉 下黃里人　黎琥 必安子

黎鼎 必安子　楊瓚 朱良里人

成化乙巳年各輸穀石銀兩備賑給冠帶

吳景華 下黃里人　洪銘 石喬里人

彭浩 盤庚里人　文浩 崇仙里人

孔文錦 朱艮里人　羅維濟 辛安里人

李千宗 下太里人　厲孔實 石喬里人

周軺 河南固始人教諭周綱子

宏治己酉年各輸銀兩備賑給冠帶

黎勝 下黃里人　范瓚 在坊里人

黎錦 下黃里人　劉富 甫田里人

劉紹濟 修竹里人　胡仲文 甫田里人

黎茂新 下黃里人　鄭樾 上太里人

李伯泰 辛安里人　黃萬方 朱艮里人

程璽 上太里人　羅維勇 辛安里人

宏治癸丑年各輸銀兩備賑給冠帶

黎允喬 下黃里人

萬歷庚辰年輸穀三百石備賑給冠帶

鄭守梅 梓木里人

萬歷甲午年輸穀一千石運淮備倭給冠帶建坊
授南京安慶衛經歷
杜　漸　甫田里人　　胡時亮　來蘇里人
羅欽詔　南城人　　劉朝卿　里分失考
李元儁　下太里人
萬歷甲子年各輸穀五百石備賑給冠帶
葛少竹　崇仙里人
嘉靖時輸銀備賑給冠帶
國朝
吳光啟　坤宮沙坪圖庠生崇禎癸未　國朝順治
元年闖獻賊黨略通殺掠白骨暴積二年秋亂粗
定光道家丁四路收瘞長脩山大塚三梘頭畈丁
冲尖峰崙各大塚一
章伯質　北城外人雍正年間捐修橋梁街道不一
乾隆初督修學宮并青陽書院學官楊見其忠勤
詳奉學憲吳給樂於為善額其他周恤莫可枚舉
闔邑嘉之
吳悅新　在坊里人由附貢加捐縣丞丁未江北大

水飢民流通時穀貴悅新捐米濟賑全活甚衆己
酉大旱蠲租甦佃子孫至今多貴顯
桂華安　上善里人積穀數千石遇荒賑飢放穀減
息邑尹石贈樂善堪嘉額
胡宗書　坎宮尖峯圖人歲荒賑濟貧寒出貲保婚
佈施甚多
黎玉功　歲荒賑濟借貸焚券邑侯周珙贈惠在閭
里額
胡柏隆　字湯占下黃里人疎財減息修橋廟施棺
粥合邑舉報奉　旨旌表建樂善好施坊長子監
生萬輝三子萬勳踵行善事乾隆辛亥兄弟捐修
本省學院考棚學憲作碑文以紀其事暨至公堂
側督撫憲給穀誼崇文額奉　旨議敘州判職銜
道光乙酉輝子珊治同弟姪重修考棚計金三千
四百有奇督撫憲給才育十郡學憲給繼體先志
各額丙戌捐本縣文童府院試卷費一次己丑歲
改修文廟捐銀一千兩
吳鼎盛　下太里人順治壬辰奇荒斗米四錢盛以

毋命糶穀千餘石爲粥全活甚衆後値荒歉推食罔懈

胡世賢　字天台來蘇里監生樂善不倦乾隆乙巳捐修本縣　文廟學宮又以湖南沙窩與湖北監利楊林磯對岸人苦渡夫勒索捐設大船三中船三以濟行人置田二十一石收租立倉收穀以贍舟子至今賴之又於本縣北城建宇藏一座并捐田壹石六斗以及佈修各處橋路建修各處廟宇培植古塚諸凡義舉不可勝數卒年八十四歲七

子皆入庠孫曾至今蕃衍

吳陶佑　下太里人乾隆丙辰年免息錢數千貫子顯術於乾隆癸未年捐入叟圖義塚山詳塋墓孫碩峰繼先人志於山庄舖埠等處石路跳石橋梁捐費多金歲荒施粥助殯施棺學宮書院領捐建修三代濟美

黎惠元　坎宮圖人例贈都閫府居心仁厚積穀甚多每逢歲飢出放減息佈修橋路施粥救餓施棺瘞骴所置山場遇死無可殯者聽其安埋一切公

事出費甚多邑侯劉給惠我窮黎額邑侯賈給德爭鄉邦額制臺特給尊德樂義額

黎華章　坤宮錫東圖人賞給八品傳家忠厚歲歉時命男興鑑興佑興佐放谷減息修整廟橋邑侯陸給高義恤鄰額孫縣丞政煌施棺甚多戊子倡修書院捐田以作賓興後任甘肅邑侯曾贈以聯云自昔宏仁周里黨於今大澤潤生靈

盧耀華　震宮圖監生平日周濟急貧弟步儲蓀初善繼厥志歲荒租借酌減邑侯蔣給有君子風額

宗黨賜敦鄰睦族額

李佳燾　上善里拔貢道光辛卯壬辰歲荒同弟㵾穀賑濟貧窮廣施棺木又於本地建修文武帝君閣創立惜字會

劉廷潤　修竹里人平生尚義修理橋梁不一詳人瑞志子監生光吉道光辛卯荒領常平倉穀數百石出糶減價又於本里捐米賑飢

李佳鵠　邑增生道光壬寅同姪領修東城費銀六千餘兩是年暨戊申己酉庚戌連値飢荒又同姪

碾米散給全活多人癸卯年賓興養濟育嬰等事
捐費多金又領修
萬壽宫用銀數百兩同治甲子又於本地倡立育嬰會
黎政璽　字少樸南田里人由監生加捐州同職加
二級援例　贈奉直大夫及其父母詳封典志性
好施見善勇爲道光辛卯夏荒捐穀數千石餘賑
饑辛丑冬祟逆犯境首先捐募鄉勇次年湖南官
兵往來備爲供應南巡撫吴給輕費重義額武昌
府明帶兵安撫供應如之平定後領修南城費銀
六千餘両又輸賓興童試鄉試卷價養濟育嬰等
項承修考棚捐有田畝尙義急公不可多得
黎政岸　字古瀛甫田里人由監生加捐守備道光
辛卯夏荒輸米千餘石賑饑邑尹章朝偉贈任郵
情深額㕘部　議敘辛丑冬祟變次子衛守備銜
瑳道團練鄉勇壬寅長子監生瓊道領修西城用
費六千餘両又於是年平糶減價捐賓興育嬰等
費偕政璽承修考棚用費多金
王朝儀　字寶林在坊里監生道光丁亥協修

文廟咸豐壬寅三子家樂領修賓興館養濟院育嬰堂
用費多金遺命將祟陽白馬畈莊田屋宇捐作合
邑賓興田種坵數租石秋税詳田賦及學校志同治二年
寶林子增貢生茂三遊擊銜有三國學生德孚孫
國學生應時縣丞職錫九克承先志將田屋呈請
付公永爲通邑賓興
傅開泰　下太里監生道光庚戌夏荒糶米減價咸
豐丁巳施粥濟飢兼善醫凡求治者不取分文并
與以藥東鄉贈好善樂施額邑人贈積厚流光額
長子教職宗炳捐有賓興膏火育嬰養濟等費次
子縣丞職協中領修四城卡房營房又於學宫尊
經閣書籍殘缺者添補之
李傑春　上善里監生樂善好施鄉鄰負債者貧不
能償輒焚其劵雖多至千金概不復索咸豐四五
年間連歲兵災收瘞暴骨及平時殁無棺殮者給
貲便厝以及賑飢育嬰修偹橋路一切公事從不
少吝
胡構隆　下黄里監生道光壬寅年捐貲千餘兩修

理縣署科房班廳衙廨及膏火等項子例貢生翔九捐文武縣試丞達卷費

劉元勳　修竹里人積穀頗饒貸之以衣絮質穀乾隆戊戌冬奇寒悉給還其衣絮共穀本千餘石不復索又接年施棺數百凡領棺者給以瘞費子監生天興於服內貧乏者每日給飯食歷行多年

葛相漢　崇仙里人乾隆戊午大荒捐貲施粥賑濟貧窮鄰里感之

葛桂林　崇仙里監生嘉慶年間建苦竹嶺石亭道

光年間修苦竹嶺石路及石嘴頭長冲石路共費多金道光六年改建　文廟倡義捐金平素歲荒施粥修補橋路又鄉里紛爭陰出貲財勸釋美舉甚多

羅達川　石喬里例貢咸豐庚申年捐書院膏火費邑紳贈圭璧聯輝額又同治丙寅年樂捐府院試丞達卷費其他保婚葺廟修橋等事不惜多金

羅朋來　崇仙里例貢同治五年樂捐合邑文武鄉試丞達卷費

何立中　坤宮茅田圖例貢咸豐年間重修　文昌宮及南城外石路俱費多金各處橋廟出貲整修不一

杜　璧　甫田里人歲荒輸穀備賑邑侯常詳給八品頂帶

潘映書　辛安里監生　勅封登仕佐郎歲歉糶穀減價隆冬給貧戶寒衣又修鯉港石及魚牙口石闌干

李利賓　辛安里增生善醫捐施藥劑嘉慶己卯倡

修雲溪中堡石路庚辰建修下首跳石後被水圯重修不一

方聿修　辛安里監生善醫併施藥餌家頗饒病革命將借券盡焚之他如濟困窮修道路不惜多金

汪三成　潤田圖人每逢歲歉糶穀減價借穀免息修潤田石路三百餘丈

杜禧明　高石圖監生倡捐青陽書院膏火嚴家嘴港岸被水冲圯同監生段光祖勸邑侯蔣捐輸修理

葛方鎮　崇仙里試用縣丞咸豐三年同弟銓修理
衙署捐費多金四年捐貲團防府憲如給好義急
公額七年歲歉施粥邑侯夏給家有餘慶額
何賡桂　崇仙里例貢素好施與咸豐丁巳饑乞丐
盈門每日餐飯親分不假人手迄今十餘載弗懈
邑侯夏給一鄉善士額
黃升出　修竹里人傭工少積咸豐丁巳饑罄捐所
積施粥因而倡起殷户全活甚衆邑侯夏給好善
樂施額

何儒席　崇仙里人素積儲放穀頗多每收日置木
核於斗中歷行多年豐歉無異
葛福三　崇仙里職員同治六年樂捐合邑文武生
員科歲試永遠卷費錢壹伯串文又邑侯上宫以
公欵餘錢叄伯串文合歸此項襄成美舉實屬羽
翼斯文輕財重義至意合邑嘉之

附
道光七年修理
文廟兼重修
萬壽宮
文昌宮　學署邑紳姓名

黎我桂庠生　雷美五歲貢　劉光吉監生
盧輝宇職員　葛貴林監生　葛貴昌庠生
胡玉冊職員　胡亦集庠生　潘不凡庠生
吳道衷歲貢　習煉秋庠生　黎全豐庠生

劉達人監生　李錫嘏監生　黎古瀛職員
王寶林監生　李仰莆拔貢　熊寶台貢生
郭亦棠舉人　皮典植附職　黎復元廩生
吳文光訓導　吳粵自縣丞　周申五監生
葛祝峯庠生　孔樸誠武庠　鄭禾年歲貢
金月桂拔貢　盧艶陵貢生　胡準理庠生
葛叶益監生　何星太庠生　吳案雨監生
杜弁楚歲貢　章握璵監生　黎文峯
周樸衍

咸豐四五年辦團姓名 鄉局太繁未及悉載

熊繼初 郡庠　杜彬明 歲貢　王乘大 訓導銜
黃純佑 附貢　徐鼎新 庠生　皮儀 庠生
吳元魁 庠生　黎星階 功職

咸豐六年辦團姓名

胡大集 八旗教習　傅宗炳 訓導　王乘六 訓導銜
杜彬明 歲貢　黃純佑 附貢　吳登雲 廩生
王貽我 庠生　吳雲路 庠生　黎訓良 監生
熊際南 監生

咸豐年間捐輸兼修
文廟姓名

傅協中 縣丞銜　樊登雲 訓導銜　吳冠春 巡檢銜
王翼唐 庠生　王德鴻 分司　黎大春 訓導
胡理之 恩貢　劉繡文 職員　羅廷杰 雲騎尉
黎斗三 附貢　何立中 貢生　黃旣明 職員
李德明 巡檢銜　習永林 貢生　章象四 監生
胡述祖 庠生　杜申錫 雲騎尉　熊作梅 貢生
朱德壽 庠生　葛鏡仁 職員　章兩煦 監生

同治五年建修銀山文峰石塔姓名

王貽我 庠生　李登如 職員　方楫五 增生
黎煌 廩庠　吳均四 監生　劉繡文 職員
杜龍錫 歲貢　熊元六 庠生　章象四 監生
孔繼禮 職員　徐思九 廩庠　李煦吉 監生
鄭秀峯 庠生　李承煥 附貢　羅朋來 貢生
葛對揚 增貢　劉禹敷 庠生　吳冠春 職員
吳瑞麟 歲貢　汪保泰 監生　孔繼香 廩貢
杜煦明 增貢　樊登雲 訓導銜　洪曠 庠生

胡洪鼎 廩貢　何文田 歲貢　楊桂初 職員
李蟠根 副榜　丁芳 附貢　胡述祖 庠生
王者貴 歲貢　熊作梅 貢生　鄧亦林 附貢
習永林 貢生　鄭禮和 監生　楊清文 功職
吳自桐 監生

國朝

人瑞 明以前失考

吳寅工　名讓政繼祺孫庠生成瑞子下黃里人孝友恤睦忠恕端方横逆不校循分嗜學屢試未展至老手不釋卷經課六子肅雝一堂乾隆壬午年百歲奉　旨賜緞疋銀兩於縣治右街建立石坊

吳滌佑　名芳祺坎宮井欄圖人壽百有五歲詳請奉　旨建坊贈昇平人瑞額

胡楚英　乾宮嶺下圖人夫妻齊眉五代同堂詳請

奉　旨建坊贈昇平人瑞額

何元勳　巽宮中旺圖人壽八十八歲五代同堂詳請奉　旨給耄年集瑞額及緞疋銀兩

孔衍柱　艮宮黃大圖人五代同堂詳請奉　旨給鳩杖綿禧額及緞疋銀兩卒年九十六歲

黎遠紹　坎宮鳳山圖人五代同堂詳請奉　旨給髦齡垂裕額及緞疋銀兩

方國禧　字中五離宮中堡圖人年九十三歲五代同堂邑侯陸給齒德俱尊額

方炎桓　離宮中堡圖人五代同堂奉　旨給昇平人瑞額及緞疋銀兩

何廷梅　巽宮洪石圖監生年八十八歲五代同堂奉　旨給熙朝人瑞額及緞疋銀兩

劉廷潤　游泗圖人夫婦齊眉五代同堂奉　旨給眉壽介祉額及緞疋銀兩

張彩霞　兌宮石坪圖人年九十歲夫婦齊眉五代同堂奉　旨給昇平人瑞額及緞疋銀兩

黎衛舉　震宮茭塘圖人年八十七歲五代同堂詳

請　旌表

吳文光　坎宮井欄圖任京山縣訓導　恩賜舉人五代同堂奉　旨賜七葉衍祥額及緞疋銀兩

方立洪　離宮中堡圖人年百零一歲學師張鑑堂舉潤生給福集期頤額

吳章泰　坎宮百花圖　恩舉人年九十三歲咸豐癸丑重遊泮水在學七十二年公舉呈請　旌表

吳捲簾　下黃里人同妻張氏均年百零二歲五代同堂奉　旨旌表建坊給期頤偕老額及緞疋銀

兩

何則徵　崇仙里人百零二歲公舉呈請　旌表

劉雄風　梓木里港下圖人百歲公舉詳請　旌表

葛步呈　崇仙里義井圖人年百零一歲同治元年呈報邑侯傅詳請　旌表

李滌川　鐵東圖監生年八十四歲五代同堂公舉呈請　旌表

胡大任　兌宮沙段圖人年九十二歲五代同堂公舉呈請　旌表

習出人　東平圖人壽百零二歲公舉呈請　旌表

潘煥朝　上堡圖人壽百零二歲公舉呈請　旌表

雷自昭　甫田里人歲貢現年八十八歲五代同堂同治元年重游泮水

汪宗漢　梓木里潤田圖人壽百歲奉　准建坊

趙順義　朱艮里人有子十二人孫五十八曾孫一百三十七人元孫四十九人夫婦齊眉五代同堂積穀減息邑侯陳給高義恤鄰額

王家栽　在坊里人咸豐戊午年重遊泮水

何席珍　崇仙里人宿儒性樸學優書香繼世五代同堂呈請咨部

汪漢周　上太里人年八十一歲五代同堂公舉呈請　旌表

汪等五　漢周長子現年七十五歲五代同堂公舉呈請　旌表

院長 舊志

儒學齋長掌進德修業翼贊司鐸爲諸生矜式必文行兼懋次或文遜行優行遜文優爲鄉評推重士林敬服者舉充故職是任者亦不多覯

明失考

國朝

杜仲熙 甫田里人

楊允升 朱艮里人

楊守温 朱艮里人

吳光寵 沙坪圖人端方不苟

吳家璟 百花圖人孝友睦婣修行能文樂育善誘

習孟詔 字丹書太平圖人博學鴻文屢試優等武郡名宿莫不拱服

吳名士 字美功沙坪圖人倜儻不羣

劉倬誠 字具萬梓木里人敦重不苟

李登庠 字秀升東港圖人端凝長厚造就多人

魏任智 字若鼇十里圖人謹飭端方

杜繡芳 字次錦高石圖人端方直諒樂育羣材

吳成章 字倬雲百花圖人守謹文醕造士甚衆

徐國玢 字石霞柳石圖人謹厚端重

吳芳元 字樂朋昜宮圖人品端學優

黎昂朝 字台垣長提圖人謹恂簡默律身端方

吳開澄 詳人物志

葛行璋 字令聞大白圖人著有辨疑錄百字綱

耆壽

明

周朝英　石喬里人　王志富　在坊里人

徐芳貴　朱艮里人　劉文海　修竹里人

汪仕通　梓木里人　楊允昇　朱艮里人

胡友琛　上黃里人　羅文勝　辛安里人

洪文忠　甫田里人　孔受昌　朱艮里人

彭崇讓　甫田里人　何通達　崇仙里人

吳文隆　下太里人　葛雲昂　崇仙里人

廖澄　下太里人以上成化時人

杜萬鳳　甫田里人　朱本信　甫田里人

洪彥銀　甫田里人　胡爽　來蘇里人

洪元錫　甫田里人以上正德嘉靖時人

李秉茂　金士乾　吳紹洲

國朝

胡思南　來蘇里人德厚敦謹推舉禮筵三次兩邀

奬滔風儀世額

潘升吉　辛安里人倜儻軼羣義方垂訓

徐超庸　朱艮里人

吳開琰　在坊里人忠厚溫文博覽書籍

徐東昇　上黃里人明珍孫兩登禮筵

聖祖仁皇帝萬壽督撫憲選各屬耆德上京賀旦昇與焉

譚華宇　北門人

鄉飲賓舊志

明

葛　漸　字鴻逵崇仙里人

葛廷安　字少竹崇仙里人

吳伯彰　在坊里人

陳允彝　在坊里人

李鍾鼎　上善里人三舉耆賓

李忠鼎　朱良里人崇禎十年邑侯周昌會給賓筵望重額典史楊九成給倚天大觀額

國朝

胡瑞春　下黃里人　葛參宇　崇仙里人

胡景福　上太里人　毛應滔　上黃里人

葛希唐　崇仙里人

李太素　上黃里人好善樂施三舉耆賓

毛順楚　上黃里人康熙十年邑侯丁克揚給寵渥熙朝額

毛來儀　上黃里人康熙十三年邑侯陳秉政給行誼可式額

毛啟珍　上黃里人康熙間邑侯陳秉政贈名膺帝錫額接任張聖典吳貫贈銀山望重鹿鳴載賡額

郭東尼　縣東城人亦棠高祖孝友敦睦好善樂施康熙間邑侯周琪詳給八品頂帶雍正四年勸捐修　文廟　先農廟又首白當事建糧倉告免一切陋規邑侯豐贈額嘉予

羅文臺　辛安里人品端性直齒德俱尊邑侯周琪詳給頂帶又贈代宣五教額儒學謝允顯邱良驥贈羽儀南國養重上庠額

習孔章　南城內人邑侯七十賜品端大耋額

胡周新　下黃里人直諒慷慨

葛行通　崇仙里人孝友鯁直慷慨樂善倡修鯉港石在甃苦竹嶺石路至今賴之

杜利德　字如和璧子友愛仗義邑侯李文雅贈言坊行表額劉世熤贈德邵年高額

葛文伯　崇仙里人　沈調和　東城人

胡二酉　下黃里人　李斗伯

熊帝錫　上太里人　胡叔夏　來蘇里人

羅楚相　辛安里人　黎宗寶　馬畈圖人

羅列侯

近年未詳准者概不登入

農員

國朝雍正初垂念勤儉力作獎賜冠帶

程文先　乾宮南鑵圖人

胡陛侯　修竹里人　以上舊志

通城縣志卷十七

列女　節婦　烈婦　貞女　瑞媛

男子秉乾之剛而稱丈夫女子中亦有是稱蓋節烈之氣充塞天地其血性同也粵自南國化行江漢女子多饒貞淑其流風餘韻往往被及於深山窮谷之間則節閨房之芳烈發潛德之幽光亦纂輯者所有事焉

節婦

明

陳江氏　坎宮井欄圖子達妻永樂時子達充上黃里長運糧北京卒於途時氏年二十五歲矢志苦守紡織自給撫孤伯英成立雍正辛丑知縣周與諧奉建貞節祠與貞女皮鳳貞同祀每春秋二丁致祭省志一統志俱登之邑孝廉吳闓澄爲之傳詳藝文

國朝

徐曾氏　上黃里考授縣左堂承謨妻夫早故守節撫孤性好施與修拱北橋石墩一座子四家珪家燦家瓊俱庠生家璋布政司經歷奉准建坊卒年七十三歲

劉金氏　梓木里緒正妻生子甫穠緒正卒氏年方踰笄哀泣不食矢志堅守孝事翁姑撫孤課讀方成立旋卒督媳何氏勤治女紅歲有餘積課孫澄標澄權澄林治經義咸有聲兩世雙貞奉准建坊卒年七十七歲

金汪氏 梓木里衛掌妻年二十歲夫故矢守數十年翁姑養殯俱盡禮撫二子成立家計益饒長子逢賦子三逢旋逝氏撫三孫課讀次子國學逢貯子六俱入成均卒年七十歲奉 准建坊

周聶氏 石橋里生員之瀾繼室年二十八歲夫故鞠前室子文瑯視同己出食餼宮鼎氏生子三長文珪髫齡遊泮次文璋三文琰俱國學孫德銑庠生觀異開基亦皆國學卒年八十七歲奉 准建坊儒學楊仁爲之傳詳藝文

黃汪氏 梓木里佑萬妻年二十一歲夫故矢志撫孤延課勤嚴奉 准建坊

周盧氏廖氏 盧係石喬里欽奐妻年二十二歲夫故矢志堅守撫子宗漪延課成立娶媳廖氏甫產子一宗漪又殀時廖年二十三歲孀心孝養奉姑教子名入成均奉 准建坊

李吳氏 坎宮偉峯國學正叢妻年二十六歲夫故矢志靡渝事姑孝養友御妯娌鞠子渤英成立入國學延課諸孫循軌力學奉 准建坊

何金氏 巽宮大源圖起賢妻年二十七歲夫故守節奉 准建坊

楊徐氏 朱艮里錦元妻年十八歲夫故立姪和貴和羨爲嗣堅確矢守奉 准建坊

黎朱氏 棐儒應僖妻順治三年夫赴郡試沒於途氏年二十二歲生子越千甫兩月矢志撫孤學憲洪給安節承貞額卒年九十三歲

王黃氏 名杏貞梓木里荻田傳臚女淑惠端麗年十七歲適本里上圩王世賜長子化行順治間世賜官江南太倉州隨任甫半載化行沒氏號痛欲絕截髮納夫棺誓守時世賜以署府篆務追急而豪留貴宦子喪偶聞氏淑慧秀麗許事聘世賜欲奪其志氏聞欲自經適父

傳臚來署氏以告遂潛薙髮飾男裝隨父崎嶇二千餘里足以繭皸裂備極苦楚迺歸氏居一室足不踰閾雖族戚罕覩其面父家窘日給苦葛易米藜藿則易野菜併日粥食卒年九十九歲黃姪發筍猶存其初嫁衣並其夫袍靴咸納棺中氏守貞八十年萬苦千辛志凜冰霜官司三舉節孝以褒窘爲上胥所格邑尹吳一貫贈節孝垂芳辛禹昆贈苦節彌堅李玠贈貞壽母德各額儒學馬應門爲詩百首並爲之傳卒時邑尹孫斯璲親製祭文出庭三揖遣子持香帛拜奠誠所云苦節堅貞者歟以貧故不能獲邀旌表哀哉

程吳氏 南城宣佑妻年二十歲夫故立嗣守節六十六年卒年八十六歲邑尹梁贈巾幗完人額

湯李氏 坎宮韓峯圖通倫妻年二十八歲夫故立嗣承祧鞠育成立妯娌姪媳四少皆孀型氏貞操端潔終老卒年七十八歲

彭張氏 北城正南妻生子二年二十歲夫故矢志冰霜撫子清午婚娶成立甫產兩孫清午夫婦兄弟皆故氏鞠撫兩孫艱苦備嘗以壽終

以上舊志

黎李氏 坤宮錫東圖乾隆甲午年奉 准建坊邑侯曾爲之傳云節婦系出名門爲儒士黎煌眷之妻結縭四載忽喪所天痛不欲存因念堂上二老膝下孤兒苟延殘喘孀居矢志復躬自紡織不辭勞苦四十餘年冰櫱自怡等語一子政經入國學至今子姓蕃衍衣衿相繼咸謂苦節之報

葛胡氏張氏 胡係巽宮山陂圖生員葛珀妻張係側室生子忠邴夫故時胡年二十九歲張年二十七歲共矢柏舟奉 准建坊

黎程氏奉直大夫與僖妻年二十歲夫故守節奉准建坊以壽終載湖北省志

杜楊氏艮宮下闗圖業儒天澤妻年二十歲夫故立嗣矢守奉　准建坊卒年八十四歲

黎戴氏兌宮長堤圖生員南品妻年二十八歲夫故苦志守節奉　准建坊卒年九十歲

張戴氏兌宮中石坪圖步青妻年二十八歲夫故守節奉　准建坊卒年五十八歲

孔胡氏兌宮靈官圖傳敎妻年二十九歲夫故立嗣守節奉　准建坊卒年七十六歲

徐李氏上黃里田介圖業儒永川妻年二十六歲夫故守節奉　准建坊給古柏經霜額卒年七十七歲

黃杜氏兌宮下石坪圖業儒賡五妻年二十二歲夫故立嗣守節奉　准建坊卒年七十歲

杜傅氏震宮橋頭圖郡庠生昌僖妻年二十三歲夫故矢志苦守撫孤成立奉　准建坊卒年九十五歲

李吳氏離宮中堡圖業儒漸逵妻年二十六歲夫故矢守奉　准建坊卒年六十九歲

方汪氏離宮中堡圖業儒應瑞妻年二十九歲夫故矢守奉　准建坊卒年七十四歲

杜傅氏艮宮高石圖宏德妻年二十二歲夫故苦節撫孤提學李給勁節流芳額詳請旌表敎諭彰槐瀛訓導王槐年爲之序卒年七十六歲

皮周氏坤宮信山圖庠生天寵妻年二十二歲夫故撫孤苦守邑尹袁給介于石額提學王給節孝可風額詳請旌表卒年六十四歲

熊郭氏坤宮賓積圖贊朝妻年二十五歲夫故繼姪主喪既而遺腹生子名寶台矢志撫孤視姪如己出貲產均分敎養兼盡學憲朱給節孝慈暉額卒年七十四歲

熊周氏艮宮毛源圖禹嶲妻年二十六歲夫故矢守提學朱給菱榮晚節額卒年九十二歲

李周氏乾宮白馬圖佳俊妻年二十七夫故家貧撫孤苦守提學王給節孝可風額卒年六十九

徐黎氏坤宮界頭圖紅十妻年二十九歲夫故矢守提學方給砥節懷清額卒年五十八歲

段羅氏艮宮下闗圖童生宗禮妻年二十二歲夫故矢守提學王給淑節幽芳額卒年八十歲

杜陳氏艮宮下闗圖允升妻年二十七歲夫故家貧苦守撫孤成立提學杜給節凜冰霜額卒年七十八歲

吳杜氏震宮楊藪圖業儒應湯妻舉人杜禮明女監生光旂母年二十七歲夫故矢守卒年七十二歲

吳杜氏坎宮鐵坪圖庠生及淦妻年二十九歲夫故立嗣矢守提學杜給王貿松心額卒年四十九歲

李盧氏離宮中堡圖業儒法鵬妻年二十五歲夫故矢守詳准建坊卒年七十三歲

潘方氏離宮上堡圖監生傳溥妻年二十八歲夫故矢守提學王給節孝可風額卒年八十六歲

羅陳氏離宮無荒圖庠生元棟妻年二十九歲夫故矢守提學王給砥節懷清額卒年八十五歲

王劉氏巽宮游洄圖如梁妻年二十六歲夫故矢守提學朱給節孝可風額卒年八十一歲

羅吳氏巽官燕窩圖監生管華妻年二十六歲夫故立嗣守節卒年八十一歲

劉方氏巽宮游洄圖監生勝朝妻年二十九歲夫故矢守卒年九十一歲

黎熊氏坤宮錫東圖增生景瀜妻拔貢炳東母年二十八歲夫故矢守撫孤卒年八十八歲

陳康氏兌宮踏水圖業舉妻年二十八歲夫故守節卒年六十四歲

黎胡氏乾宮梅林圖天林妻年二十八歲夫故矢守卒年六十四歲

劉葛氏巽宮游洄圖生員必元妻年二十一歲夫故守節卒年五十四歲

劉汪氏巽宮游洄圖監生賓旭妻年三十歲夫故矢守卒年六十八歲

吳雷氏坎宮易宮圖庠生恒新繼室年二十一歲夫故矢守撫孤課讀勤劬終老卒年八十二歲

吳李氏中宮石潭圖惠河妻年二十六歲夫故矢守學憲王給節孝可風額卒年七十八歲

李王氏中宮樂成圖引彩妻年二十七歲夫故矢守卒年七十四歲

孔熊氏中宮仰山圖毓太妻年三十歲夫故矢守撫孤成立卒年七十九歲

王章氏坤宮八廖圖超羣妻年三十歲夫故矢守卒年八十六歲

張黎氏兌宮鷹棠圖竹如妻年二十九歲夫故矢守卒年五十九歲

黎許氏中宮茅田圖酌平妻年三十歲夫故守節卒年七十四歲

段王氏震宮佘坊圖可南妻年三十歲夫故矢守學憲王給節孝可風額卒年九十二歲

黎胡氏坎宮來蘇圖業儒政琑妻年三十歲夫故矢守卒年七十七歲

潘金氏離宮里八圖灑然妻年二十四歲夫故矢守卒年七十六歲

何金氏巽宮大源圖起賢妻年二十七歲夫故守節奉准建坊

胡黎氏中宮梅港圖萬年妻年二十七歲夫故矢守奉准建坊

胡張氏乾宮左港圖楙盛妻年三十歲夫故守節奉准建坊

黎戴氏中宮白米圖生員述朝妻年十九歲夫故矢守撫孤奉准建坊

吳姚氏業儒鳳楚妻年二十九歲夫故矢守詳准建坊

李徐氏業儒先本妻年二十五歲夫故誓志苦守詳准旌表

傅劉氏業儒玉壺妻年二十六歲夫故矢守詳准旌表

黎陳氏生員逢辰妻年二十五歲夫故矢守詳准旌表卒年四十九歲

吳周氏監生星泰妻年二十歲夫故矢守詳准旌表

徐胡氏業儒興書妻年三十歲夫故守節詳准旌表

晏鄒氏業儒榮富妻年二十七歲夫故守節詳准旌表

羅邱氏業儒克英妻年二十七歲夫故矢守詳准旌表

李蘇氏業儒佩玖妻年二十三歲夫故矢守詳准旌表

杜吳氏震宮移風圖延除妻年二十二歲夫故矢守提學王給節孝流芳額卒年六十四歲

李吳氏離宮中堡圖監生生益妻年二十七歲夫故矢守提學王給節孝可風額卒年七十三歲

汪吳氏巽宮塔嶺圖業儒中孚妻年二十六歲夫故苦守提學王給節孝揚徽額卒年四十一歲

葛吳氏震宮忠坦妻年十九歲夫故矢守撫遺腹子課讀殷勤日事紉績卒年八十歲

劉胡氏巽宮游洄圖樊和妻年二十九歲夫故矢守提學王給清操勵俗額卒年六十二

胡陳氏坎宮南灣圖季甫妻年二十二歲夫故家貧矢守奉姑撫子備極艱辛眼觀五代卒年八十八歲

金盧氏震宮寺前圖爲律妻年二十三歲夫故矢守卒年五十歲

吳曾氏坎宮井欄圖芳棫妻年二十八歲夫故矢守撫孤成立卒年六十三歲

劉周氏巽宮游洄圖周服妻年二十六歲夫故矢守卒年六十歲

彭傅氏　震宮正壠圖亞泉妻年二十四歲夫故矢守卒年六十一歲

盧吳氏　震宮正壠圖貢生希齡妻年二十二歲夫故矢守卒年六十七歲

盧吳氏　震宮正壠圖先頤妻年二十七歲夫故矢守卒年六十三歲

盧黎氏　震宮正壠圖先橋妻年二十六歲夫故矢守卒年六十五歲

黎李氏　坎宮上石坪圖萬鍾妻年二十五歲夫故矢守撫孤成立卒年九十六歲

李柳氏　乾宮界頭圖再盧妻年二十七歲夫故矢守撫孤成立卒年七十三歲

金張氏　巽宮義口圖碩朋妻年二十四歲夫故矢守卒年六十八歲

李吳氏　坎宮韓峯圖德哉妻年二十六歲夫故矢守卒年四十三歲

李鄧氏　震宮南庄圖庾嶺妻年二十五歲夫故矢守卒年五十八歲

張杜氏　震宮橋頭圖鳳川妻年三十歲夫故矢守卒年七十一歲

夏何氏　巽宮盤的圖艷鳳妻年二十三歲夫故守節學憲王給砥節懷清額卒年七十五歲

羅吳氏　巽宮燕窩圖贊陶妻年二十二歲夫故矢守卒年五十五歲

皮陳氏　坤宮沙坪圖自炳妻年二十四歲夫故矢守卒年五十歲

劉胡氏　兌宮靈官圖儁揚妻年二十五歲夫故守節提學李給節壽流輝額卒年九十歲

羅葛氏　離宮無荒圖業儒艮涵妻年二十八歲夫故立嗣守節提學王給砥節懷清額卒年八十二歲

吳劉氏　巽宮清臣妻年二十五歲夫故矢守邑尹袁方杜爲之傳學憲王給慶延節壽額卒年九十八歲

何王氏　巽宮大源圖文通妻年二十六歲夫故守節卒年八十二歲

何羅氏　巽宮中珊圖敬承妻年二十八歲夫故守節卒年六十五歲

張黎氏　兌宮鷹棠圖庠生定一妻年二十九歲夫故矢守撫孤成立卒年五十九歲

杜廖氏　艮宮下閣圖庠生提封妻年二十九歲夫故矢守撫孤成立卒年七十五歲

杜陳氏　震宮橋頭圖全豐妻年二十九歲夫故矢守學憲王給節孝可風額卒年六十九歲

劉何氏　巽宮昌平妻年二十七歲夫故矢守卒年七十八歲

夏葛氏　巽宮步蟾妻年二十七歲夫故矢守卒年六十五歲

劉金氏　巽宮艷觀妻年二十三歲夫故矢守卒年五十五歲

何劉氏　巽宮大源圖明珠妻年十九歲夫故撫孤矢守學憲王給節孝可風額卒年七十九歲

何羅氏　巽宮五流圖握元妻年二十七歲夫故撫孤矢守學憲王給節可風額卒年八十三歲

吳李氏　巽宮河市圖監生金和妻年二十六歲夫故矢守卒年七十二歲

吳鄧氏　離宮台源圖隆館妻年二十七歲夫故矢守卒年八十歲

胡吳氏　乾宮白馬圖光明妻年二十八歲夫故矢志苦守事姑孝順撫嗣子宗政弱冠遊泮卒年六十歲

徐吳氏　中宮圖家通妻年三十歲夫故矢守卒年七十二歲

段王氏　艮宮下澗圖頭廂妻年二十一歲夫故矢守學憲王給節孝可風額卒年七十八歲

何劉氏　巽宮中興圖彩鳳妻年二十四歲夫故矢守卒年五十五歲

李王氏　兌宮鷹棠圖業儒家超妻年十九歲夫故撫遺腹子傳薪矢志苦守詳准坊建卒年七

十三歲

章楊氏中宮黃桂圖廷颺妻年十九歲夫故守節卒年六十一歲

以上新採已故節婦

吳盧氏坎宮百花圖業儒詠陶妻年二十六歲夫故矢守孝事翁姑撫嗣成立課讀維殷同治元年詳 准旌表建坊現年六十二歲

周龍氏艮宮大源圖業儒大維妻年二十三歲夫故矢守詳 准旌表現年六十六歲

吳杜氏坎宮鐵坪圖席珍妻年二十三歲夫故矢守咸豐十年奉 旨旌表給銀建坊儒學甄給節孝兩全額現年五十四歲

黃胡氏業儒時敏妻年二十一歲夫故矢守詳 准旌表現年五十八歲

羅陳氏艮宮後坊圖監生爽明妻貢生達川母年二十五夫故矢守詳 准建坊現年七十二歲

李吳氏震宮南庄圖業儒漢昭妻年三十歲夫故矢守詳 准旌表現年六十歲

吳熊氏坎宮塘田圖進士冀泰側室年二十九歲夫故矢守詳 准旌表現年五十八歲

吳胡氏坎宮塘田圖業儒長泰妻年二十八歲夫故矢守詳 准旌表現年六十五歲

吳杜氏慶堂妻年二十二歲夫故矢守學憲王給匾勵松筠額詳 准旌表現年八十七歲

李熊氏乾宮界頭岡紹衡妻年二十六歲夫故撫孤矢守提學王給畫荻含貞額現年八十二歲

盧吳氏震宮灣頭圖監生耀華妻年三十歲夫故矢守撫孤課讀孫晉相繼現年七十八歲

盧周氏震宮灣頭圖步儲妻年二十二歲夫故矢守撫孤成立現六十七歲

洪徐氏艮宮乾港圖篤實妻年二十九歲夫故矢守現年五十歲

盧熊氏震宮灣頭圖保初妻年十九歲夫故矢守撫孤成立詳 准旌表現年六十二歲

邱周氏艮宮毛田圖業儒券芳妻年二十歲夫故立嗣矢守現年六十二歲

邱鄒氏艮宮毛田圖業儒厥修妻年二十一歲夫故立嗣早逝撫孫旋夭接繼曾孫苦守完節現年六十七歲

胡吳氏坎宮柳樹圖繡榮妻年二十六歲夫故矢守現年七十二歲

周杜氏艮宮大源圖燮南妻年二十五歲夫故矢守現年五十一歲

吳劉氏坤宮沙坪圖冬青妻年十九歲夫故矢守現年六十六歲

潘何氏巽宮黃嶺圖行義妻年三十歲夫故矢守現年五十四歲

黎李氏中宮茅坪圖乾九妻年二十九歲夫故矢守現年五十一歲

黃胡氏中宮樊店圖時敏妻年二十二歲夫故矢守現年五十八歲

胡吳氏乾宮左港圖登盛妻年二十九歲夫故矢守撫孤成立現年七十四歲

胡李氏乾宮里仁圖持盈妻年二十九歲夫故矢守現年六十九歲

黎周氏中宮馬畈圖履端妻年二十二歲夫故矢守現年五十一歲

胡楊氏巽宮楊源圖昌證妻年二十歲夫故矢守現年八十四歲

胡李氏坎宮尖峯圖職封妻年二十六歲夫故矢守現年七十七歲

楊徐氏坤宮雙港圖業儒暢林妻年二十七歲夫故矢守撫孤成立孝奉孀姑現年七十一歲

周皮氏艮宮大源圖秋舫妻年二十一歲夫故矢守現年五十一歲

雷羅氏艮宮黃大圖喬昇妻年三十歲夫故矢守現年六十四歲

傅孔氏艮宮平垌圖文秀妻年二十九歲夫故矢守現年五十一歲

張金氏震宮橋頭圖簡昇妻年二十七歲夫故矢守現年七十八歲

杜況氏吳氏震宮八叟圖奉五妻年二十一歲夫故育一子衡齡未週一月後衡繼弱冠又卒媳吳氏時年二十一歲育子芳錫甫九月姑媳同守矢志堅貞撫孤成立況現年七十五歲吳現年五十二歲

皮徐氏震宮守仙圖自福妻年二十歲夫故矢守學憲王給節孝可風額現年八十七歲

鄭吳氏巽宮義井圖飛香妻年二十九歲夫故矢守現年八十五歲

胡吳氏巽宮蒝荷圖景純妻年二十七歲夫故矢守撫孤成立現年八十五歲

何王氏巽宮高石圖文生妻年二十歲夫故矢守現年六十七歲

胡汪氏巽宮蒝荷圖儁元妻年二十七歲夫故矢守現年七十一歲

葛李氏巽宮義井圖監生仲瑱妻年二十九歲夫故矢守現年五十一歲

方潘氏離宮中堡圖業儒占先妻年三十歲夫故矢守延師課子恪守夫志現年五十歲

皮杜氏坤宮東閣圖生員三宅妻年二十七歲夫故矢守撫孤成立現年六十三歲

張李氏兌宮逢廣圖庠生炳煌妻年二十九歲夫故矢守現年五十歲

趙毛氏兌宮馬港圖國治妻年二十五歲夫故矢守現年七十八歲

陳黎氏兌宮九峯圖業儒秉圭妻年二十五歲夫故矢守現年五十三歲

胡黎氏中宮長堤圖謙六妻年二十五歲夫故矢守現年五十二歲

潘王氏離宮里八圖越輝妻年二十八歲夫故矢守現年五十六歲

汪鄭氏業儒滌瓊妻年二十六歲繼嗣守節現年六十五歲

周傅氏艮宮大源圖綠池妻年二十八歲夫故育一子僅四齡阨窮苦守撫孤成立現年七十二

徐汪氏巽宮竹山圖炳森妻年二十五歲夫故矢守現年六十歲

潘丁氏離宮上堡圖庠生紹榮妻年二十八歲夫故矢守現年七十六歲

黎楊氏坎宮來蘇圖揚道妻年二十歲夫故矢守現年八十歲

徐傅氏震宮竹山圖履綏妻年二十八歲夫故矢守現年五十六歲

陳孔氏艮宮圖律清妻年二十四歲夫故矢守現年五十二歲

皮黎氏坤宮東閣圖迪亨妻年二十九歲夫故矢守現年六十七歲

羅邱氏艮宮櫟坪圖克英妻年二十七歲夫故矢守現年六十二歲

黎胡氏坎宮來蘇圖景昭妻年二十七歲夫故矢守現年五十五歲

金皮氏震宮寺前圖冊參妻年二十二歲夫故矢守現年七十三歲

以上新採現存節婦

杜葛氏艮宮下閣圖天祚妻年二十六歲夫故立嗣矢志卒年八十歲

熊潘氏坤宮沙段圖文質妻年十八歲夫故之嗣矢守邑侯七給清潔堪嘉額

黎吳氏坎宮鳳山圖龍翔妻年二十七歲夫故矢守卒年八十歲

葛鄭氏巽宮山坡圖嘉士妻年二十七歲夫故矢守提學王給節孝可風額卒年七十七歲

盧楊氏廖氏震宮黃泥圖沂濱妻年二十二歲夫故矢守卒年七十八歲媳廖氏年二十八歲夫故矢守卒年七十二歲

葛廖氏 巽宮賢材妻年二十六歲夫故矢守提學王給節孝可風額卒年八十七歲

周皮氏 艮宮大源圖監生德鎬妻年二十八歲夫故矢守提學王給節孝揚徽額卒年八十六歲

洪蕭氏 艮宮乾范圖洛川妻年二十八歲夫故矢守提學王給節孝可風額卒年九十六歲

何李氏 巽宮大源圖庠生鵬南妻年二十四歲夫故矢守卒年九十六歲

李張氏 艮宮南庄圖敦本妻年二十八歲夫故矢守提學王給節孝可風額卒年六十八歲

吳杜氏 坤宮沙坪圖庠生家倫妻年二十七歲夫故矢守提學施給清標彤管額卒年七十八歲

吳杜氏 坤宮沙坪圖顯珣妻年二十二歲夫故矢守姑黎氏媳盧氏亦先後同志苦守提學洪給勁節同貞額卒年八十歲

金孟氏 震宮毛源圖象泰妻年二十四歲夫故日生子矢志撫孤成立提學王給慈竹松貞額卒年八十三歲

金張氏 巽宮義口圖金茂妻年二十三歲夫故矢守提學王給節孝可風額卒年六十六歲

金羅氏 巽宮塔嶺圖則濂妻年二十五歲夫故矢守提學王給節孝揚徽額卒年六十歲

胡宋氏黎氏 宋氏允詔妻年二十三歲夫故子振拱未幾又卒媳黎氏時年十八歲姑媳共守苦節堅貞提學吳給冰蘗嗣徽額

楊孔氏 兑宮日傳妻年十八歲夫故矢守邑尹袁方杜給柏節本堅額卒年七十七歲

李傅氏 秀濤妻年二十歲夫故矢守邑尹袁方杜爲之傳

葛鄭氏 柴仙里架書妻年二十歲夫故矢守邑尹袁方杜爲之傳

杜黃氏 艮宮高石圖景照妻年二十八歲夫故矢守卒年六十九歲

杜黎氏 艮宮下闕圖勳安妻年二十四歲夫故堅守卒年九十三歲

雷王氏 艮宮黃大圖庠生光潤妻年二十八歲夫故撫孤矢守卒年六十八歲

盧全氏黃氏 震宮毛源圖均監生從鎬側室鎬歿時全年二十八歲黃年二十二歲僅黃育一女正室王氏立姪爲嗣全黃二氏矢學志守全卒年九十歲黃卒年六十歲

王陳氏 艮宮大溪圖朝拔妻年二十七歲夫故矢守卒年八十二歲

吳杜氏 坤宮沙坪圖心齋妻年二十三歲夫故家貧矢守撫孤延課易紡織爲束脯卒年八十歲

胡李氏 乾宮方段圖天昭妻年二十一歲夫故矢守撫孤成立卒年八十歲

胡曹氏 乾宮白馬圖恒鑄妻年二十一歲夫故矢守撫孤成立卒年五十五歲

胡陳氏 乾宮方段圖斗回妻年二十六歲夫故矢守撫孤成立卒年七十三歲

李胡氏 乾宮大陽闕秩彝妻年二十八歲夫故矢守撫孤成立卒年九十歲

胡吳氏 乾宮白馬圖徵歐妻年十九歲夫故矢守撫孤成立卒年六十六歲

黎孔氏 坎宮鳳山圖僉平妻年二十五歲夫故矢守卒年七十三歲

杜潘氏 巽宮黃龍圖藏員昌漢妻年二十三歲夫故矢守卒年六十三歲

何葛氏 巽宮大源圖雪堂妻年二十七歲夫故矢守卒年七十九歲

劉葛氏 巽宮竹龍圖錦臺妻年二十六歲夫故矢守卒年六十八歲

李趙氏 兑宮上石坪圖首登妻年二十八歲夫故矢守卒年七十六歲

洪李氏 艮宮佳勳妻年二十八歲夫故矢守卒年八十歲

吳程氏鄧盧氏 坤宮沙坪圖家伊妻年二十七歲夫故矢守撫二孤甫娶媳復相繼逝與長媳

鄧氏次媳盧氏同志苦守卒年八十四歲

吳廖氏 坤宮沙坪圖顯健妻年十九歲夫故矢守卒年八十三歲

黎鄧氏 坤宮錫東圖鳴珂妻年二十四歲夫故矢守提學王給節孝可風額卒年八十四歲

習張柳氏 張坤宮庠生習元妻年二十八歲夫故柳側室年二十四歲夫故二氏同志矢守張卒年八十歲柳卒年七十歲

金羅氏 巽宮義口圖卜相妻年二十六歲夫故矢守卒年七十八歲

吳洪氏 艮宮竹山圖監生喬年妻年二十八歲夫故矢守卒年五十七歲

吳胡氏 坎宮偉峯圖及霆妻年二十四歲夫故矢守立嗣又殤父母憫其無依勸令改適遽自投死救免後憂憤成疾卒

黎胡氏 乾宮梅林圖步雲妻年二十四歲夫故矢守卒年五十八歲

黎胡氏 乾宮梅林圖墨淚妻年二十八歲夫故矢守撫孤成立卒年六十四歲

羅龔氏 離宮水興圖輝彩妻年二十歲夫故矢守卒年九十四歲

聶黎氏 兌宮踏水圖廩生聶森妻年二十八歲夫故家貧苦守卒年八十二歲

黎吳氏 坤宮錫東圖貢生連五妻年二十七歲夫故矢守卒年六十歲

楊朱氏 西城內文芳妻年二十三歲夫故矢守提學洸給玉質松心額卒年五十五歲

以上道光甲辰年採訪其現存者概緣呈報登入續志

何葛氏 巽宮崇仙里儒士卜奇妻年二十九歲夫故矢守學憲馮給節孝額現年六十九歲補

烈婦

習吳氏 坤宮東坪圖月世妻年笄于歸孝事翁姑家貧閨範甚肅同治四年叛勇竄逼氏帶乳女隨祖姑走避及百弓嶺賊逼近藏入石穴適女啼賊聞搜獲欲污之氏拚命堅拒罵賊不休賊怒斷其手割其舌氣絶復蘇加以睚眦更鑿其眼以洋鎗擊斃祖姑出述其事聞者傷之

吳李氏 坎宮百花圖業儒自然髮妻氏臨湘人自然家竹山道光壬午其父普臣率往迎娶歸甫登舟自然失足溺焉氏立欲自盡父命姊護救數日後防之稍懈卒投河死

胡吳氏 坤宮寶積圖均要妻咸豐六年賊匪入境氏偕羣婦走匿窖林賊突至獨牽氏氏堅拒大罵比及死身中鎗痕血漉皮裂無尺寸完膚

胡黃氏 乾宮馬坑圖昌福妻咸豐五年在本縣際山洞遇賊拉氏氏憤甚罵賊不休賊佯舉其刃氏無所恐引頸就之卒被殺死

羅雷氏 艮宮堆山圖福常妻咸豐五年被賊追逼赴水賊怒隨躍入以長矛刺之立死

鄧楊氏 中宮葦下圖良啟妻咸豐五年被賊追逼投水死

下皆殉難

何程氏 時福母　**續胡氏** 傳明母　**鄧孔氏** 耿楚妻

胡李氏 薦芳妻　**徐杜氏** 家五妻　**羅李氏** 以珍妻

續聶氏 福三妻　**李黃氏** 佳聰妻　**張洪氏** 儘孝妻

熊李氏 朱彰妻　**毛黃氏** 懷品妻　**杜李氏** 賜明妻

徐杜氏仰衡妻　黎謝氏尊三妻　鄭吳氏深海妻

鄭胡氏作保妻　彭李氏平川妻

貞女

明

吳丑貞字雪梅吳念進長女生天順丁丑年孤貞苦節終身不字没年舊譜散逸生平善行買糧田修龍城圳袤延千餘丈水旱賴之寄叢變峯二刹遺蹟甚夥到處津梁傾危伙助其專美惟萬壽橋最著又如普濟庵鑄鐘兩度不成丑經其里取砦揶爐一鑄而就詳作碑

坊

吳細伯在坊里庠生吳修齡女幼字崇邑陳未嫁夫故哀號欲絕枕塊三年壽八十有二以貞終

老

吳一貞在坊里吳尙用女幼字盤庚里盧姓未嫁夫故在室奉侍父母寒暑不倦弟死姪幼撫養

成立卒年七十一歲

國朝

皮鳳貞東城外皮文楚女幼字石喬里周文彬明末彬爲流賊所掠女時年十三守貞不字卒年八十歲邑侯丁克揚爲之傳詳藝文一統志省志均登之雍正辛亥年邑侯周珙請帑建

貞節祠與明節婦陳江氏同祀每歲春秋二丁日官員致祭永著爲例

方五貞巽宮路口圖方文輔女幼字葛國勝子賢仁未嫁夫故往哭盡哀歸矢志不字詳請建坊

杜六貞艮宮高石圖卅同杜相衡女幼字誥贈奉直大夫吳芳藥次子年十六歲夫故誓不再

字卒年七十七歲道光丙戌學憲王獎節砥女貞額詳請建坊

吳淑貞離宮監生吳昌詔女幼字生員杜克明子未笄夫故父母議再字女矢志堅守姑死徃杜

成服仍歸守始終如一詳請旌表

周蘭貞 梓木里周贊廷女幼配吳錫宏子甫八歲夫夭誓不再字嘉慶庚辰年邑侯蔣詳請給氷雪爲心額卒年四十八歲

金玉貞 震宮金鳳照女幼字盧夫夭於盧拜奠號慟欲絕父舁歸服斬三年誓不再字未幾父卒事繼母極孝女紅勤紡撫畜幼弟婚娶創置肅睦一堂泐金璞玉貞兼賢孝合邑傳頌

黎張姑 閨字清貞張文理女幼字業儒黎景魁年十三鬼殀女往夫家守貞繼夫弟附生黎圭璋子佛運爲嗣數月母家托故往迎女辭以當爲吾夫奉事翁姑遂安於黎終身守貞丕請題准旌表咸豐十年奉撫部院胡給秋江比潔額卒年五十四歲

劉冰心 巽宮祝墀圖劉永隆女幼字儒童葛德全未歸失偶髫年立節誓不再字言笑不苟操凜冰霜卒年八十六歲

瑞媛

潘羅氏 離宮里八圖監生潘德求妻壽百齡五代同堂奉 旨建坊給昇平人瑞額緞匹銀兩

潘何氏 潘羅氏媳職員潘維新妻壽百零二歲五代同堂奉 旨建坊給昇平人瑞額緞疋銀兩仝姑羅氏合坊

劉徐氏 城居劉鳳友妻壽百零五歲奉 旨建坊給貞壽之門額

金張氏 巽宮義口圖金諦武妻五代同堂奉 旨給慶衍遐齡額緞匹銀兩

周劉氏 艮宮大源圖廩生周德鋐妻五代同堂奉 旨旌榮給緞匹銀兩

杜盧氏 艮宮七嶺圖監生杜昌瑞妻五代同堂奉 旨給貞壽之門額緞匹銀兩

劉董氏 巽宮游洄圖壽員劉均巍妻五代同堂詳准旌表

李胡氏 乾宮大陽圖舉人李珩琳妻五代同堂詳准旌表

吳劉氏 柴仙里業儒吳清臣妻壽九十八歲五代同堂學憲王給慶延節壽額

方萬氏 盤庚里路口圖方明鑑妻壽八十五歲五代同堂詳請旌表

何李氏 巽宮大源圖廩生何天翰妻壽九十六歲五代同堂詳請旌表詳節婦

劉羅氏 梓木里大窩圖劉天亶妻壽八十二歲五代同堂詳請旌表

劉蘇氏 修竹里西成圖劉楚珠妻壽百零二歲五代同堂奉 旨建坊給貞壽之門額江紬銀兩

劉葛氏 修竹里游洄圖監生劉光吉妻咸豐八年五代同堂呈請旌表

黃羅氏 修竹里荻田圖黃奇典妻同治元年五代同堂呈請旌表

胡吳氏 修竹里娘荷圖胡景純妻同治元年五代同堂現壽八十五歲詳節婦

胡吳氏　巽宮辛安里壽八十五歲五代同堂呈請旌表

杜續氏　艮宮中澗圖庠生杜精明母壽百零一歲邑侯傅給熙朝人瑞額呈請旌表

李汪氏　震宮南庄圖職員李大吉妻壽八十八歲五代同堂呈請旌表

趙熊氏　兌宮馬港圖衛守府衛趙廷拔妻壽八十六歲五代同堂呈請旌表

張吳氏　中宮上白米圖張掄藻妻壽九十歲五代同堂咸豐十一年公呈詳請旌表

葛何氏　崇仙里葛錫齡妻壽百零六歲呈請旌表

胡李氏　坎宮尖峯圖胡定亭妻壽九十六歲五代同堂

羅王氏　離宮羅巨卿妻壽百零二歲

何嚴氏　大源圖何學彩妻壽八十三歲五代同堂

汪傅氏　嶽連圖汪玉川妻壽八十六歲五代同堂

胡鄒氏　坎宮尖峯圖胡蕙德妻壽八十七歲五代同堂

吳鄧氏　上太里業儒吳隆館妻壽九十歲五代同堂

金張氏　盤竹圖五代同堂

胡吳氏　胡景純妻五代同堂

劉徐氏　中宮徐鳳友妻壽百零四歲乾隆三十七年奉旨旌表

吳杜氏　吳慶堂妻現年八十七歲五代同堂詳請旌表詳節婦

段王氏　蛇坊圖段可南妻壽九十二歲五代同堂

附

吳羅氏　坎宮鐵坪圖庠生應鴻妻性莊孝淑惠順治丁亥春歉適應鴻病歿有穀二千餘石入夏米貴流殍載道氏膳給族窘又多購舩箪擣糙舂賁濃潑粥食自能就食者用濃粥留息什道餓氏命子庠生鼎盛躬親詢視督傭舁逢親監調以淡粥勿令傷脾𤸁斃者日無慮百輩全活者數千人

毛李氏　兌宮古城圖吏員毛起瑜母捐建社倉一戶以貯社穀邑侯梁永甯贈惠施里閭額

章岳黎氏　岳係中宮馬耕留學淵妻黎係學源妻姑雷氏病革二氏割股療治奉准合建一坊

盧鄧氏　盤庚里貢生國鳳妻國鳳官福建建陽縣丞買妾某氏育一子興安少守建陽保尋署縣券虧帑被劾鬻產完項歸里尋並妾先後故興安方稚鄧氏親育二子先已析產不欲旁分興安氏日吾夫官建陽祇留此一塊為耳見親子鞠哀詎薄遂取親女吳盧氏奩田四石收給興安親督傭力耕以贍服食三遇歉歲氏携興安甘同食淡鞠庠成立婚娶教誨目覩子又生孫壽九十餘歲

以上舊志

何孔氏　崇仙里大源圖秉清妻孀居同治六年以紡織餘貲捐賓興錢三十串文

續志

通城縣志卷十八

藝文　記　碑　跋　引　傳　議　詩

楚人嫻於文其素也而宦遊名公間有記傳詩詞皆足以登大雅之堂而備輶軒之採雖未獲窺全豹而吉光片羽希世所珍謹錄而誌之

賁深堂記　黃山谷

通城縣學宮賁深堂前縣治臨川鄒君餘損道之所作也通城故崇陽之聚也民病於隸崇陽求專達於武昌故熙甯五年詔割崇陽之三鄉爲通城縣以六

安曹君登子漸爲令爲吏廉能知所先後其作邑民勸趨之官府是以鳩民則致力於學宮因其溪山之陽作夫子廟廡及諸生舍以待其秀民興焉未遑教事而曹君去由是閱數令方貸民出子錢併役兼任而藏其僱傭之奇以爲農歲上丁釋奠府吏執事趨如令則止及令東平王君定民佐時之才病其邑子之不學頗理曹君之緒執經以待問而士不至雖然曹君之功不遂隳亦王君之力也鄒君始下車問支城戴君與聲及有德而明經術以書幣聘焉戴君至

而士大夫有所矜式鄒君曰講堂者利於群居而不利於燕居使賢者退而與諸生雜處吾懼賢者之不安席也乃因民之餘力而作斯堂於是授耒耜而挾書棄惰遊而安業日至爲頑之風夜於其家者知貴老出入於其鄉者知尚齒於市於田見儒衣者皆肅然父老乃相與嘆曰毀我財而成我子弟勞我力而逸我者老蓋學之功也繼鄒君者臨川吳君履中與權吳君發政甚愛民而論政先養士其獄犴平矣曰此俗吏之所能也於是復以書幣聘海昏李君亮采

李君應之則與李君分職曰子與其教事而我知其政李君力學以待舉修己以致人士皆樂好之吳君公事退則來燕於堂左經右律靡日不勤凡宮室不能風雨器用不可薦羞皆彌縫補苴使無憾於是通城之學可以責士之不來而士得師友誼與於學矣夫性者民所自有也彼其怙富滅德放貧爲濫強有力暴柔良者不立豈獨民之罪哉長上不勸學也今自曹君以來有勸學之心而猶待四人然後其政行善政之難也如此夫昔者鄒君甚愛斯堂嘗以書抵

京師求予記之會予不暇及是吳君爲之請焉予謂鄒君者名斯堂不空語諸生從事焉不可不知也淺聞寡見者不能引之至於道故學者皆得一而曖昧彼其得一也非自得之故也孟子曰君子深造之以道欲其自得之也見異端而弗畔居之不安也趨下流而失其本貴之不深也今夫水決之東則東流決之西則西流背源而往矣左之右之而常逢其源亦必有道矣夫教者欲流效而不使人自得之學者欲速化而不求自得之皆孟子之罪人也故表彰鄒君

之意以曉諸生若夫挈楹計工述其襟帶溪山之觀則非兩令之屬予者故不書

朱方瓊忠廟碑　建炎二年　邑侯　尹仲

自乾坤定位而倫常以立五倫之中君臣爲大父子爲親爲臣死忠爲子死孝死固當然也如我本朝金寇横逆社稷有累卵之危生靈有倒懸之急凡爲臣子者無不奮勇爭先願縶逆賊之頸食肉寢皮而甘心者也瓊公居其間忠盡自守力戰勦賊不意我軍失利皇上北轅公遂捐生赴難迄今想見其精忠之節動搖山嶽剛大之氣淩逼雲霄豈偷生苟祿之流所可倫乎賜之廟祀血食萬世本朝報公之德不爲

不厚其亘古綱常君臣大義公之扶持亦不爲小矣是爲記

社稷壇記 元大德七年

江南北道肅政廉訪使　程文海

社稷郡邑通祀也而或廢不立立或不式余乘軺行春武昌境中見其具且如式者無幾耳蓋推之自郡始繼而咸以維新告通城與焉予或記或否者顧吏民有請有不請也越二年秋文海以公事至其邑邑長以治中好學而文請記其事治中議以諉余余謂治中曰民人社稷天子受之於天以授於下而分理者知一而不知二或併忘而遂怠且虛之可乎夫民為神之主神依人而祀祀固不可廢也政亦不可慢

也至治馨香感於神明之謂何蓋民為貴社稷次之苟任其寄者皆不可不知也吾之所能言者治中亦能言之治中曰公之言我心也請以為記治中名察罕申居白雲中號曰白雲其邑長前曰衛良弼後曰韓玉縣尉張思祖

開創縣治記 明洪武己酉年

武昌府儒學教授　劉賢

鄂介江南要區屬邑曰通城距郡五百里昔為通城鎮屬唐年縣宋熙甯五年陞為縣東挹黃龍幕阜之奇西聯衡嶽洞庭之勝銀甕在前雋水在後長江坦如平壤曠如衣冠文物為他邑稱元失其馭四海鼎沸苗兵往來屯駐殺人而食撤廬以爨民之逃徙十將八九水火之厄可勝言哉聖神受命應天順人削平僭亂整理郡縣乙巳夏永陽馬極來知縣事始至剪荊棘焚舊翳夷道塗攘除奸宄撫輯遺黎宣布德

意申飭憲章未幾逃徙者咸復其業慕化者襁負而至田野以闢戶口以增中澤之雁不鳴四郊之犬不驚逾年政治大行境內乂安迺度田正戶均征役搏浮費愛養民力既庶而富既富而教絃誦之聲相傳禮義之俗已興一旦環視廨宇慨然曰茲邑之廢久矣曾卑陋而可為政乎先務之急莫有甚於此者夙夜孜孜載謀載治刊山伐木諏吉召工或良材是斷或隙宇是遷為屋三十餘間端大堅緻洞達軒豁署事有廳分憲有司吏牘有房禁鼓有樓黝堊塗塈墨

綢以法又懼斯文遺墜大建孔子殿庭上下等尺覛昔無比三皇社稷秩祀之神皆復廟貌關渡橋梁道里郵傳靡不完理上官嘉之旁邑效之邑之士民廖王等狀其事請爲文以垂無窮余嘗奉明詔布告多方由南嘉沂蓴川歷崇陽入其境野無惰農耕桑晏然入其邑民物熙熙井田不譁履其庭胥執役勤吏奉法謹凡所創置修飾文質得宜左顧則黌宮巖巖聖道以尊右瞻則新廟翼翼神祇以安噫觀馬極之爲政足徵士民之所請不誣也極和緩直方廉達明敏嘗從上征伐合符徵兵遵旨柔遠人董功作給餽餉以功授甯國丞時倅佐令長咸以罪廢去極蒞事四年績書上考他日理大府典名藩等而上之功業未易量也姑述其槪以副士民之所請云

重修儒學記

敎諭　徐麃斗

通城縣學創自明朝乙巳夏令尹丞陽馬極來知是邑公勤廉介下車之始瞻顧左右訪儒學謁先聖者民咎毀於寇竦然驚曰學校風化所關歷代所崇虞有上庠下庠夏有東序西序周之世左右有學東有膠西有庠王宮國都以及里巷莫不有學明人倫育人才淑人心治隆俗美千載不磨恭惟皇上受命法古爲治一郡一邑莫不立學通城爲武昌望邑建學校施敎化誠縣令首務也吾甯緩乎甫期年察天文披地圖相地一區達縣東十餘步水遶山迴四獸拱伏正聖哲之所居賢人君子會萃之所也即定厥址捐俸勸貸不逾月木植瓦片胥辦度地取中首建聖殿高三丈五尺深廣四丈有奇丹青耀日棟宇連雲前創欞星門戟門間計以三翼以東西廊廡數各如之後創明倫堂饌堂各三間東西衛以齋舍東曰進德西曰修業既而神廚庫房射圃暨亭出入厰門巍巍峩峩煥然鼎新厥功告成師生日相與講道論德於堂徵者顯幽者闡人人知父子之有親君臣之有義

夫婦之有別長幼之有序朋友之有信斯道大明民風丕美隆古未之有也凡士之得遊於門者豈特旅進旅退而已哉由鄉舉膺拔擢歷職憲府𢹂黻皇猷若汪茂實華胥此焉出猗歟盛哉歲月云邁殿宇剝落堂舍頹傾師生無復講道之處永樂辛卯令尹曹原昇承命蒞任崇儒重道復諭工修葺生徒得蓋講學之功歷甲辰登黃甲者冠象簡鵠立朝端若劉士昌亦從茲而出學校爲之再盛矣自茲厥後涵濡書累人材之盛濟濟彬彬後先相繼風俗之美稱爲醕

厯學校關係豈小補云乎哉余與教茲庠諸生范純楊懋請言以識往事輒令二生詢於邑之耆民陳文貴具得始末之蹟因書以垂不朽云

重修縣治記

明訓導　黃　裳

通城縣治創自國初制度規模久而漸壞百餘年來未有緝而新焉者今上即位改元成化大計天下吏黜陟更新而杜侯敏至侯覇州人而豪傑者也由太學事内府諳練世故久矣令通一載政務舉興民以和甯乃議修縣治增所未備係以下咸贊之於是隨宜取材不取於民量力致工罔勞於衆不數旬材木山積工役子來有莫知其所以然者期月而後堂五間成架步如法穿堂四間成裁就有體皆板以覆椽

泥以乘瓦堅固縝密用爲退思之所曹司後周爲垣高等尺許以嚴關防二門側緝兩翼舍各爲小門以謹出入鐘鼓則爲京觀而内之左右立榜房各九間張成憲以示勸懲街衢則甃之以石對待立長竿數十遇恩慶以懸綵坊巷要衝立廵鋪警更點慎火盜也作土磚砌東西南北城門爲保障加屋其上以達遠望舉凡學校壇廟寺觀橋梁靡不煥然改觀告成之日遐邇聚集咸謂縣治雖新足副朝廷寄命之意不有記何以傳永久乎隨請於余余謂世之位通顯

食厚祿者意在金紫侯之廉介清如水斷決平如衡慎重有德後必有書之循良傳者余不及詳也獨喜有益縣治故記之以貽將來云

重修城隍祠記

明景泰壬申 邑貢士 郭文質 山陰訓導

城隍神靈之赫濯者也有國家者莫不廟食以祀之記曰聖王之制祭祀也法施於民則祀之以死勤事則祀之以勞定國則祀之能禦大災捍大患則祀之我太祖高皇帝膺天明命奄有四海敬禮神明故內而京都外而郡縣皆立城隍致祀焉蓋欲其捍禦災虞而默相乎國家也通城素稱望邑山高如城川深如隍惟高惟深惟神聰明正直德崇而利溥洪武己酉上嘉其功特賜爲監察司民城隍顯佑伯以主斯土先乙巳夏永陽馬極來知縣事大建祠宇於縣治之西南百步祠南向廊分左右儀門大門暈飛於前過堂寢室踵接於後仞牆周繚岌然偉觀自是以往風雨摧射祠宇傾塌越宣德辛亥蜀川楊侯來職司土克禮於神而神亦爲之庇焉善教洋溢四達絃誦滿邑桑麻盈郊正統壬戌九載考績吏民懷而不舍合邑耆舊咸以德政請留藩臬俱聞賜勅褒嘉復任斯邑往來三十餘年政治馨香皆神之貺也景泰辛未將乞骸歸鄉迺鳩工率衆鼎新其祠繪以華藻賢

侯之功蔑以加矣又捐貲造龕塑神驥列於門之左右威儀壯觀視他邑蓋未有方於此者噫神之所以爲神貴於正直斯能效靈而致敬於人則夫馬侯楊侯恪恭乃心而後先創葺祠宇神之爲德其盛矣乎尙冀神靈不昧俾合邑之民家給人足永無禍患之慮凡所倚仗神其相諸夫楊侯造福於民而盡敬於神幽明之績可無以紀之乎乃因耆舊幸得盛之請書此以誌可久云

創建學田記

教諭　徐麟斗

粤稽

聖制廣厲學宮作興文學意何蒸蒸厚哉既復其身家矣又養以餼廩督以齋號懸賞以優文稽行以考德凡可作善良而寓振勸者何不用也乃守玆土者更推廣德意設處租課以覃及餼廩所未周貧窶之無資者宜乎文教之日隆矣不佞歷覽楚志有學有田在處皆然獨通爲缺典楊侯莅通三載諸凡修舉振興敦崇文學者無不備至乃悵然於學田之獨缺也爲捐俸薪置買田若干畝歲出租若干石給付學宮以爲多士裨助此其嘉惠盛心直傳之世世無窮極曾止一時之惠焉已乎爾多士列在膠庠承玆殊渥宜何如以副之不佞叨領庠校躬逢盛美且樂觀其成爲立收給定法勒詮成冊傳之後來庶隱匿侵漁之實無自而開侯之惠與永垂有實賴矣用掇數語於冊首以識不朽云

便民倉記

教諭 徐應斗

長人者而欲有所建豎於民也必有惠愛實心經久遠慮又不憚勤動之勞而後可善其利於不窮通阻山谿之險額運南兌二糧四千二百有奇每歲輸甲收解倉屯船運用耗不貲至每石派銀四兩費且十倍正項楊侯蒞通咨訪利害之端而首及此大爲痛心今年春爲民慮永久規便宜鳩材庀工較水陸遠近於星磯舖所建倉一座分間爲十一度深縶廣儲貯運可四千石啟廳堂傍翼兩舍列張門甬周繚垣

牆更横甃疊岸巋然會計一大觀也每歲秋中親臨倉所限日註收計月米齊隨卽分運轉解南運漕兌之務取次可完向所苦倉屯船運派四倍十之費一概可省爲通破除積蠹興建永利真億萬年不朽功德也且民便於轉運而蒞兹土者免揣催科民樂於奉公而操國計者無憂困乏足裕之謀兩得光輯之效可臻孰非侯實心遠慮愛民如子治邑如家而不憚勤勞之貽賚哉第非常之舉侯創其始更藉後來者以續芳猷推廣德意補其所未備維持於有終其

爲通民利賴甯有紀耶是役也工始於初夏事竣於仲秋通民觀其成樂其便也則有歌而載道者曰孰釋我勞孰與我逸乃建斯倉維侯之績孰任其勞孰享其逸樂只君子永世無斁乃二三耆老以爲此碑於口者也不藉一言無以徵永久就而問記於予予爲撮其大概若此侯諱浩號西濂還貢蜀之内江人董其事者楊幕君諱九成號小橋直隸大興人例得附書遂書之乞言者俾勒石識永焉

學田跋　　訓導　郭繼先

典有昔無而今有者名之曰創通之學田昔無而今有者也創之實自楊侯同寅徐君業已敘其嘉惠盛心勒註成冊垂不朽矣予復何言第典出剏有而通之諸士得於創承不可虛糜也貧者當益勵其志而有志者當益底於成但他仁義無願膏粱由是培穀種於心田去稂莠於嘉禾好學深思以期達到斯無負楊侯之盛心耳若徒藉此以爲朵頤之供則盛典爲濫觴將毋饜於腹而愧於心乎敢以是爲多士勗

條陳惠政記　　浙江布政　舒大猷　邑人

通城爲武昌下邑去郡五百里而遙介岳陽分甯之間盤亙崇山俗樸而民愿垂白之老不覩憲使威儀以故奸宄罔詰誘上行私恣肆而無忌邑務如糧稅里甲徭差之類蚩蚩聽命罔敢逆余昔宦遊時乘公歸省目擊政令耳聞田野愁嘆之聲頻顧無能爲每長歎息萬歷乙酉丁艱家食凡輸賦往役習見而身親之則喟然歎曰何政與法戾哉夫上司奉聖朝德意惓惓以休息斯民爲念行四差行條鞭不啻三令五甲無非作法以惠民奈何四差徵銀而里甲答應如故條鞭總科而各則復分追之一役兼數人而爲黨一馬報四家而後定夫無定制饑罔賑恤狐鼠蠶食我民隱忍不敢控此豈與民休息初意耶越三年戊子邑饑且缺令當路定署職以請撫臺梅敦邵公曰通鄰西江饑則可虞署事者非府倅張某不可遂易原擬徑檄義庵公來先是公令鍾祥守興國署崇陽所至輒有惠政無論久暫士民咸戴之通民甚手額公而他署者且至父老相謂曰奚爲後我哉忽報

特與署闔邑欣欣如再造益德梅敦公知人且愛人
四月公下車首釐夙蠹次覈冗役次賑饑荒次省公
費撫恤里甲調停夫馬威變交濟颷行而露湛父老
彈冠相慶曰公何來之暮耶越三月廵臺又以艱大
相委督入會省公猶强駐數日定其規制如輸納則
易知有單兼里併收里甲則裁額外之辦送解戸則
革三總之科斂皂壯則人充一役屏其白丁救荒則
計口給粟勸借有差輿夫用禁役胥吏去久戀凡奸
宄爲民蠹者蕩滌如洗規制大定然後束裝遄發父

老攀車相泣曰公何去之速耶公謂法貴永賴無徵
則不信倘惡害己者去其籍法奚以久又次第釐革
諸條請爲久遠計當道嘉其請咸謂良法善政惠民
者當恒守也行邑鑴諸石今讀經畫數事上體皇上
休息至意下察閭閻疾苦一剔沿習之垢與民相安
於無事條鞭四差較若晝一昔之誘上行私倚法爲
奸者自屏跡無所容蓋條分縷析家喻戸曉雖有黠
者莫之或欺守此五者銀山雋水之民豈復有愁苦
怨歎聲乎父老又喜色相告曰公何來之暮耶何去

之速耶何惠之久遠如是耶猷夙太息於枌榆之政
每喟然於林棲之時茲焉邑事更新民若更生樂張
君之政曷維其忘乃諗諸父老曰惠政其不朽哉將
來其不愆不忘哉父老唯唯相與磨貞珉勒所陳五
事豎之邑門大猷不佞特紀始末以弁碑石愛吾邑
者其尚有考焉公名仕可別號義庵蜀之涪州人由
鄉進士任本府同知時署縣輿國州同知何君惟愈
本府教授劉君九淵本縣典史馬彬咸慶惠政之可
久而樂觀其成云

重修拱北橋記　明　失名

通城縣治北有古橋九竅石墩上架木板取向君之義而名以拱北乃宋狀元楊公起莘所創也我朝正統丁巳邑宰楊慶覆以重屋正德初板朽石頹而病涉者數載十二年丁丑巡按御史毛公伯溫布政司周公季鳳檄縣修葺維時武昌府知府沈公陳同知唐翊通判馮鯨尹覺知縣李蘭典史余正教諭劉啟訓導楊一貞馮介上下集議咸謂工鉅費大非廣募不可乃命僧真誠偕其徒如臨如滿各齎簿勸而邑

之好事者壽官杜萬鳳洪彥銀醫官胡鳳耆民吳伯彰陳允彝仗義倡率鄉縉紳知縣徐守誠訓導何信人使彭伯萬皆願易木以石一勞永逸樂助爲鄉人先以故士農商賈及遠近山谷之民罔不聞風捐貲共成厥美崇陽知縣程賢蒲圻知縣張佩嘉惠鄰疆割俸玉成於是力迺大展因舊貫而改作橋高三十三尺其廣如之長四百二十尺兩傍翼以石欄集工二十餘萬食倍之積石數萬有奇總用銀穀五千兩經始於正德丁丑之七月越六載未就嘉靖癸未楊君衡準宰是邑興廢舉墜助所不足典史林藩亦爲贊理甲申十月四日工始告竣適郡倅鄒君鐵君張君衛君尹君先後以公務至皆樂觀其成而慶楊公之偉績賴有續焉由是東通洪都南達閩粵西至蜀陝北抵幽冀昔有洪濤巨浪之阻今則如履周行昔有淪胥及溺之虞今則易危爲安昔見其呑嗟駭愕今則歡聲載道車馬擔負樵採攜挈若騰驤乎天衢之上超越乎蛟龍之脊一邑之奇觀也臺垣利濟之心郡邑牧愛之政縉紳耆宿倡先之義咸於是乎慰

且乎矣余敦教於庠覩王政之有成知氣數之當亨將必有瑰瑜之士乘時奮發於其間續楊公之文章華國以柱石廊廟雲龍風虎駟馬津要與是橋同悠久豈獨一邑一時利賴已哉敬紀修橋顛末以告後之君子

國朝

創修縣堂記 順治八年

副總戎大學士 劉肇國

方今所賴以安天下者藩垣而外厥惟守令然守令之難非循吏不可非才吏不能兼以兵烽殘瘁民敝然喪其樂生之心而邑儀行更創罕此者不愈難乎盛侯以南充僊品騰茂金馬度冲恬而心淵亮學識才名尤優過之其受令通邑殆出牛鼎以烹雞耳且通邑之俗大有眉州風易服而難治又屢年警戒告歉餉漕不濟國需致讓其官罪其民者有由然矣語曰損政不修不可以救優益政不修不可以救損侯視邑之所急而圖之視邑之所壞而葺之故矢心立政以變民爲主其平衡均糧即照糧派丁而十五里之編氓里甲無偏枯矣革除甲總祗用戶長一月一比政簡而刑清則胥之飛詭隱弔者今不啻披雲覩日焉自是一年而修城設險二年而修堂出政非廉如侯疇克捐創非慈如侯疇肯恤募非敏如侯疇樂觀成哉不特此也三冬苦寒釋罪而囹圄空初夏告饑捐俸而餓夫哺民之吁天呼父母不如呼侯也且

聖宮傾圮侯以愛士婁心敦本崇隆務煥整而後即安通文人奮翮拭目騰驤歸侯賜矣侯循與才兼盡之矣猥云難哉予兄定國夙任通庠弟廣國附列年譜兄關國近署通令嘗語予曰通才鬱勃惜無造士者過俗淳厚惜無撫民者侯也如是是大有造於通也轉盼內召侯將造八宇如一邑通民其有挽之不來者宜縉紳士民乞余文以誌不忘云

勸捐建祠引　邑侯　辛禹昆

宋忠臣方公諱瓊竭忠盡節廟祀鷄鳴嶺下志載昭然可考也奈滄桑疊變片瓦無存其裔孫葺奉像輪祀於家久矣今奉督撫二憲欽奉

聖諭加意古忠孝節烈檄修廟宇無祠者或入主於他祠而生員方國翰暨族長方純夏等籲請建祠其報本追遠之誠洵屬可嘉本縣秉彝好德之心何能恝置然鳩工庀材非旦夕可就遂諭附主於鄉賢祠蓋暫也而非常也茲捐微俸外命國翰等傳與通族同心踴躍廟貌聿新方公在天之靈必怡然而饗其祀祖靈歡悅後嗣必昌從此林林總總衣冠科第自有興者皆方族孝思之所致也若借公營私或爲之不力力而不成不特死無以見祖宗生無以對鄉黨本縣以爾等不孝論斷不爾寬國翰純夏等其勉乎哉

祭狀元楊起莘墓文　雍正十二年　邑侯　孫斯璲

銀山巃嵸雋水瀜瀜秀氣鬱叢鍾靈於公才學蓋乎一世宸翰灑自理宗御筆親點一甲二名恩波寵錫鼇頭並擎金殿傳雄楚之大儒臚唱揚通邑之蜚聲余蒞茲土景仰鄉賢奉清名塚敬掃墓前四圍城郭公攸眠寄邇乎顯佑隆平之際幸與邑治近焉生芻兮一束其人兮如玉勒片石兮酒奠緜默起斯文我更祝鼎甲蟬聯步芳躅

傳

皮貞女傳

邑侯 丁克揚

貞女皮氏鳳貞楚之下雋人也父文楚母盧氏胞弟大鵬大受胞姪必元俱爲邑諸生其先爲襄陽皮日休後詩禮名家卓然可紀女生而貞靜姆教夙嫻年十三許配邑之周姓名文彬者彬祖修吉固宦裔也許甫四年寇氛適熾彬爲賊兵所掠莫知其終然爲之翁若姑者前此猶望其歸守貞數年未足奇也遠後十年不歸此子不復望矣鳳釵終斷鸞鏡長辭貞女將安歸哉爰是父母舅姑勸令再適女則自甘寂處矣志靡他有婉言道之者女輒涕泗橫集不欲作人世想蓋古之截耳者流也父母舅姑亦遂狥其志而不爲之強迄今計其守貞之年三十有一載矣孤燈夜雨氷蘖自恬其殆霜雪不改其操者乎然而親没之後足跡不出戶庭東城外橋梁三朽爲三易焉更足多也至躬親織紝分內事耳不足爲之子奇所足奇者以處子而終身不字也余官通城縉輯通志聞女之貞而奇之爰爲之歌以紀其事歌曰雋溪有

貞女十三許字人干戈適搶攘遍地皆黃巾寇燄肆焚灼楚地無完民稾砧被生擄車馬如雲屯爾時未婚配鳳實處子身公姑夙夜望兒歸偕晉秦去去弗復返哀哉陷賊壓承平日且久音書絕魚鱗流光轉迅速倏忽年經旬芳華恐終萎命之别選姻之子霜雪姿清標軼羣倫掩袂輒涕泣願得全其真椿萱既已逝依弟三十春終始志弗渝節操淩松筠內外甚肅穆幽貞泣鬼神我莅銀山土采風及溫純衆口咸嘖嘖爲道閨中辛世爵日休後擇胥名文彬亂亡失所事空憶延平津毅然誓截耳共美堪比鄰彤管嗣音徽淪屬世所珍聞言意淒惻將以勒碑珉詠歌媿不雅藉兹達

楓宸

建修萬壽宮記

貢士　黎亚輝　秀倫　邑人

乾隆二十六年辛巳迺
崇慶慈宣康惠皇太后萬壽之年也是歲公事旁午通邑文
人韡華議於銀山之右建修文峯石塔質之七公公
曰可甫行舉修復於夷則旣朏揀擇東傳紳士集於
明倫堂肆筵設席欲舉行慶賀之儀斯亦率土皆臣
普天同慶之至意也夫在國在野自束髮授經時已
知
天顔不違咫尺第通屬僻壤向每以邑之隆平作朝賀之

所然非禮矣七公親製捐貲籌給之司事編之首領
相其陰陽觀其流泉於
大成殿左經營其地以襄美舉不逾月而宮殿魏闕朝房
戲臺繪綵鏤金卓然可觀而
萬壽宮成矣隋文峯砌塔其費數百計又際以
萬壽宮闕則千計之而有餘矣茍非
皇恩薰蒸遍於山陬有以爲肌之淪髓之浹醲而爲年之
豐歲之稔則彈丸之邑何以趨事赴功若此哉迨至
十一月二十五日値
千秋聖壽之期七公偕諸紳士鄕賢僚屬舉行慶賀是日
也燈花燦爛綵色繽紛雋城十五里羣頌天保九如
銀城百萬家共進華封三祝梨園聯吳楚之樂笙簧
盡閭閻之歡輝固在司事之列者也因并誌之以瞻
聖澤之洋溢云

重修明倫堂記

教諭　張士樞

乾隆甲戌春余與司訓繆君莪亭先後選授通城學博仲秋入境見山川之綢繆風土之質樸縉紳學士之循謹雅飭心竊儀之乙亥春爰額署壁以山輝川媚四字美之誌景仰也邑學宫居縣治之東規模宏敞巋然若魯靈光學宫之左即明倫堂周迴三間傍無翼室建於乾隆甲子歲規制雖崇而飘甲榱廓日光露射坐間玺風晨雨夕則壁土索索有聲屋瓦片片飛墮余與繆君隨時修葺缺者補之漏者彌之雖

暫安無事而心每鹿鹿蓋堂後即兩官住宅出入必由此堂時懷壓覆之慮也壬午春奉温學臺歲試檄赴會城初夏接家書知堂爲霪雨侵剝傾圮無遺矣心甚盡焉仲秋旋署與邑紳士謀僉曰此急務也重修惡可緩哉夫明倫堂之設與黌宫并重黌宫嚴密之地瑣事不得擅入懼褻也惟明倫堂則宣諭絃誦恒於斯講習會課恒於斯一切綜理公事恒於斯堂其不可一日缺者於是質之邑令七公公曰諾惜予公務倥偬無能獨任爰捐白金三十金餘出勸捐簿

十本告紳士曰澤宫建立明倫堂以宣

聖諭課多士典甚鉅也通邑兹堂建於乾隆甲子年舊制稍隘庀材亦薄不能歷久無壞今春夏之交風雨殘剝棟折榱頽劃然瓦解事勢然也明倫重地倘爾缺如通邑驚心駴目余與兩學師籌所以新之特約諸紳士會議同心結構各給勸捐簿一本每簿勸輸十兩爲度登明姓氏銀數交付總理諏日興工諸生躬際

聖明沐浴雅化又值年登大有衆擎易舉自當踴躍勸成

從此振衰式靡古星聚於一堂秀拔挺生聽絃誦於四國通邑之光亦守土司鐸之願也嗣是邑庠徐家珪等身任勸捐惟孝廉吳峩峙貢生吳瞻衛兩君各慨捐拾金爲之倡餘則多寡任意謹諏吉日破土興工購買一切庀材鳩工以肇其基然費出於公不能齊集幸任事諸君不辭勞瘁陸續佈置得寸則寸得尺則尺於甲戌春始成正堂三間於舊制稍易之籌其盡善合於形家之言又翼以左右陪房高下與堂相稱宏整明潔窗櫺戸扇俱極周堅而堂之規模大

備其丹艧粱柱粉堊垣牆裝修　聖經屏門重飾匾
額者則邑庠廩膳生員吳芳綏獨力承修功貲尤懋
惟門樓甬壁圍垣尚未就緒時孝廉吳公暨邑庠章
南士國學高行琥等以修撰縣志在城又藥以修志
之餘貲爲㑹繕斯堂未給之計行見奎壁增輝山川
叶應足爲一邑之光而守土司鐸之願遂矣謹將經
始落城顛末詳記以附邑志俾後之覽者知重修爲
何年月而邑紳士之知急所先務於不朽云至捐貲
紳士姓名銀數則另勒貞珉不謁不漏其寒暑鳩工
勤畜者則余長男廷熙莪亭長孫承潔例得併書焉

周母聶氏節孝誌　　教諭　楊仁

國家久道化成
特恩採訪
旌表忠孝節義復令本家自陳儒學通詳一時深山窮谷
嚴屬齊起彩徹雲衢所以發洩幽光典至渥也節母
聶氏邑庠生周之瀾之繼配也元配劉氏亡長男文
琅頭角纔見氏于歸年甫十六越十一年而之瀾不
祿時白髮祖姑在堂黃口孤兒繞膝傷矣入道匪測
教文琅已食餼而又中折兼苦乏嗣抑又傷矣氏命
己生文珪之子德銑繼嗣與其媳華氏咀冰嚙雪共
勵熊丸迴來二十一年
旌表再懸拭目待焉竊念從古道德功名多出於節孝之
門斷機截髮歷有明徵今其子文珪蜚聲藝苑文璋
文瑛馳譽成均其孫德銑亦列庠序即環階童稚炳
炳麟麟具虎氣龍光之概知爲善無不報天將大有
啟於周氏之門乎則夫祇承志意積厚流光所爲上
報母德與
朝廷闡揚之至意者尚其勉旃毋怠

重修大堂記

恩副榜 葛忠郭 邑人

邑侯張公既召胡生世賢諭以捐新大成殿及兩廡戟門櫺星璧池等處告成遂以語余曰聖廟鼎新甚快事矣顧公署星羅縣治尤重憶吾通自順治八年盛公允康開創一新今則瓦敗垣頹棟撓榱折堂廳之間日處之皆危境又如科舍倉厫幾至穿靑錢穀風雨不蔽膺民社者安忍聽其至此吾計非大爲更創不可顧需費動數千金竭吾廉俸不當數之一計惟是因仍舊規量吾力以補葺之期於堅可

久也樸陋不嫌矣余謂知公言誠難大舉顧通邑縣治幸而遇公而適會公留意整理而又不能滿公意恐公之後終歉懷也余觀公之來通也甫數月通邑人郎比之廉公來暮至以德公之甚而慮公之陞遷速也且曰願借寇君一年公之入人心也深矣盍召而俾之襄助焉侯曰君之爲我謀也固當但今歲歉而又重病之毋乃不可乎抑斯事也宰斯土者責也毋甯稱吾廉計若需以毋滋民擾余以是知侯意決出而以侯之言告知邑紳士越數日邑紳士聚而造余謂賢者樂附仁人君子後侯捐廉以成吾邑美而吾輩不能相助爲理竊自羞咸願以共襄厥事請余達其意於侯更創議遂定乃諭諏吉召工程規度費不逾月林木山積工役子來丙午秋之季大堂成再越月傍之倉貯及各書吏等科與夫後堂書齋賓館俱竣焉余顧之洞開重門光明俊偉計自今登堂布政尊嚴其有體也吏胥執役奉公心安形適也案牘無憂毀壞而儲蓄不虞朽蠹也侯其可快然無憾矣乎余以是嘆侯之感人深且速而邑紳士之勇於行

義而樂善急公之誠可風也烏可以無傳而侯且曰仗諸君子相與以有成耳若余者相邑之急而圖之長吏職事也曷足傳余曰噫縣治之待急圖也已數十餘年矣

陳江氏節孝傳贊　　舉人　吳開澄　峩時邑人

母江姓本邑人誕明太祖洪武二十年丁卯歲子大太外祖陳公子達伉儷也明太祖徵賦制州縣分都里都里分甲遴糧多才通幹一人充里長里十甲甲里長一官徵賦竣事京編南糧輪運里長依限司解納甲年一甲領通里糧解則解通京編六甲乙年糧解二甲則七甲敘京編領解輪至己年則領解者一甲京編而六甲南糧也輪次旋復毋敢紊十年十甲編糧分解一週故又曰排年京編交部無虧損戶部褒名帶陛見帝面詢民利病幽隱奏對稱旨者覩精畧敏銳等授給職官冠帶時里長任稱榮重子達公饒阡陌糧夥倜儻善幹局遂選充上黃里三甲里長甲午歲永樂帝之十二年簽公領解通里京編殞京師邸時母年二十八歲子伯英公余族外太祖也甫襁褓耳母聞訃號慟垂絕者再年志擬身殉諸姑姊姒娣周防曲勸曰古類以撫孤蕃祀孝以玉節而子呱呱藐諸孤而夫血祀一綫也而殉而志孤將誰鞠如是諳復者久之母志始漸回強粥殘掩淚逸族達

迎神主矗禮訓子伯英公慈濟以嚴固性孎斂學富詞章恢豐楹廓田疇通崇臨巴諸邑代以稱貸舉火者無慮萬千家歸然展一大盧牟也母勤勞性秉耆齒猶繅績紉紃不寒暑輟嚴督子孫婦執女紅勞無遂言肅肅雍雍敦睦樂施與溢族鄰閭爲後世閨壼型而追悼所天肫悃至耋猶未少衰境有寶勝寺者闢宋理宗咸淳間元季紅巾之亂燹於寇母命子伯英公從山業主白姓購受披荊淨礫重新梵宇延僧伽焚修翻唄爲子達公資冥福母貞壽八十齡至明成化丁亥歲捐幃幙子伯英公就寺右隙址增搆觀音堂置香火田塘三石六斗週圍山場一所附祀母主迄今每歲元旦子孫聚族展謁拜奠母存時邑紳士公闡母節孝請上題旌表建坊母沒勅建節孝祠縣治學宮左官製母神主位中座春秋仲上丁邑大夫命師儒分祼獻逮今裔嗣椒衍衣冠詩禮罔棻勿替余九世祖姚孺人爲余太祖諱瑞公右室則母之女孫也余族亦藉母溢澤波及今茲者則母啟後以代夫蕃祀以成孝孝以玉節也贊曰天柱地紐緊誰

拄撐臣忠婦節媲力扶傾浩然正氣巾幗崢嶸青鬟
筠翠鮮幷松青淩霜澆雪坤代乾成經緯翊疊楹陌
增營乳彀義課賻賭華亨祥發椒衍食報堅貞春秋
俎豆邑里祠榮世光青史媿彼降纓

泮池古井記

教諭　張起唐　黄安

道光八年戊子歲季春月庚子朔爲戟門暨儒學頭門上梁之吉辰時則新鑿泮池已深二尺許矣原上年初三乙亥日相度學署隙基移建
文廟此處屬舊明倫堂之右偏行道坦坦無異也忽於內掘出方整舊石百餘塊斯亦奇矣越翼日辛丑日未刻首事趨而告曰池中又得古井一口請往覘之至則聚觀如堵欣笑喧闐掇去幕口覆石碧水一泓疊圓澄湛探以竹竿約深數丈有汲而烹之者曰清曰甘有綆而浚之者曰深曰廣沙礫則汰之缺甃則補之載醴載滌飛泉四出僉曰奇哉此建縣時古井或云此老泮池也胡湮閉至今乃見也予曰庸詎知非數千載以上之蹟耶所異鑿池者胡不謀而合也使稍違數武則不能得矣縱得之於彼而非池中亦不足述矣夫趵突虎跑蹟之靈刺山卓錫蹟之幻今茲池中之井更有神助焉若曰此真天造地設確不可移者不然泮同也曷以得井井同也曷以在泮井有清濤池與共之池有芹藻井與養之殆所謂相得

益彰者歟爲斯井賀爲斯泮賀更爲新剏
夫子廟堂賀爰敬誌之與同學諸生共勗焉贊曰井有德泮水爲鄰井有位芹藻之馨閟塞復明井之遇炊爨勿褻井之數有名士風抱道自重有隱者志待時而動如神龍升如威鳳起是洙泗源非汙瀆水昔養晦兮懷清蘊潔今得志兮沐日浴月無俟照星盎不躍雜賓鐵泮也井也兩美同兩美必合均天功天合自然應人合圓靈一鑑開清空此時並得井之五中正寒泉唯德輔三爻受福上大成涵泳優游罄化雨

重修青陽書院記

邑侯　饒拱辰　江西

國家既立學校以教天下之士而又俾省府州縣各立書院以聚學者蓋廣其敎之之路多其敎之之人使成材者衆足以備斯世之用德至隆也意至深也通邑向有青陽書院乾隆時重建距今五十年矣予權篆茲邑覩其垣牆傾圮門廡頹敗居民雜處豕圂鷄塒滿室旣下令驅逐掃除且急謀所以新之者捐廉俸與邑中人士輸貲得錢若干命工房吏經其事壞者更之剝者葺之輔翼觀瞻之具前未有而今不

能無者舉之木材之費瓦石之費工匠之費爲錢百七十串有奇先後兩閱月而工成祀朱五先生於講堂爲學者端趨嚮業博士弟子與應童子試者課業其中諸生皆訢訢如也乃進而告之曰凡肄業於是者其惟是專心舉業博取科第爲富貴資耶抑將講明義理修身愼行循循然莫不有規矩使無爲君子之棄而小人之歸也夫習舉業以博取科第固今之學者所不廢然使無講明義理修身愼行之素卽使舉業工而科第得其不爲士林詬病生民患苦者幾

希國家所爲敎育之使成材而備用者將何賴焉且夫士者民之望也民風之澆漓端繫乎士習之臧否諸生能孝友而家睦而宗族和而鄉里重義而輕利崇讓而息爭吾知必有聞陳仲弓王彥芳之行而翕然起翻然變者及是則蚩蚩者將曰彼讀書者如是稱薦紳者如是吾儕何知焉又何責焉嗚呼此則吾黨自貴重而有志行者之大慚且懼也此予亟新此書院與諸生孜孜講習之意也諸生勉乎哉旣邑人士請爲記遂并以此語勒諸石

重建考棚書院記

邑侯 袁秉亮

士爲四民之首士習所尚則民風因之爲轉移故善爲治者思欲一道德而同風俗未有不以端士習爲亟務也

國家取士之法先試於郡縣然後上之督學簡其秀者送隸學官使之肄業凡以誘掖而造就之者意至美也顧限於定額其未列學校者既不獲執業門牆而已列學校者每視月課爲虛設甚有一矜自足終年不涉文藝者如是而求士習之振興烏可得哉書院

之設實與學校相輔而行者也其名始於唐其教盛於宋我

朝因之徧於州縣蓋於設官課士之外更延德行道藝可名一世者爲之師俾生童咸得鼓舞觀摩不待考試之期而已躍然思奮故其成材者出則爲國華處則爲民表間有仍蹈歧途自甘暴棄者固已寡矣然其興也必有賢司牧倡於上而一二鄉先生和於下故其廢也非徒官府之責凡地方紳士亦與有責焉通邑學宮之旁舊有考棚又其旁則爲書院咸豐四年燹燬於兵九年傅公澐任始議興修邑中黎姓素稱巨族願任考棚少樸首捐田若干石又以勸捐團練餘資交邑紳王貽我鄭秀峯方輯五徐恩九續自中等經理任修書院未幾傅公解任嗣後屢議興修不果歷年試士課士俱借學宮殊形褻越同治三年余承乏斯邑甫下車循閱遺址慨然者久之司鐸鍾君壽朋盧君殿才夙有同志力贊其成詢之則黎姓捐田半已無存而膏火經費亦入不敷出視前此之籌建有更難者余以考棚書院俱爲課試而設二者

既難兼營宜從合辦諸紳士僉以爲然於是自儀門龍門及東西兩文場則黎姓任之自至公堂及堂後餘屋則合邑任之是年九月興工次年冬月完竣爲儀門若干楹龍門若干楹兩文場若干楹至公堂若干楹堂後餘屋若干楹此外隙地立石表之俟後之君子踵事增華以復其舊則是舉也未必非文運漸興之兆也余宰是邦僅九閱月旋解任去方惜觀其經始而未覩其落成也鍾君以書來必欲得余一言爰記其緣起如此

加廣文武學額碑記 同治五年　　訓導 盧殿才 應城

學額所以覘人文示鼓勵也唐宋以來代有更置我
朝雍正二年奉直省府州縣學定額毋許輕易加增
以杜佔冒例載有試卷不敷額數應予裁汰者有考
試一週將額多人少學分抽撥示獎者然則加額豈
易易哉通城學額前止八名
國朝順治年間邑侯毛君鍾彥見通應試者廣申請督
學疏題准改中學十二名咸豐開軍興以來邑侯傅
雅三勸捐軍餉銀二萬六千四百餘兩接年團防計

捐銀七萬七十餘兩欣逢
朝廷洪恩廣沛奏准各省報部捐款加廣文武學額經
邑侯李君毓夫詳明因援奏定章程以六千兩暫廣
一次文武各三名以二萬兩加廣永遠各二名又以
團練銀七萬兩加廣永遠各七名自乙丑歲試爲始
文武取進各二十一名府學照常撥入不獨小試免
憾遺珠即大比觀光者多士氣益奮由是歌鹿鳴題
雁塔聯步螭坳而文風之鼎盛縣運之轉移指顧間
事耳諸生其知勉哉

推廣保甲議　　舉人 吳開澄 嶽峙 邑人

朝廷以害民莫酷於匪竊而匪竊詭祕或入匪三五載
甚或十餘載始一敗露確贓又祗以初犯枷責輕結
則從前良民之受害已無算矣所以楊督憲題准部
覆通行直省設立保甲責成稽察舉首先事而防之
弭之也顧立法必須洞徹人情周通物僞詳密罔漏
法始可遵可久即印官明知莠民未經獲有真贓確
據遽擎擬詳及至上審匪徒頑脡熬刑狡供不承上
憲形隔聽進印官尚難免故勘平民縱役誣拿分別

之吏議保正甲長何權何籍率將未犯贓據之匪竊
舉首請法詎能免惡徒捏誣由賴之禍乎此保正甲
長雖察知真匪真竊不能不畏禍容隱也此各憲亦
體諒保甲無可奈何之情審擬歷案賊犯不忍概加
以從前狥隱之法也此保甲設經四十載卒無稽察
弭盜實效也蓋緣立法之初未加之銜勒未予以依
據羽翼斯難責以實力察舉耳茲再四圖維惟有族
鄰房主保任甘結之一策尤恐以匪保匪賃戶則責
之房主保任牌鄰保甲之協結己業祭族則必報戶

首保任零戶公報鄰民保任此予保甲以依據也甲長保正仍一體加具總結又另造正副二冊副冊存執正冊呈官自十六成丁上至七十逐戶逐名分註某某戶鄰保任結實字樣某某戶鄰不結察實字樣此加保甲以銜勒也則保甲得以有所藉詞破面不得不實力稽察矣地方官憲查冊內無結保任者則莠民自分矣債戶則押回原籍移取原籍戶保管束毋許再來甘結備案已業繁族則另造戶首零戶另造戚鄰具結管束仍勒本匪自新甘結然無人保任

之戶自知己爲莠民證據必百計捏誣反噬甚或輕生由賴加之莠民之親故及與戶鄰保甲等宿嫌者藉命居奇者從中慫恿誣告自偹情所間有者官憲須逼集本圖鄰圖煙民百戶以上逐戶徧問勒結證莠者十之八九證良者祇十之一二則莠民已確即勒證良者保任甘結嗣後一經犯案加倍連坐賠贓此予保甲以羽翼也斯有以壯膽實力舉首矣至於仇扳由賴輕生州縣審驗詳到　上憲親即判行轉申飭釋毫毋假手經胥任其苛駁留難擇肥巧索則

保甲戶鄰毫無絓累自不視爲畏途前鼓後效矣否則人心各有衡權謂狥隱之連坐賠贓後累猶輕且縱萬一匪邀改行匪幸漏網尤未可知何如避此竊舉釀命者禍速且大乎爰是累一驚萬良法仍弛矣此尤藉上憲實心實政大爲體恤保護也如此則保甲既有所銜勒又有所依據倚仗則匪竊無處著腳矣保甲良法自非同於具文徒爲州縣紙筆硃墨耗矣芻蕘末議用備採擇焉

根緝贓賊議

舉人　吳開澄　崇陽邑人

通邑僻東一面界本郡崇陽一邑西南北三面俱聯湖南之巴陵臨湘平江江西之甯州互相勾線捎銷贓據所以通邑之竊匪較他邑爲多從前緝盜之法保甲雖屬具文猶藉有一經報竊立差捕快拘拏案匪根鞫新匪新贓縱此一案匪或已改行或頑脛熬刑護黨未有諸案匪盡改行熬護者爰再拿二三案匪隔別嚴訊鈎距術給鮮不互相攻擊舉發即贓數數百里外多憑供招而獲也所以報竊破案者十常五六自乾隆初因捕役私拷案匪勒索釀命之案各

省時有而未經外任之科道部院因噎廢食奏議覆
准定例盜竊案件必先緝獲現贓方許根拏匪賊等
文積匪見有此例無不鼓掌稱慶遂比夜分贓挑赴
數百里外府縣繁鎮銷賣滅跡捕役之家私幾何安
能繁僱偵探辛收之養廉幾何安能繁捐賞給四達
家緝戶詗乎所以役畏罪空懼提比官畏議避覛案
賊束手無策而報竊破案者百無一二也猶幸前任
梁憲洞悉賊偽就新例中通變調停潛飭捕役仍拘
案匪戒勿私拷勒索一惟送官嚴監隔別刑鞫故梁

憲中任報竊破案者十之四五迨乾隆二十年梁憲
以卓薦赴京引見適捕役樊二搜沒崇邑積匪孫世
華無主竊贓孫匪赴通控告誣良拷洗署事楊丞不
移訊崇案崇民役匪並罪失出孫匪為良獨入樊役
棄市由是梁憲歸署亦不敢飭役拿訊案匪矣馴致
竊案頻仍報案纍纍百無破一第思未獲贓據例禁
捕役妄拏案匪者為其私拏私拷詐勒威索或致釀
命也嚴禁私拷詐索一惟送官根訊而物以類知匪
黨窩線潛通未有不十案破七者倘不就新案例中

如梁憲中任調劑變通將見竊匪日肆滋蔓難圖民
害莫可勝言矣此愚等生長草野真知實驗千慮一
得之見備為當事者採鑒云爾

弭訟安民議

舉人　吳開澄　峩峙　邑人

皇上御極之初卽詔曰訟師倡妓賭博打降謂之四惡周
公所謂亂民孟子所謂賊民也等論直省省地方官
嚴拏法究縱失分別處分而四惡之中訟師為害尤
加慘烈如通城山僻愚民力作敷口惜鈔如金誰肯
好訟傾家祇為訟師居奇激慫刁唆代為造契約造

印劵甚或違造明朝約印若輩代詞橫言巧筆又賄
串一班利口刁棍扛幫硬證及至庭審詞供一氣問
官被朦枉斷弱者吞聲莫懇力者激忿上伸上司形
隔聽遙提閱縣案條條是理不得不層層被欺矣數
百金貲產之家不三四年蕩覆罄空矣則訟師較之
上盜祇刼人財者尤為慘毒為民父母之謂何竟忍
瞪視若輩吞噬赤子負
君委任哉則杜之之法惟有示諭兩造互告彼此訟師告
訴之初未必卽知彼詞誰作也俟訪實訟師指告之

日卽爲拘訊令兩造訟師旁立看審情無增減理直者卽將代詞釋歸理曲增減者民則當堂枷責矜監則發學注劣戒飭甚或爲之描筆造約造契則非受重賕必無肯自絶子孫爲人作惡者民則刑訊贓鏹矜監則詳褫拷賕按律科罪更甚爲人鎔蓋假印依律造斬用遣萬毋執大事化小謬説留遺民禍也然若輩訟師必狡辯被誣殊不思兩造敵訟之時則彼此代詞訟師正彼此血仇也斷無有釋害己訟師反枉拉他人者至於硬證定例與誣告者同罪一一依律嚴處無貸而謂民間猶有曲筆曲舌扛聳居奇破人身家者愚不信矣但今州縣官寬縱干譽畏難自便者多不肯報上法究耳是在　上憲力爲體訪處分收令法始可行害始可除耳

兇鬬搶奪議

舉人　吳開澄　峨峙邑人

通邑有數處僘俗輒云官法遠蠻法近強徒多令子弟延請教師習學拳棍武藝強凌弱衆暴寡動相兇鬬羸者見彼重傷難經官驗隨賄請仵作近城者至家遠城者舁至城中會仵作做成致命重傷抵賴從

前如周陸梁三公情殷民瘼報到立親細驗嚴懲假傷根鞫傷是誰造枷責無貸由是仵作人等不敢受賄造傷此風遂戢餘俱玩視民傷怠緩臨驗驗亦粗率遂致真僞混淆平時又怠於法審遂致真傷受屈飲泣草和由是兇鬬愈熾甚至釀成人命伯仁由我爲民父母者獨不爲子孫消孽乎弭之之法惟有親卽細驗嚴懲假傷究是誰造嚴法枷責一循周陸梁三憲故步則奸徒不敢造抵仵作不敢狥隱兇鬬自戢矣至於輒因小忿或爭田產動輒牽牛錮牢饑渴疲瘦或貧孀圖娶或裕孀圖產輒糾衆械搶逼婚逼嫁通邑間有數族敗俗釀命急宜嚴杜惟有嚴拏主謀刑鞫賄請打手何人依律重杖重枷從黨亦不輕縱慎無襲大事化小謬説翻致小事釀大如此則搶奪風永杜矣又獻此愚見爲當事者採焉

辨杜造假議

舉人　吳開澄　峩峙邑人

通邑有數處訟師包訟居奇慣聳嗾鄉愚代描筆造契約造假印鎔蓋朦混問官占人產業從前被朦者恒十之三陷人累訟不甘破蕩家產深可痛恨然辨

假之法則有至理捷方焉如字有橫豎點鈎挑撇揭拖之八法從未有自不善書而能描人筆跡者善書者筆勢自必熟溜描筆者筆勢自必強澀況字之八法書者各有輕重拘肆之殊其勢描筆者必目視彼筆手揮此紙無論筆之新舊硬輭縱彼字恰肖而此字必仍露本勢縱彼法恰肖此法必仍露本勢者縱法法俱肖必筆勢強澀不似善書人筆勢熟溜且肖者筆必強澀不肖者筆必熟溜用此核對筆跡則契約之真假立辨矣至於遠年字跡墨不透紙背而紙

色陳舊略帶淡色字縱濃墨墨色似醭非醭為其透背之墨蝕淡也然近聞描造奸徒紙不用茶浸塵染調醋磨墨假約書畢貫之飯甑蒸熟令墨透背令紙泐漬印成花黃老痕其摺痕或用藥染半斷半續或用桐葉裹緊安入穀糠慢火灰中俾桐泐漬紙染成老色老痕然諭被告多求彼年內外紙色細加核對則飯桐泐染自判矣至於假印但諭被告搜求彼年內外老約印紋細加核對則真假尤易判矣又有遠年空白印紋噴水摩令墨銷巧飾印上之墨疊紙褑

褙者然印色模糊偽造立明矣辨明之後根究描筆何人造色何人造印何人用印何人依律究擬不少姑息則人皆懾慴此創一警萬之方造假自永杜矣獻此草野愚見用備除弊整俗者採擇焉

杜經胥抽換卷約議

舉人　吳開澄　崍特　邑人

通邑有無良訟師受賄包勝占人產業一味厚結經胥或敵詞理訴彼辨砉術窮恐臨審官研閱理信輒賄經胥抽匿或將詞契內緊關字樣挖故疑竇字語尤或將己詞敵詞仍補原字反誣人補更竒者將敵

真印契約換造鈐蓋假印反誣人假種種鬼蜮伎倆巧朦官目枉斷漁利前任宰公被眯誤枉者恒三之一激致輸者受屈不甘破產上控及邀准吊卷原問雖或事後覺悟不肯認錯損名上憲形隔聽遙直仍屈曲激致翻盡衙門產盡家傾忍泣拜詛而後已可憐哉可慟哉為民父母之謂何顧忍瞪視吾赤子掾戕猾胥訟之手毒極慘極至此哉所以古名宦有舞文法亡之誅也從前猾胥舞文或臨審閱卷追出或審後告發刑訊索出奈前任類多徇縱僅一留從薄

責了事猾胥倖脫輕利重也等愈膽壯無忌關說棍劣訟師倖不根鞫過付代賄也旋彌得志串弊釀致衆胥涎豔强半效尤狎法故舞文煽風楚省無如通邑之甚者也杜之之法惟有示諭訐訟兩造呈驗契約一正一謄正約存署粘連副狀謹貯謄約發房以便訟敵查綻指辨則賄串抽挖奸弊永杜矣而造稟狀續詞並鈔粘條辨諸牒概用一正一副正牒發房以便訟敵理辨副牒序粘存署倘遇事故封固移交接任審結時俱從內署尾粘讞語鈐印面給審直者

收掌毫不假手經胥正牒錄讞序粘鈐印存房備案磨對其審結後或上控提卷或調改翻訐仍諭審直收掌人具詞當堂呈署取對存房正卷無異隨將正卷或賫上備查或發房備案副卷仍面給審直者領回收掌吏杜賄串上胥挖改奸弊如此立法則抽匿挖改諸術坐窮矣倘此法外別有舞文一經敗露即行草役輕則重杖重枷重則科贓詳擬尤巖鞫關說訟師科贓同罪蓋鄉僻愚民熟識經胥者恒少全仗棍劣訟師引線烹肥也如此立法則猾吏訟師縱有

雷膽神奸亦不敢肆矣至通邑包訟光棍劣矜尤有一種巧術爲歷任官所莫覺者一遇敵人理駁窘辨之詞既經告破不敢抽匿挖改每將緊關不提頻用複語衍文游辨疊稟十餘紙甚至數十紙者名曰混堂經又曰眯眼沙計謂游詞冗疊卷內忖令問官目厭神倦翻致理辨肯綮敵詞莫或遇目細研矣前任破此術朦混誤屈者恒三之一杜之之法惟有將催審催追諸浮詞於存署副牒另置一束祇將兩造理辨緊詞分別粘連臨審研核尤嚴示而造只須條辨

三五紙而止再多當堂擲出如此辨理則眯目沙混堂經狡伎立窮矣古哲云仁者愛人故不欲人害之也秉道執法懲一安萬實仁也陽善也違道干譽縱一害萬假仁也陰惡也則舞文猾吏訟師詎可縱容流毒自取學術不明邀殺子孫陰譴報哉

詩

唐

仙翁石 黃龍山　呂純陽

山高一千八百丈道書二十五洞天落花飛出水衝石翠帳撥開風捲煙金鯉一雙遊碧沼石田三畝産紅蓮我來絶頂無他事爲訪仙翁葛稚川

宋

劉磐幕 幕阜山　許元信

山懸翠幙幾千丈我疑山頂即天上捫蘿躡蹬到山巔猶如平地上青天始知天高應無極幕阜蒼蒼一卷石洞庭八百古所傳對此遥看一鏡圓當此再上三千丈那知天下有山川

又　王姿

昔聞幕阜古洞天偶馳瘦馬行山前諸峯却立一峯出著然墮地走復旋誰燒石竈汲丹井絶頂萬丈巢飛仙捫蘿攀蹬敢憚險欲往未有一日閒仙翁見我定拍手笑我何由來此間雨霖日炙行路難何如鸞鶴遊雲端人生不比金石堅向來如鷹今蒼顏百年富貴草頭露何乃自苦縻一官雖無道骨可不死亦欲早掛頭上冠南山之南北山北築室翠微高枕眠

雨行晚晴謁黃龍禪師　黃山谷

山行十日雨霑衣幕阜峯前對落暉野水自添田水滿晴鳩得喚雨鳩歸靈源大士人天眼雙塔老師諸佛機白髮蒼顏重到此問君還是昔人非

金雞石　狀元楊起莘 邑人

石在銀山之麓上鐫金鷄二字

千年古石號金鷄化雨霏霏長羽儀不把稻粱爲食啄且將天地作籠棲祥雲架上非孤立入曉聲中豈亂啼過客莫同凡鳥看等閒飛到鳳凰池

明

銀山積翠　邑侯王恭

銀山屹立對花封草樹蓬蓬翠色濃政暇幾回翹首望不勝仰止企前蹤

秀水廻瀾　邑侯楊浩

一脈盈盈帶郭來溶溶錦浪幾縈洄何能一取磯頭水散作甘霖遍九垓

雋溪映月　邑人舉人　何　隆

雋溪流水靜涓涓雲散晴空月正圓萬頃寒光澄素練一泓秋影漾嬋娟金波不動汪洋水玉宇無塵上下天此夜廣寒宫不閉清空池上集神仙

又　任浙江布政　舒大猷　邑人

碧波蕩漾影嬋娟水底雲端一樣圓天上化形誰識得仰觀俯察思悠然

石塔穿雲　訓導　劉　宏

玉筍嶙峋插太空光芒直射五雲中登臨四顧渾無

際人在蓬萊第幾宫

遊九峰觀　周　樂　邑人

一入九峰山江山指顧間平生未着足今日始開顏柯爛人何在雲春碓自閒紅塵飛不到別是一仙寰

巡撫通城　都御史　吴　琛

三年兩度至通城山路崎嶇不厭行漫布網羅搜吏弊徐停旌節問民情怪渠旱魃從天降苦我農家不歲成自媿一官叨國用撫安切切為蒼生

通城道中　御史　余　坤

甯親便道過通城咫尺鄉關馬足輕山埽翠眉迎使節柳垂青眼照行旌堂前白髮愁中緒膝下斑衣夢裏情指日承顏何以壽願危北海膾長鯨

過九嶺　叅政　王　鼎

滿路春風拂面來肩輿白髮未頹摧山如識我頻回首花本無名只亂開人語靜隨空谷應水流還趁小橋回欲收形勝歸風雅投筆誰如子美才

自崇抵通　時華林盜警　提學　蔡　潮

桃溪邂逅復通城宦轍應慚似水萍更有真愁難伏

酒可憐終歲只論兵四郊羽檄勤烽火百里謳歌雜鼓鼙明發開關經岳道好將時務策諸生

冬日遊銀山　訓導　劉　宏

偶來載酒賞銀山風景悠然與不慳鴉護舊巢盤樹上虎留新跡印苔間野梅帶雪參差發澗水連雲一樣閒歸到琴廳心似洗薰爐燒盡鷓鴣斑

登圜山閣　叅政　汪必東

圜山高閣勝蓬萊幾個閒人解此來只為鶴琴妨舊性暫將花鳥豁幽懷兩三童冠偕風浴百囀歌喉繞

露臺漫説家鄉千里外乾坤內面莫相猜

登園山閣　次叅政原韵　任浙江布政　舒大猷　邑人

銀山秀水小蓬萊一閣旁招四美來畫棟朝雲迷樹色蟾宮秋月螐吟懷河陽花映黃金闕檽頻星高白玉臺不讓滕王江上閣落霞孤鶩豈相猜

宿銀山寺房　舉人　陳晉

雲霄羽翼正横秋暫借紺園一宿留燕闕幾年經苦戰蓬萊今日得真遊半空石室藏巖谷五夜禪房宿斗牛讀取金綱經卷罷漫將鐘鼓發高樓

春日遊金盆寺　進士　楊佐　興國州判

蟠龍古刹地幽幽今日乘閒始得遊洞裏桃花春不老巖前寒石水頻流穿林好鳥清音巧沿路垂楊綠影稠自是斯文無外事漫將詩句作賡酬

又　都御史　劉景韶　崇陽人

金盆落日拂征衣石磴盤雲上翠微萬壑晴煙含雨意諸天色界淨塵機定中不作浮生夢天外寧知世事非自笑俗緣還未斷漫從花下撫朝暉

石盤灘　縣西南九嶺麓　叅政　王鼎

野水縱横轉百湍水中巨石鏡光寒無窮意趣真天設漫數龍門八節灘

春日遊翔鳳寺　邑侯　趙三台

鳳翔古刹隱巖阿轉施開尋鳥道過霧裏幢翻空色相風前鐘吼度煙蘿鶯遷陌上辭幽谷雀噪枝頭開釋迦到此渾忘塵世慮癡心還擬寄雲窩

露禱回天　教諭　徐應斗

躡攀靈嶽叩蒼穹露冕披忱感速通轉瞬雲靄驅漢外霎時陽德灼寰中曦輪再覩堯天麗軒鏡重開舜

日同響應真如桴鼓捷人誰不頌大夫功

太平春耕　教諭　徐友

聞道太平地春耕獨占先綠蓑三月雨紅杏半林煙場圃豐多稼罇罍慶有年家家酣白酒擊壤樂堯天

燕臺懷古　舉人　吳應鵬　圖南　邑人

崇禎辛未考選推官第一吏部王大堂覆試以詩

秋聲晴鴈薊門陰慷慨渾疑擊筑音誰謂國豈緣輕白骨招賢未是築黃金從王義重常天地好士名高自

古今指顧河山成往事帝城佳麗互相誇

國朝

赴茶陵任宿河婆橋　教諭 黎正經 邑人

行旌此日駐河婆野豔相參陌上過風鶴疑兵思借箸馬牛呼我最高歌忘機水鳥迴翔迅聽琵江鱗活潑多漫說衡陽書斷雁且教餐蕨莫言他

送列七邑侯調任黃陂　邑舉人 吳開澄 峨峙

親民歸牧宰父母望明賢閔鬻勞成愛劬扶惠罔愆仗公抒保抱報國副承宣淹貫儒經史矜廉儉作緣魚懸東壁埊鹿塵北園煙竿牘無門入苞苴莫賞傳蒞官謹礦鐵讞理爍爐鉛對簿恬聲色吐情沐煦憐緊關披鏡照肯嚟蘩犀然論爲殘苗蠹幻攢擁足蚊剛礴苞訟帶義決買謀川巽艮戀三藂東南息百壓繁餘刪險坎五鬼聾囂乾學校秋風憩閭閻夜雨眠憂勞強半載蹙剔甫週年獄滅三之二風恬陌與阡馴良游綠野羸弱泳青天庶尹徵惟日時霖應大田四蟲咸歛隊百穀累豐連公退吟庭草仕優味架篇更答文苑駁務糾墨程偏訂約諸生儁期占每月圓

授餐扃署課監案就批編來去疏題脈飾章究旨驪剗浮摹古藻刊腐繪新妍諳辨辭神貌詳區義腹弦頻邀優錄獎罔惜累旌捐僻塾知歸徑迷津醒渡船猶虞山水鈍或抑鳳鸞仙倡復文峰塔對森錫岫巔霽霄淩漢矗陰雨刺雲穿培補川原闕裁成璞玉全午科雖負望嗣榜應聯翩邊暴氷壺裏作人玉尺前九重寄保赤四載慰懷鮮展蘊疇經朔輸忠報國先清標懶謗綴循蹟譜歌絃廣譽囂鄰嘖令聞溢上銓西陵詡展驥上儁歎飛鳶來伏魯恭雉去辭劉寵錢攀轅號巽懦臥轍泣危顛灘水民何禍獄山命忽遭芻蕘猶有獻河海不遺涓赤縣雖文藪巖疆却猾淵互懸箸訟慣詭蠱舞文沿謀密麤難覺機潛淺袚弸南濤江納垢北岨豫毗邊草竊嘗輕法蔓滋漬廣延梏腸攖鍛棗疣體攫襦綿兔窟營幽壤狐城吸盜泉渾貪初折脆莫待久攻堅鬭奪風彌熾奇衺術更籬因循階厲忝姑息釀癰纏火烈調濡水驍狂伏楚鞭髀髖游刃澀盤錯利鋒鐫匪懈防微漸用中剬絓牽入鄉先問俗因地更斟權暫輟書淫素備嘗政最專

牛刀磨再試鳳羽翩超遷愚欵贈言也幸垂採鑒焉

登銀山偶詠　邑廪　聶森

銀山頂上四徘徊豁我襟期眼界開一縷濃煙穿石髮半村疎雨洗松鬣層巒矗矗雲初起遠水溶溶晕自來翹首却疑霄漢近欲攀塔杪上三台

黃鶴山懷古　邑庠　周德揚

羽客有何戀而來憩此邱宿蘿縈汞竈叢棘翳丹樓雲隱仙俱隱山留鶴未留盱眸凝碧落野馬騁悠悠

登黃龍山　周大乾

吳楚矗雲分嶙峋不易登半腰低樹嘯絶頂遠煙騰碧沼涵鮮鯉丹爐灼古藤仙翁何處去含笑問山僧

舊城懷古　邑舉人　程盛泮

上巂何由改作州爲時南北轉相讎江陵既不思與楚湘沔行看盡入周百戰嬰城覘守力十年破賊顯神謀將軍父子今雖去猶記成功屬此邱

邑志成贈吳孝廉公峩峙　舉人　程盛泮

七十年來守性真先生於我實同人是非不掩唐書范隱顯互陳漢紀荀漫計闡文傳海甸且看手教重鄉鄰今成此志還何事一棹煙濤入富春

明倫堂落成　教諭　張士樞

擢秀掄英聚此堂千秋大業振宮牆人喻晉代風流格士戒南朝脂粉敉根柢文章卑屈宋淵源道脈溯羲皇鵞湖鹿洞無多旨謹守彝倫教澤長

銀山積翠　邑貢士　吳芳綬　銀若

嶂列銀屏大蘊涵巍然聳峙貢奇嵐曙煙羃𣯶青雲幔夜月披揮碧玉函影倒長河疑染黛光聯列岫儘浮藍頓教雨過初晴曉灑滿綠油暈更酣

登相師山　邑庠　章忠烈

相師崱屴聳蒼穹極目寰區一望空萬縷煙光騰足下幾層雲氣盪胸中洞庭遠矚南蛟穴衡嶽平臨北斗宮畢竟滿山多紺石須知留此記黃公

黃龍山　邑國學　葛行琥

隱隱隆隆氣象雄雲連霧起接蒼穹千巖競秀煙霞外萬壑爭流磵石中幕阜分陪風冉冉湫池應禱雨濛濛洞天勝境多奇異跨有三州探不窮

柳林閒居分寄弟明珍明玠　邑廪　徐士昇

南北相思春復春宦途何似聚鄉鄰無覊欵段行原坂不繫漁舟在水濱明月光窺村酒甕和風影動釣綠綸養成鶴頂歸來早同作花前笑語人

忠廟懷古　邑庠 方剛

廟建鷄鳴祀已崇非徒血食倚黌宮當年祇了勤王事異世難忘戮力功一片丹心懸皦日千秋浩氣貫長虹迴思烈祖勳垂宋聞見時存俊慨中

尖山登覽　歲貢 胡世鵬

山形四出絕攀援斗覺峰高穎獨存左擁清流依北

港右環秀水接東源何年甘井澄荒寺此日雷坡屬故園自古人才鍾地氣還當生發顯中原

黃大石 上有仙人足跡下溪繞堆山出　廪庠 雷鶩春

盤石何年踞此隈瀰誰姓字浪傳來昔人已遠幽芳草遺跡猶存印古苔漫擬摩笄標苦節想因墮履鍊奇才堆山指顧峯迴鎖一曲溪流去不回

早春遊九嶺　熊勝第 三及

九嶺巍峩勢及天葱葱雲樹滿巖前寺門經過逢僧話石壁敲詩倩鳥傳左右溪聲流不盡去來人事渺無緣等芳直踏梅花畔不是王維畫不全

扃試諸生示勉 二首　邑侯 蔣溎 秋舫

飛來覓寫又三年結習依然手一編豈有絃歌新雅化只爭文字舊因緣詞源好濯邱遲錦藝圃誰先祖逖鞭桃李門庭花爛熳河汾弟子話薪傳

一點靈臺判聖狂士先氣節後文章梅花有骨何嫌淡蘭草無人也自芳舊物青氊王大令好辭黃絹蔡中郎琴堂抵作書堂坐衙鼓聲終已夕陽

蔣侯癸未孟夏檄調省垣通邑士民沿途飲餞

侯賦詩誌別 四首　蔣溎

宦海從來處處波早思拂袖卧煙蘿算緡可奈催科拙投匭頻驚告訐多讀律未精難入格貢諛無術自離羅窮通漫向君平卜偷得閒身且放歌

驪歌聲裏拔青羌檢點琴書便束裝難得孟嘗來合浦敢云朱邑嗣桐鄉鮒魚涸轍身原困鷹隼離絲氣自揚猶有壯心消未盡蕭蕭華髮漸成霜

瀕行未免步遲遲載舊情深有所思桃李尚勞春管領耕桑也要雨扶持村中犬吠驚眠夜井底蛙張肆

壽時愁愧惠民無一事聊將民隱播新詩

祖帳交衢結綺筵去官倍覺意纏綿壺觴父老懷今日竹馬兒童憶昔年九轉腸中悲聚散一彈指頃證因緣登場傀儡原無定只是當前總惘然

咏五指山　邑舉人吳壽平 格齋

京師五指山上有觀音閣上巳日諸詞翰吟集限飛字韻格齋主命以詩立就至今石刻尚存

得得尋芳上翠微懸巖斜插掛晴暉山腰橫出仙人

掌拏住浮雲不敢飛

登岱　吳壽平

秦松漢柏枝逾古玉檢金泥跡浪傳七十二君何處問雲亭山上草如煙

八景　邑庠羅萬河 天崑

翠積橫天半瀾迴入海東耕春鶯囀牕誦夜鶴嘲風月映茶煙裊雲穿墨浪融曉鐘連暮鼓黎獻樂時雍

前題　邑庠徐管

八景天排氣象雄雋溪秀水繞城東銀山静擁郊原

絲雁塔高瞻海日紅漏盡聞鐘常朗朗月殘撾鼓亦逢逢太平世界還何事酒煦春耕夜誦中

過銀山石塢四賢祠　邑貢士黎正輝 秀倫

銀山之麓新祠新別墅尤欣得古鄰眉案歡斟彭澤酒裘灘兼晚嶺潮塵一竿竟是隋唐水五柳還留漢晉春收得乾坤風月在年年磯上釣漁人

遊相師山　劉興治 晃甸

穩步相師絕頂遊孤巔矗出白雲頭香龕草繡留名蹟石柱苔封現古邱低壓銀山連靄幛遙臨雋水霧

汀洲追懷圯上傳書事漢業韓仇蘊此收

蒞任江南潛山　邑進士吳冀泰 竹屏

潛邑向有怪獸墜入下車初忽然斂跡邑以爲善政之感群相禱祀因自記云

墨綬銅章筮仕初多慚竹馬奉卑車差無魯政苛如虎那有韓文徙及魚九鼎神奸消大澤一朝歌頌滿穹廬從茲共享承平福康樂和親早上書

登四腳嶺二首　司訓盧殿才 兼三

石棧天梯斷復連肩輿添纜倩人牽俯窺谷口疑無

地遠上峰頭只有天疊嶂從何分起伏磨崖亦太費
雕鐫一聲長嘯振林木宿鳥驚飛到日邊
重重關鎖接嵓嶤咫尺靈光萬嶂朝窘步不堪逢窄
徑開身何事近層霄入來絕頂高於樹雲出前峯湧
似潮惆悵斜陽催客去歌聲一路聽歸樵

過蓮花瓣

汙泥不染是蓮花瓣瓣淩空浸曉霞水瀉銀塘千頃
潤山横錦帳四圍遮中峰特起搖浮翠餘氣平鋪發
嫩芽朶朶有情看不厭由來品地重清華

遊百丈潭 二首

百丈潭邊匹練浮飛奔直下碧峯頭危崖陡劈仍分
峙怪石横遮不斷流地脈能通山澤氣襟懷共滌古
今愁傳聞靈境多奇異士人言潭內時有怪物出沒常作甘霖應
禱求
匡廬風景望中收也學蘭亭禊事修曾記故人邀舊
侶前捕廳周麗甫邀游此地事冗未果喜逢新霽續前游良辰結伴簪
盍小住隨緣轄任投近潭諸紳款留信宿爲語名山招即至
莫教風雨故淹留

弔李晴舫司馬 諱景洲 郵加知府銜

教諭 鍾壽朋 菊潭

本是翩翩玉局姿從戎慷慨棄毛錐滿腔熱血三年
灑計甲寅至丙辰半世忠魂萬古悲烈士不妨軀命擲儒生
偏奏戰功奇曾克復蒲圻協復武昌一時氣節千秋史介胄紛
騰起壯思
天狼誓射赴東南一蹶孤軍覆不堪皖界陣亡起舞雞聲
虛素志褁尸馬革信奇男逆氛到眼生羞並義憤横
胸死亦甘料得九原靈爽慰祀祠蔭後

聖恩覃

通城縣志卷十九

廟宇 廟 寺 觀 庵 堂 院 塋附

國家酬德報功自天地山川外凡法施勞定以及禦灾捍患有益於民者皆詳其尊豐牲幣之儀酌以等差而垂諸祀典至迎神賽社與夫一寺一觀亦皆祈報攸關附錄於末以著體物不遺云

廟

三皇廟 縣西南半里今圮

火官廟 縣城北門外拱北橋東咸豐十一年邑侯鄭爽捐塑神像同治四年生員李華如職員傅德爲章玉璋等勸捐北城外公基一所募修前重後基係章文衡子孫樂捐廟貌維新

廖將軍廟 坤宮沙坪圖菇山祀邑人廖忠廖恕詳忠義志

方尚書廟 縣東巽宮梓木里雞鳴嶺下祀邑人宋忠臣兵部尚書方瓊詳人物志康熙四十四年邑侯辛禹昆有勸捐建祠引詳藝文雍正三年詔靖忠之裔恩立祀生以鄉善方文臣子楚正與祭忠廟後彥奇子耀宗承襲

四靈官廟 一名黃華堂縣城內西門奉祀四靈官即西方金神自招拒朱熙甯間以縣治後枕空曠立廟禳之神甚靈應邑宰朔望詣廟行香廟屢修葺雍正戊申西門居民於廟左 武聖廟後倡建觀音堂左右僧房各一間乾隆癸亥庠生葛行璋兄弟捐建戲臺丙戌西城士民倡建改修嘉慶閒監生楊自唐等積貲交門甲接管戊申職員徐雲集庠生朱德壽耆民程廷和李倣坡程德良樊祥盛皮香九等改建廟宇咸豐四年兵燹戊午監生朱志周耆民陳世平吳益豐監生邱繼芳民何炳森吳占春劉三陽等勸貢生何立中等捐修上重於廟左建修觀音堂捐名刊立石碑戎府吳鏞捐修上重格門又先年徐紹岐李榮占朱彥修楊顯廷等陸續捐置錫東圖屋宇山嶂田種三石西城內 武聖廟左田塘七斗五升楓城嶺屋宇田種二石三斗五升龍塘觀音會田種七斗五升詳田賦

丁靖江王廟 明宏治間商民解糧祈禱於陸溪口

丁公祠甚有感應遂迎像立廟於拱北橋東歲時祀之北門內亦有廟道光庚子年士民重修東門內亦塑神像詳載隆平寺內

東嶽廟　縣西南半里九峯圖先農壇上明正統間鄉民飯朝貴重修　國朝道光年間附城士民補葺咸豐四年兵燹址存

五顯廟　縣南城外明天順中鄉民黃裳募修前殿成化十七年楊允升建後殿同治四年兵燹邑民補修上重

三公廟　城南百步秀水之滸祀惠澤慈濟侯蕭公顯潤廣利侯赤山威濟昭惠侯葛洪今毀

吳王廟　縣東城外秀水右圜山舊建廟東山閣下五代時楊行密據江左通城屬焉政尙寬恤民德之立廟以祀子隆演追尊爲孝武王孫楊溥追尊爲孝武帝俗謂孫權者誤也　國朝嘉慶壬申年皮至德等倡葺下重道光甲申年附職皮興楨等倡葺上重咸豐四年兵燹同治四年監生皮光照職員章玉璋等勸捐修葺乾宮嶺下圖亦立此廟

柳主簿廟　坤宮錫東圖銀山西麓祀先朝採礦柳姓主簿詳古蹟志

舍人廟　銀山南麓離主簿廟里許相傳先朝差三舍人一姓劉名惜一羅一楊失名督礦銀山主簿壓死三舍人亦卒於山鄉人立廟祀之

丁公廟　艮宮大源圖道光癸巳年眾姓建基係周姓三門公捐階溯靈泉因作井癸卯年重修蕭邑監生游輪一捐錢四百串本地紳民多助廟宇落成

廣東廟　縣西十里牌樓沖頂

本祭廟　坎宮河田圖同治二年吳信萬募建乙丑年眾姓補修

石叢廟　坎宮河田圖吳春林修

仰山廟　巽宮嶺荷圖祀張道陵像胡文忠公神主乾宮南潭圖及左港圖俱建此廟

白公廟　中宮白米圖昔有白公壇壝明隆慶時建後戈姓重修

孝武廟　縣南二十里章元圖祀五代楊行密

漢帝廟　乾宮北港圖
柳師廟　離宮中堡圖在港中間廟側古樹茂盛春夏暴雨雖水深數丈盡從兩邊瀉出
西隴廟　艮宮下三頃圖
關帝廟　縣東十二里馬鞍山元至元五年監侯札木花有記無考縣北二十六里尖畈圖亦建此廟
三公廟　坤宮易段圖
萬福廟　兌宮踏水圖乾隆十五年楊名顯建
岳王廟　谷嶺山頂

仙姑廟　乾宮引港圖
洋樓故址廟　中宮鷹棠圖
石馬廟　乾宮石馬圖
團山廟　乾宮團山圖按廟有二一供大士一供福民大王
水口廟　離宮上堡圖咸豐四年兵燹同治二年重修
豪齊廟　乾宮方段圖
石牛廟　乾宮梅林圖
乩仙廟　兌宮樂城圖
城隍廟　縣東三十里巽宮郭壠圖
龍王廟　震宮盤庚里四庄牌宋時僧道古修造廟宇佛像康熙元年僧古道重修其廟基名峨嵋山居半山中層巒聳翠松竹參差
將軍廟　縣東南十八里冉田圖官塘市祀趙充國

寺

隆平寺　縣東門內唐開元間僧懷珍創建銀山下宋熙甯五年陞鎮為縣遷縣治西為慶賀習儀之

所後燬於兵明正統八年僧行童修復成化十八年將寶慶寺田地稅一十畝作供寺內香火崇禎六年知縣趙三台捐俸於佛殿後建觀音閣塑觀音準提像

國朝康熙三十七年知縣白瑨捐置臺源洞等處田畝永奉香火邑人黎宗實捐金修神像廟宇知縣白瑨贈為善最樂匾歷今黎姓後嗣時為修葺環寺官基北至花粉泉廟後僧海清石塔東至東門後街直出西至鄭基路直出包塘在內南至屏牆小

街舊志又東門士民於廟右奉丁公靖江王嘉慶乙亥年捐修正殿廊檐戲臺咸豐四年兵燹僅存上重同治二年汎官吳鏞補修神臺格門

長廣寺　即朗橋寺在南城外朗橋畔後重祀觀音中重祀　武聖咸豐四年兵燹士民補修上重

星華寺　拱北橋背教軍廠側孔端植公家廟今燬待葺

上錫山寺　坤宮錫東圖明正德十二年金盃寺僧戒完建　國朝乾隆十九年山主職員黎華章子孫補修

下錫山寺　坤宮觀蓮圖

壽隆寺　縣南十五里坤宮茅田易段二圖相傳宋時有僧悟空飛錫開山山高數十丈上有泉井

真如寺　縣西南十里兌宮下石坪圖道光年間重修

福源寺　縣東南二十里巽宮義井圖下港水口宋時建創

九宮寺　縣南五里錫山之源秀巖碧嶂羅環九宮相傳祖師至此趺坐七日而去

鼓鳴寺　中宮馬坑圖明時建　國朝道光乙巳年重葺咸豐五年兵毀同治甲子年職員胡吉占同吳姓人等募修

祟慶寺　巽宮高石圖唐時建宋岳武穆征楊么過此詳寓蹟

寶積寺　坤宮寶積圖寺基徐業香火公供今毀舊志

仰山寺　坤宮茅田圖

翔鳳寺　官山坤宮太坪圖古樹環繞知縣趙三台題聯云青山莫許牛羊牧綠野還求鷄犬甯

九峰寺　巽宮義口圖

東靈山寺　一名桃溪禪院在離宮中堡圖年久漸圮同治四年住持僧曉瑩募修下重兩廊

離塵寺　巽宮南樓嶺上義甯州交界葛姓墳後坐竹壠田三斗施作香火

雀成寺　巽宮苦竹嶺上義甯州交界

天台山寺　原名西來古蹟在離宮里八圖有清泉石井冬溫夏涼觀音巖背後其形如獅一蓊巖內

有石椅石櫈頂上三峰豎立層巒聳翠
隆興寺　乾宮嶺下圖斷峯山上
鳳山寺　縣南五里
金盌寺　縣東南二十里離宮台源圖
古城寺　艮宮古城圖
黄沙寺　坎宮仁義圖原名金沙山普慶寺
梧桐寺　兌宮中石圖元僧慧通建又名棲鳳禪林
相師寺　中宮鷹嘴圖相師山上唐時建寺前有古
銀杏高十丈餘圍三丈餘中空另生一樹垂蔭婆

娑清奇幽曠後巖壁間有井泉水清潔冬煖夏涼
大旱不竭
龍華寺　巽宮青石圖虛空山上縣南三十五里明
有黄仙翁修煉於此前知休咎葛姓捐田數石世
供香火秋糧葛姓通族灑納
石門寺　縣南三十里坤宮易段圖寺倚巖間巖側
有風洞順治八年僧無一建
普化寺　離宮中堡圖寺側有聖井井內魚二頭約
四寸許終不見長以飯飼之從石隙中出

大乘山寺　兌宮靈官圖明成化間胡大鍊建田種
二石零五升園圃山場俱供香火
伏虎寺　兌宮伏龍圖明嘉靖三十九年建佛座下
有靈泉寺僧以置香火田畝
眞覺寺　坎宮半山圖明湯千泗捐創　國朝嘉慶
甲戌年湯大濟吳淡如等募化補修
普濟寺　震宮正龍圖
大佛寺　中宮鷹嘴圖明李東雅創修
雙峰寺　巽宮路口圖明景泰二年建

開山寺　艮宮乾港圖峨嵋山上康熙六十一年建
南台寺　巽宮祝壠圖苦竹嶺上
蘭若寺　巽宮汪坊圖
白水寺　巽宮蘆石圖廟前石壁中有流泉與日相
映如匹練高懸
迴龍寺　乾宮左港圖山如迴龍寺居其中
崇正寺　中宮仙人圖桃村源
雨風寺　中宮雨風圖同治四年建
金輪寺　一名石門寺震宮桃源圖明恩賜知縣金

志搉建以藏勅命明季兵燹　國朝重修金姓輪
守故名
昭勝寺　縣東三十里巽宮大窩圖
百華寺　縣東南五里坤宮乾港圖
寶勝寺　縣西北二十里坎宮井欄圖宋咸湻年間
建
九嶺寺　縣南二十里兌宮九嶺圖咸豐四年兵燬
十年貢生何立中重修
妙音寺　縣東南四十里

化成寺　縣東十五里震宮奈坊圖
堆峰寺　縣北七十里艮宮黃大圖寺創於唐　國朝
順治丁酉年僧守用葺修年久漸圮道光癸巳年
住持僧會月承舊廟數間殘田四斗以確守清規
勤苦儉約置田二十餘石重修上下三重並未募
化分文
白雲寺　縣北四十五里
大明寺　縣東四十里艮宮后坊圖羅友義創修同
治四年貢生羅達川於廟西建修　文昌宮

金仙寺　縣東四十五里艮宮金仙圖
白石寺　縣西十五里
永興寺　縣東南四十五里離宮上堡圖
廻龍寺　縣東南四十里震宮洞口圖左師姑尖右
烏碧峰半山平起高石建寺於上
寶巖寺　縣南二十里章元圖
金山寺　乾宮圍山圖
下三岙寺　縣北二十里引港圖明洪武年間創修
咸豐四年兵燹同治二年衆姓補修

普救寺　巽宮狹頸圖
千佛寺　坎宮長冲圖
蛟龍寺　巽宮五流圖
百丈寺　坤宮百丈圖
觀
眞君觀　縣東南十里
金沙觀　縣北十里坎宮東墨圖明成化間歙賓吳
伯彰創建捐田三石五斗屋後山一所後至徐山
小井觀　艮宮小井圖福壽山一名福壽寺山下有

小井泉清寒冽

堆山觀　艮宮堆山圖

桃花觀　艮宮桃花圖

東嶽觀　乾宮引港圖地名柏樹臺　巽宮祝墈圖

昭靈山亦有此觀世傳刑部侍郎劉庚由江右遷

通作有東嶽石鼓詞中云吾之凡質神之化身其

子孫因於觀祀之　震宮漂田圖亦有此觀相傳

唐時金湖一建土地廟宋元時續擴改供張王

庵

金獅庵　艮宮白石圖廟宇幽雅人多遊玩

白衣庵　震宮南林圖明崇禎時盧錦心建塑大士

像祀之

白雲庵　縣東二十五里林木茂盛庵後有仙棋石詳古蹟志

圓通庵　縣東二十里河市圖吳念進修

雲峰庵　坤宮易段圖

蓮花庵　坎宮韓峯圖

堂院壇附

觀音堂　兌宮馬港圖堂後有古楓一株約數十圍

輪囷茂蔚其圓如蓋寺僧自置香火田畝

水閣堂　縣西八里乾隆十五年黎容也修

地藏院　震宮移風圖

祖皇壇　震宮沙堆圖沙堆市上街口

通城縣志卷二十

古蹟

高人逸士往矣藉以不往者遺蹟焉耳蓋奇蹤異景曠代相傳如杜工部之溪號浣花王右軍之池名洗硯皆地以人重也通邑名勝流傳有可爲山川增色者類以誌之俾不忘焉

方尙書故居　舊在巽宮崇仙里義井遷梓木里新莊有落業詩鐫門首壁字跡森然今汪姓居此猶珍重之

楊狀元故居　在西城外烏橋畈楊家莊至今狀元坡係當日讀書處

鍾學士故居　在乾宮左港圖河田坳

舒方伯故居　在中宮麥田圖麥田畈有牌坊遺蹟

劉御史故居　在巽宮大寗圖遷塘湖獅子山今子姓居焉象笏猶存

仙人石　在黃龍山葛稚川修煉處有隻角樓遺址旁產奇竹風來自掃壇石壇畔有靈湫勝井井上有池池旁有藥槽井旁石屋可容數人屋內有石臺鑴湫池勝井旱禱輒應井內有黃魚二山巖內有石天梯呂純陽有紀勝詩　詳藝文

石田三畝　在黃龍山生成石田三畝其石塊如犂轉一般內產紅蓮係仙人葛稚川遺蹟

劉磐幕　在幕阜山巔吳太史慈爲建昌都尉拒劉表從子磐建營幕於此故名山上有巨石名繫舟峰列仙臺旁產瑞竹同本異幹隨風自掃名掃壇竹上有沸沙池芙蓉池水甚淸潔中有金鯉出沒又有仙人洞石上有仙人跡葛仙壇丹井丹竈石

臼之類至今猶存又有紫靑觀海棠洞花常夏開甚豔麗其山產藥味多種怪草奇木多不識認其勢高遠雄壯爲義甯平江交界處許元信王姿經此有紀勝詩　詳藝文

寶鏡石　在巽宮黃龍圖鏡阜山山腰方石如鏡四旁着黑其中潔白周二丈許斜陽倒射炯然有光

仙人臺　在巽宮黃龍圖巃嵸曠衍舊傳樵者見二老飲此異而叩之一云姓王葉縣令也其一不答飮畢而去跡之不見故名

擲劍嶺　在巽宮盤石圖其嶺石骨囫圇上有數石如削若切片然石旁手痕猶在相傳爲吕純陽遺跡

鳳凰池　在巽宮黄龍圖踞山嶺坡頂其形如盂中有小岡地皆沮洳相傳周時有鳳鳴於此

玉女峰　在巽宮黄龍圖寶鏡洞口東有亭西有寶鏡石其峰相對如玉女臨妝然

金鷄石　在銀山下古有錦鷄鳴於其上宋狀元楊起莘有詩 詳藝文

槐寮寨　在巽宮汪坊圖大盤山頂南界義甯東界崇陽東南北俱陡巖峭壁惟西南一路名仙人埂從石巖鑿梯可登寨巔三峰鼎峙寬平約百餘畝有清泉可汲每雲開天朗可望洞庭人立中峰俯視插劍巖莫不悸眩舊傳唐時黄巢肆亂里民張十萬立寨其上倚槐爲保障集鄉民訓練技勇寇去下山耕種聞警則入寨避之至今墾山者猶獲有刀鐙罌皿諸古物

黄石公隱居　在中宮鷹嘴圖相師山頂陡仄莫登惟南脊寬尺許僅容人足高數十丈上有石柱西約一圍石址三間非人力所能舁相傳黄石公隱此

黄大石　在艮宮黄大圖舊傳黄石公坐煉於此至今足跡宛然左有小溪異石錯落其間水繞堆山而出邑貢生雷鷲春有詩 詳藝文

洗經井　在西林岡下左側明御史劉仕昌父原達獨居理經其旁有丐嘔汚其經持於井洗之晒經石上經面忽現詩一首有伏虎山下鳳凰開之句

遂娶虎山鄭氏女生仕昌井今改爲塘石呼爲曬經石

銀山小八景　瑞慶峰　金輪嶺　棲霞石　邀月臺　碧瀾溪　積翠巖　印天池　鍾秀泉

仙人石　在銀山西麓高二丈許圍數丈頂圓如圭鐫天仙承祀四字字畫端楷

主簿廟　在銀山西麓舊傳唐時柳姓主簿採礦穴崩官夫俱陷後雷雨大作擧出主簿屍如生土人立廟祀之

龍印石　在巽宮龍印圖石上有龍印跡

烏龜石　南城外秀水中其形如龜舊傳簡公和尚修煉於此

一箭巖　在縣南二十二里章元洞與蜜巖山對峙其巖有二孔一曰乾巖中可容數十人一曰濕巖內有二石乳滴水天旱祈禱取水輒應濕巖一孔與乾巖通有風噓吸名曰風孔

插劍巖　在汪坊圖大盤山槐寮寨山腰插有古劍中有奶石是山諸石皆青此石獨白下垂如乳水

滴四時不竭

富貴石　在兌宮十里圖上鐫富貴二字

破石礲　在中宮破石圖道旁一巨石中裂一縫竹木生焉

螺盃石　在兌宮鷹嶴圖大佛寺側港中其形圓如螺中空深二丈餘

尖石　在離宮中堡圖形尖如筆

仙石洞　在乾宮梅林圖有仙人廟石上仙跡宛然

鼓石　在坤宮東嶽圖楊羅山上其形如鼓擊之有

離宮中堡圖亦有此石

活石　在坤宮踏水圖周圍約四五丈息聲近之一指可搖動若聞人聲則不動矣

銅鮀觀音像　在左港廻龍寺宋學士鍾洪之女妙貞適江西衛州沈艮鑑早寡因亂回家矢守氷操購像於此

丈鼓塘　在震宮赤竹圖二塘相連形如鼓係崇通交界處

三仙石　在坎宮東源圖大箬姑尖山頂有三石仙

人雲起夕必有雨西連小箬姑尖

仙棋石　在巽宮舊傳有二仙圍棋於上故名離宮亦有此石

張果石　在中宮馬坑圖鼓鳴山右舊傳張果老至此仙跡宛然雞籠山田中亦有此石

仙坐石　在巽宮株樹潭下俗呼朊子石舊傳有仙坐其上形跡尚存又兌宮馬洞圖震宮守仙圖均有此石按震宮之石舊傳呂純陽守何氏仙姑坐此石上留有痕跡側近有仙梯一乘白石嶄然鋊

名上天梯約長丈餘記有十餘蹋

獅子巖　兑宮仙人圖石溪寺前溪水合流於此坤宮沙段圖亦有牝牡二獅石其牡者回首若顧牝狀

金銀沖　在汪坊圖沖頂有石孔高數仞分乾濕兩广灣曲如屋可容數十人广盡處爲潭上有生成石觀音像水從潭底翻出大盤寺僧田賴以溉注

大紅石　在巽宮千提潭下兩石對峙屹立中流常爲沙淤居民以此石出見卜一村豐稔

石墩陂　在巽宮游泗段先係深潭後結成石陂高丈餘

仙人洞　在巽宮相傳何仙姑在此修行基址尚在石崖內有銅神像

藕塘泉　在乾宮大陽圖有石山裂出泉甘洌四時不涸

眠石牛　在乾宮方段圖一名石堰如牛卧水

龍潭　在乾宮大陽圖兩山對峙潭左右峭壁如削上有龍爪龍尾印跡水注潭中聲如洪鐘相傳爲龍藏處

亞龍岊　在震宮亞龍圖山高十餘丈値歲旱初更時山頂有紅毬時起時落相傳爲火龍戲珠云

響石　在巽宮梓木里黄袍山石似魚形擊首則尾鳴擊尾則首鳴中空聲從內出其韻鏗然近聽則聲猶細稍遠而聲更洪石上損一塊相傳有人欲碎之以歸忽陰雲四合雷電交作因懼而止

乳石　在巽宮梓木里黄袍山上有石巖滴水下結乳石其色白多成筍形

雷神石　在中宮風雨圖過水埠內相傳先年此石夜行食稻後有異人書一大佛字於石上乃止其字至今尚存石上窄下寬頂平可坐二十餘人高二丈餘週圍約十數丈

石門　在坤宮易段圖跨兩岸形如磬水從中流若門之闢然

龍王井　在艮宮小井圖係一村水口左右龜蛇對峙中流矗起石印墩其下潭深數丈水清可鑑

湯坑泉　在雲溪里八圖早晚蒸霧冬夏皆温天將

陰雨輒有霞光

鷹石　在雲溪中堡圖相傳石破處有白鷹飛出至今尚有鷹跡

仙牛石　在中堡圖相傳有仙人牽牛經過至今牛跡森然

風孔巖　在坎宮韓峰圖四脚嶺之巔昔有仙修煉於此孔中可容數十人

大泉巖　在巽宮下荻田圖有洞可容數十人中有龍王位旱禱輒應

石人　在乾宮大揚圖聳立山頂高數丈儼如人形近巴陵界

石鼓　在乾宮圓山圖金山頂形如鼓高八丈圍數丈

通城縣志卷二十一

塋墓

九原不作萬古長眠碣斷碑殘烟荒草蔓詠滿眼蓬蒿之句古之人所為不盡欷歔也然貴士禁柳下之樵褒忠表比干之墓緬維往哲封樹依然恐聽其淪於墟莽乎撫遺碑而墮淚賦古木而傷懷載筆之餘凄然欲絶矣

宋名宦孔端楠墓在南城一里九峯山前有神道碑

宋兵部尚書方瓊墓在縣東四十里巽宮梓木里龍印圖龍印橋內象形戌辰向道光丁未年裔孫增生輯五等重修外礴

宋進士孔玲墓在縣南三十里靈官圖石公冲蓮花臺

宋進士孔文樸墓在縣南三十里靈官圖梅林村

宋狀元楊起莘墓在縣城內隆平寺前城隍廟後有碑誌石坊

元翰林學士鍾演墓在兌宮遙廣山下石礴塋前石級三偃月臺一元泰定丙寅立有墓碑

明御史劉仕昌墓在巽宮修竹里蘋荷圖織庫窩人形

石礫有碑塹界
明方伯舒大猷墓在辛安里田東圖
明知縣鄧恭墓在崇仙里西冲仙人現掌山
明司理吳應鵬墓在中宮麥田圖龍船坪
明遊府孟柏林四川華陽人墓在北城外北壇側城牆下
明知縣孔克亮墓在縣北五里黃源圖菱葫冲貓兒洗臉山
明知縣徐士旦墓在縣西五里樂成圖柏質亭下灣頭黃泥井月形

國朝
學師周琴天門人墓在東城外信山圖有碑
學師余立志保康人墓在東城外信山圖
捕主張麟苑平人墓在西城外樂成圖楊家庄椅形山
知縣杜禮明墓在艮宮下闊圖十長畈
知縣吳冀泰墓在坎宮塘田圖塘莖畈大塘前
學師劉大義宜都人墓在東城外信山圖

以上舊志塋墓至山有無槪不登錄

義塚山 附

乾隆二十七年邑侯七奉文將原設義塚並續增處所坐落土名照例造具清冊申賫今仍舊備載
一通邑原設義塚一處坐落土名西城外平頭山劉家祟東至黎山北至土塹西至碑石南至李田為界責令隆平寺僧人惺悟掌管按月給以薪米為日食之貲
一通邑前憲遵奉

恩詔檄飭選擇高阜隙地續設義塚一所坐落土名黃泥坳東至原設義塚平頭山碑石北至陳山南至李山西至分水為界併責令隆平寺僧人惺悟掌管按月給以薪水為日食之貲

公議辨正

按查通城縣舊義塚山四處一在西門外平頭山古塹為界一在南門外朝宗橋背係古東壇左右老塹抵杜山為界北至許山塹南至田塹一在白沙圖坐落土名劉家祟康熙年間知縣吳國瑞捐買黃魁生

之業上至土塹三至田

乾隆二十八年生員吳顯術捐價買震宮八叟圖義塚山一段土名脊箕窩係蔡南彬賣寬二丈九尺長二丈三尺週圍七十壹丈坐南朝北塹界清楚距城十五里 舊志

又東山閣上首犁耙窩山一段上至皮姓公山塹下至路左右至田廩貢生皮德長捐內地二塊草曲年捐

謁楊狀元墓 詩附 舉人程盛泮 翰林楊騰芭 廩生黎致輝 生員章旋凱

勸修柳下壟兼闢玉君牆未知千載綠先見一堆黃過客宜加敬居人不可傷問斯何代塚宋世狀元楊

其二

遙考文丞相維公並甲春榜開龍虎隊池作鳳凰身宅記三莊舊橋傳九眼新今同登禁後無復採樵人

通城縣志卷二十二

祥異

祥異之說見於經散於史極於纖緯術數蓋五行交感應以五事詳既有徵異亦非偶古人以時修省固有召祥消異於冥冥中者豈惟君公哉如史所稱麥秀兩歧虎不渡河比類而求良有司莫不有然矣然則祥異之志又烏容已耶

唐堯在位七十載德政清平景星出翼軫 尚書中候

按翼軫為荊楚分星通城屬焉

宋哲宗元祐七年正月戊午天雨壓土占者主民勞苦 宋史五行志

宋大觀二年己丑春社前燕已來 塵史

元成宗大德二年旱 元史五行志

明正德四年己巳大旱歲飢民莩

嘉靖元年壬午大水

七年戊子大旱

十三年甲午旱

十九年庚子五月二十五日暴雨蛟起平地水深四

尺沿河沒廬舍千百間溺千百人田地多被沙淤
激刻
三十四年乙卯大飢斗米銀三錢草根樹葉摭摘殆
盡餓莩相望於道
萬歷十一年癸未八月火起西門延燒房舍數百間
十七年己丑飢
十八年庚寅飢
十九年辛卯大疫
三十二年甲辰五月初一日龍水驟起平地水深七

八尺
三十六年戊申四月初三日連陰至五月盡山崩川
溢知縣楊浩詣錫山祈晴開霽邑人有露禱回天
詩 詳藝文
三十七年己酉春夏間大疫死者十之七八知縣楊
浩祈禳開倉賑不給者漢沔流民就食以萬計皆
得安集全活甚眾
天啟五年乙丑荒
七年丁卯鹽貴

崇正六年癸酉旱
七年甲戌地震蝗
八年乙亥蝗
九年丙子地震蝗
十五年壬午旱兵亂
十六年癸未旱兵亂
國朝順治元年甲申旱荒三月無鹽每兩錢六十文
三年丙戌大旱兵與民未落業
四年丁亥奇荒斗米銀六錢頭牛不穀知縣趙齊芳

捐賑
八年四蟲俱發食稻剪根知縣盛治捐俸醮禱七日
殄滅得收十分之三
九年壬辰三月十八日旱至七月知縣盛治祈禱得
雨
康熙十年辛亥大旱荒
二十八年己巳大旱荒
三十五年丙子大水
四十四年乙酉大水

四十五年丙戌四十六丁亥大疫死亡相繼不染者
百不二三又穀貴
五十一年壬辰大水
六十一年壬寅大有年
雍正四年丙午夏山水暴漲淹沒民房衝壞朝宗橋
並橋邊寺知縣李玠糾工填葺
五年丁未大疫自五月初五日旱至九月二十七日
始雨穀貴
乾隆九年甲子七月十八日旱至十年五月始雨民

方浸種是歲牛瘟死者殆盡貧家聚哭耕者以八
人代牛後五年牛瘟始息
十七年壬申穀貴
二十二年丁丑四月十八夜白雲山蛟起山溝水深
十餘丈山下民房漂盡
二十三年戊寅五月蛟起水亦如之
二十四年己卯六月烈風暴雨蛟發辛安里雲溪洞
上峰山
四十年乙未旱荒

四十三年戊戌大旱奇荒稻絕收秋蕎麥熟
五十年乙巳蟲澇
嘉慶六年辛酉正月荒穀一石錢二千餘
七年壬戌大旱自五月初旬至七月十五日始雨
十年乙丑大熟
十二年丁卯春夏旱自四月至八月始大雨穀貴
十三年戊辰穀貴發常平倉償
十六年辛未大旱穀貴
二十三年戊寅龍水近港居民多被淹沒

二十五年庚辰夏旱秋蕎麥熟
道光元年辛巳荒
七年丁亥六月初一日大雨水溢沿河田地民房衝
壞無數居民多被淹沒
十一年辛卯春多雨五月初五日水如丁亥年穀石
錢二千餘發常平倉貸
十二年壬辰沔監流民瘦甚死者相藉邑人染之多
因疫亡
十五年乙未五月旱至八月始雨

十六年丙申春穀貴

十七年丁酉荒

二十二年壬寅夏五月穀貴發常平倉貸

二十九年己酉夏穀貴斗米錢七百發常平倉貸

三十年庚戌大風大木多拔

咸豐四年甲寅八月池水忽盪起尺餘往來數次合

邑皆然

六年丙辰夏秋大旱

七年丁巳春夏大荒斗米錢六百知縣夏錫麒設局

勸賑八月蝗飛過境蔽日不爲灾

十一年辛酉三月大風房屋被折當隧處數圍大木

亦拔七月雨雹又大風亦如之

同治元年壬戌五月荒

二年癸亥五月溪水大漲七月地震屋瓦多墜

四年乙丑三月大風八月十五夜月華

通城縣志卷二十三

兵事

通城僻處山陬本非輻輳交通之地而界連湖南江西遂爲往來要衝有事之秋往往先受其患晉唐紀載多闕明季張李二賊出入盤踞恣意殺掠民不聊生逮我

皇清定鼎削平大難二百餘年烽燧無驚蓋天下治平久矣邇因粵逆倡亂餘黨分擾復遭蹂躪幸

皇威遠播迭次剿除四民安堵於以卜億萬年有道之長

殆未可以不志云

晉

惠帝太安二年癸亥三月義陽蠻張昌遣其將馬武破武昌八月荊州刺史劉宏與張昌戰於清水昌大敗更遣司馬陶侃參軍蒯恒皮初等討昌於竟陵侃等與昌苦戰大敗之納降萬計昌及沈竄於下雋（按下雋即今通城）明年秋乃擒斬之傳首京師同黨族誅

宋

開慶二年十二月湖北安撫司計議官吳繼明攻通

城復取之執縣令以歸

唐

僖宗乾符四年黃巢踞崇陽分擾通城邑人廖忠廖昶督義勇捍禦

宋無考

元

順帝至正間紅巾倡亂餘黨侵擾志乘罄燬後本邑崇仙里葛應雷率眾禦之賊遂退

明

正德十四年己卯江西甯州賊結連奉新華林寨靖安瑪瑙寨餘黨恣掠希竄通城邑人葛輝奉上臺檄率鄉勇協官兵堵截南城嶺諸隘賊遂退通邑獲安

萬歷二十年壬辰九月強寇數十人踰城刼縣署民不及援後擒渠魁陳與學胡倘時劉玉等十七人於興國大冶湘潭等縣俱寘之法

崇禎十五六年兵亂民苦不堪

國朝

順治元年甲申賊張獻忠破縣燒燬縣堂民舖四城盡赤土殺掠無數

二年乙酉賊李自成盤踞鄉村四月壯掠弱殺白骨如山知縣汪一位收瘞敎軍廠側名萬人堤後自成傳令四十八部先發自引二十騎過羅公山下山有元帝廟山民賽會以盟謀保衛閭井自成阿騎止山下單騎登山入廟見帝像伏謁若有物擊之不能起民取所荷鍤碎其首而死其姪李過勒兵奪其尸結草爲首以衮冕葬於羅公山下滅一村而去

三年丙戌三月

上遣張副總至通城進兵平江截李三捷等阻截復哨回轉通城時兵馬往來不絕民未落業

平江獷賊冷清樊廿名揭糾眾來刼縣庫至鷹嘴巖鄉民李鳴玉等用射虎毒箭拒殺賊眾遠竄

康熙十三年吳三桂踞岳州梗塞蒲圻臨湘驛道巴陵之民俱不薙髮縣城屯營自西門至巴陵大界

康熙三十九年庚辰有盜四人黑夜持刃入署刼金銀紬緞挾知縣辛禹昆出署方釋遍緝無蹤

乾隆四十九年土人滋事特制軍帶兵安撫闔邑驚

逃一月後民方復業

嘉慶三年戊午七月崇陽青山白蓮教匪作亂人情惶恐聞風避匿兩月始定

道光二十一年辛丑十二月崇逆鍾人杰聚衆數千攻破縣城焚燬衙署刼掠倉庫踞城一月每日在教軍廠操演分兵攻土塔市營卡被官軍擊敗次年正月大兵四路抄殺賊衆夜遁

咸豐元年辛亥四月土人滋事官軍臨境獲首犯王伯志等寘之法

三年癸丑二月有土人數百乘夜入城刼搶舖戶延燬官衙其黨搬運財物歸家留有首犯方九五踞城內青陽書院被邑人黎立祖等擊獲綑送省城其黨來縣索其首不獲大譟將沿街民房焚燬火光燭天四月臬憲江忠源帶兵進剿獲數十人斬之黨遂散

四年甲寅二月賊首偽監軍廖二由崇邑攻陷通城被脅者俱令拜降下鄉刼取銀錢三月撫憲胡文忠公諱林翼塔軍門諱齊布由湖南提兵來通撫憲隨旋岳州軍門駐劄西門古龍山賊衆來撲營官軍預爲埋伏抄出賊後乘勢掩殺以數百人敗賊數千生擒數十斬首數百克復通城旋以湘潭有警奉委南旋四月賊復至境同知銜江忠淑由平江進軍通城駐營九嶺破賊山下毛逆援首五月移駐錫下啜之團山等處大小二十餘戰不克邑人吳以臨督勇陣亡六月明府趙璞山帶勇來援七月賊偵知岳州等處黨敗焚巢夜遁官兵移營城外黃泥坳教諭熊緒護理縣事設總局督四鄉分辦團練防堵委用邑紳熊繼初等先後緝殺逆黨千餘九月賊擾本邑沙堆

等處把總許紹棠帶勇往剿被圍死之其同時陣亡者吳自天等并鄉勇百餘名

五年乙卯三月粵逆偽丞相鍾姓率賊數萬來通團練奔潰城遂陷團長千總羅登魁世襲把總胡肇元從九李集賢職員趙錫圭等陣亡兵民死者約千人賊蜂擁鄉村燒燬民房被殺擄者以萬計居民財物搶地一空民田荒蕪邑紳李景湖黎立祖等收合敗軍兼募鄉勇合臨湘等處官軍駐札花涼亭計圖恢復賊忽至殺傷無算尸橫遍野隨撲平江上塔市關

卡不勝折回通城月餘逕竄江西

六月偽丞相萬姓又率賊衆至通踞縣城分兵遍搜山谷姦擄燒殺與鍾無異被虜者黥面湖南援兵駐紮北港賊往迎戰臨湘縣知縣姚遇害官軍敗走賊肆擄殺荼毒不堪七月中旬大股退蒲圻分小股守城立偽監軍楊偽示安民勒令四鄉立局設司馬旅帥名色邑人不從均遠避

八月鍾逆由江西義甯州轉通城藩憲羅繞山提兵尾追紮營本邑九宫山調平江何忠駿駐紮錫下畈

兩軍夾攻破賊外壘進薄城壕賊用火炮滚木抵禦藩憲親身督戰殺賊數百收復縣城紀律嚴明秋毫無犯所獲被擄幼童問明籍貫撥勇送歸

十月偽翼王石達開率賊衆數萬由通山崇陽至通城駐紮淵田等處護理縣事熊續局紳熊繼初督帶團勇千餘合平江何李方黄四營往淵田迎戰獲勝翼日賊大至自辰至午四面攻撲官營盡覆知縣熊續死之平江拔貢李元濬兄弟同遇害賊停數日大股往江西餘黨尙踞通城十一月南軍江營由臨湘進軍紮西城外偽監軍楊姓遁入崇境官兵尾追竄去

六年丙辰二月候補道江忠濟屯兵西城外古龍山連團勇共十餘營軍聲大振三月偽檢點何姓統賊萬餘來攻經官兵殺退斬賊首數百顆四月何逆復紮營十餘處圍攻官軍兵勇奮力堵禦初四日賊分四路撲營官軍擊退數次未刻大雨如注不能開礮賊圍益急瞬息火起後營全軍盡沒江道憲被圍陣亡時團勇死者數十官勇死者數千五月同知曾印

國華督兵由武昌至通何逆竄入巴陵曾隨尾追偽將軍張姓奪踞縣分偽監軍劉姓守城各處設關卡立偽局歛民錢穀

十月道憲王珍統帶南勇進剿部下同知張運蘭先至紮北港方家段逆首張姓闖官軍至拚命迎戰官軍伏山谷左右奮勇齊出梟其首俘殺賊衆百餘進逼賊壘賊夜遁收復縣城訓導沈田玉署縣事委邑紳胡大集等設局辦團以資防堵流民漸次安集

九年粵逆散擾湖北連毗境界各州縣團練防堵署

知縣傅詩設局捐輸委邑紳傅協中樊登雲等勸捐濟餉十一年辛酉五月粵黨伍賊領衆數千由義甯州竄通城團勇紮南城嶺賊分三路撲營團勇敗走死百餘人賊乘勝踞城一月平江道銜李元度帶勇攻擊賊遁江西遂復縣城

同治四年乙丑四月叛勇由咸甯崇陽經過通城東北一帶居民多被擄掠咸軍門大吉歐陽翼長曇帶隊躡追至江西界叛衆遠竄

附載殉難人名

謹按咸豐年間官軍與賊相持兵刃日接殺人如草甚或連營失利屢沒全軍迄今過其廢墟草蔓烟荒未甞不爲之盡焉殞涕也

皇上深仁厚澤凡經堵剿陣亡無論在官在籍在營莫不分別從優議卹立各處昭忠祠以妥其靈又

准以奏覆清冊登入志書用垂不朽嗚呼至矣雖殘魂剩魄業無聞知而

鳳詔下頒榮其後嗣鸞刀敬執薦以馨香身與蟲沙伍名偕日月光吾知忠肝義膽素足於生前不泯於死後冥漠中必將掀髯奮臂慷慨同仇誓為厲鬼以殺賊者且紛紛也夫何恨焉

文秩

李景湖　附生同知銜候選知縣

吳以臨　從九職議叙主簿

杜　若　優附生議叙六品

李集賢　職員議保從九品

武秩

羅登魁武舉賞戴藍翎原任宜鎮左營千總兼署守備
胡肇元蔭生委署本縣汛把總
黎立祖軍功委署本縣汛把總
吳必昌蔭生署羅田縣僧塔寺汛千總
羅登吉軍功儘先把總
胡在位軍功儘先花翎都司
葛貴昌武生加贈外委銜
李護國行伍撫標外委
生員

杜于周　徐家義　杜榮封　葛方太貴昌長子
武生
黎景鈞　黎受爵　徐沃宜
職員
趙錫圭　吳應元　胡寶太　皮自本　李榮進
黎星喬
監生
黎直揚　吳冠玉　葛正　葛振衢　徐登
陳表廷　吳自天　胡基成

功職
何海清外委銜　段家訓外委銜　黎洪賀千總銜
鄭作志藍翎把總　郭長春外委銜　楊銘新　徐中進
張心平　皮尚達　程大啟　羅登甲　王慕堯
劉連拔　劉學逵　杜天泗　徐炳耀　金瑞書
熊立徵　李傳修　胡保太　續品三　杜立成
杜貴喜　黎馥林　皮自陞　黎盈庭　黎立五
童生
王鳳池佾生　吳精一　吳若愚　吳國珍若子　吳鏡圓

李裕東　李于南　程正寬　杜樹奇　李撲華
胡曰放　黃英徽　夏考祥　黎有仁　胡昌瀛
程文守　趙煥其　胡鵬九　胡薦芳　鄧映楚
皮聯斗
耆民
楊勝爭　羅光明　杜格平　朱南楚　黃亮清
段作雨　王一賢　魏懷珠　何茂賸　李爽華
李益茂　吳漢彩　黎立五　陳元二　胡曲成
兵勇鄉民

吳聯輝　朱定元　續傳望　續龍章　王康太
葛宗少　李五宗　胡耀文　鄭惟與　李華四
吳其莊　李佑祖　金國瑞　楊得元　李悦輝
葛映懷　王文東　何保和　鄭善富　張漢臣
張理明　張維一　胡衡伊　周用儀　金永貞
王士魁　吳漢章　胡御舉　黄振鏞　葉明升
吳望東　胡盛茂　胡美文　張有升　胡折魁
李明高　胡爽玉　胡省三　王必芹　吳有常
胡奇盛　聶相台　徐有德　李展鵬　黎所生

萬保盛　徐勝華　徐宗吉　何映芳　劉其申
胡雲錦　李文爵　汪金品　葛得松　胡佑啟
王自義　續仁和　續以觀　黄育其　鄭從先
鄭世倫　鄭開五　鄭德省　吳道英　葛立方
徐友常　何永昌　胡汝淮　萬其然　劉全五
李永興　王永豐　易光霽　李慶材　張紹典
李育喜　吳昭柱　何傳吉　胡富成　楊全楚
范老三　楊敦厚　劉桂三　蔣敦元　王禹平
李満科　李望道　周墨林　胡必朝　黄高明

李凝襄　黎有祥　王從清　盧明盛　何康庭
李得勝　皮仲品　汪永亨　姚紹先　吳咏棠
劉端旭　李相桓　楊南丙　張光清　蔡浣冬
王尚義　徐錫章　章彩彰　雷濟方　葛興仁
鄭肯堂　章必裕　皮得五　李家讓　李同知
胡振止　傅國華　鄭歷結　程天章　胡克伸
王又興　葛邦興　王省身　胡德純　胡恒佛
胡均連　胡義福　丁以南　劉祓信　劉亦長
劉西成　劉亦申　劉運通　王西峯　王仰梅

王宗海　胡義盛　熊雪鼎　孔繼蘭　劉家修
易冠懷　易敦可　續東才　續傳庚　續岳允
續高堂　續可海　續六禾　續亮釆　吳及祥
陳名才　樊鳴九　廖國龍　程亚英　程正國
胡昌原　胡省玉　胡衡松　胡恒相　胡金達
楊顯南　黄德保　吳泰冬　楊耀南　李保泰
許廸四　吳及佛　黎珍道　黎鶴臯　鄭學高
雷丙冬　徐集高　盧進魯　黎喜燮　黄以和
楊秉禮　易旺禹　徐平安　徐信和　徐咸富

魏忠安　方正元　魏世隆　葛傳士　譚先貴
李大可　蔡可重　葛美鳳　黃世能　張永昌
田之蘭　胡可久　方道正　蘇宗韓　涂讓升
胡至和　李佳忠　程位秋　魏重義　李國賓
胡振綱　黎純嘏　方五端　李人上　徐輔廷
吳上斌　張紹宗　方準繩　朱達福　王德爽
張俊彭　何道隆　方讓能　朱光七　胡正榮
葛方純　陳時夏　周必勝　田墨林　李景珪
鄭克賢　胡我懷　張俊義　晏平準　汪士富

吳雍奉　李玉光　楊夢庚　葉重秋　郭有元
黃發桂　黎選中　李一桂　許承先　何其義
吳桂秋　胡煥斗　董見仁　黎芳政　聶玉懷
吳兆泰　何藻芹　胡奪標　續自新　孫蘭桂
潘玉書　吳應發　徐瑞祥　文習孟　姜美士
田效唐　毛一義　譚尚勇　洪維心　雷振春
黎宏道　金廣福　習芳朝　趙回春　黎景握
劉克敵　熊壽山　傅可觀　毛煥新　方宗彥
萬光漢　傅立仁　左佩玉　范鳳池　唐成堯

吳及環　吳祖佑　皮尙貴　潘映秋　章雁春
冷玉清　吳旭雍　潘重仁　章立早　李可興
徐臨莊　丁逢盛　曾貴傳　侯順德　鄒瑞川
畢映南　鍾孔尙　游位中　熊筆花　李傳秋
胡盛治　舒瑞佳　黎正滔　王萬春　吳義詔
鍾秉能　李福道　董家賢　余作志　劉世龍
吳特達　桂邦彥　田三行　黃有奇　曾達五
桂邦重　左昌二　吳逃先　沈名芳　余作求
周勳光　李誠義　高則義　黃握瑜　周吉任

胡心恕　黃玉華　胡秉烈　李厚仁　潘必發
諶有則　潘重義　何向玉　黎興詩　諶有常
楊樹標　畢世國　張克勝　夏鎰萬　鍾映秋
李原貴　姜玉書　何魁北　鄭善從　胡隆虎
劉映榮　羅席珍　陳得詩　黎光熙　李福興
羅元廣　黃保定　游在位　何壽益　胡炳翰
李元標　姜有廉　鄭輝垣　何先德　黎占勝
蔣樹棋　黎禮全　皮興勝　鄭恒立　易逢綱
吳學旦　金康善　姜福四　余維繩　李日谷

羅開律　劉興善　金斗光　朱國彰　劉廷拔
鄧光清　胡萬康　劉廷選　章輔朝　何世毓
羅寶樹　鄭嘉璧　劉春先　孔廣正　黎仁全
羅九思　戴輔勝　張紹宇　王文道　孔承先
李習文　黎秉鈞　汪楚揚　胡太清　汪柏質
張樹楨　鄭福康　黎以莊　方繼元　黃承清
李楚升　戴自達　胡文選　羅開甲　游忠任
熊夢飛　鄭兆福　林光耀　吳貫一　李景朝
吳昭光　王必先　李發華　李祥福　魏得光

陳海東　徐佐堯　王心德　黎振拔　章曾煥
王輔臣　王槐正　黎景常　宋中喜　李攀桂
王必先　胡昌福　黎賓山　何其森　王觀善
王世貴　章逢時　胡日彷　皮仁芳　吳碧龍
鄭作五　王槐仁　吳至宜　葛墨林　程正英
吳虎華　吳高貞　吳文高　吳文堂　胡茂盛
劉餘三　胡克義　吳文盛　章曾福　杜天宏
吳及滿　吳雍奇　徐位雨　黎政玉　姚大義
徐慶爾　徐慶三　胡恒泰　李裕後　皮自和

謝全泰　吳雍喜　鄭如六　鄭善友　皮雙喜
鄭陞級　皮自春　黃炳亮　章瑞雲　皮尚普
皮尚德　陳善謨　劉魯華　田榮六　吳及華
黎貴道　姚大喜　鍾滿榮　王槐義　黎富道
姚仁吉　魏昌芹　羅正喜　程大貴　何文玉
葛宗新　畢致三　程昌等　姚文喜　李宗彩
何履晉　程天仁　王豐年　胡采亮　金品揚
盧進孟　黎鼎南　李邦有　王聚賓　何鳳梧
張俊恒　劉瑞顯　王典常　李景成　胡玉成

胡元榮　姚保榮　李元高　程大吉　劉會海
程同輝　吳星輝　章玉成　鄭兼善　許新彩
王國平　萬元六　方泰來　譚必升　劉以三
葛長興　雷壽林　趙作周　羅振懷　盧西林
許成喜　黃周先　黎慶瀾　段聘春　李秉坤
蕭正明　李福彩　程旺楚　皮尚進　陳明才
李煥常　程正國　皮尚達　方雨重　鄭作章
程天金　方作明　胡德棠　黎西定　程明照
方以成　何禾安　萬時泰　張香恩　涂世應

皮德心　吳獻義　黎景恒　皮興文　何其勝
姜定勝　徐獻良　吳昭安　涂獻捷　鄧際時
周致廷　謝元全　劉萬斯　黄遇辰　葛秉圭
吳五典　金重三　何紹裘　胡肇全　王克勲
楊名聲　聶維賢　吳照得　王克猷　吳必忠
傅崇高　魏用彰　吳壽泰　黎政選　熊自牧
左超凡　李傳謨　鄧啣華　方照成　楊崇禮
游正粱　李光廷　李家贊　王先裕　陳揚達
劉運通　劉在中　胡全雨　徐文勝　陳惟善

劉上慶　王新運　胡有容　胡光宗　胡袞華
胡高魁　楊元和　涂世杰　李元吉　姚永升
熊天文　李乃大　鍾柳賢　吳拔爽　姚富五
黎達貴　鍾懷新　程添官　傅添贊　吳奮揚
鍾梅道　徐福道　胡順一　張俊德　徐秀蘭
胡義六　趙名和　金玉式　金均仁　王宗海
胡三台　王仰彌　游政松　習天申　胡義安
劉二長　萬方欽　鄭作軒　李象平　戴曲高
汪我懷　徐咸四　鄭作玉　熊勝高　李發柳

黎景巨　胡尚金　楊祖道　胡世蘭　皮亮華
徐運禮　王克勤　胡盛福　胡連陞　李秉國
金紹華　陳均家　游國禎　孔廣壽　陳先禮
吳及禧　劉正言　徐慶春　鄧品懷　李克孝
劉序成　吳明剛　程天宇　張尚美　胡世廷
邊同文　程大利　胡翠華　王闓莪　傅若言
程天助　劉舉九　熊會祥　熊開鏡　汪義質
金坦懷　熊滿廷　熊亮懷　汪啟達　章行義
朱卓然　熊興裕　鄧世平　李谷貽　熊二泰

鍾宗亮　涂光祖　李永治　鄭政邦　吳文七
金含仁　何輝海　鄭爽榮　鄭成名　吳新道
黎斗清　陳名才　程富典　熊時清　李奉璋
劉冠凡　程天喜　王德明　傅彰忠　金比德
傅必崇　黄世清　劉光廷　熊豁然　汪迪吉
何冠羣　徐清順　皮執權　李善名　葛得眾
張懷光　晏河清　吳商蓮　黎榮富　何滿喜
胡主一　朱丙良　胡永西　何祖壽　游世嵩
黎德炳　熊並明　程大才　葛天錫　程昌榮

趙崇夏　吳翠容　何並明　鄭以三　黄日新
李南國　吳有力　趙必顯　胡丙申　劉芳霞
汪重義　李道成　吳致中　張鵬展　續以臨
程必發　李維新　劉佑後　張青友　葛冠千
程展才　晏恩深　游彩袍　朱奪標　王夢熊
吳雍順　胡昭前　李鳳藻　王者興　李積恒
葛冠淮　萬完儀　李曲成　胡普照　羅明達
鄭必山　吳位列　李上能　黎超前　何繼明
方元安　吳標新　吳貴全　續正爽　金式貴

杜茂生　程煥林　游采華　李傳敦　李贊廷
胡定中　葛得上　胡慶封　胡亞彭　朱冠千
鄭善元　黎禹漢　李厚長　杜恩錫　朱執能
李傳讚　胡東盛　吳爽明　萬之傑　夏承禹
朱集梧　熊遇主　方艮佐　胡斗華　黄殿清
劉勝達　方元魁　王慶楚　方佐清　續繼祖
何鳳苞　李積良　吳正雍　陳大壽　童鳴盛
徐冠英　李和階　雷勝友　杜海明　張紹東
鄧自新　王宗義　張品元　張紹銘　陳觀壽

習可懷　劉玉川　陳光廷　胡萬春　涂正祿
金輝廷　胡光照　劉國仕　程元芳　何觀爽
黎景慶　李高和　漆明善　黎盈庭　黎洪賀
黎考運　黎喜二　王槐庭　黎在田　涂爽其
黎有道　胡立燮　涂正保　殷習唐，黎高壽
劉一品　王寶和　杜禹若　萬月桂　劉仁和
傅玉奇　胡向和　戴申池　胡上金　何森桂
畢尚志　戴鳳藻　黎運碩　何丹桂　余求忠
郭志仁　金月品　萬其申　王有庭　郭采光

楊品題　晏步青　王槐卿　方有中　胡義性
晏九如　王滿庭　方聘五　杜其玉　吳必商
徐日東　趙世清　杜友三　劉壽仁　何右讚
趙福元　王象四　何步元　羅光星　徐保康
章格平　徐拔陞　胡一高　鍾協裕　吳芹香
徐升太　胡得恒　鍾正中　車利順　朱日新
胡學顏　朱遺昌　傅全喜　朱有才　萬保太
胡昌五　黎星喬　黎際唐　黎萬青　黎淮宜
劉孟如　王必華　葛儁清　胡映主　潘繼和

鄭作四　易明光　胡必耀　滔繼祀　鄭引奇
黃夢魁　李太岩　何連奎　羅光大　黃裕泰
高雲程　何孝長　王如山　易文玉　熊夢渭
何達明　王碧峯　孔傳寶　孔廣池　楊鳳藻
朱卜康　孔映申　孔廣中　楊毅然　李爻二
李必佳　熊振家　張書光　李龍泉　續品二
熊作壽　姚可奇　吳漢照　羅仁義　鄭魯依
姚力然　吳光炳　葛超申　鄭克巳　杜仁鼎
續如聘　李有中　李佳重　王壽庭　余斐章

李義其　杜達先　鍾言一　楊懋彝　楊新得
章振新　王政齊　皮玉璋　何孝明　章渥元
萬爽俊　皮明暘　盧養斯　熊沃其　黎湘淼
皮暘和　柳弼湖　劉光太　毛高榜　王育庭
柳君得　鍾言先　易冲霄　王國安　盧映高
李佳重　高文敷　李玉盛　徐仰嶽　王政濟
高正時　何里仁　徐玉琪　萬爽俊　何又祥
萬池洲　徐邦輿　熊四海　侯開太　朱一經
毛正中　程亭太　沈大游　李河清　黎相遲

程榮光　李淮河　王丙煌　雷從居　黎玉道
童至裕　姚耀光　雷貫千　王茂齡　朱普堂
黃裕發　徐家榮　王樂虞　向漢章　黃繼先
葛信嘉　華文國　畢玉犂　皮烺灼　夏修齡
華先翰　何冠五　皮有吉　夏青海　吳啟先
何學成　汪際會　楊得高　龍泌江　龍貴光
何嘉瑞　鄧國長　毛步陞　黎守奎　譚引謨
鄧國高　皮至明　汪福申　譚兆圭　鄧之華
王年松　汪振啟　譚貴高　杜周繼　王玉明

汪相啟　葛柏松　杜探元　李興謨　汪鳳池
葛天向　盧其章　熊祥福　毛必二　吳洛泳
皮省玉　熊藤陞　何風畢　龍佩華　皮自如
李自太　何晥中　鄧丙章　華光國　鄭玉堂
程大佑　雷五福　向尙文　劉書五　程光瑞
雷幹風　向有信　萬和興　汪與琪　雷玉峯
趙際太　胡熙朝　杜煥炳　柳明太　趙如圭
葛貴和　高作文　章必華　黃蘇坡　晏求忠
劉不一　張祥國　姚青造　李炳彰　劉賜豐

張佑申　姚必中　郭得元　何觀壽　張夢周
程嶶中　魏相和　何可羣　劉壽臣　劉忠信
魏二昌　邱晥高　程四乘　徐重文　劉昌代
邱貴文　游一義　熊雨同　戴克仁　邱清元
續大申　朱益三　戴克禮　譚文光　續我容
宋繡章　胡東昇　譚波東　胡燃炳　朱習左
胡釆章　譚友鏵　胡正光　方以文　張義和
李修良　胡振大　續繹然　張富豐　王虎臣
宋人傑　羅美四　華廉儒　王魁元　徐中元

劉蹼亦　劉席珍　何豐年　傅宗福　汪用吉
聶禮全　何貽德　傅秉直　李有文　聶高台
熊百昌　何夢元　蔡沃佛　戴玉璋　游貫一
徐折桂　鄒詩成　葉主五　王英穆　徐邦和
鄒璜歸　葉藹南　朱香九　傅依仁　杜依璣
章大學　宋保和　孔廧全　劉振聲　方作甲
萬彩光　孔成文　劉金榜　方成矩　鄧翼謀
吳芳景　何美成　皮主成　戴席珍　杜我烱
汪斗南　戴宏亭　吳金丙　徐鵬州　李星其

廖乾太　雷祥興　徐吉太　沈其智　謝仲太
譚登榜　王高爽　沈普慈　蔣在兹　吳雲施
王有和　諶觀佑　蔣其仁　金卜一　萬元和
李煥從　侯開成　金寬二　萬探一　何左臣
侯開吉　金卜爻　何翰呈　聶勝和　諶本立
何意然　汪仁和　聶至大　李修麻　何遇賢
謝可觀　徐咸中　鄧其祥　吳訪虞　吳恒玉
葛仁和　蕭繼祖　廖彬文　徐效產　葛六典
蕭宗太　謝潛會　徐獻臣　李唐道　曾肅雍

杜慶祥　杜同錫　杜長錫　杜官錫　杜三錫
杜錫齡　胡均景　胡均田　胡均虎　胡均伍
胡均祖　胡香盛　胡衡四　胡肇修　胡肇連
袁德義　袁祖祿　袁隆懷　袁祖禾　袁宗四
張清辰　鄭作祿　陳時庚　黎景寬　黎榮寬
黎運沂　黎運清　吳寶珍　吳榮濤　吳定長
吳揚芳　杜鱗錫　吳雍煌　黎德全　徐慶關
胡茂盛　胡義倫　胡義満　李耀堂　李景獻
李景朝　李一然　胡義仁　李五仁　李發可

胡義貴 李一喜 黎元恒 吳文高 胡士魁
李一濟 黎甫義 吳德昭 胡爲律 李祥友
黎立誠 吳永福 胡紹元 李輔明 黎德元
吳鳴岡 金則會 李平周 黎懷六 金其德
李兆喜 黎立和 吳華宇 金習三 李曲芳
黎貞道 余禮進 邊同文 李晉楚 熊亮懷
徐慶來 何儒明 李忠孝 熊天文 徐慶聲
何高蘭 李成章 熊五常 徐獻良 何怡盛
李貴壽 熊天鵬 徐秀蘭 雷光海 李煥巖

熊興諭 徐孝和 雷光朝 孔泮芹 熊滿林
徐秋華 羅叶二 孔訪姬 熊開鏡 王若恒
羅元翰 孔傳習 熊國丁 王永茂 葛喜興
孔方高 熊國柳 王年壽 葛炳煦 傅天贊
傅顯香 夏高爽 葛先禮 劉天九 黃觀6
謝桂生 宋綜喜 段可珍 段陞級 杜保和
杜文美 杜天恕 杜天左 杜天新 杜天右
杜天富 杜貴五 彭煥斗 續金台 杜蔚錫
袁德樂 胡煌盛 袁德至 袁兆祥 袁隆恩

汪斗魁 王寶庭 樊老九 王爽台 萬雨全
皮勝亭 譚朝忠 張咏九 魏德光 涂勝坤
易念宗 方家平 蔣立仁 王壽康 趙樸川
金福三 徐作仁 徐咸紫 黎萬生 何亞峯
吳錦堂 傅省身 胡克伸 金光朝 蕭景芹
丁以南 張有升 潘之元 何運亨 李宏亨
胡昌拔 胡昌蘊 胡克志 胡克章 胡克全
胡克前 胡達齊 胡挾二 胡均志 胡巨鱗
胡均福 胡衡璽 胡均壽 胡春光 胡允珠

胡昌厚 胡省一 胡孔惠 胡義成 胡衡柏
胡達全 黎樂懷 胡恒桐 黎維新 黎宇田
黎政德 黎景東 黎景純 黎景文 黎珍道
戴興仁 李佳萃 李祥煥 李景文 李景淇
李功七 李保文 李思安 吳雲堂 吳及貴
吳及譜 袁其祥 徐春和 徐慶壽 徐觀右
胡茂盛 傅日三 金貴中 程尙陞 程景龍
周亮吉 李英豪 黎品揚 張萬川 何顯明
涂發科 胡谷一 吳旧昇 鄭萬里 李旦初

李佳翀　徐顯揚　程天喜　胡慶雲　胡品題
張展保　徐邇太　王秀楚　胡義贊　李耀堂
李景獻　吳邑元　胡達全　鄧景施　鄧楚清
徐邇榜　程彩華　吳梅雍　吳榮錦　易達同
鄧書東　徐文典　吳翠宗　徐光兆　徐寶貴
吳庚華　胡德皆　胡義勝　胡均榮　胡義明
胡冠堂　胡隆喜　胡廷獻　胡炳隆　黎貴和
黎神道　黎景志　黎成章　黎德全　黎日生
黎學其　黎習成　黎德言　黎福道

通城縣志卷二十四

雜記

事之足以廣見聞垂法戒者豈必盡見於經傳之足據哉天地之大何所不有所見異辭所聞異辭語雖近誕事非絕無夏蟲不可語氷秋蟬不可語雪少所見多所怪也因於志末附載雜記以殿全編

元季紅巾倡亂志乘罄燬通邑從前科甲膴仕傳聞失據明代纂輯縣志疎忽捜考後遂因簡附簡如世傳東港李學士今尚名李學士屋場上黃何解元至今名解元屋場大盤山團義保境張十萬徧查李何張三姓家乘名字莫稽

坎宮鳳山圖石壠源楊家屋場世傳爲楊侍郎宅亦疑信參半乾隆四年荒宅後左側霪漲溝齧有黎姓童子從塹歸見溝涯露有似橫椿者激流戲手拔之乃一鐵簪持歸白母折驗爲銀飯罷母子潛挾鋤往掘一小瓦甕貯銀四十鋌並首飾冠帔銀片裏鐫侍郎楊夫人小字猶可辨識

雲溪中堡圖潘姓山塽康熙五十一年霪雨坍出一

石碑面鐫御史曾公墓碑陰小字土蝕難辨
崇仙里何葛段山墺雍正二年葛姓耕農犁出一金
片葉有似前朝所戴國公帽片淨洗之片裏鐫有襲
國公製餘字殘滅不可識
巽宮陳家段因陳學士得名年代名字失考其旗杆
石尚存
石喬里桃花圖有山名張家坡爲蔣姓世業乾隆壬
午年霪雨山墺坍出一燒磚墓誌面首題宋故溫氏
二十娘墓記記曰溫氏生乎崇陽縣霞心畈儒家諱

湧者之女也年二十有四適通城縣石喬里張君諱
德恭字順之其先豪右乃諱珪之曾孫諱遜之孫諱
誦之子君少篤學長多能尤精丹青並傳於世得溫
氏資以治內溫氏賦性疎通馭事沉審以儉治身以
勤治家以均平待子孫以恩義睦鄉里又喜張君接
賓客之賢者好教子弟生子四長安世娶丁氏次縉
娶應氏次裳娶王氏皆續父之丹青幼爹教以儒業
年十五使遊學四方後以進士待詔鄂州次應詔開
封府孫男三人曰琮瑾璞孫女二人皆其養育教誨

享年六十以紹聖三年丙子六月二十八日卒至十
二月十七日癸酉葬華林山袁州柳岡擇其地鄉貢
進士周頌爲記於墓等詞惜爹進士科分應詔何事
未經詳敘
宋理宗崇理學諸講學書院舉塑
宣聖像頒送祀之平江吳雄爲宋文公門人就宅境地曰
重堂者建陽坪書院講學其中理宗詔送
宣聖像後遭寇亂書院被燬獨
宣聖像尚存灰燼中雄從孫六陸得之嗣捧隨兒六三官

通城千長因家焉世祀於塾明嘉靖被遊學生竊失
原任泰州學正吳廉捐多貲遍訪得之黃岡縣訟官
判歸至今吳廉子孫世珍奉焉
李魁芳世居上善里石人洞端慤無雕琢通文藝壯
歲艱於嗣納妾二生子特常甫十歲順治乙酉被大
兵掠挈黃河北濟適
恩詔禁繫帶漢人子女棄擲荒洲開側近有李店者聞悲
啼聲收歸詢知爲同姓畜養之魁芳以子被掠闔室
慟號斷修竹去節製香料實其中名曰衝天香日夕

拜禱如是者三年杳如也都人士羣嗟善門掭祧謂
天道左報居無何族有李若玉者承撫院賫奏歸塗
偶憩李店目一童子諳帶通城音詢知爲魁芳被掠
子遽以情告李店代補膳資攜歸隨治經義工文詞
補邑庠縫士魁芳記其本末藏於祖神服藏內後百
餘年嗣孫洗神像於服藏內得之生子五幼藻鑑尤
備重寬恕涉書史寡言笑重然諾接人惟談存心循
分却浮剗僞尤有心課耕織勤樽節儲庾廩遇歉歲
罄所有以應債抑遏臨巴三邑待以舉火者幾千家

窘廹莫償者輒焚券貰之有橫逆相加者一以情恕
理遣弗校也由是遐邇共推爲善士壽躋期頤鞠課
五子諸孫曾元舉異敏夙慧嗜學工詞章入太學者
五明經貢北雍者一弱冠補郡邑博士弟子員者五
餘齠齡摛藻總角俊爽人文蔚起方興未艾也

重修通城縣志跋

志者何志其地志其人使後世有可攷而知所由來
也其地可考則凡一切疆域土田物產因之見矣其
人可考則凡一切政教禮儀風俗亦因之見矣是以
編輯之先遍爲趿訪互與搜羅即地以驗人并因人
以表地地也人也所關豈淺鮮哉夫地之靈者人恠
傑理有必然合觀遍邑全勢秀水迴前雋溪繞後東
列鷄鳴之嶺西連龍會之峯銀巒南峙天馬橫空鐵
束北環蓍龍奔壑地眞可云靈已尙何疑人不多傑

乎遐稽前代迄我　國朝人文蔚起科第蟬聯非特
舉於鄉者之不勝書即如劉仕昌以鳴鳳稱劉紹元
以奇政顯類皆黃甲中之尤著者豈僅金同慶之登
科楊起莘之掄元後先誇耀於唐宋間哉至若大羅
內磊落小山金水星形居多水需土止金賴火鎔銀
山爲學宮面案昂首南方雖馬形宛肖而中少貴人
火猶未露今纂輯志書復建寶塔貴人跨馬爲邑治
文峰以火制金洵稱完美行見枝摘桂林盡備金甌
之選花探杏苑羣聯玉筍之班又奚慮人爲地限仰

芳踪而莫與共追耶且也士生名勝之區當　文教昌明之世苟或不甘自限奮發有為則事業文章必有駕前賢而上之者詎惟是拾青紫為足生學校之色增志乘之光已哉鼎宦遊銀城躬逢盛典因文人之萃會卜文運之宏開遂呈鄙見用釋疑心以為同志者勵至於修志與修史同其考核之明也賴有識其品題之當也賴有才其纂訂之確且詳也賴有學備此三長始無遺憾是則望於諸君子安敢贅一辭敬跋

大清同治五年古鄖候補儒學正堂袁登鼎定九氏跋

舊跋 附

古史不貴修文載筆取義進退沿革之間深心與風教為終始國史郡志詎非一家言凡建置興廢習尚隆替文物升降皆足表彰先哲式訓來茲矧忝司民牧志切摩風其所以起敝維新與時更化者但期有獲豈憚焦勞哉三年來撫循而釐剔之有然振舉而滌除之有然摩痛擾瘝矢無遺力猶恐於風土物情和理未知奚似自思所以終始之公餘即校正是編取其山川之鬱昭以觀興廢取其風氣之重輕以觀隆替取其人物之秀莠以觀升降覩鄉評而思賢按宦蹟而思理是編之輯庶於古史勸戒之道有當焉覽斯志者進斷斯義風教深心與簡冊為無窮矣

順治癸巳年仲夏月知通城縣事邗江盛治跋

舊跋 附

通雖蕞爾僻邑而土宇三鄉編戶十五里明代前不
乏巍科膴仕勳德文章足光志乘者慨自宋熙甯壬
子歲陞鎮為縣下逮明宏治丙辰稽公潭蒞任時閱
四百二十餘稔窔杳無縣志也其時先達何孝廉隆
甫創輯之因文獻莫徵惪厭旁搜科甲祇昉明初餘
俱簡漏迨萬歷戊戌方伯錫崖舒公就原本稍增潤
之而科甲猶舊繼而火災其本崇禎丙子再修於邑
侯三台趙公我

朝定鼎兵燹之餘棃棗蕩然無復存者順治十年吳學
博穀泗公重編然舉粗具崖略而已迄今百餘載藏
板漸就漫漶律以
朝廷定例可謂疎濶而乏踵事者歲癸未秋邑紳公請
孝廉吳友義時秉筆經紀公固健於文而又慨盛典
久曠直任不辭且不以號不肖拉効微末之勞昕夕
追陪竊見公於古今人物暨官師二項矢公矢慎毫
無瞻顧或徵之散集遺文或證之殘碑斷碣或識之
耳目素悉事蹟不虛者務歸實而咸當信而可傳缺

者補之略者詳之視前較備是冬脫稿事竣適邑侯
明公以學田徵歛尚未詳　題定額諭且毅待茲逢
皇上以舊修一統志未能悉洽
特命續修各府州縣志以資採輯今春浙江撫臺熊因遂
安等縣志書所載仕宦事蹟是非倒置摘出具　題
皇上飭部議覆新舊府州縣志專任學政核定發刊業經
通行遵照號捧府憲牌開事由併部議讀之有云如
或紳士身行經理編纂付梓亦所弗禁益幸斯舉適
値其會真千載一時矣爰遵謄清稿呈送明侯鑒裁

轉賚學憲仰核竊號於校編之末不能無感者方今
文治光華被於四海吾通沐浴於
重熙累洽仁漸義摩之宇人文雖未臻於彬郁絃歌固
已遍乎閭閻獨科名僅秩百十數年不勝其寥落豈
其氣運猶鬱積而未舒耶抑將蘊隆而有待焉未可
知也至若土田之腴戶口之繁風俗物產之美郎武
昌十屬亦未有能或之先者惟茲歉然恧然不足爲
學校重而因不足爲志乘光是跋
乾隆二十九年七月既望國學生葛行號碧山氏跋

補遺

山川

石門山　易墩圖。

建置

皂義坑橋　離宮中堡圖監生方行四妻鄧氏建後其子監生文河重修義坑

汉冲橋　離宮中堡圖方申五建後圯裔孫監生秀濤重修

富石實砋　雲溪中堡圖監生李紹文妻方氏建修

里八圖石路　同治五年李殿光募修計三百餘丈

選舉

盧大銘　盤庚里人明隆慶間歲貢

盧　璇　大銘子明萬歷間歲貢

盧　雍　盤庚里人明嘉靖時歲貢

李伯宗　下太里人明成化間任禮部道錄司

盧朝禹　盤庚里歲貢明建文間任武昌嘉魚知縣

袁希海　字文星上黃里南貫圖人明萬歷間任湖南臨湘縣桃林巡檢

袁大秋　字文高上黃里南貫圖人明嘉靖丁卯舉人原任僉太使復任興國州訓導

皮大受　字德長廩貢肄業國子監考授州左堂勅贈文林郎

盧景心　順治元年貢士實授安陸府潛江縣學正

盧國煜　盤庚里人康熙初任湖南九谿衛副總

人物

盧維纓　仲轟元孫選授正八品順治二年李兵蛸集兄弟婢僕各驚逃纓負母洪氏覓茅根嚼而喂之母始得全纓品行端方學養純粹家貲饒裕周恤鄉里

羅克堦　辛安里監生秉性真誠克盡子職二喪慎終廬墓六載其子職員永治幼承父志長帥先型奉養執喪一如其父邑紳呈請學師王馬邑侯林申詳學憲方給譽洽鄉評額

葛對揚　崇仙里增貢桂林子善承先志道光丁未免息千餘兩咸豐丁巳施粥裝米賑饑全活甚眾

葛錫爵　崇仙里監生咸豐戊午歲荒施粥兩次積

修橋路不一

吳楚標　居巽宮三角垳地連義甯凡貧乏難育女者無論遠近給以穀石不等歷有多年養活甚衆

葛及鋒立凡　崇仙里監生咸豐丁巳施粥裝米賑饑

列女

胡黎氏　乾宮左港圖榮盛妻年二十三歲夫故守節提學王給砥節延齡額卒年八十八歲

廟宇

喜鵲廟　一名箸姑廟坎宮井欄圖祀風吼大王神甚靈巽遠近祈禱

靈官廟　巽宮石葉頭祀五靈大帝

本祭廟　巽宮吳主圖

興隆古刹　巽宮中旺圖

靜雅庵　巽宮中旺圖

古蹟

龍泉石　銀山石皮嶺側觀蓮圖離金鷄石半里許石壁陡峭半腰鐫龍泉二字書法蒼勁大四尺許

石門框　南城外憲街鄭憲堂居此屋被李闖焚燬至今大門石框猶存數百年獨立不圮

塋墓

唐侍郎金興政墓在縣東義口圖陳山冲裝

唐郡守金同慶墓在縣東漂田圖七里山口虎形

明巡按金諒墓在縣東龍印圖寶蓋山

又建置廟宇

繼先橋　乾宮里仁圖嘉慶辛酉年胡宜也倡建咸豐癸丑年宜也嗣孫補修

擔水橋　坎宮尖峰圖胡西雋裔孫建修

尖山嶺廟　坎宮尖峰圖咸豐五年賊燬同治四年重修

白玉庵　巽宮牆垣圖鄧家嶺上

又列女

何李氏　巽宮中興圖業儒增輝妻年二十二歲夫故守節現年六十八歲

皮王氏　坤宮信東圖生員皮自光妻年二十九歲夫故立嗣守節現年五十歲

朱樊氏　中宮白米圖挺忠妻年八十三歲五代同堂